阳明心学
与多元文化的会通

吴小丽 —— 著

宗教文化出版社

图书在版编目（CIP）数据

阳明心学与多元文化的会通 / 吴小丽著. -- 北京：宗教文化出版社，2023.8
ISBN 978-7-5188-1445-9

Ⅰ.①阳… Ⅱ.①吴… Ⅲ.①王守仁—心学—研究Ⅳ.① B248.25

中国国家版本馆 CIP 数据核字 (2023) 第 152077 号

阳明心学与多元文化的会通

吴小丽 著

出版发行：宗教文化出版社
地　　址：北京市西城区后海北沿 44 号　（100009）
电　　话：64095215（发行部）　64095358（编辑部）
责任编辑：袁　珂
版式设计：武俊东
印　　刷：中国电影出版社印刷厂

版权专有　不得翻印

版本记录：787 毫米 ×1092 毫米　16 开　28.5 印张　410 千字
　　　　　2023 年 8 月第 1 版　2023 年 8 月第 1 次印刷
书　　号：ISBN 978-7-5188-1445-9
定　　价：120.00 元

贵阳市科技局贵阳学院专项资金【GYU-KY-〔2023〕】资助

贵阳学院哲学学科学位点建设专项经费资助

贵州省教育厅高等学校人文社会科学研究基地贵阳学院阳明学与黔学研究院项目阶段性成果

北京大学哲学系访问学者阶段性成果

目 录

序　言 …………………………………………………………… 1

绪　论　王阳明思想研究之历程回顾 …………………………… 1

第一章　儒家格范与人生理想 …………………………………… 42
　　第一节　儒者王阳明 ………………………………………… 42
　　第二节　立于礼与成于乐 …………………………………… 53
　　第三节　性一而已与心体存养 ……………………………… 60
　　第四节　出佛老入儒与内圣外王 …………………………… 65

第二章　良知本体与格物至善 …………………………………… 78
　　第一节　良知本体与戒惧慎独 ……………………………… 78
　　第二节　格物至善与止至善 ………………………………… 86
　　第三节　道无精粗与见有精粗 ……………………………… 95

第三章　心之本体与万物一体 …………………………………… 110
　　第一节　心之本体与内在层次 ……………………………… 110
　　第二节　心、理与意、物 …………………………………… 119
　　第三节　天人合一与万物一体之仁 ………………………… 130

第四章　致良知与明心见性 ……………………………………… 139
　　第一节　致良知与万物同体 ………………………………… 139
　　第二节　明德性与致良知 …………………………………… 146

1

第三节　良知与天下可得而治 …………………… 160
　　第四节　日用功夫与良知 ……………………………169
　　第五节　不思善恶与磨炼净尽 ………………………176

第五章　圣人之学与日用功夫 ……………………………188
　　第一节　圣人可学而至与性无不善 …………………188
　　第二节　涵养识见与居敬穷理 ………………………198
　　第三节　体用一源与知行并进 ………………………205
　　第四节　华严与禅之体用 ……………………………215

第六章　圣人之心与方便法门 ……………………………226
　　第一节　大中至正与彻上彻下 ………………………226
　　第二节　死生之道与常提念头 ………………………232
　　第三节　圣人致知之功与佛家心印 …………………237
　　第四节　制心一处与圣人之心 ………………………245
　　第五节　心、理与幻、实 ……………………………255

第七章　宋明理学与阳明心学 ……………………………278
　　第一节　无极而太极与诚 ……………………………278
　　第二节　太虚即气与穷理尽心 ………………………284
　　第三节　天理、人性与格物 …………………………292
　　第四节　心统性情与主敬涵养 ………………………299
　　第五节　心即理与格物致知 …………………………311

第八章　阳明心学与阳明后学 ……………………………321
　　第一节　平民文化与淮南格物 ………………………321
　　第二节　四无说与三教一源 …………………………329
　　第三节　良知本寂与善恶之辩 ………………………336
　　第四节　主静去欲与收摄保聚 ………………………345
　　第五节　心无定体与慎独知几 ………………………354

第九章　社会治理与时代意义 ··· 365

第一节　知行合一与乡村振兴 ··· 367
第二节　廉洁自律与具体实践 ··· 376
第三节　民为邦本与亲民仁道 ··· 385

附　录 ··· 398

阳明文化守护者 ··· 398
阳明文化继承者 ··· 407
阳明文化传播者 ··· 413
阳明文化发扬者 ··· 421

后　记 ··· 435
参考文献 ··· 437

序　言

悲呼！阳明先生逝有近五百载，期间圣哲应世也稀。先生之道，语其大则旨趣幽深，贤智之者累世不能达其本；语其小则粗浅鄙陋，鄙愚之人不屑通其学。

窥先生之道无他，"一心"而已矣！何谓此耶？心，本无善无恶，自具良知良能，是谓天之性理也。心体妙用，百姓日用而不知，由不知故以为无，由以为无故私情妄动，悖逆天之性理，遂成人欲。欲中求欲，不知求放心之方，泯灭善恶，丧失天良，内境已乱，又加外景噪杂，学好难，学坏易，虽阳明先生在世，若不自求放心，此亦难转也！

探先生之遗言，求放心之道，至为简易，惟知行合一而已！此道之简易，呓语小儿能言，耄耋老朽难行。何以故？人有贤愚中人，事有轻重缓急。贤者，一念知即是行；愚者，事事勤行即是知。然，惟有中人，处情欲之中，皆以自我为至贤；在资本之世，皆以名利为重急；由是颠倒本末，知行难一也！

兹有学者吴小丽，入于黔中，与人为善，志趣善发，欲以阳明先生之遗教，兼济人我，服务于新时代而尽应有之力。勤苦之下，遂成《阳明心学与多元文化的会通》一书，九章叁拾万余字，综述古今学人之阳明学研究成果，于新时代大背景之下，阐释阳明之学，以经世致用，不可不谓之辛苦！又有杨长者德俊、李长者小龙、赵长者长海、华善人建新等等，恪守阳明先生之教，弘宣先贤先圣之道，于此物欲横行之世，甚为赞叹。

愚与吴老师相识久矣，知其善行，又知其编撰过程之辛劳，老师不以愚学问浅薄，资质平庸，受邀作记，宠辱若惊，再三推之不却，见识有限，聊聊记之，不敢规物，以自激励尔。

西莲居士[1]

冬月望八日 于长安香积寺畔守拙斋

---

[1] 西莲居士：左金众，字子清，号西莲居士，讲学于西安外国语大学；范观澜之弟子，泰州范观澜佛教文化工作室研究员。

绪　论　王阳明思想研究之历程回顾

一、儒家格范与思想研究历程

儒家格范与准则是指以儒学的要求为框架和标杆，规范世人行为和精神的一种准则。儒家准则主要包含两个方面：即行为准则和精神准则。行为准则是指要规范人日常生产活动中的言行举止，是一种外在表现。精神准则是指人的思想、情感等内在意识。思想境界是指人的思想觉悟和精神修养，可以从不同人看待同一问题的角度、深度和广度中表现出来。儒家学派的创始人，孔子所倡导的仁、义、礼、智、信这五常就是对当时世人的一种准则规范，其影响也一直延续到当今时代。因此，若要讨论儒家准则，对孔子儒学思想的探究是绕不开的。

舒坤尧在《试论儒家幸福观及其现代价值》中对儒家的幸福观进行探究，"儒家认为仁爱之心是幸福的源泉，以仁爱道义来节制人的欲望是实现幸福的重要保证。"[①] 从这句话我们可以看出，儒家的幸福观是以仁爱为基础的，而节制则是达到幸福的手段方法。孔子云："克己复礼为仁"，人们只有要求自己的行为准则在礼的范围之内，才能达到君子的境界。儒家的仁爱准则对当代人的影响也是巨大的，仁爱准则通过两种方式在人的日常生活中体现出来：第一，与他人行为的对比，从而加深对自己行为的认知，以更好遵守仁爱的准则；第二，个人内心关于仁爱等精神准则制约着人的外在行为，使人趋向于君子的目标发展。

[①] 舒坤尧：《试论儒家幸福观及其现代价值》，载于《人民论坛·学术前沿》，2021年第23期，第126–128页。

商媛媛在《"颜氏家训"看儒家思想的继承与改造》①中以《颜氏家训》为例,对儒家准则进行探究。家训,是制定家族行为治理的准则,是以促进家族长远而稳定的发展为目的。颜之推②继承了孟子及董仲舒的仁义精神,并将这种仁义精神确立为家族行为准则。《颜氏家训》是以儒学为基础的,如教人醒悟做事、反思做人的"夜觉晓非,今悔昨失"与"吾日三省吾身"类同,其本身就是对儒学的继承和发展,《颜氏家训》推崇的是一种"仁"政,即除国家法律外,人们还需要社会责任和内心约束共同作用,以推动社会平稳发展。

陈伯海在《儒家"情性"观简释》③中对儒家的"情性观"进行探究,其本质是一种情感教化之路。中华民族的思想传统是依靠天人合一的基本关系而建立的,以自身为中介,沟通天地与内心产生联系,这种联系就是一种情性的体现。儒家的"仁爱"属于一种人的情感,从父母、兄弟等亲人关系出发,逐渐扩充到社会、国家,最终形成"博施于民而能济众"的境界。

许丙泉在《论孔子儒家的独立精神》④中认为因材施教不仅是孔子的教学方法,还是孔子儒学的教育准则。通过因材施教,有利于维护学生尊严,提升学生学习的信心,培养其独立人格。独立是指个体有其自身的尊严、人格和思想,不盲目追随和依附他人。在当代社会的教育中,因材施教同样占据重要的位置,通过因材施教才能让每一个学生发挥长处,成为独立的个体,有鲜活的思想,有利于自我价值的实现。

胡伟立在《儒家廉政思想的现代审视及其价值意蕴》⑤中认为清廉从政、克己修身、崇义轻利等廉政思想是儒家思想的精华。孔孟儒学之道是鼓励

---

① 商媛媛:《从颜氏家训看儒家思想的继承与改造》,载于《汉字文化》,2021年第22期,第194-195页。
② 颜之推:字介,琅邪人(今山东省临沂),生卒约南北朝至隋朝年间(531-约595),颜之推著《颜氏家训》,中国古代文学家。
③ 陈伯海:《儒家"情性"观简释》,载于《学术月刊》,2021年第9期,第151-158页。
④ 许丙泉:《论孔子儒家的独立精神》,载于《济宁学院学报》,2021年第4期,第17-23页。
⑤ 胡伟立:《儒家廉政思想的现代审视及其价值意蕴》,载于《重庆交通大学学报》(社会科学版),2020年第6期,第29-34页。

有志之人积极入仕的,儒学对于洁身自好、反腐倡廉等品质有着极其深入的研究。胡伟立通过对儒学廉政思想的探究,总结出三个结论:一是"以仁为本,为政以德",二是"以礼为准,律己修身",三是"以义为绳,唯德是用"。

刘树生在《儒家规矩思想与干部政德修养》①中从儒家规矩思想出发,也对干部政德修养进行了探索。刘树生以济南府学文庙中矩亭②为例,意在告诫世人,无论做人、做官还是做学问都要遵循礼仪,要自己树立规矩,不能肆意妄为。儒家认为,规矩对治国修身都有着规范的作用,无论是治国还是修身都应该推崇礼治、仁义为本、奉行中庸和慎独反省。

王齐洲在《"立于礼":儒家君子人格养成的行为准则——孔子文学教育思想探论之二》③中认为"立于礼"是儒家君子人格养成的行为准则。王齐洲从文学教育思想的角度对孔子的儒学准则进行探析,孔子认为,"立于礼"的前提是要求人们内心遵从"礼"的精神实质,在行动上人的一言一行都符合君子人格的标准。因此,孔子之"立于礼"的准则主要表现在两个方面,一是要求人的外在表现符合"礼"之准则;二是要求人的内在精神符合"礼"之准则。

杨飞龙在《儒家思想的诚信准则及其当代启示》④中认为诚信是社会主义中国的核心价值理念,也是传统儒家伦理的基本规范。在这篇文章中,杨飞龙主要是将儒家思想中诚信准则这一概念进行界定,诚信准则也主要包括两个方面:第一,诚信必须表里如一;第二,守信必须符合道义。

毕明良在《儒家义利之辩的核心——行为准则之辩》⑤中认为义与利是个人内心的一种道德约束,在这里,"义"是指大义、公义;"利"是

---

① 刘树升:《儒家规矩思想与干部政德修养》,载于《人文天下》,2020年第21期,第38—42页。
② 济南府学文庙的中规亭和中矩亭,经过后世的重修复建,中规亭呈圆形,中矩亭呈方形,意谓:无规矩,不成方圆。
③ 王齐洲:《"立于礼":儒家君子人格养成的行为准则——孔子文学教育思想探论之二》,载于《社会科学研究》,2017年第3期,第175—182页。
④ 杨飞龙:《儒家思想的诚信准则及其当代启示》,载于《中南大学学报》(社会科学版),2015年第4期,第164—168页,第224页。
⑤ 毕明良:《儒家义利之辩的核心——行为准则之辩》,载于《贵州师范学院学报》,2011年第11期,第28—31页。

指主体个人的私利。他认为,若要讨论关于儒家义利的行为准则,就需要将义与利放在个人与个人的层面、在群体和国家的层面进行探究。

马振铎在《儒家的普遍道德准则及其人性论基础》中认为五常和三纲都是儒家伦理道德准则,二者的作用在一定程度上是相同的,都是对个人和他人的一种整体约束。五常和三纲在儒家的伦理道德准则中也存在差异性,"仁、义、礼、智、信五常和维系三纲的忠、孝、贞节虽然都是儒家伦理中重要的道德准则,但二者在本质上有所不同。"① 五常准则是人人都应该遵守的基本准则,无论是发出者还是接受者都具有普遍性。在儒家看来,如一个人"不仁",那么他就失去了做人的资格。

钱国旗在《治国安邦的基本准则——儒家政治学说论要》中认为:"儒家倡导修身齐家治国平天下,儒学具有强烈的入世参政意识,在儒学思想体系中,内含着丰富的政治理论和治世主张。"② "仁政、民本"是儒家对历代君王治世的要求准则,孟子云:"夫仁政,必自经界始。"③ "仁政、民本"是孟子继承孔子的"仁学"发展而来,宣扬了"人性本善""民贵君轻""以人为本"等思想,孟子认为,"民为贵、社稷次之、君为轻",统治者应该宽厚待民,有利于国家聚拢民心。孟子的治世准则在当今时代依然有着巨大影响力,也为国家治理提供了宝贵经验。

二、王阳明"心学"兴起的历史思想背景

魏晋南北朝时期,佛教、道教都日渐兴盛,儒学为了自身的发展,不断融合吸纳道家和佛家的思想,隋代儒学明确提出了"三教合一"的思想。道家和佛学的发展到一定阶段之后,逐渐威胁到了儒家的地位,唐代韩愈提出复兴儒学,并对佛教持批评的态度。北宋时期,儒学思想家们开始展开复兴儒学、抨击道教活动。儒、释、道在长期的对立融合发展中,儒学占据了统治地位,思想家们对儒家义理的阐释也融入了佛学、道家思想,

---

① 马振铎:《儒家的普遍道德准则及其人性论基础》,载于《中国哲学史》,1999年第1期,第17-22页,第31页。

② 钱国旗:《治国安邦的基本准则——儒家政治学说论要》,载于《青岛大学师范学院学报》,1997年第1期,第1-10页。

③ 杨伯峻译注:《孟子译注》卷五《滕文公章句上》,中华书局,2021年,第108页。

形成了新的儒学体系——理学。

理学的起源可以追溯到北宋周敦颐。尹金欣在《周敦颐宇宙生成论的哲学思想探析》[①]中对周敦颐所指出的宇宙世界形成演变流程及其哲理进行了剖析，认为周敦颐是在道家的发展上开启了一个新的历史。周敦颐所提出的宇宙生成论是通过把《老子》的"无极"和《易传》的"太极"进行融合所得。周敦颐在宇宙生成论中首先探讨了世界的本原这一问题，认为世界的演化是从"无极"开始的，提出了"自无极而为太极""太极本无极"，将世界看作一个整体。

范立舟在《邵雍的学术渊源、思想特性及其与政治理念之关系》[②]中认为邵雍在解释世界本源是把世界看作为物质，但实际上邵雍所说的"太极"即为"道"。邵雍认为"太极"与"心""一""性"等同，都属于精神的范畴。邵雍认为宇宙是由"数"构成的，一切都表现为"数"的形式，而象数系统是他的学说的支配性法则，世界则是在"数"的法则下所衍生出来的。但实际上他所说"数"及其所支配的时空形态，都是属于"心"的作用范围。

姚军波在《张载哲学的"太虚"范畴释义》[③]中阐述了对张载的哲学中的核心范围"太虚"做出了三层含义的解释。张载为关学的开创者，同样还是宋明理学的奠定者，提出了"太虚即气"与"天人合一"的思想。

金家诗在《二程理学的历史地位与当代价值》[④]中论述了二程理学所产生的时代背景、历史背景以及当代价值。他认为由于二程处于"唐宋之变"这一大的历史时期中，"士风败坏"是重大危机中最为严重的一个因素，二程重建了道德价值体系以及社会风气思想。二程的思想体系是有所承继

[①] 尹金欣：《周敦颐宇宙生成论的哲学思想探析》，载于《开封教育学院学报》，2003年第1期，第23-24页。

[②] 范立舟：《邵雍的学术渊源、思想特性及其与政治理念之关系》，载于《中州学刊》，2022年第4期，第123-132页。

[③] 姚军波：《张载哲学的"太虚"范畴释义》，载于《西安石油大学学报》（社会科学版），2020年第29卷第5期，第67-72页。

[④] 金家诗：《二程理学的历史地位与当代价值》，载于《二程与宋学——首届宋学暨程颢程颐国际学术研讨会论文集》，2012年，第122-127页。

周敦颐、邵雍以及张载而来,但其最具有创意的"天理"思路是独立而出的。程颢说:"得此义理在此,甚事不尽?更有甚事出得?"① 这句话可以看出他认为天理是至大无外的,是具有本体论的意义的。而天理与道之间的关系,程颐说过"天有是理,圣人循之而,所谓道也"②。由此看来,二程所说的天理即为道。

付天睿在《从"理一分殊"看朱熹理学的思想特征》③中论述了朱熹"理一分殊"思维的特点,进行展开阐述这一思想。"理一分殊"思想是朱子思想中最重要的概念之一,他从通过对"理"与"气"两者的关系和"理"所占的主体地位提出了"理一分殊"的宇宙秩序,系统地说明了世界部分与整体的关系,还有世界中万物的多样性与统一性。二程与朱熹强调的"理",是客观唯心主义的。

张恒在《宋明心学的先声:邵雍心学思想发微》④中认为邵雍的心学的思想可以看作为宋明心学之先声。邵雍的思想中,"数"是"理"的展现,而"理"的地位是高于"数"的,但要"知天"不能只知道数,还要知理。邵雍的"理"在其解释中并不具体,具有多种意义,他所隐含"以心统性"的观点,将"性"与"理"蕴含在"心"中。"先天之学,心也。后天之学,迹也"⑤,这句话表明了邵雍更重视"先天学",但也不否认"后天学",认为"心"是"天地之心","心"是天的万物之至理,关乎万事万物的变化以及产生。

冯霞在《宋代学者陆九渊的心学思想考辨》⑥中阐述了陆九渊的心学思潮的源流和其内容。陆九渊的思想抱负为治国平天下,他提出人们应该有自律的思想,并认为万事万物的产生是来源于人的本心。陆九渊从小就

---

① 宗羲:《宋元学案》,中华书局,1986年,第569页。
② (宋)程颐,(宋)程颢:《二程集》,中华书局,2004年,第274页。
③ 付天睿:《从"理一分殊"看朱熹理学的思想特征》,载于《人文天下》,2015年第7期,第26-29页。
④ 张恒:《宋明心学的先声:邵雍心学思想发微》,载于《周易研究》,2022年第2期,第103-112页。
⑤ (宋)邵雍:《邵雍全集》卷三,上海古籍出版社,2015年,第1217页。
⑥ 冯霞:《宋代学者陆九渊的心学思想考辨》,载于《兰台世界》,2013年第15期,第76-77页。

受到孔孟思想的熏陶，特别是孟子的"五德说"，即仁、义、礼、智、信。在孟子看来，仁、义、礼、智为人的"四端"，即本心，陆九渊很赞成孟子的思想，尤其是孟子的本心思想，在对孟子思想进行继承和理解之后提出了自己的心学体系，即"心即理"。

邵明惠在《浅析一以贯之的王阳明心学》①中对王阳明的心即理、致良知、知行合一、圣人哲学这些思想展开了阐述。王阳明的思想体系构成中最具有特色的就是心即理，从"心即性,性即理"可以看出,王阳明对心、性、理在实质上是相互贯通的，他继承陆九渊的心学思想体系，并发展提出"心外无物""心外无理"及"心外无事"。这表明了他认为世间的一切事、物、理都是不超出心外的，一切皆可从心中找到答案。王阳明的心学思想是具有主观唯心主义色彩的。

三、王阳明"心物"思想研究历程

中国哲学界中关于王阳明心物之间关系的讨论和诠释的资料丰富，而且各具特点，角度不同，以下就心物关系上对前人研究资料进行梳理并总结。

(一) 唯物与唯心主义研究进路

以马克思主义为基本思路的唯物主义与唯心主义，运用于学术研究当中；在马克思主义思想当中，唯物主义与唯心主义是其在哲学学术研究当中所运用的一个思维方式和方法，二者是相对立的。马克思主义认为：辩证唯物主义是可取的，而站在其对立面的唯心主义虽然在实践中是不可取的，但是在哲学中亦是不可或缺的一部分。不乏有将王阳明思想与唯物、唯心二者予以关联研究者。

张岱年编著的《中国哲学大纲》②一书中，就将王阳明的哲学思想归类于唯心主义。王阳明认为一切皆在心中；张岱年则认为王阳明所说的无心即无一切，同时这种思想与西方的以"存在即被感知"为观点的主观唯心论类似。张岱年认为王阳明对于物质世界的态度是：既对其独立性及其

---

① 邵明慧：《浅析一以贯之的王阳明心学》，载于《今古文创》，2022年第5期，第56–58页。
② 张岱年：《中国哲学大纲》，商务印书馆，2015年。

客观性持否认态度，更对个中规律所存在的客观性予以否认。王阳明提出"良知"即为万物的根源与人生的准则的观点，但是在张岱年看来，"良知"归源于"封建道德的意识"范畴。再者，张岱年认为"朱陆之辩"中的争论点之一就在方法论之上，强调了"知识"和"方法"而作议论；而王阳明一方，心与物之"知行"一说，也是属于方法论上的。

冯友兰把王阳明的心学思想规定为只有一个世界的唯心论。冯友兰把王阳明的"物"理解为"实际世界"，把"心"理解为"主体的心"或"个体的心"，这一观点冯友兰在其著作（《中国哲学史》[①]《中国哲学史新编》[②]《中国哲学简史》[③]）中都有论述，也讨论了"南镇看花"。这里的"心"，冯友兰指出是个体的心，王阳明所肯定的是作为个体的人，其心有着万物万事，说明王阳明的天地万物是属于自己的主观世界，而不是公共的世界。冯友兰认为王阳明是把"实际世界"都置于"个体的心"之中，是典型的主观唯心主义。因此，冯友兰把阳明心学归于主观唯心论。

冯契通过分析王阳明的心学结论认为，认知过程中的主客观联系与认知内容对认知活动的依赖，使得物质世界不能脱离人的意识而独立存在。在"南镇观花"的公案中，冯契认为主客观的对象才是要关注的重点。藉以"花"而论，必要考察主体知觉下，花与之所存在的关系问题是为立论的基础；然而，人感知事物外相，主体性的主观感觉是花的色彩问题，主体感觉与花色存在着直接的映射关系——关系缜密，以此作立论，优势明显。而冯契认为阳明心学是唯心主义，即在于王阳明以"心无体"作论——自然界万事万物觉知自身"是非为体"。冯契认为王阳明此论就是把心作为绝对本体了，因而是唯心的。

侯外庐则在《宋明理学史》中将各家关于"理"的认识进行了梳理。即说："程颐认为，'须是遍求'事物，方可'达理'。朱熹以'即物穷理'论继承了这方面的理论。陆九渊则不然，他认为'理'不寓于外物，而在人

[①] 冯友兰：《中国哲学史》，古吴轩出版社，2021年。
[②] 冯友兰：《中国哲学史新编》，人民出版社，2017年。
[③] 冯友兰著，涂又光译：《中国哲学简史》，北京大学出版社，2013年。

的心里,'人皆有是心,心皆具是理,心即理也。'"① 侯外庐指出陆九渊存在的问题,就是不彻底的主观唯心主义存在,在物、我之间,还有一个客观的"理"存在。而王阳明受陆九渊影响,因循而承继陆九渊的主张,并且主张"理"不在心外而是在心内,认为"心即理""良知即天理",所以"理"不应该只在"格物"中求得,而在"致知"中寻求。故侯外庐先生认为,程颐程颢包括朱子,他们的"天理"论——客观唯心主义之下,是由王阳明"良知"之说这一一元论进行的赓续,由是王阳明所创立的本体论尽管是主观唯心主义上的,却是事实存在。

以上学者虽然在诠释上有很多细节上的不同,但是大体的唯心论主张还是相同的。都将王阳明的心学思想和贝克莱的"存在即是被感知"相比较,若不考虑其他因素就直接等同,未免也有失偏颇。

(二) 心物之意义建构研究进路

王阳明的心学中论及"心外无物"的问题时,不仅涉及"心"与"理"的关系阐发,还同样涉及到"心"与"意"、"意"与"物"之间的关系。要理清关于"心"与"物"的关系,一方面要清楚"意"的定义及作用,另一方面要从意义建构方面入手研究"心"与"物"的关系。意义建构中多有强调意向与价值方面的作用。其中,源发于心灵并且经由心灵衍生藉以事物本质属性、包括事物状态而呈现出来的能力,即是意向性。在古希腊经院哲学时期,"意向性"这个词语就已经存在,而此处所说的意向性,则是在此之上发展而来的现象学范畴,即胡塞尔现象学的主张所在。胡塞尔强调的是意识的本质在于意向性,而外部世界则必须通过人的意识的意向性来进行确认。胡塞尔认为人的主体意识总是附着在某个对象当中并以此为目标,而意识活动的这种附着性和目标性就是意向性。胡塞尔还试图用意向性将认识论中分离的主、客二体统一起来,认为人的意识活动并不完全是被动地接受,还可以主动地认识和改造世界。有许多学者就将意向性引入到王阳明的心物一体观的研究当中。

陈来将王阳明哲学与胡塞尔现象学的意向性理论作对照。胡塞尔现象

---

① 侯外庐等主编:《宋明理学史》(下),人民出版社,1997年,第207页。

学认为，与意向活动必然相关的某个对象可以是存在的，也可以是非存在的。陈来认为王阳明哲学所说的物主要指事，并且不一定是客观存在的，也正如王阳明自己反复强调的"心外无物"。这与胡塞尔现象学中意之所在是可存在也可不存在相同。王阳明在心学中强调"意"一定要有其对象，意不能离开物单独存在。王阳明还认为"意"与所发的一般情感是完全不同的，"意"应是属于"心"之运用，和"情"是同属于已发。陈来提出，"情与意的分别在于'情是性之发，情是发出恁地，意识主张要恁地。如爱那物是情，所以去爱那物是意，情如舟车，意如人去使那舟车一般。'"①陈来认为王阳明所说的"意之所在便是物"这个命题，在根本上就是把物归结为意念，因此"物"不是自在的"物"，而是作为意识而存在于主体之中的。

杨国荣在其著作《心学之思——王阳明哲学的阐释》中进行了"心物关系"的论述，他认为心体作为本体并不仅仅地囿于主体的意识，而应是相应的为考察心物关系提供了逻辑上的前提。但是在心与物的问题上，杨国荣则认为王阳明所提供的是一种形而上的宇宙模式或世界图景，更为重要的是：王阳明将存在的规定与所展示的意义世界的建构联系起来。杨国荣认为理学存在的沉思有二重路向，理学的考察方式有着超验、非超验的具体区分。"如果说，从周敦颐的太极图说到朱熹的太极图说更多地表现了超验的进路，那么，王阳明从心体出发考察存在，则表现了不同的思维趋向。"②对于心与物的关系，杨国荣从建构方式上着眼，是强调的"意义世界"，通过王阳明的四句教③而可以证明，即是说："意之所在即为物，并不是意识在外部时空中构造一个物质世界，而是通过心体的外化（意向活动），赋予存在以某种意义，并由此建构主体的意义世界。"④

杨国荣认为王阳明所说的"心外无物"并非以自然状态存在——是指这一状态下的本然物，它存在于意义世界而且还是存在于意识领域当中，

---

① 陈来：《有无之境王阳明哲学的精神》，人民出版社，1991年，第48页。
② 杨国荣：《存在与意义世界——王阳明与心物之辩》，载于《学术月刊》，1996年第11期，第49-55页，第86页。
③ 王阳明四句教：无善无恶心之体，有善有恶意之动，知善知恶是良知，为善去恶是格物。
④ 杨国荣：《心学之思——王阳明哲学的阐释》，生活·读书·新知三联书店，1997年，第97页。

绪　论　王阳明思想研究之历程回顾

是在人作为主体的基础上才有意义的存在。杨国荣着重强调了意对于物的重要性，他认为"此处的意义世界乃是相对于个体而言，对象的存在并不因个体而转移，但它对个体所呈现的意义却与主体及其意识活动相关。对缺乏道德意识的个体来说，亲子关系就不具有道德的意义"①。

丁为祥通过论文《王阳明宇宙观的双重性及其意义》而表述观点，指出王阳明宇宙观所存在的问题，是具有双重性的表现，分别为"气宇宙观"和"良知"宇宙观。"气宇宙观"是基于客观实际存在而言，提出物质性的宇宙与根源性之气的关系，是说前者统一于后者；而所谓的"一气流通"的产生，源自于根源性之气，是一种表现存在。

丁为祥认为，"'良知宇宙观'便是由良知主体经过其视听言动对客体之创造生成与观照统摄所形成的实践宇宙或价值宇宙。"②天地万物，如草木花石和人，都统一于经过主体化的良知。而丁为祥对于"南镇观花"公案中的"同归于寂"，"寂"的存在就是既无价值也毫无意义，虽然它是存在着。而瞬间明白的应激反应这种问题，是基于主体性来说的，并没有一个从没有产生到产生而在的过程，它只是相对意义上的价值，包括意义在内。因而，丁为祥提出来他的观点，即是"'心外无物'的'物'，并不是指客观的根源性之物，而是只代表进入主体实践范围的价值之物与意义之物"③，此种情况不存在于"心外"的原因，也是因为丁为祥在文中前段所说的天地万物都在良知的观照和统摄之内，认为天地万物都不在心外，而其价值和意义，体现在主体性之良知创造而成，抑或是赋予而显现存在，并且这一主体是需要观照与统摄所构成。而在文末，丁为祥梳理了天人合一思想的发展和演化，以此来解释王阳明将宇宙论和人生论相统一而形成的良知宇宙论。

丁为祥所论述的天人合一思想也是酣畅淋漓的，明确表示"天人合一"

---

① 杨国荣：《存在与意义世界——王阳明与心物之辩》，载于《学术月刊》，1996年第11期，第49-55页，第86页。

② 丁为祥：《王阳明宇宙观的双重性及其意义》，载于《武汉大学学报》（哲学社会科学版），1999年第4期，第61-66页。

③ 丁为祥：《王阳明宇宙观的双重性及其意义》，载于《武汉大学学报》（哲学社会科学版），1999年第4期，第61-66页。

这一观念的核心要旨体现在儒家的希冀之愿——以儒家思想提升生命价值。在人的价值观的影响下，客观的、原始的天会带有人的色彩。也就是说，天在不断地向人转化。而宋明理学对这种道德实践式的天人合一思想进行了另一个维度的阐释，即尝试从宇宙本体论的角度解决天人合一遇到的两大问题：一是外在的宇宙论层面，二是内在的的人生论层面。这两个层面所遇到的问题即为天人合一实现的客观基础问题和实现途径问题。

丁为祥举"北宋五子"之一的周敦颐为例，周敦颐将"天人合一"的理论分为两个方向，一为从天而人的宇宙本体论，即"二五构精"的宇宙图式；二为从人到天的人生实践论，即追求"诚而已矣"的大致指向。从学于周敦颐的程颢就此有了新的发展，自认为"天理"这二字是由他所"自家体贴"（《河南程氏外书》卷十二）而出，程颢把周敦颐的这一理论往前推进到了新的阶段，是为天下寻求到了共同性的起点，此处的"天下"尤指"宇宙"与"人生"，从而不再重蹈周敦颐的覆辙——以天及人、由人而天的逻辑回环，那么宇宙与人生是可以据此而共同延展，同时达成目标。

陈少明在其论文《"心外无物"：从存在论到意义论建构》[1]着重探讨了关于阳明"心外无物"的内涵，首先他肯定了在王阳明哲学思想当中"心外无物"的"物"即是指"事"和"理"。陈少明认为王阳明不直接了当地讲"心外无事""心外无理"是因为王阳明有自己的思考。王阳明对于朱熹所理解的"格物"问题，及朱熹对《大学》中的相关理解与论断，评价道："即物穷理，是就事事物物上求其所谓定理者也。是以吾心而求理于事事物物之中，析心与理而为二矣。"[2]

陈少明将"心外之物"和"心中之物"的结构关系分为四种层次。一、无关于心的"心外无物"。计有三种，即"未发现之物""无知之物"与"不入心之物"。不过，在陈少明看来，所分三种皆有入心的可能性，前提是本体心的关系问题，即本体心决定它们能否就此入心。二、入心之物。陈少明认为进入心中的不是客观的物，而是意向对象，存在于主体的意义世

---

[1] 陈少明：《"心外无物"：从存在论到意义建构》，载于《中国社会科学》，2014年第1期，第68-84页，第205-206页。

[2] （明）王守仁著，吴光等编校：《王阳明全集》上册，上海古籍出版社，2011年，第50页。

界当中。而进入心中的物每个人都会存在差别，就是体现了主体的意识对于世界的把握程度。三、毁于心外，活在心中。通过心外之物进入心中后，物便在心中留存，而客观世界的物会有生成毁灭，但是对于主体意识当中的物是没有影响的。物就在意义世界当中得到升华，参与塑造人格的精神因素。四、由心生发，及于生活。用于生活则是将心中的意识付诸实践。这四种层次均可看作是物因心而在的不同表现，是由实到虚和由里到外之心物的关系变换，这便显示了物因心而获得的意义。

陈少明还用塞尔的著作《社会实在的建构》[1]举例，利用西方学者的观点，强调儒家修身在于集体意向性，是一种功夫体现，而且提出儒家的这种修身功夫以"良知"的指引及其行事，是唯一性的，而并非外在压力所起作用，在这个向度去延伸，必然可以知悉王阳明"心外无物"导向的最终目标，就在于"万物一体"的境界所在。

（三）生存论之研究进路

对于良知心，牟宗三是把活动、存有与超越的道德本性视作等同的，是基于存有论。因为良知所具有的作用即就是对天地万物的感应，而且良知还是存有论的根据所依——基于道德实践与一切存在；"良知明觉"的提出，牟宗三是从"即寂即感"的存在、即就是"良知明觉"感应来作出的判断。它是超越的、创生的神感神应。

牟宗三分别从"意之所用处""意之所在处"和"意之所涉着处"说物，将物作事，也就是行为物，且"意"及"物"都有善或不善的种种性质。因此必须格物致知才能诚之、正之。牟宗三从"良知明觉"感应处说物，即物有两指：一为事，二为物。这也可称为行为物和存在物，两者都是天理之流行，皆得其所。

在看待"心外无物"和"心外无事"时，一切万物皆在人之"良知明觉"之贯彻润泽中。

对于"诚"的理解，牟宗三也是在"物"的角度，认为"诚"应包含"成己"和"成物"两方面的。所谓成己，所指的是以行视作物，是就这"事"

---

[1] ［美］约翰·R.塞尔著，李步楼译：《社会实在的建构》，上海人民出版社，2021年。

来说，由道德所造就的原理；而所讲的成物，却是以所存在着的"物"之说，是宇宙所生化成就的原理。因此，成己与成物是互相统一、不可分离的。

陈立胜认为"物"是行为物，"物者，良知之感应酬酢""物是身心上意之所用之事""物者事之物，事者物之事。一而已矣"等都可作为论释。陈立胜将物和事看作根源为一，物和事都是紧扣于心而言的，即言感应物也只是行为物。陈立胜认为王阳明之"物"旨在凸显其生存行为之面向。

陈立胜也曾提及自己与牟宗三学术上相比较的问题，他认为所创新之处，即是不认同牟宗三关于物的两种区分，认为王阳明所言之物应该是"行为物"，而并非是"存在物"或"个体物"；同时，陈立胜认为"看花"与"孝亲"是等同的，二者的这种"行为物"性质是基于生存论的意义，作用上即是用来凸显心物之关系；所以指出"心外之物"这一王阳明命题其实就是工夫论方面的命题。

陈清春对王阳明的心物关系也作了全面的解读，他在《七情之理——王阳明道德哲学的现象学诠释》[①]一书中，首先将王阳明的"物"分别诠释为了四种含义：一是"事亲、事君、读书、听讼、视听言动"等这些关乎人的行为、活动及至实践种种，都是"事"；二是实践对象，所指的是实践主体的指向——目标即或对象；三是现实之价值客体；四是客观世界，它是起到中介作用，而且是在实践中的中介导引，它不仅有三种"实在"，即时空性物体、身体与社会的实在，而且还涵盖心理实在——时间性存在。

陈清春还将王阳明之"物"总结为两大类型含义：存在和价值含义。他认为存在含义和价值含义分别对物进行了划分，即是存在上的"物"与价值上的"物"。而世界也因此分为存在与价值上的世界，人类生存世界是由存在世界与价值世界所共同构成。因此类推，"心外无物"命题也可从两个路径来进行诠释，分别为"价值论诠释路径"和"存在论诠释路径"。如果从价值论路径而言，陈清春认为王阳明"心外无物"之"物"主要是为"价值之物"，并非是"存在之物"。

王阳明"心外之物"解决的就是价值观念和价值存在的内在性问题，而且价值存在之内在性又应该是价值观念内在性之根源。与价值存在互为

---

① 陈清春：《七情之理——王阳明道德哲学的现象学诠释》，人民出版社，2016年。

相应的即是意识感受,而意识感受之对象就是"物";因此,陈清春认为王阳明"龙场悟道"之实质就是"自然思维的态度"向"哲学思维的态度"之转变。

(四)佛学诠释论

熊十力在其著作《新唯识论》[①]《十力语要》[②]《读经示要》[③]中都有写到关于王阳明的"南镇观花",主张"会物归己""境不离识"及"境和心是不可分之完整体"。在物的层面来看,物既是己,熊十力先生强调"己"不是单独产生的,这是一个文字义而已。若从本体层面来说,"物"和"己"是来于一源的,是本来一体的。同时,对王阳明的心学,他有"摄所归能""体用不二""心物同体"的唯识论新视角予以诠释的主张。

就像前面所说,心境圆融的融汇境界中,"物"是并不存在什么区别的存在;而"同归于寂"一说,如何解释具体的"寂",把佛教的"寂照不二"与《易经》相关方面结合起来,此法可行。熊十力先生认为"寂"便是"生之几",是以《易经》"复卦"卦辞而解释,而结合了佛教义理"即空寂即生化,即生化即空寂",并由此得出"心起即物与俱起,心寂即物亦俱寂"。另一方面,对于心的主观意义上的问题,熊先生指出来此"心"并非心理范畴的"心",而实质上它是一种主体——有化天地万物也能够具备这一种功能的存在,心与理、心与物却是显见于本体发用方面,而是只要心显则物与之俱显。

熊十力对"心外无物"的言说,在如何理解上是基于特定性哲学范畴之内;"物"的存在必要离却"心"而独立存在,并且物既是有自理的,也存在着自身所具有的定律、法则,当然"法则"方面必定经由人予以及时发现。因此,熊十力认为程朱理学之"理在物"是有其合理之处的,而不需要再去添加一个"心"。因此,熊十力认为"不守哲学范围"是王阳明心学的短处。

---

① 熊十力:《新唯识论》,中国书籍出版社,2020 年。
② 熊十力:《十力语要》,岳麓书社,2011 年。
③ 熊十力:《读经示要》,岳麓书社,2013 年。

刘洋通过论文《王阳明"心外无物"与佛教"唯识无境"思想辨析》[①]表述了王阳明与佛教唯识学存在的关系与异同问题。

首先，刘洋认为王阳明虽然早年曾有"出入佛老"的经历，但是并不能说其心学思想就是源自佛老；虽说"心外无物"这一思想，在与唯识论关系方面，"唯识无境"之说与此有异曲同工之妙，但是从实质上是属于儒家的。

其二，是在立意上的不同。王阳明所认为的"心"主要是指人对自身起主宰作用的灵明知觉，是有实体性的自体，即是"天理"，而此"天理"即是"得之则生，无之即死"，人为因素所主导的"亏损"。

其三，刘洋从王阳明的"心外无物"与"唯识无境"两种思想的获得途径上进行辨析，提出不能脱离人所必由之路的感官知觉，也不能由意识主宰，是则凡夫所了知天地万物并且在此之上，来进行立论。

最后，刘洋从王阳明和佛教的世界观而言，认为王阳明"物"说尽管就是形而上，然而是客观实际存在的，其所处的世界也是真实的。并且，这个世界的发生是离不开王阳明所说的"心"，即大化流行的天理。他从多方面对王阳明的心物关系和佛教的"唯识无境""万法唯识"等进行辨析，对两者之间的差异阐释，较为详细。

四、近代王阳明"知行合一"思想研究历程回顾

"知行合一"之说阳明提出的时间较早。初讲"知行合一"是在贵州龙场，主讲于贵阳文明书院，并且在王阳明提出之时，因为与大多学者思想大相径庭，大都采取怀疑的态度。而至现代关于"知行合一"命题各界学者也都是阐述不一。

冯友兰《中国哲学史》[②]所述及的"知行合一"之"知"，是指的王阳明素来强调的"良知"，并非是知识。王阳明的"致良知"，即就是"行"，心不为个人私欲所障碍，那么"知行"在此前提下便是一体所在，也就是

---

① 刘洋：《王阳明"心外无物"与佛教"唯识无境"思想辨析》，载于《河北学刊》，2011年第31卷第2期，第238-241页。

② 冯友兰：《中国哲学史》，古吴轩出版社，2021年。

所谓"知行本体"。冯友兰也从"知行"关系入手进行分析，他说"知是行之始，行是知之成"。他从义理上对于王阳明的"知行合一"展开分析，冯友兰是明了王阳明对"知行合一"本质的定义，凸显出他在研究王阳明思想方面的成就，参考价值颇高。

劳思光在其《新编中国哲学史》①中也涉及"知行合一"的思想问题，劳思光认为：之所以如此多的学者都对"知行合一"思想产生质疑，主要原因还是由于学者对"知行合一"命题中的范畴把握不清，如"知""行"和"合一"在王阳明自己的思想中所指何物；而且在不理解基本范畴之前，所有的阐释和论述难免会起到南辕北辙的效果。劳思光先生所认为的"知"应该是意义价值上的"知"，是"良知"而且还是有着善恶标准；"行"的所指是在意念上有个过程——先是发动而后展开——的行为，还是整整一个历程而且相对而言；谈到"合一"却又是针对在这一个"发动处"来说，此处所述的是"知行"本是"合一"原本存在的、此前的根源之义，并非在此后的完成之意。

张学智在《明代哲学史》②一书的"第六章王阳明的良知之学"中提到关于"知行合一"之说。张学智认为：王阳明哲学的"知"与"行"是一个统一体的两面，不能完全分开来讲，逻辑上互为包含，并且一个行为是有两种组成要素的：一则是理性的，是对行为上的指导；二则指人的现实行动，还是由理性指导之下的"行动"。他认为"知"和"行"是置于一个统一体当中，就是人的现实活动，这个统一体是无法将二者割裂开来。之所以分开讨论知行，这是人们思辨抽象的结果。同时，张学智提出：王阳明哲学本质上是伦理哲学，王阳明"知行"之说的主体就是道德上的行为，用举例予以论证的是命题性问题，而在这些命题当中大多都是道德方面的。

张学智认为王阳明所提倡的"知行合一"有一部分原因，是针对当时士风知而不行的弊病，王阳明认为道德活动是应当表现为实践之中的行为的，同时王阳明反对朱熹思想观点就是从"知行合一"出发的，王阳明认为朱熹所提出的"知"，主要是知识活动，而这种知识活动主要是书本上

---

① 劳思光：《新编中国哲学史》，广西师范大学出版社，2005年。
② 张学智：《明代哲学史》，中国人民大学出版社，2012年。

的知识，是没有去做现实的道德活动。

张立文在《宋明理学研究》一书中对王阳明的思想进行了细致的阐述。他指出知行问题、心理关系二者互为联结的方面，在王阳明看来，朱熹把"心理"分列为"心"与"理"是他的失策所在，导致"知行"被分列出来"知"和"行"，最后才会导致"外心以求理"。王阳明"知行合一"的提出就是针对朱熹的"知行"二分的观念问题；另外针对明中叶宦官、贪官等对于当时的宗法伦理纲常进行破坏的问题，王阳明为此作对治而提出。

张立文认为"知行合一"中有几层意思。其一，是"诚意"不自欺的表现，这里所说的"知行"，实际上就是人们的思维活动或心理活动，是思维活动连续性的过程当中，所具有的两个层次的问题。继而，就是两个层次上的思维活动在这一连续性过程当中，二者的发生契机是同时性的，并没有出现区别——阶段性抑或实质性方面的。其二，是被认知对象的问题，比如"色"与"臭"，在属性上并非脱离了主体感觉所存在着的，如眼睛能看见臭，但是并不知道臭，这些功能都是因主体的感觉而显现出来的。其三，"知"和"行"是不可分的，"知"外无"行"。张立文还对如何能够达到"知行合一"的境界进行了阐释。他认为这是一个道德修养的过程，"知行"在其形而上的本体"良知"(心体)中是合一的，"良知"体认"良知"是很容易的，但是"心体"被私欲遮蔽，才能将"知""行"分为两件事。"王阳明教人把良知本体和修养工夫融为一体，即本体即工夫。认为人们的道德行为是'知'的体现，在良知本体和道德修养工夫上无'知'和'行'的分别。"①

张立文总结了王阳明所说"知行合一"的三个方面。

其一，是从"心理合一"出发，主张"知行并进"。

其二，"知"和"行"是相互依赖、联系的。这说明了四个问题：1."知"为"行"在"主意"上的体现，"行"为"知"在"工夫"方面的表现；2."知"又是"行"的源始，"行"乃"知"的结果；3."知"有"行"在，"行"有"知"在；4.没有"知"作指导的"行"，是"冥行顽作"。

其三，"不行不足谓之知"。在这里，张立文先生点明了真知之所以

---

① 张立文：《宋明理学研究》，人民出版社，2002年，第507–508页。

是行，是因为不行则不足以说是知。强调真知即所以为行，不行不足谓之知。他将此分为三点阐述。1. 已知却没有行，就只是"未知"。知而不行，只是未知。2. 假如一生不行，那么一身不知。如果终身不行，即终身不知。3. 从上一点就可以推出，真知即是为行。"知"必依赖"行"，是指"以求履其实而言，谓之行"。

冯达文在《宋明新儒学略论》[①]中也有较多篇幅介绍王阳明哲学。其中"王守仁：'致良知'说所表征的意志自由"的一节，对于王阳明"知行合一"的提出，冯文达认为根本原因在于王阳明提出了"道德理念"是源发于本身之心，而且促就这一理念无须向外求。也就是说德行要成就，关键就在于道德践行方面，而不是在求知上必须要怎么做，就能够达到目标的。

王阳明"知行合一"是"知"与"行"的和合，冯达文认为这种"合一"主要表现为两种：其一，内在的心理表现；其二，道德评价上的外在表现。而对于王阳明所说的"知行合一"中的"知"和"行"，冯达文分别解释为自觉和自证。冯达文的这一解释，是在信仰层面上作考量，人在做事、处事之中必然有判断依凭，而"应然性"是限定因素，即先有自觉同时随附自证，得出"知"即是"行"，"知"与"行"一体的结论。因此，冯文达提出"知行合一"是心有自觉性与自证性的原因，并且在自足性上也就可以确保成立。

在《心学之思——王阳明哲学的阐释》[②]这一著述中，杨国荣多次提到的相关命题即是"知行合一"，他以知行学说而释解"知行合一"，基于逻辑呈现而从王阳明"致良知"说方面的展开，指出"知行合一"与"致良知"二者互为联系的关系。"致良知"有一个需要予以关注的转换性问题——目标形态，即是由本然向着明觉所走向的形态，为了实现这一目标形态的转换，知与行二者互动上却是需要依凭。就比如天赋的良知在主体当中其实还只是一种"粗知"，若是实行了"致知"之功，就会成为明觉之知。良知虽然是一种先天本体，但是它缺乏了现实性的品格。只有通过

---

① 冯达文：《宋明新儒学略论》，巴蜀书社，2016年。
② 杨国荣：《心学之思——王阳明哲学的阐释》，中国人民大学出版社，2009年。

了实践的主体，才能够渐次对良知有认同感上的获取，并且理性意识是渐次转化而来的——是内在自觉的过程。

对于"知行合一"关系问题，陈来的看法可见于《有无之境——王阳明的哲学精神》[1]之中，他以知行问题即是道德意识、道德实践二者的关系而阐述。在陈来的阐述中，"行"的所指在于实践是基于有知识的基础之上，并非对一切行为的泛指；"知"的所指既是所表现的知识存在于主观形态中，又是指求知行为。

在理学思想当中，格物致知属于知，而并非属行，陈来提出王阳明哲学思想中的"知"，从含义上看仅仅是指意识即或意识形态下的"知"，属于主观性范畴，是纯粹的。而王阳明所说行的含义就较为宽泛，"行"既是指人的肢体行动的全部，还关乎人的心理行为。

陈来又从"真知"指的是"真切之知"这样一个重要的观念，对"知行合一"进行阐释，而获得真知者即就是有了道德自觉——高度自觉；获得真知者必然以实际行动呈现所知悉的道德方面的知识，这样就能实现知行合一，知与行分离问题必定不存在。如果已知却不予以行，就是没有获得真知的表现。有真知就有非真知。在如何区分真知与非真知或者说区分真知与普通人的知这个问题上，陈来也作出了解释。

陈来认为，对于真知意义之上"知"的概念的使用，王阳明是以"知行本体"替代的真知概念，即：知、行之本义中"知"一定是涵盖了"行"，"行"也必然包含了"知"的。这两者在其根本处就是合一的，但是提出"知行本体"的概念后，就意味着还有非本体层次的知行。

董平的《论"知行合一"的四重向度》[2]在阐释"知行合一"时，从知觉、感知、知识和良知存在，这四重向度来说明"知"的内涵。知觉是"知行本体"的基础，感知所指在于知觉外延作用。感知将主体的认识对象"外物"纳入自身的"知觉"结构当中正是由于感知有可能产生的错误并且由此影响心体——出现遮蔽或者是私欲给予的隔断，从而失却心之本体。

董平认为王阳明的"知行合一"是一个生存论的命题，离开了人的存

---

[1] 陈来：《有无之境——王阳明的哲学精神》，北京大学，2020年。
[2] 董平：《论"知行合一"的四重向度》，载于《社会科学战线》，2019年第2期，第25-35页。

在是不可能的——人的现实生存是自然规律。而对于"知行合一"根本性意义,董平提出来"知行同一",心、身归于一元是它终极的意义,并且一个适于个体生存世界的建构,反映的是生存上的意义。董平认为"知行合一"即是"知行同一",所谓的"知""行"不过是同一个工夫在展开的过程中所呈现出来的两个不同方面,"知""行"虽是两个不同的字,说的是同一个工夫。从工夫的意义上对此作出阐释,现实表达上的"知"是行为过程,因而说"知"就是内源性动力,行动即或实践中的一种;"行"为"知"的外向呈现形态即是"行"。不管是"知"还是"行",如果以完整过程予以呈现之时,那么一方被另一方所涵摄,二者一同存在,也是必然性的。

丁为祥的《王阳明"知行合一"的本意及其指向》中对"知行合一"的理解不同于别人,他指出:"人们往往将'知行合一'作为一个孤立的理论命题来理解,从而形成所谓道德知行、主客观知行以及道德实践中之知行统一等各种不同角度的疏解。实际上,如果将'知行合一'放在王阳明思想发展的脉络中来把握,那么,以'行著习察'为特征的'身心之学'就代表着其'知行合一'的基本关怀,而表里如一之'慎独'、内外一致之'诚意',也就代表着其'知行合一'的根本指向。"[①]

这也是丁为祥理解王阳明所说的"知与行如何分得开"的依据所在。其一,丁为祥对"知行合一"作疏解,是以两种形态进行了两种不同的疏解。其一是"从黄宗羲起,就形成了一种从道德之知与道德之行相统一角度来理解的知行合一说"[②]。其二,是王夫之对王阳明"知行合一"的错误性评判。丁为祥认为王阳明的"知行合一"思想的基本出发点就是"身心之学",并且这是一门真正能落实于人生、贯注于身心的、日用间的学问。王阳明以"揣摩测度,求之影响"来说明"口耳之说"以"行著习察,实有诸己"来说明"身心之学"。而"行著"与"习察"就是"身心之学"实现的两种不同指向。

---

① 丁为祥:《王阳明"知行合一"的本意及其指向》,载于《王学研究》,2017年,第3—12页。
② 丁为祥:《王阳明"知行合一"的本意及其指向》,载于《王学研究》,2017年,第3—12页。

在《王阳明"知行合一"三指》①这篇文章中，丁为祥描述的"知行合一"有三层涵义。1.是"知行本体"是作为在实践当中，"知""行"二者的本然关系问题。"知行本体"并不是与"工夫"相对的"本体"，王阳明认为"私欲隔断"会失却本体，这里失却的显然是知与行的联系，因此，知行是不可分割的。"知行本体"不是"知行合一"体现出来的完整性描述，也仅是"知行合一"说的一种提出角度。2."真知行"是围绕本体论与修养论两个方面互为趣入彼此相证。丁为祥认为王阳明的"知行合一"并不是从概念分析的角度提出的，不能用"知先行后"或"行先知后"来揭示此意。"知"和"行"应该是二者"一时并在"的，并且前面所说的"知行本体"即是"真知行"的基础。丁先生认为"真知行"是有"为善去恶"的目的，这也是与"知行本体"相互区别之处。而"真知行"因有"良知"这一"本体"才不同于知与行不可分割的"知行本体"。另一方面，"真知行"又因其有实践活动的过程而与寂然不动的本体"良知"相互区别。实际上，"真知行"正是"知行本体"和"良知"的相互结合。3.是"生知安行"是人生在修养上的最高境界体现。"生知安行"是王阳明对圣人的描述，若从"良知"本体的角度来看，他将人分为圣人、贤人和学者三种。若从"功夫"修养来看，则分为"生知安行""学知利行"和"困知勉行"三种。因"真知行"是王阳明作为道德实践的规范而提出的，是一种外在的要求，在道德实践当中具有不现实性。而"生知安行"实际上就是"真知行"的终极目标，人只有在按照"真知行"的要求和规范并完全内化成为自身自然而然的表现时，才算是达到了"生知安行"的境界。

五、王阳明"知行观"思想研究历程回顾——兼论与朱熹"知行观"之比较

关于知行的关系讨论，在中国传统文化中一直都存在。朱熹的知行观思想是从二程继承而来，而二程与朱熹注重于理，王阳明注重于心，他们分别从"道学问"和"尊德性"角度出发，形成了不同的知行观。

---

① 丁为祥：《王阳明"知行合一"三指》，载于《人文杂志》，1993年第3期，第32—36页。

绪　论　王阳明思想研究之历程回顾

　　王欢在《程朱理学知行观浅析》[①]中对二程与朱熹的知行观思想进行了分析，并对比其思想的异同。二程和朱熹知行观的提出是受当时历史背景的影响而产生的，并不是偶然的，在对知行的先后、轻重和难易方面存在着争议。

　　杨翰卿在《朱熹知行观的理论创进和主要特色》[②]中论述了朱熹的知行观，主要聚焦于其理论特色与影响。朱熹的知行观的思想渊源是来自孔孟儒学，而朱熹思想是对二程思想的发展以及完善，并有自己独特的思想，其重行而不轻知的思想对后世也有重要意义。

　　纪文荣在《王阳明的知行合一思想及其当代价值》[③]中对王阳明知行合一所产生的背景以及内容进行了解读，还讨论了其当代价值，认为知行合一的当代价值对公民提供了价值导向和行为准则。

　　王阳明的知行观是在继承前人的思想基础上更加全面系统地构建了自己的知行合一说。虽然王阳明的知行合一思想是在继承程朱学派的思想上进行发展的，但他不认同程朱学派的知先行后的观点，因此提出了知行合一的思想。他的知行合一说的逻辑起点为"心即理"。王阳明说："知是行的主意，行是知的功夫；知是行之始，行是知之成。若会得时，只说一个知，已自有行在；只说一个行，已自有知在。"[④]这句话可以看出，王阳明的知行合一的思想与前人是不同的。强调了实践中"知"与"行"的统一性。

　　曾国锋在《王阳明"知行合一"中的道家思想》[⑤]中认为王阳明的"知行合一"的思想中包含了道家的思想，曾国锋阐述了王阳明的"知行合一"，"知"和"行"是在"心"这个层面同时具备，不可分割的，知中包含着行，

[①]　王欢：《程朱理学知行观浅析》，载于《中共乐山市委党校学报》，2016年第18卷第4期，第64-66页。
[②]　杨翰卿：《朱熹知行观的理论创进和主要特色》，载于《齐鲁学刊》，2009年第5期，第12-17页。
[③]　纪文荣：《王阳明的知行合一思想及其当代价值》，载于《今古文创》，2022年第23期，第58-60页。
[④]　（明）王守仁著，吴光等编校：《王阳明全集》上册，上海古籍出版社，2011年，第4页。
[⑤]　曾国锋：《王阳明"知行合一"中的道家思想》，载于《九江学院学报》（社会科学版），2022年第41卷第1期，第62-66页。

行中包含着知，王阳明的知行合一具体体现在他的致良知思想。王阳明的知与行表示的是一个动态的过程，而"知"与"行"能够"合一"的原因是本体"良知"。而"良知"又为"道心"，即为"本心"，他所说的本心又是无善无恶的。

张新民对此的解释是"'吾心之本体，自然灵昭明觉也'，这种呈现，正是良知的直观"①。而"自然"这一词为老子在《道德经》中率先提出的。曾国锋从"物物者非物"与"物物者与物无际"这两个维度解释了王阳明的思想还受到道家"道物关系"的影响，说明了王阳明引入道家的"自然"，使以人为主体的知行合一得以开展。

谭振江在《阳明心学"知行合一"说的佛学关联》②中提出王阳明"知行合一"的思想与佛学的关联性，并从诸子及传统经典对知与行的认知、"知行合一"说的提出背景、要旨以及"知行合一"说的佛学关联这三个方面展开具体阐述。在王阳明晚年的时候将"知"界定为"良知"，而知行进一步发展为"致良知"。王阳明虽然曾对佛学持见过偏，但其思想却是吸取了佛学特别是禅学思想智慧以革新儒学。张黎在《浅析王阳明知行思想的价值启示》③中对王阳明"知行合一"思想进行了论证，对其思想价值进行了分析。

六、王阳明"格物致知"思想研究历程——兼论与朱熹"格物致知"比较

在中国哲学中，"格物致知"是一个重要的思想概念，"格物致知"这一概念最早出现于《大学》之中。王阳明早期信仰程朱，在经过"格竹"的经历之后，他开始怀疑程朱的"格物致知"思想，开始进行反思，在他被贬到贵州龙场之后，最终悟出来"天下之物本无可格者，其格物之功只在身心上做"，这就是"龙场悟道"。

---

① 张新民：《德性生命的实践与价值世界的建构——论王阳明良知思想的四重结构》，载于《王学研究》，2018 年第 2 期，第 3-37 页。
② 谭振江：《阳明心学"知行合一"说的佛学关联》，载于《山西高等学校社会科学学报》，2020 年第 32 卷第 12 期，第 6-9 页。
③ 张黎：《浅析王阳明知行思想的价值启示》，载于《西部学刊》，2021 年第 10 期，第 151-154 页。

周昊在《朱熹王阳明"格物致知"思想差异研究》[①]中将视角放到了特定历史时期之中,去探寻朱熹和王阳明最终产生"格物致知"思想差异的原因。周昊认为朱熹和王阳明在"格物致知"思想上存在有继承关系,但最终二者对其思想的发展不同。朱熹将"格物致知"拆分后进行理解,他对"格物"有两种解释,一种是"格物"要落实到物上,一种是"格物"是追求事物的深刻道理。朱子认为"知"的最终是"理",即为万物运转所遵循的基本原则。王阳明所主张的思想为"心即理",因此,他反对朱熹要通过外物去格物的思想,认为"格物"实际上是"格心",孕育万物的良知在我们的心中,只要在心中寻找就可以找到。周昊认为导致朱熹与王阳明对"格物致知"不同走向的原因可以在《中庸》中找到。朱熹注重理学,偏向"道学问",而王阳明注重心学,偏向"尊德性",这导致了他们思想的不同。

程国栋在《朱熹与王阳明"格物致知"思想之比较》[②]中比较了王阳明与朱熹"格物致知"的思想,他所持的观点是王阳明对"格物致知"的理解是优于朱熹的。虽然王阳明与朱熹两人对于"格物致知"的理解有许多差异,但是其中也有许多共通之处,二者所格的"物"是相同的,二人"格物致知"的步骤实际上也是"知"与"行"的步骤,都是道德践行。王阳明与朱熹对"格物致知"的理解的侧重点不同。朱熹将着眼点放到了"格物",即"穷理",才能到达"致知";王阳明与之相反,将着眼点放到了"致知",然后再进行"格物",从自己的心学思想找其根据,他把这归结为"致良知"。

陆翠玲在《试析朱子与阳明的"格物致知"》[③]中对王阳明与朱熹的"格物致知"思想展开了分析,认为他们根本性的区别在于修养功夫的着力点和价值目标上有所不同。在修养功夫的着力点上,二者对心与理之间的关系认识不同。对于朱熹而言,心与理是分离的;而王阳明反驳朱熹将心与

---

① 周昊:《朱熹王阳明"格物致知"思想差异研究》,载于《发明与创新》(职业教育),2020年第7期,第103-104页。

② 程国栋:《朱熹与王阳明"格物致知"思想之比较》,载于《青春岁月》,2017年第3期,第239页。

③ 陆翠玲:《试析朱子与阳明的"格物致知"》,载于《内蒙古农业大学学报》(社会科学版),2011年第13卷第2期,第306-307页。

理分开，认为心与理是"一"；朱熹认为知识是有渐进的层次的，是深层次的知；王阳明认为，成就道德人格、侧重德性的修养是"格物致知"的价值目标，他认为不需要向外格物，只需要从内心出发，进行内心反省即可得，"格物"是需要从内心中去恶存善。

七、王阳明"良知"思想研究历程

"良知"与"心""性"一样，是王阳明哲学体系的核心概念。要了解阳明心学就必不可免地要了解"良知"。

（一）良知

"良知"一词最早出现在孟子学说中，孟子认为，良知就是不虑而知的先天性的存在，是人行"仁"的前提。孟子将"良知"作为仁、义、礼、智之"四端"的前提而提出，认为良知是人们从一出生就具有的一种先天能力。孟子从"性善论"的角度出发，认为人们通过后天的个体修养可以去除对内在的、先天的"善"的各种蒙蔽。

"心自然会知，见父自然知孝，见兄自然知弟，见孺子入井自然知恻隐，此便是良知，不假外求。"[①] 王阳明在继承孟子"良知"思想的同时，还对其进行了丰富和发展。朱熹认为"格物致知"就是通过实践全面了解事物的理进而了解宇宙本体的"理"。而王阳明则认为"格"就是"正"，而"知"就是"良知"，就是世界的本原；"格物致知"就是将不正之事物、欲念归正，从而体悟、通达良知。"'致知'云者，非若后儒所谓充扩其知识之谓也，致吾心之良知焉耳。"[②] 在王阳明的哲学体系里，"良知"是世界的本原，是本体。但是作为本体的"良知"受到后天因素的影响，可以被蒙蔽，而被蒙蔽了的"良知"则可以通过"格物"归正、反省自身以致"良知"，这便是王阳明的"致良知"。

熊十力赞同王阳明的"致良知"思想，认为人可以通过体悟、反观本心进而通达良知，即通达本体。但熊十力还认为王阳明的"良知"说还是

---

① （明）王守仁著，吴光等编校：《王阳明全集》上册，上海古籍出版社，2011年，第7页。
② （明）王守仁著，吴光等编校：《王阳明全集》中册，上海古籍出版社，2011年，第1070页。

有所缺陷的。王阳明认为："至善者,明德、亲民之极则也。天命之性,粹然至善,其灵昭不昧者,此其至善之发见,是乃明德之本体,而即所谓良知也。"①(《从吾道人记》)熊十力在对"至善""明德""良知"三者的看法上与王阳明基本保持一致。"阳明但说至善即良知。而于上下文义,犹欠疏通。"②但是熊十力认为王阳明对"至善""明德""良知"三者之间的关系并没有做出更详尽、明晰的解释。熊十力认为,三者是同实异名的同一概念,此处的"实"就是指实体;但就功能和效果而言,三者又有所不同。"明德"是一种道德实践,是"体";而"至善"只是"良知"的一种完满的状态。

同时,熊十力还运用"体用不二""翕辟成变"的学说来修补王阳明的"良知"说。对于如何解释"良心"可以被蒙蔽,熊十力提出了区分本心与习心的观点。熊十力改造、运用佛家唯识论思想中的"四缘说"来解释这一点。但如何区分本心与习心,王阳明并没有给出解释。而关于此问题,熊十力则运用体用论、"四缘说"来解决。

李雅萍在《"致良知"与"格物"关系的体用论新解——论熊十力〈大学〉释义对阳明心学的补阙》一文中认为："熊十力继承阳明良知观的要义并扬弃阳明后学'耽虚溺寂'的弊端"③,吸收佛教思想后,区分了"良知"的本体性和自体性,建立了"体用不二""翕辟成变"、大化流行的哲学体系。文章中提及,熊十力将王阳明的"知是心之本体"解释为"知是心之自性",将作为本原的"良知"与人的个体性联系起来,从而使"良知"具有了个体色彩。"一方面我们可以说'良知是心的本体',这是就良知的根基是本心,本心是作为宇宙万物本源的本体来说的。另一方面我们可以说'良知是心之自体',这是就每个人的良知的自性而言。"④

李甡平在其文章《从〈大学问〉看阳明学的"仁本体"建构》中认为,

---

① (明)王守仁著,吴光等编校:《王阳明全集》上册,上海古籍出版社,2011年,第280页。
② 萧萐父主编:《熊十力全集·卷三》,湖北教育出版社,2001年,第648页。
③ 李雅萍:《"致良知"与"格物"关系的体用论新解——论熊十力大学释义对阳明心学的补阙》,载于《云南大学学报》,2019年第18卷第3期,第42-49页。
④ 李雅萍:《"致良知"与"格物"关系的体用论新解——论熊十力大学释义对阳明心学的补阙》,载于《云南大学学报》,2019年第18卷第3期,第42-49页。

王阳明以其著作《大学问》为依据构建了其"仁本体"的思想体系，而作为主体的"仁"同时具有客观性和主观性。李甦平在文章中分析王阳明的《大学问》，将《大学问》划分为两大部分：一部分是以《大学》中的三纲领为基础三大问，另一部分便是以八条目为基础的内容。所谓的三大问，第一问便是"明德"问题，第二问是"亲民"问题，第三问是"止至善"的问题。

李甦平在此文章中所说的"仁本体"就是"良知"。李甦平认为王阳明所说的一体之仁或心之仁体就是明德，在明德不被遮蔽的情况下就可以将天下万物视为一体，就可以将一体万物视为仁。但"明德"不只是冥想便能达到的，还要付诸于实践，而这个实践就是"亲民"。李甦平认为"明德"与"亲民"相辅相成，"明德"必须落于"亲民"的实践，也只有"亲民"才能体现"明德"。正因如此，二者之间才体现了"仁学"的客观性。"王阳明在《大学问》中回答说：'至善者，明德、亲民之极则也。''至善'是明德、亲民的最高准则，通过'至善'发见了明德本体，也就是所谓的'良知'。"[1]

（二）良知与孝

最早关于良知的记载便是孟子在解释"仁"时提出来的，同时还将"孝"作为"仁"、作为良知的表现之一。王阳明在解释良知时也曾提及孝。"良知"作为本体性的存在，其具体表现是多种多样的，孝便是其中之一。

刘增光在其文章《从良知学到〈孝经〉学——阳明心学发展的一个侧面》中认为"良知与孝是体用、本末的关系，孝仅仅是良知发用中之一事"[2]。同时还指出"良知"学与"孝"的关系。"由于王阳明良知学是从对《大学》的诠释中拈出，故随着阳明学的发展，其后学便将《孝经》纳入了良知学的体系内，以《孝经》来解释《大学》，采用以经解经的方式印证良知之说。"[3]

---

[1] 李甦平：《从大学问看阳明学的"仁本体"建构》，载于《中国哲学史》，2021年第6期，第72-78页。

[2] 刘增光：《从良知学到孝经学——阳明心学发展的一个侧面》，载于《中国哲学史》，2013年第1期，第94-101页。

[3] 刘增光：《从良知学到孝经学——阳明心学发展的一个侧面》，载于《中国哲学史》，2013年第1期，第94-101页。

文章还提及了罗汝芳和虞淳熙,并简要说明了他们以"孝"来诠释阳明学。

罗汝芳从孝悌入手,试图修补阳明后学的弊端。盛珂在《"从无入有":罗近溪"孝弟慈"说对阳明良知学的修正与发展》一文中写道:"'孝弟慈'充分实现了近溪'由无入有'的理论理想:以纯然至善、真实情感言说良知本体,以'孝弟慈'之推扩容纳格物工夫,以'达之天下'将政治问题转化为道德问题,成为能够贯穿本末始终的为学宗旨。"[①]罗汝芳从两个方面表达了他对阳明后学的不满:一是良知和良能是在同一层面的,并且良知在孟子那里只是直接地表达了恻隐之心,并没有成为阳明心学意义上的"良知";二是良知是一种情感指向,是实然之理。

罗汝芳认为王阳明过于重视《大学》,从而导致其学说最后没有很好地回归到孔孟之学上。罗汝芳提出要以"孝弟慈"为中介来重写解读《论语》《孟子》《大学》《中庸》和《易传》就是为了解决这一问题。罗汝芳的"孝弟慈"是一种先天性的情感,"孝弟慈"又具有道德性,作为其延伸出来的具体人伦关系也具有道德性,因而能通过向外扩充,达到"至善"境界。

(三) 良知与佛学

王阳明在解释"良知"用到了不少佛学思想,后世不少学者从佛学的角度来解读阳明心学、解读良知。前面也曾提到,熊十力运用法相唯识宗的思想来诠释、修补王阳明"良知"说的缺陷。

殷国涵在《佛教视域下的阳明心学——以太虚为中心》一文中认为,太虚推崇王阳明的原因有三:一是阳明心学吸收、借鉴了佛教的思想,与禅宗有相似之处;二是阳明心学主张"知行合一"的思想,有事功之能,符合当时的社会需求;三是阳明心学比程朱理学更接近孔孟之道,更能称之为正宗儒学,可以将其作为枢纽建设新儒学。殷国涵在文中也提及,太虚对王阳明在"致良知"与"是非之心"的论述上提出了质疑和批评。"认为'良知'作为本体无法被加以'致'之工夫;'是非之心'既作为'良知'本体又作为心理功能具有逻辑困难,其必然正确性不具有充分保证,其素朴定义——'好恶'也不具备普遍性。太虚又尝试以唯识学会通、诠释'良

[①] 盛珂:《"从无入有":罗近溪"孝弟慈"说对阳明良知学的修正与发展》,载于《中国哲学史》,2021年第4期,第80-86页。

知'与'四句教法',以慧心所、信心所解释'是非之心''良知',以八识分别解说'四句教法',其中不乏闪光之处。"①

殷国涵认为太虚对阳明心学的评价是我们了解佛学对阳明心学的态度的途径,并总结出太虚评价的四个特点:一、"和而不同、融摄贯通";二、"守护传统,展望未来";三、"关切现实,与时偕行";四、"诉诸于理性、逻辑"②。此篇主要以太虚对阳明心学的评议为主体,使人们对阳明心学、对"良知"可以进行更缜密的解读。

国内外不少学者认为王阳明的良知学对佛学融摄的内容主要来自禅宗。侯外庐和曾其海都认为对王阳明的良知学有关键性影响的是天台宗。何静则不这样认为,她在其文章《论王阳明的良知说对佛理的融会》中认为:"阳明良知说中所蕴的佛理不是单纯的禅宗或天台宗抑或华严学所能涵盖的,它们是阳明会通禅教的结果。"③她也认为"中国佛学'心性本觉'的思想对阳明的熏染甚深。阳明的良知除了是万物藉以存在的本体外,也具'本觉'功能。当然儒者阳明的觉有别于佛教的觉,后者是对佛理的了悟,前者则是伦理道德之知觉。"④何静还认为良知与密宗、华严宗所讲的真心更为贴近,而不是人们所理解的更接近于禅宗所讲的心性之说。

(四)阳明学与道教

王阳明的哲学体系是建立在他对儒释道的融摄上。上述简要介绍了学者对阳明的良知学在儒、佛等方面的不同思考。下面简要介绍学者基于道家思想对王阳明思想的解读。

曹正同与黄俊青在他们共同合撰的文章《阳明心性论与道家性命观对比研究浅论》中认为,王阳明的"良知"与道家的"道德"是一体两面的存在。文中论述,王阳明的"知行合一"思想的落脚点是具有实践性的"致良知",

---

① 殷国涵:《佛教视域下的阳明心学——以太虚为中心》,载于《宗教学研究》,2022年第2期,第150-156页。
② 殷国涵:《佛教视域下的阳明心学——以太虚为中心》,载于《宗教学研究》,2022年第2期,第150-156页。
③ 何静:《论王阳明的良知说对佛理的融会》,载于《学海》,2005年第2期,第135-139页。
④ 何静:《论王阳明的良知说对佛理的融会》,载于《学海》,2005年第2期,第135-139页。

是需要在日常生活中来反复磨练心性,不断反省自身,从而使心性得到扩张,进而上升至"至善"的境界。而道家的心性论亦是主张心性与身体同修,在注重心灵道德健康的同时也要注重生理上的健康,因而道家多用"性命"二字来概括其思想。文中还认为:"道家心性论所包括的内容更加广泛,不仅包括对心性崇尚道德的追求,还包括对身体健康长寿的实践。道家性命双修是对心性论的展开和实践。"① 曹正同与黄俊青认为,王阳明的心性论与道家的心性论在修养功夫上有相似之处,但是道家的心性论所涵盖的范围更为广泛。

道教在建立之初就以道家思想为蓝本,曾国锋在《王阳明"知行合一"中的道家思想》一文中认为,王阳明对道教的欣赏在实质上是对道家思想的赞叹。曾国锋认为王阳明思想中的"知行合一"思想在构建上就吸收和借鉴了道家思想。他在文中从"自然观"和道与物的关系的角度对此进行阐述。他认为:"'知行合一'具体表现为良知的体认于内与良知的推行于外之统一,而这种统一的基础则是践行。在践行过程中体认良知,是领悟于内;在践行中推行良知,则是作用于外,后者蕴含着实现社会人伦理论化的要求。"②

曾国锋认为,王阳明的"良知"是人之所以为人的依据,是一种动态的、指引人接近善的自觉,而不是静态的认知能力中的知。曾国锋还认为,道家的道与物有两种关系:一是"物物者非物",其目的在于消解道中的"物";二是道存在于物中,并成为物存在的依据。也就是说物是在道的指导下依其规律而运行的。王阳明的"知行合一"思想中的"行"也是在"知"的指导下进行的。

上述学者均以道家思想的不同角度来诠释阳明学,当今学者大多从儒学、佛学的角度来诠释阳明学,也不乏有从生命论等西方哲学的角度来分析阳明心学的学者,从道家的角度来解读阳明心学的学者较前者相比略少

---

① 曹正同,黄俊青:《阳明心性论与道家性命观对比研究浅论》,载于《今古文创》,2022年第27期,第58—60页。
② 曾国锋:《王阳明"知行合一"中的道家思想》,载于《九江学院学报》(社会科学版),2022年第41卷第1期,第62—66页。

一些。

八、王阳明"圣人之学"与"日用功夫"研究历程

圣人之学，心学也。这是陆九渊的定论，而王阳明则将其继承下来。"圣人"最初只是对"聪明人"的一个普通称呼，因诸子百家的"造圣运动"而变得高不可攀。孔子本人虽以圣人为高，却甘以君子自比，在孔子心中，君子人格是人普遍追寻的一种理想境界，世人应普遍成为君子而非圣人。而孔子成圣的过程也历经了前前后后400多年，在这一过程中离不开孟子、荀子、董仲舒三大儒学家的努力，从君子到圣人的改变，使得孔子高尚的道德、人格及治世经验等凸显出来，董仲舒更是将孔子打造成历代帝王立法的至圣。

张齐在《〈周易〉"圣人"辨析》[①]中将圣人、大人和君子进行对比分析，深入探究以了解"圣人"这一概念。张齐首先从圣人的"圣"字入手，在《说文》中的解释为"圣，通也。从耳，呈声。"段玉裁将"圣"解释为："凡以事精通，亦得谓之圣。"这时候成圣的门槛还比较低，只要求人对一事的掌握精通。随着学问的累积，"成圣"的门槛也越来越高，孔安国传曰："圣，无所不通。"《尚书·洪范》中云："于事不通谓之圣。"因此，总的来说，"圣"的基本是通，"成圣"的标准从"一事通"发展为"事事通"，圣人之"通"也在官能、德行、技艺、才干、事业等各个方面体现出来。

孟子云："人人皆可以为尧舜。"意为每个人都有成为圣人的潜力，但为何从古至今称圣者寥寥无几？通常成圣是需要两个极高前提的条件，第一，成圣者的内在道德标准一定是极其崇高的；第二，圣人也一定是具有极高智慧和才能的人。但是，在中华民族五千年的文明历史中，各学派对"成圣"的条件还是存在着细微的差别。如道家推崇"自然无为的圣人"，墨家推崇"律己兼爱的圣人"，法家推崇"强权用法的圣人"，而儒家提倡的是"仁礼一贯的圣人"。

刘立夫在文章《孔子如何从"君子"变成"圣人"？》[②]中详尽地分

[①] 张齐：《周易"圣人"辨析》，载于《武陵学刊》，2022年第47卷第1期，第21-25页，第34页。
[②] 刘立夫：《孔子如何从"君子"变成"圣人"？》，载于《伦理学研究》，2020年第6期，第15-20页。

析了孔子的"成圣"之路。孔子生前从未以"圣人"自居,而是以君子之名一以贯之,以孔子谦虚的性格,他也从不认为自己达到了圣的境界,他最喜欢、最愿意承担的就是"学而不厌,诲人不倦"的教师称号,孔子的圣人名号是后代哲贤推崇而来。孟子就是第一个将孔子推崇到圣人地位的后代哲贤。在《孟子》全文中,孔子出现的频率与尧、舜出现的频率相差无几。尧舜作为古代帝王,其政治地位与孔子这一士大夫相比肯定是不可同日而语的,但是在孟子心中却将孔子推到了与尧舜相同地位。在孔子之后又经过荀子、董仲舒等大儒的推崇,孔子的圣人地位变得更加不可动摇。

柴文华、张收在《对儒家"内圣外王"的追问》[①]中将"内圣外王"如何成就儒家之道,以及孔孟荀所构建的儒家理论与"内圣外王"的关系进行详尽的分析。"内圣外王"一词事实上并不是儒家首创,最早出现于《庄子·天下篇》:"天下大乱,圣贤不明,道德不一,天下多得一察焉以自好是故内圣外王之道,暗而不明,郁而不发,天下之人各为其所欲焉以自为方。悲夫,百家往而不反,必不合矣!后世之学者,不幸不见天地之纯,古人之大体,道术将为天下裂。"后人一般将"内圣外王"理解为内修圣人之得,外施王者之政。孔子认为,个人内心的"仁爱"要通过外在的行为表现出来,这便是孔子的"内圣外王之道"。而孟子的仁政学说和性善论则将"内圣"与"外王"既区别又联系起来。

施凯文和梁涛在《圣的起源与先秦儒家的圣人观》中认为圣主要表现在三个方面:"第一是能够事神,预测吉凶;二是道德崇高,人格完善;三是具有聪明才智,建立不凡的功业。"[②] 道家圣人与儒家圣人是具有差异的,但同时也具有一定的同一性。道家圣人具有清净无为、与道合一等特征,而儒家圣人则具备道德完备、天人合一等特征,二者也都有去除世俗功名利禄等清净美好的品质。

日用功夫,即心学之常见功夫。择安静处坐卧站皆可,放松心神,闭目养神,此为静坐;于静坐中观心念起伏,拨去私心过重之念,此为去私念;

---

① 柴文华、张收:《对儒家"内圣外王"的追问》,载于《齐鲁学刊》,2021年第6期,第5–11页。
② 施凯文、梁涛:《圣的起源与先秦儒家的圣人观》,载于《道德与文明》,2021年第5期,第80–89页。

空时总结人生成败，反省不足之处，改过向善，此为自省。三者合一为静时闲功夫。而事上磨练，遇事不乱，冷静如常则需定力功夫，须有克难之心、日日寸进之志，方能不被外事压倒心神。如日日步行，持之以恒则总有进步。

孙国锋在《本体—功夫视域下王阳明心体的二重路向研究》①中通过本体与功夫之辩，对王阳明心体的二重路向进行了探究：王阳明将"道德实践"规划为第一要义，而后又开始考察个人的主体情感，认为个体维度丰富的存在结构，为突破物、我的限制获得"主体自由"提供可能。从"本体"和"功夫"出发，对王阳明的二重路向进行探究，体现了"尊重个体""强调个体"的心学本质，也强调了在构建政治伦理和社会组成时要贯彻以人为本的原则。

徐亚豪在文章《本体与功夫——王阳明致良知教的两种进路》②中写到："本体与功夫是王阳明哲学体系中一个极其重要的理论视角，它代表着实现致良知的两种进路，一种是彻悟本体以化约功夫，一种是展开功夫以显透本体。"在王阳明的良知体系中，本体和功夫是相互统一、不可分离的整体关系，但是两者相较而言，本体则是更重要的一个方面。功夫是统摄于本体的，功夫要借以本体的统领才能完成，否则就会导致支离骛外而不知其所归的危险。同时，对于本体来说，功夫则是本体在现实层面的道德实践，"人欲尽去而天理自现"，本体需要功夫的实现得以展现。王阳明的致良知思想可以说是本体与功夫的合一，是与其知行合一相统一的。

胡勇在《略论阳明心学视域中的静坐功夫——兼与朱熹的静坐论思想比较》③中认为静坐是宋明新儒学的一贯功夫，从二程以来备受重视，是他们为学教人的下手功夫。王阳明与朱熹的静坐功夫有很多的共同点，但是从本体论的角度来看，两者又具有非常大的差异性。静坐对于王阳明心学的产生有重要作用，也是王阳明教学的重要方法，因此，王阳明对静坐

---

① 孙国锋：《"本体—功夫"视阈下王阳明心体的二重路向研究》，载于《广西社会科学》，2018年第11期，第57-62页。

② 徐亚豪：《本体与功夫——王阳明致良知教的两种进路》，载于《文化创新比较研究》，2018年第11期，第14-16页。

③ 胡勇：《略论阳明心学视域中的静坐功夫——兼与朱熹的静坐论思想比较》，载于《孔子研究》，2012年第2期，第59-67页。

功夫的法门和作用有着自己独特而深刻的认识。在静坐的姿态上，二者均未要求静坐的坐姿和时间安排，无论是王阳明"格竹子"的经历，还是后来的"龙场悟道"都体现出对静坐环境没有特殊的要求。而在静坐的目标上，王阳明主张的是不乱思量，但是也不强硬断绝。

程念祺在《阳明四句教法与正心功夫》①中对王阳明四句教与正心功夫进行探究。他认为在王阳明的四句教中包含着"先天之学"和"后天之学"的重要内容，即"体用"和"功夫"。王阳明的功夫也包涵两个方面，一种是本体的功夫，一种是恢复本体的功夫。此文章中也对王阳明四句教进行了解释：作为本体的心，本身不存在善恶的性质，因此，心才有知善知恶的能力；内在思想和外在行为有善恶的不同特质，需要用良知去恶为善。

九、王阳明与"明心见性""方便法门"研究历程

"明心见性"是一个佛教词语，其意是通过对本心的直接观照而摒弃世俗的一切杂念，使得原本清净明澈的本心自然显现出来。在现实生活中，"明心见性"也指率真的心性。要达到"明心见性"的悟的境界，首先必须要让心静下来，而"坐禅"是心静的主要法门，"坐禅"的作用是"摄心"。而在新儒学的发展过程中，也将静坐作为一种教学法门，尤其是王阳明的静坐功夫，其作用都意在平静内心。阳明心学的核心内容主要有几个方面：一是无善无恶心之体；二是有善有恶意之动；三是知善知恶是良知；四是为善去恶是格物；五是致良知等。"知行合一"是本体与功夫相结合的修养方式，"致良知"是"知行合一"最后的结果，与祖师禅"明心见性"修行法门有着千丝万缕的联系。

车辙在《王阳明"知行合一"与祖师禅"明心见性"比较研究》②中认为：

其一，二者在概念上存在异同。"知行合一"揭示的是人本然的生命状态和生命状态的真实性。明心见性在《坛经》中虽没有直接出现，但是有"识心见性"一词与之语义相同。"明心见性"中的"心"与"性"是

---

① 程念祺：《阳明四句教法与正心功夫》，载于《史林》，2003年第4期，第62–65页，第123页。
② 车辙：《王阳明"知行合一"与祖师禅"明心见性"比较研究》，载于《贵阳学院学报》（社会科学版），2020年第4期，第11–15页。

指人内在的一种自然的、本质的、固定的属性，这种属性是其成佛的依据。二者都包含一种具有超越性的道德价值上的同一性。

其二，二者在理论起点也存在异同。在阳明心学的体系中，"知行合一"是对"心即理"这一观点的实践统一和发展。而佛教禅宗的理论体系中，"明心见性"建立在"即心即佛"的思想之上。但是，二者在应用场域上具有同一性，都是由从人心作为出发点而进行的。

其三，二者在运作过程中存在异同。"知行合一"中的"知"是指人脑内的一种精神活动，而"知行合一"是人的意念外化，体现于物质和实践方面，即"行"的存在状态发生了场域的迁移。"明心见性"是通过诸恶莫作是为戒，诸善奉行是为慧，自净其意是为定而运作。

其四，"知行合一"与"明心见性"的出发点是同一的，都是为了帮助芸芸众生摆脱愚痴、或抛弃邪迷的超越性存在。最后，儒家成圣和佛家成佛在境界上存在异同。儒家的"圣"指的是人的道德之心处在一种纯乎天然且无人欲之杂的境界和状态，这与人之智力无关。而佛家的"佛"指的是觉悟者，是人通过修行和顿悟最终达到的一种精神彻底觉悟的智者。但是，"圣"与"佛"在意象的内涵和理论中所处的位置都是十分相似的，二者都是以心为本，且都是修行理论的最高境界，不同之处在于，"圣"偏向于道德心，"佛"更偏向于本体心。

阎韬在《王阳明的明心见性之路》[①]中对禅宗、程朱理学、明心见性和致良知进行整体性的系统分析。朱子理学风行百年，世人守旧、重复教条，新儒学已逐渐失去活性。就在此时，王阳明通过重新阐释禅宗的心性理论，其"致良知"给天下学者提供了另外的选择，开辟了儒学新天地。"从册子上专研，名物上考察，行迹上比拟"，只有明白本心，认识自己，才能打开成"圣"之门。关于王阳明对"明心见性"的理解和运用，作者在文中写到："直指人心见性成佛的禅宗，把佛教心灵哲学发展到一个崭新的高度。阳明发扬禅宗明心见性之学的优势，将本心根植于人的生命运动，

---

① 阎韬：《王阳明的明心见性之路》，载于《哲学分析》，2016年第7卷第1期，第60—78页，第197—198页。

明确其体为空寂。"① 致良知理论突出了心灵的创造性、主体性和个体性，为人人都能成圣提供了方法。

"方便"是指直接、善巧、权宜，是一种益于他人觉悟、利于直接度化众生的智慧和方法，是一种能随时设教、随机应变、因人而变的智慧。"法门"是指众生超凡入圣的门户。"方便法门"就是指随机度人的一种方法，是能够使人解脱的途径。

哈磊在《弘忍之禅法及其方便法门》②中对弘忍大师的生平事迹和其方便法门进行探究。道信大师曾专门作了一本《入道安心要方便法门》。随着后续门下弟子的增加和发展，各种方便法门也应运而生，其中以弘忍之方便法门，内容丰富且突出。依宗密的《圆觉经大疏释义钞》第三卷中所描述的那样："弘忍门下所出之宣什一宗，又称为南山念佛门禅宗的，即以齐声念佛为正修法门。"

赵青山在其文章《唐宋之际的配图佛经：宣说佛教教义的方便法门》③中认为敦煌文献中有一部分佛经配有生动的图像，利用图像叙事再现佛经内容，是佛教传播的方便法门之一。

在敦煌文书中，配图佛经有《观世音经》《佛名经》《佛说灌顶经》《十王经》《金刚经》，佛经晦涩难懂，民智未开，知识水平低下，阻碍佛教教义的传播。这些配图佛经能有效地解决上述问题，对于向千差万别的芸芸众生传递佛教教义起到了重要的作用。如《佛名图》上为文字，下为图案，大佛绘于经首或经尾，部分中间陪以零星小佛。将佛经展开来看，成百上千尊佛像映入眼帘，给人以极大的视觉冲击。作为敦煌文献中配图最多者，经中佛图满足了念佛的需要，对于目不识丁者，人们即使看不懂晦涩难懂的经文，在面对佛图时候可以形成无声的念佛，以达到消灾祈福的目的。

佛法有"八万四千法门"，学习佛法应"一门深入，广学多闻"，可

---

① 阎韬：《王阳明的明心见性之路》，载于《哲学分析》，2016年第7卷第1期，第60—78页，第197—198页。

② 哈磊：《弘忍之禅法及其方便法门》，载于《西南民族大学学报》（人文社会科学版），2015年第2期，第77—82页。

③ 赵青山：《唐宋之际的配图佛经：宣说佛教教义的方便法门》，载于《艺术百家》，2014年第2期，第201—203页。

是应该学哪门,应该深入学哪门,可是学习一门和多门等,是什么关系呢,二者有什么样的区别呢?归根结底,佛法的作用在于对治自己、启发他人。在对治自己时,要注意法门的应用,如生病时,药为法门,但是一旦吃药吃多了,不仅对病情没有帮助,身体还容易产生抗药性。而在于启发他人的时候,要自己先精通佛法。光靠说教的学习佛法是行不通的,没有实际修习,对于佛法的理解将会是教条的、片面的、破碎的,对佛法的理解也仅仅停留在表面,不能熟悉其内部深意,向别人宣扬佛法时索然无味,讲来讲去毫无新意,最终丧失对佛法的信心。

张业峰在文章《浅谈佛教方便法门》[4]中认为方便法门分为三类。第一类是行为方便法门,在慧能之前,禅宗的修行方式以坐禅为主,而慧能以后的禅宗修行不再拘泥于坐禅,行住坐卧等不同的禅定的形式已经十分普遍,方便扩大佛教的信众,让更多的人能够亲近佛法,成为弘扬佛教教义的方便法门。第二类是语言方便法门,语言的方便法门主要表现在文字、声音、肢体语言上。第三类是意念方便法门。

十、王阳明"天人合一"与"万物一体"研究历程

中国传统的哲学史上,儒道佛三家对"天人合一"这一概念各有其阐释,甚至于一些马克思主义哲学研究者也从"天人合一"的角度出发,探寻人与自然的关系等。可见,"天人合一"这一概念从古至今都是中国哲学史上的一个重要概念。先秦时期,百家争鸣,儒学在众多学派中脱颖而出,但是在儒学发展到明朝时期,已经与现实社会严重脱节,而王阳明提出的"天人合一"的思想理念,又为儒学注入新的活力和生命力,心与天地相通,生命就会发生巨变。庄子曰:"有人,天也;有天,亦天也。"人也是自然的一部分,天和人本应就是合一的。但是由于人生活的社会有各种法律束缚和道德规范,使人与自然的距离逐渐疏远,丧失了人原来的自然本性。而人修行的目的则是打破尘世间的禁锢,将人本性、自然性重新释放出来,以达到一种"天与我唯一"的境界。

丁为祥在文章《从"虚气相即"到"知行合一"——宋明理学"天人

---

[4] 张业峰:《浅论佛教方便法门》,载于《中国商界》(下半月),2009年第3期,第334–335页。

合一"主题的展开、落实及其指向》①中论述了三者在中国文化体系中的关系和作用。"虚气相即"是理学本体宇宙论的基础。"天人合一"是古人一直以来的追求,但是"天人合一"的内涵在各个时代显示出不同的特征,比如在理学开始的阶段,天人合一就表现为本然和实然的统一。朱子时代,"天人合一"又表现为理与气的相统一。明代王阳明的"知行合一"则代表着从知行到身心的一致。

刘光伟在文章《"天人合一"及其思想价值略论》②中认为"天人合一"思想对中国社会的政治、生活等方面存在重大影响。当今时代学术界所讨论的"天人合一"的思想是中国各学派不断探讨,而又经过漫长而复杂的时间形成的,因此,天人合一是具有多重含义的,各学派对"天人合一"的理解也都各有特点。

先秦时期"天人合一"的思想主要有三个方面,其一,老子最先提出"天"这个概念,"天地不仁,以万物为刍狗。"老子把天看成一个世间万物的主宰。

其二,孔子认为"天"是人之外的一种具有意志的、道德的、正义的"天"。如果放在"天人合一"的思想中,孔子的"天"即"道德之天""义礼之天"。其三,荀子的学说一直以来都是比较激进的态度,从"性恶论"就可以看出荀子的思想。而荀子认为的天则是自然的、无意志的,"天行有常,不为尧存,不为桀亡。"荀子对天的认识是:天有天道,人有人道,二者是互不相干的"天人相分"思想。

汉代,董仲舒以"天人合一"为思想基础,进而提出了"天人感应"和"大一统"学说。他认为,人与天是相互感应的,一切"人事"将受到天的奖惩。"天人合一"发展到宋明时期主要是张载、朱熹、王阳明进行继承、发展和创造。如张载认为"博爱"是达到"天人合一"的重要元素,朱熹则提出了"性即礼"、"天人一理"是实现"天人合一"的路径,而王阳明则从佛教教义中得到启发,认为只有通过"知行合一"和"致良知"才能达到"天人合一"。

徐圻在文章《谈贵州人文精神——关于"天人合一""知行合一"的

---

① 丁为祥:《从"虚气相即"到"知行合一"——宋明理学"天人合一"主题的展开、落实及其指向》,载于《学术月刊》,2020年第10期,第18-31页,第129页。

② 刘光伟:《"天人合一"及其思想价值略论》,载于《学理论》,2018年第3期,第105-107页。

解读》①中认为："天人合一"讲的是客观环境与人的生存、人的心智、人的力量不可分离，天与人处于和谐、共生、统一的关系中，即主观和客观的统一。"知行合一"强调的是思想与行动、心性与修为、意愿和实践的内外统一性，而贵州人民一直以主观顺应客观的方式，在自然中就宣示着"天人合一"的思想。

阳明心学体系中，"万物一体"是指一个世界全部的生命体。或可以理解为，"万物一体"是指世间万物不同的原因在于在时间空间的分布不同，导致个性差异，但是生命的含义都是一样，不仅仅生命的含义一样，而且人与尘埃的区别在最本质的层面，也是相差无几。

乔建宇和沈顺福在《王阳明"万物一体"观探析》②中从"一气流通""天地之心""心之本体"三个维度对"万物一体"进行探究，认为"万物一体"是宇宙万物与人类共同构成的一个整体生命体。俞跃在文章《王阳明"万物一体"思想的社会意义》③中认为"万物一体"思想具有强烈的社会意义，它强调人与人之间应该抛弃私利、注重情感交流和尊重仁道。

宋玉波在其文章《论"万物一体"观念的发展与演变》④中则对"万物一体"思想的演变从历史的角度和哲学发展的角度进行了系统的梳理。"万物一体"是"天人合一"的演化，体现出万事万物都是相互联系，是一个有机整体，而这一演化过程也是我国古代哲学思想进步的体现，"万物一体之仁"也体现出儒学对佛学文化的吸收和深化，也可以说是佛学中国化的结果。

华建新认为"万物一体"是阳明心学的逻辑起点，只有理解"万物一体"学说，才能深刻地了解、把握阳明心学的内涵。他在《"万物一体"学说

---

① 徐圻：《谈贵州人文精神——关于"天人合一、知行合一"的解读》，载于《当代贵州》，2016年第14期，第16-19页。

② 乔建宇、沈顺福：《王阳明"万物一体"观探析》，载于《贵阳学院学报》（社会科学版），2021年第6期，第7-13页。

③ 俞跃：《王阳明"万物一体"思想的社会意义》，载于《文化创新比较研究》，2020年第5期，第32-33页。

④ 宋玉波：《论"万物一体"观念的发展与演变》，载于《东南大学学报》（哲学社会科学版），2019年第6期，第44-51页，第146-147页。

是阳明心学体系的重要组成部分》^①一文中从"万物一体"学说的思想渊源、发展轨迹论述了"万物一体"是阳明心学体系中不可缺失的重要部分,也具有重要的现实意义,社会由个体组成,每一个人与他人都处在同一个社会中形成相互交往的关系。而个人往往为了"私欲"与其他个体产生冲突,不断发展最终演变成全社会的个人趋利化,会影响当代人价值的正确取向。

陈来在《王阳明的万物一体思想》[②]中认为王阳明的万物一体思想在价值观上体现出对生民苦难的一种悲悯情怀,将拯救苦难的人民作为他内心的一种终极关怀,也明确引导了"致良知"的实践方向。陈来从王阳明万物一体思想的价值观出发,体现了儒家学说传统的仁爱思想,对当今社会的生态文明建设和命运共同体的建设具有现实意义。

---

① 华建新:《"万物一体"学说是阳明心学体系的重要组成部分》,载于《教育文化论坛》,2019年第4期,第40—47页。
② 陈来:《王阳明的万物一体思想》,载于《中共宁波市委党校学报》,2019年第2期,第45—49页。

第一章 儒家格范与人生理想

第一节 儒者王阳明

王守仁（1472-1529），祖籍浙江余姚，字伯安，号阳明。中国历史上著名的思想家、军事家、教育家、文学家。王阳明一生都致力于圣人之道，终生从事授徒讲学活动，弟子遍布天下，并创立了在中国思想史上著名的"阳明学派"，倡导和传授其创立的"心学"思想。王阳明的思想承接于孟子，他认为圣人之学自孔子、孟子之后就失传了。王阳明与陆九渊在历史上通常被看做为一派，为"陆王心学"。其主要思想与北宋时期的"程朱理学"有着很大的差异，阳明学与程朱学对立，并在明朝逐渐成为最著名的一个学派，影响后世五百多年。直到今天，阳明心学仍是研究中国传统优秀文化及思想非常重要的部分。

一、生平与时代背景

据相关资料记载，王阳明的家世显赫，王家开始于王阳明的六世祖王纲，王纲是一位能文善武的全才，不过后殉于国难。王阳明的五世祖，也就是王纲的儿子，名叫王彦达，因父亲王纲死于国难，故决意终身不仕，终身来侍奉母亲，一生都过着隐居的生活，王彦达号称为"秘湖渔隐"。

王彦达之子，也就是王阳明的四世祖，名叫王与准，字公度。在其年纪尚小时就立志学术，对于为官任职毫无兴趣，不知是否是因为父亲的缘故，在年轻时就有闭门力学的愿望。后至王阳明的曾祖父王杰，为王与准的二子，性格与父亲和祖父相似，都是淡泊名利、一心向学的儒者。

王阳明的祖父王伦，字天叙，因极喜爱竹，又被人称为"竹轩先生"。王伦也是不喜世间名利，极其爱好读书，在家乡常教人读书，也喜爱诗词与鼓琴。王伦的这个爱好和性格深深地影响了王阳明，并在其年幼时就留下了深刻印象。到了王阳明的父亲王华这一代，更是继承了祖上正直善良的优秀品格，不同的是，王华在朝为官，并且官至四品。王华的儒者修养是非常深厚的，这一点也影响了王阳明，使其在年少时便有为圣之志，这一点和王华是关系甚深的。

  王阳明一生，世人看来是传奇的，据《年谱》[①]记载：其出生时有一个传说，王阳明的母亲郑太夫人妊娠十四个月才生。王阳明出生时，其祖母正在睡觉，当时祖母做了一个梦，梦见天上忽然有一朵祥云飘来，祥云上站着一位仙人，这位仙人手里怀抱着一个婴儿。仙人将婴儿递给了祖母，此时祖母醒过来后王阳明就出生了。王阳明的父亲王华因为这个祥云之梦，为其取名为单字"云"，王阳明出生之地也被称为"瑞云楼"。

  王阳明出生后并不是一帆风顺，直到他5岁时还是不能开口说话，全家上下也都为此感到非常着急。直到有一天，王阳明在与小伙伴们玩耍之时，有一位道人经过看到了王阳明，于是他发出感慨："好个孩儿，可惜道破。"而在他说此话时，恰好被王阳明的祖父王伦听道，就留住此道人，道人将此事与王阳明家人一说，于是恍然大悟，原来王华给王阳明所取的名字"云"泄露了天机，导致才有一劫，于是改名为"守仁"。果不其然，王阳明没过多久便能开口说话，并且能将以前听祖父王伦所念诵的经典一字不漏地背诵出来，原来他以前虽然不能开口说话，其祖父王伦在书房读书时所念诵的文章，都一字不差地记在了王阳明心里。

  王阳明的家乡在浙江余姚，他11岁之前都是在老家度过的，11岁之后就随其父在京师生活。王阳明12岁时，在学堂读书，王阳明曾问夫子读书的目的是什么？夫子回答是读书当然是为登科及第，王阳明认为不是这样，抒发出自己"读书作圣贤"的人生理想。少年时期的王阳明除了爱好辞章典赋，还喜欢习武射箭，这都为他之后成就一番丰功伟业奠定了基础。

  少年时期的王阳明对于朱熹之学是非常崇尚的，朱熹在王阳明所处的时代，被人们看作为继孔子、孟子之后的大圣人，朱熹之学是当时文人和士大夫们最为推崇的。想要成为圣贤，按照朱熹的理论来进行实践，就必

---

① 束景南：《王阳明年谱长编》第一册，上海古籍出版社，2017年，第5页。

须通过"格物穷理"的功夫来达到,朱熹认为"事事物物皆有定理",也就是说可以通过穷各种各样的事物之理,来达到尽知天理的境界。王阳明认为既然事事物物皆有定理,那么庭前的竹子肯定也有其理,通过格出竹子之理,也能成为圣人了。于是王阳明与另一位同伴就商量一起来格庭前的竹子,不出三天这位同伴就病倒了。王阳明认为是同伴身体不行,于是他继续坚持,直到第七天自己也病倒了。王阳明也通过此次的"格竹"之事,对朱熹之说产生了怀疑,对传统学说进行反思,开始寻找其他成就圣贤之道。

王阳明35岁时,迎来了其人生中不管是思想还是经历都最为重要的转折点。弘治十八年(1505年),明孝宗去世,其子朱厚照仅15岁就继承皇位,史称明武宗,改年号为正德。当时的朝政大权都由宦官刘瑾一人控制,"孝宗传武宗,又宠太监刘瑾,这不能不说是成祖恶政的流毒了"①,这使得朝廷上下乌烟瘴气,昏天黑地,百姓也是民不聊生。百官纷纷上奏,奏请罢免刘瑾,由于刘瑾的权倾朝野,很多上奏的官员都被刘瑾残害,手段非常残酷。王阳明只因上奏提到保荐某位反对刘瑾的官员,就被刘瑾盯上,由于忌惮其父王华,只是廷杖三十,一个月后被发配至贵州龙场。

正德元年(1506年),王阳明从京师出发,于正德三年(1508年)抵达贵州龙场,其中历时三年之久。王阳明到达龙场后,发现这里的气候及环境并非一般人所能忍受,不仅周围万山丛林,交通闭塞,这里因树林太盛,导致多有蛊毒瘴疠,随从的侍从因水土不服来到当地不久就病倒了,王阳明在极度困苦的环境下还需要照顾他们。有一天,王阳明在一个洞穴中,他称为是"阳明小洞天"的地方,条件恶劣,王阳明感到坚持不下去的时候,转念认真思考"圣人处此,更有何道?"经过一番身心的艰苦磨砺,悟出"圣人之道,吾性自足"之理。王阳明将此理与五经相互比较印证,发现莫不吻合,通过对生命的真谛与意义的不懈探寻,王阳明悟出的正是轰动后世几百年的思想——以"心即理"等为代表的心学理论体系,他认为天理不在事物之中,而在自己心中,心外无理,心外无物,真正将天理从外在事物回归到了自己内心。

---

① 吕思勉:《中国通史》,江苏人民出版社,2020年,第175页。

二、王阳明思想的主要特点

钱穆在其《阳明学述要》一书中,把王阳明思想要点大致概括为:良知、知行合一、致良知、诚意、谨独、立志、事上磨练。这七点,可以说是阳明学说的主要宗旨,"而尤其是在他重行这一点上,不徒是他为学精神全部所贯注,即其学说理论之全部组织上,也集中在这一面。"①

1. 心即理

在王阳明的哲学思想中,强调对心体把握的同时,也指出对于心体所发之意的对象,即心外之物,是隶属于心所统摄的范畴。王阳明对于心与物关系的思考,一直也都是思想家们探讨的核心问题之一,而王阳明所说的"物"通常又涉及到"事""意""理"等内涵。

朱熹认为心是包含众理的,但是理并不能就等同于心,而是作为"性"存在于心的。所以他认为人生的终极目的和理想就是将"心"与"理"合一。朱熹认为理是存在于主体当中,但是理并不是现成的意识事实,而是一种对于人心来说的先验本质结构,即道德原理的究竟根源是宇宙普遍法则。而朱子所说格物穷理的方式也就是将道德原则的理与主体的意识、动机融合,即是将本质结构的理转化为认识对象的理。而陆九渊所提出的"心即理"中的"心"主要是指先验的本心,陆子并不认为:人的一切意识活动都一定符合于天理,双方持有不同的立场,朱子理学的经典依据主要是《大学》,陆学的经典依据主要是《孟子》。在这个方向上,王阳明延续着陆九渊的思想,对"心即理"内涵讨论更加深入。

徐爱曾向王阳明先生提问:"至善只求诸心,恐于天下事理有不能尽。"先生曰:"心即理也。天下又有心外之事、心外之理乎?"②徐爱是从朱熹的基本思路出发,即心中所求的只是存在自己心中的理,那天下的事理是在心之外又应如何去求?因为事事物物皆有定理,人们只能通过格物穷理的方法去获得。

---

① 钱穆:《阳明学述要》,九州出版社,2020 年,第 76 页。
② (明)王守仁著,吴光等编校:《王阳明全集》上册,上海古籍出版社,2011 年,第 2 页。

王阳明解释说"心即理",是早年通过观察事事物物中体悟得出的结论,王阳明指出:只有自己的心不参杂任何一丝私欲,心就是纯乎天理。用此心来事父、事君、交友和治民就都是符合道德原则的。

王阳明认为道德原理和实践都是存于主体当中,而不是从主体所关照的外在对象中去求。事父、事君等事,正因为有此心的发用才得以言行合乎伦理道德规范,如果离却本心就不存在事父或事君等实践行为,这也可以得出"心即理""心外无事"的结论。

2. 致良知

"致良知"思想是王阳明核心思想之一,这个思想提出是在他50岁时提出的。但是"致良知"的思想早已存在王阳明心中,只不过直到晚年才拈出"致良知"三字。

这个命题的出现也代表着王阳明心学思想的逐渐成熟,他说:"亦较过几番,只是致良知三字无病。"[①]"良知"一词最早出于孟子,所谓"人之所不学而能者,其良能也;人之所不虑而知者,其良知也。"[②] 到了王阳明这里,他将《大学》中的"致知"与《孟子》的"良知"相结合,提出了"致良知"的观念。

在王阳明思想中,"良知"不仅作为人们内心的道德准则,还上升至"本体"的层面,王阳明将"良知"与"天理"等同起来,这种等同天理的良知,是一种人人本自具备的道德品质。这种"良知"是先验的,存在于人们内心当中,人们按照"良知"而行,就可以做到内心合乎天理。

孟子所说的"良知良能"是天所赋予的道德观念,此道德观念是人人所具有的,就如见到孺子不慎入井,每个人都会产生恻隐之心。孟子将人与生俱来的天性分为四种,即仁、义、礼、智;这四德又分出四端,即恻隐之心、羞恶之心、辞让之心、是非之心;人之所以为人,也正是因为能守此四端。在王阳明这里,良知不仅是恻隐之心,更是知是知非的道德准则,圣人的良知本体必须是纯明自然,才能成为圣人。人们因为被物欲遮蔽了

[①] (明)王守仁著,吴光等编校:《王阳明全集》上册,上海古籍出版社,2011年,第119页。
[②] 杨伯峻译注:《孟子译注》,中华书局,2021年,第283页。

此良知，如云蔽日，即是被物欲遮蔽了良知，但是人们的良知仍然是存在的，并不是就没有了良知。

王阳明在与顾东桥讨论"学""不学"问题时，王阳明指出该读书的时候还是要读书，只是不要一昧在身外求，而是要反观自心，在内心之处笃行用功，即："良知良能，愚夫愚妇与圣人同。但惟圣人能致其良知，而愚夫愚妇不能致，此圣愚之所由分也。节目时变，圣人夫岂不知？但不专以此为学。而其所谓学者，正惟致其良知，以精察此心之天理，而与后世之学不同耳。吾子未暇良知之致，而汲汲焉顾是之忧，此正求其难于明白者以为学之弊也。"① 可见，良知是人人具有的，重要的是致良知的工夫，如能致良知到纯明境界，凡夫也能成为圣人，王阳明在孟子之"良知"的基础上，赋予了"良知"本体意蕴，并在此基础上完善了"良知"的工夫境界，形成了即本体即工夫的思想理论建设。

"致良知"是王阳明心学的根本之精神之一，"良知"内涵主要表现为：道德自觉精神、人文精神、和而不同之精神以及实践精神等方面。心学强调"自反""自诚"，王阳明《咏良知四首示诸生》诗中写道："个个人心有仲尼，自将闻见苦遮迷。而今指与真头面，只是良知更莫疑。……莫道圣门无口诀，良知两字是参同。人人自有定盘针，万化根源总在心。"② "良知"是心之本体，是进入圣门的关键。既是"知是知非"的知识心，又是"知善知恶"的道德心，此"良知"是一种道德自觉之体现。

王阳明的良知是和天理联系在一起的，对于天理的认知和阐释，也是北宋以来的各位思想家们一直探讨的命题，在他们看来，天理是辨明"善恶"的一个总名称，"那个为天理本源的人心，便叫良知。"③

3. 知行合一

从古至今，有关"知行"深刻理论内涵和两者之间关系一直都是先哲们讨论的焦点之一。孔子对"知行"曾有论述："生而知之者，上也；学

---

① （明）王守仁著，吴光等编校：《王阳明全集》上册，上海古籍出版社，2011年，第56页。
② （明）王守仁著，吴光等编校：《王阳明全集》中册，上海古籍出版社，2011年，第870页。
③ 钱穆：《阳明学述要》，九州出版社，2020年，第57-58页。

而知之者，次也；困而学之，又其次也；困而不学，民斯为下矣。"① 朱子认为此处所说的"困"，即是有所不通，不同的是人的气质，导致大约分为这四等。黄克剑认为孔子所说的"生而知之"，不过是一种虚拟的假设，其重点是突出"学"的重要性。

孟子对知行关系的理解有两种看法，分别为"知先行后"和"知行分离"。《孟子》中提出："耳目之官不思，而蔽于物。物交物，则引之而已矣。心之官则思，思则得之，不思则不得也。此天之所与我者。先立乎其大者，则其小者不能夺也。此为大人而已矣。"② 荀子将"知行"相互融合，认为其关系应是相辅相成，"知之而不行，虽敦必困"③，宋明理学的大儒程颐曾提出人们有了"知"的认知，便自然能去"行"。朱熹也主张其"知先行后"的观点，这个先后并不是时间上的先后，而是逻辑上的先后。"行"的重要性是大于"知"的，"行"是"知"最终实现的结果和目标。

王阳明批判性继承了朱熹的思想，他认为道德认识和道德实践是统一的整体，他反对朱熹的"知先行后"论，提倡"知行合一"之说。

王阳明提出"知行合一"思想主要原因有：其一，是针对朱熹"知行"二分的观念，"知行"一体本就如此，王阳明对朱熹学说进行了纠正。其二，是针对当时的宦官、贪官等大臣对于宗法秩序和伦理纲常的破坏而提出的，朝廷的政治腐败、宦官专权、民不聊生，这些社会现状对民风有着极其恶劣的影响。有一大部分的宦官、藩王在口头上说一些"忠""孝"，但是实际上是不忠不孝。这种"知行"不一的现象较为普遍，王阳明直面现实、针砭时弊，指出了存在这些乱象的起因，并提出了解决问题的关键，即对"知行合一"的倡导。

王阳明强调"知行合一"，他说"知者行之始，行者知之成"，"圣学只一个工夫"。黄宗羲曾解释"致良知"说，"致"字即是行字，"必以力行为工夫"。便是在强调王阳明心学主张的一种力行实践的精神。

王阳明提出的"知行合一"主要有三个方面的含义：一是"知行"不

---

① （宋）朱熹：《四书章句集注》，中华书局，2018年，第174页。
② （宋）朱熹：《四书章句集注》，中华书局，2018年，第341–342页。
③ 方勇，李波译注：《荀子》，中华书局，2018年，第109页。

能分离，"知"即是"行"，"行"即是"知"。王阳明认为"若会得时，只说一个知，已自有行在；只说一个行，已自有知在。"① 王阳明先生认为"知行"本是一体，在说"知"的时候就已经有"行"存在，说"行"时已自有"知"存在，由此来反对只"知"不"行"，或只"行"不"知"的现象。二是"知行"关系的重要性，王阳明曾说："某尝说知是行的主意，行是知的功夫。知是行之始，行是知之成。"② "知"决定了"行"，"行"能呈现"知"，道德认识就是道德行为的指导思想。三是"知行合一"本应如此，王阳明认为"圣贤教人知行，正是要复那本体"。那个本体就是"知行合一"，本来这是不需要去说的，但是许多人只"知"不行，或只"行"不"知"，圣贤们为了补偏救弊，不得已才将"知行"分开来说，这是需要治疗人们认知上所犯的"病"而相应给出的"药"。钱穆指出："阳明讲学，偏重实行，事上磨练，是其着精神处。"③

王阳明思想文化中注重对年轻人的教育，比如王阳明在其《传习录》的《教约》中，要求包括学童在内的诸生，每天对家中亲友、同辈等人的具体行为进行问询，并各自反省自身。《教约》中也指出：对诗歌礼乐以及读书在内的传统文化的学习，都有规范具体明确的方式方法，这些对年轻学习者们的健康全面发展，具有重要的教育意义。具体内容是：

> 每日清晨，诸生参揖毕，教读以次，偏询诸生："在家所以爱亲敬畏之心，得无懈忽、未能填切否？温清定省之仪，得无亏缺、未能实践否？往来街衢，步趋礼节，得无放荡、未能谨饰否？一应言行心术，得无欺妄非僻、未能忠信笃敬否？"诸童子务要各以实对，有则改之，无则加勉；教读复随时就事，曲加诲谕开发，然后各退就席肄业。
>
> 凡歌诗，须要整容定气，清朗其声音，均审其节调，毋躁而急，毋荡而嚣，毋馁而慑；久则精神宣畅，心气和平矣。每学量童生多寡，分为四班。每日轮一班歌诗，其余皆就席，敛容肃听；

---

① （明）王守仁著，吴光等编校：《王阳明全集》上册，上海古籍出版社，2011年，第4页。
② （明）王守仁著，吴光等编校：《王阳明全集》上册，上海古籍出版社，2011年，第4页。
③ 钱穆：《阳明学述要》序，九州出版社，2020年，第1页。

每五日则总四班递歌于本学。每朔望，集各学会歌于书院。

凡习礼需要澄心肃虑，审其仪节，度其容止，毋忽而惰，毋沮而怍，毋径而野，从容而不失之迂缓，修谨而不失之拘局。久则礼貌习熟，德性坚定矣。童生班次，皆如歌诗。每闲一日，则轮一班习礼，其余皆就席，敛容肃观。习礼之日，免其课仿。每十日则总四班递习于本学。每朔望，则集各学会习于书院。

凡授书，不在徒多，但贵精熟，量其资禀，能二百字者，止可授以一百字。常使精神力量有余，则无厌苦之患，而有自得之美。讽诵之际；务令专心一志，口诵心惟，字字句句绸绎反复，抑扬其音节，宽虚其心意，久则义礼浃洽，聪明日开矣。

每日工夫先考德，次背书诵书，次习礼。或作课仿次复诵书讲书次歌诗凡习礼歌诗之数皆所以常存童子之心使其乐习不倦而无瑕及于邪僻。教者如此，则知所施矣。虽然，此其大略也；神而明之，则存乎其人。[1]（《卷二·语录二·传习录中·教约》）

王阳明指出传统文化的学习，比如合理的学习诗歌，长期熏陶，可以使人"精神宣畅，心气和平"；正确地学习礼乐，久而久之可以使人"体貌习熟，德性坚定"；采用正确的方法进行读书学习，能"使精神力量有余，则无厌苦之患，而有自得之美"，长期勤奋读书，使得学习者"义礼浃洽，聪明日开"。这些礼仪规范，有助于学生们在孩童时期培养出良好的读书习惯。

王阳明心学饱含着对人的道德自觉的关注，是人文精神的体现，也是承继孟子"以民为本"之人文精神思想的延续，他始终坚持恢复《大学古本》的"在亲民"论述，"亲民"即所谓"亲亲而仁民"。

王阳明主张"和而不同"的精神，他居于儒家之立场，对诸家之说并无坚决之否定，而是各有分判。尤其对于朱陆之学、佛老之学，既有吸收亦有各自分判，充分体现了其"和而不同"之精神，其主张和坚持的力行实践的精神更是被后世人们所重视。

---

[1]（明）王守仁著，吴光等编校：《王阳明全集》上册，上海古籍出版社，2011年，第100-101页。

第一章　儒家格范与人生理想

王阳明在回答陆澄所问时，讲到人性皆善，中和是人人原有的……无所不中，然后谓之"大本"；无所不和，然后谓之"达道"。具体内容是：

澄问："喜怒哀乐之中和，其全体常人固不能有。如一件小事当喜怒者，平时无有喜怒之心，至其临时，亦能中节，亦可谓之中和乎？"

先生曰："在一时一事，固亦可谓之中和，然未可谓之大本达道。人性皆善，中和是人人原有的，岂可谓无？但常人之心既有所昏蔽，则其本体虽亦时时发见，终是暂明暂灭，非其全体大用矣。无所不中，然后谓之大本；无所不和，然后谓之达道；惟天下之至诚，然后能立天下之大本。"①（《卷一·语录一·传习录上·与陆澄的对话》）

"中和"作为儒家尤其以《中庸》这部经典为主的关键要素，被王阳明极为重视。"中和"是人人皆有的，是有性善所能自然彰显的。又说："致中和，则大本立而达道行，知天地之化育矣。非至诚尽性，其孰能与于此哉！（《修道说》）"②而"中和"的极致，则是个体与自然、社会的整体和谐。

美国人类学家格尔茨③把文化定义为："一种用象征形式表达传承概念的体系。"④王阳明在构建其思想体系中，传承良知、知行等传统儒家核心概念和理论，正是通过自己思考、实践和体悟，逐渐形成了一套完整的心学思想和理论。

王阳明整个思想理论体系中，不可避免受到传统儒家思想脉络的影响，从战乱不断、群雄争锋的春秋时期孔子提出的"仁"与"礼"；子思、孟子在百家争鸣时期提出的"致中和""仁政"等；魏晋时期出现了玄学，其中竹林七贤⑤提出了"越名教而任自然"，主张明教应该与自然合一；

---

① （明）王守仁著，吴光等编校：《王阳明全集》上册，上海古籍出版社，2011年，第26页。
② （明）王守仁著，吴光等编校：《王阳明全集》上册，上海古籍出版社，2011年，第295页。
③ 克利福德·格尔茨（Clifford Geertz, 1926-2006），美国人类学家，解释人类学的提出者。曾先后担任斯坦福大学行为科学高等研究中心的研究员、普林斯顿高等科学研究所社会科学教授等。
④ [美]克利福德·格尔茨，韩莉译：《文化的解释》，南京译林出版社，2020年，第89页。
⑤ 竹林七贤指：嵇康、阮籍、山涛、向秀、刘伶、王戎、阮咸七人。

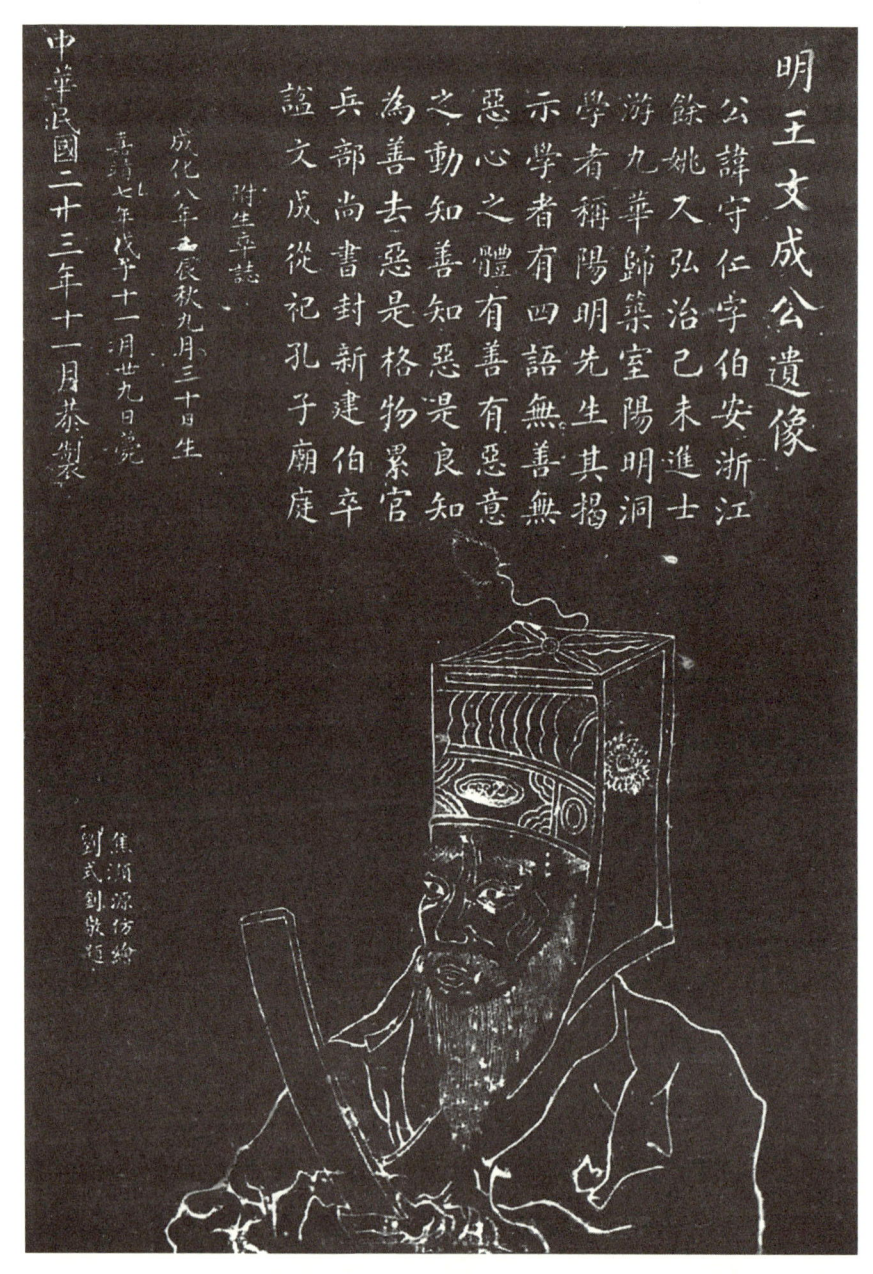

河南浚县大伾山"阳明书院"内,民国年间刻的王阳明先生石刻像碑刻

董仲舒在"罢黜百家，独尊儒术"西汉时期提出的"天人感应"；隋唐在初、中时期重视祭天、祭祖、祭孔的礼仪制度，后期更加注重返求内心的心性问题探讨；宋代经过北宋五子①，南宋朱熹等人的努力，理学成为主流学说，主要是希望人们通过内心修养的功夫，把各自内心被遮蔽的天理能够显现出来。王阳明与其心学思想不可避免深受这些学说影响，在继承发扬前人的基础上，提出了自己的思想理论。

蒋维乔认为王阳明的良知等思想，都在佛教的范围之中。看似说法有些绝对，实则儒释道三家学说在王阳明思想体系中，依然水乳交融，很难剥离和区分出一是一，二是二，其理论建构中，都可以看到彼此的影子。

张立文认为："中国学术的旨趣是重人的学术，一切学术归根结蒂是围绕人而展开，无论是宇宙天地的关怀，自然万物的关怀，还是社会群体的关怀，个体人生的关怀，都可以说是一种人文关怀，因此，中国学术简言之为人文学术。"②这在注重内圣外王的儒家学说中，体现得淋漓尽致，也如同《左传》中所提出的君子为人处世和建功立业的最高标准，即三不朽：立德、立功、立言。

第二节 立于礼与成于乐

传统儒家重视"齐家之道"。钱穆先生在为宋代理学三书③所作读书答记而著的《宋代理学三书随劄》中指出："儒家重在学做人，由己学做一人。孔子谓之为己之学，生物中为人之成长期为最长，中国古代有冠笄之体，男二十而冠，女十八而笄，始为成人。但是仍是自然人，必有教，乃成文化人。"④

---

① 北宋五子：指：周敦颐、邵雍、张载、程颢、程颐五人。
② 张立文：《中国学术通史·宋元明卷》，人民出版社，2004年，第21页。
③ 宋代理学三书：指：元代刘因所编《朱子四书集义精要》，周濂溪《能书》及朱熹、吕东莱编《近思录》。
④ 钱穆：《宋代理学三书随劄》，《钱宾四先生全集10》，台湾联经出版事业公司，1998年，第232页。

阳明心学与多元文化的会通

儒家以规范人们的道德准则，行为准则，来提升人的思想境界和文化修养。重视用礼治、德治、人治，用尊尊、亲亲等伦理道德思想，来维护社会秩序。这同佛教强调的诸恶莫作、众善奉行、因果不爽、自净其意等劝善思想有相似之处。

"儒的名称，最初见于《论语》孔子说的：女（同：汝）为君子儒，毋为小人儒。"[1]儒家要求做人需有宽容仁慈之心，有敬畏之心、谦逊之心等，做事要三思而后行，要有勇有谋，进退有度。道家智慧之处主要是以道为核心，把宇宙万物统一在道法自然、返璞归真、无为旷达的一种境界之中。佛教教导人们"诸恶莫作、诸善奉行、自净其意，是诸佛教"，佛教用在"四法印"[2]"四谛"[3]等教义基础上形成的因果论、缘起论等来引导人们智慧双运，生起慈、悲、喜、舍这四种广大利他之心，让众生离苦得乐，获得解脱。

一、德育与三代之礼

古人非常重视教育，上至天子百官，下至平民百姓，都会把立身之道，即传统做人的道理，代代相传下去。官方所出资兴办的学校，已然是封建政治制度不可分割的一部分。

孔子的以德配天，是用仁义礼智信，把天人关系、人际关系，调整到一个和谐安定的社会秩序之中。对个体提出立德和修身，以达到修养和实践的具体要求，这也是完善和提升个人的品行操守的重要方法之一。针对百姓的普及性教育，注重对德行培养，这是基础教育的基本要求，也是选拔人才的基本准则。吕思勉在其《中国文化史》一书中就指出："古代平民的教育，是偏重于道德的。"[4]

孟子主张人人应该具有恻隐之心、善恶之心、辞让之心、是非之心，是做人应该具备的必要德行，以区别人与动物。以存心、养性等注重内心修养理论和实践使人具备仁爱的胸襟，并达到崇高的思想境界。君子所担

---

[1] 胡适：《中国思想史》，华东师范大学出版社，2015年，第5页。
[2] 四法印指：诸行无常、有漏皆苦、诸法无我、寂静涅槃。
[3] 四谛指：苦、集、灭、道。
[4] 吕思勉：《中国文化史》，天津人民出版社，2016年，第277页。

负的责任,就是把人内心深处的善良本性唤醒,通过读圣贤书、向圣人学习,以灭除个人种种私欲,实现经国治世、兼济天下的社会理想。

"行礼必作乐,古人称礼乐可以化民,其道即由于此"[①]。《周礼》《仪礼》和《礼记》,是儒家三部有关"礼"的经典,这三部经典基本上囊括了中国奴隶社会时期的礼仪制度、典章制度,规定了人们交往中的各种礼节和道德规范。

其中《周礼》共分为四十二卷,包括"天官冢宰""地官司徒""春官宗伯""夏官司马""秋官司寇""冬官司空"六篇,这部讲述中国古代政治制度的著作,为三礼之首。此著作详细记录了周王朝与各个诸侯国的官制、制度,是以儒家的政治理想作为一套标准汇编而成,又名《周官》。

《仪礼》主要是记载了冠、昏、丧、祭、朝、聘、燕享等诸多典礼的仪式。又名《礼经》《士礼》,编著于春秋后期,孔子将礼作为其教学和实践的主要内容。书中提倡有等级差异的人伦礼仪,是春秋战国时期士大夫们普遍认可的官方正统礼仪,这套封建贵族阶层的繁文缛节,对各个历史时期的亲族制度、文化观念传承、政治和社会组织形式、外交方式等都有着重要影响。

《礼记》,主要对先秦时期的礼制等记录下来,提出修身齐家的准则。这部九万字左右著作,涉及门类比较多,主要包含道德、哲学、政治、法律、历史、历法、祭祀、文艺、日常生活等诸多方面,其中内容包罗万象,展示了先秦时期儒家的政治、伦理、哲学等各个领域的思想。

孔子之前的夏、殷、周三代之礼,已经相对完备,即夏礼、殷礼、周礼,尤其是周礼,一直被儒家推崇。以此相沿,孔子的思想体系中出现和强调了"仁"的重要性,他讲:人而不仁,如礼何?并主张德治,即道之以德,齐之以礼,提出了礼可以下庶人。即:

> 孔子云:"人而不仁,如礼何?人而不仁,如乐何?"制礼作乐,必具中和之德,声为律而身为度者,然后可以语此。若夫器数之末,乐工之事,祝史之守,故曾子曰"君子所贵乎道者三,笾豆之事,

---

[①] 吕思勉:《中国文化史》,天津人民出版社,2016年7月,第277页。

则有司存也"。①（《卷二·语录二·传习录中·答顾东桥书》）

孟子同样也把仁、义、礼、智等作为做人的基本道德规范，其中"辞让之心"，成为个人必备德行之一。荀子著有《礼论》对"礼"社会作用、渊源进行论证，他比孟子更为重视"礼"，认为"礼"使社会各阶层保持了相对和谐，不论贵贱、贫富、长幼次序等在封建等级制中都能找到恰当的位置，并使人们保持相对平和的心态。

二、王阳明与礼乐

王阳明也重视礼乐，他认为：《书》《诗》《礼》《乐》中，孔子何尝加一语？

> 孔子以天下好文之风日盛，知其说之将无纪极②，于是取文王、周公之说而赞之，以为惟此为得其宗。于是纷纷之说尽废，而天下之言《易》者始一。《书》《诗》《礼》《乐》《春秋》皆然。《书》自《典》《谟》以后，《诗》自《二南》以降，如《九丘》《八索》，一切淫哇逸荡之词③，盖不知其几千百篇；《礼》《乐》之名物度数，至是亦不可胜穷。孔子皆删削而述正之，然后其说始废。如《书》《诗》《礼》《乐》中，孔子何尝加一语？
>
> 今之《礼记》诸说，皆后儒附会而成，已非孔子之旧。至于《春秋》，虽称孔子作之，其实皆鲁史旧文。所谓"笔"者，笔其旧；所谓"削"者，削其繁：是有减无增。孔子述《六经》，惧繁文之乱天下，惟简之而不得，使天下务去其文以求其实，非以文教之也。《春秋》以后，繁文益盛，天下益乱。始皇焚书得罪，是出于私意，又不合焚《六经》。若当时志在明道，其诸反经叛理之说，悉取而焚之，亦正暗合删述之意。自秦、汉以降，文又日盛，若欲尽去之，断不能去；只宜取法孔子，录其近是者而表章之，

---

① （明）王守仁著，吴光等编校：《王阳明全集》上册，上海古籍出版社，2011年，第59页。
② 纪极：穷尽。
③ 《九丘》、《八索》：传说古书名。淫哇：淫邪之声。

则其诸怪悖之说，亦宜渐渐自废。不知文中子当时拟经之意如何？

某切深有取于其事，以为圣人复起，不能易也。天下所以不治，只因文盛实衰，人出己见，新奇相高，以眩①俗取誉，徒以乱天下之聪明，涂天下之耳目，使天下靡然②争务修饰文词，以求知于世，而不复知有敦本尚实、反朴还淳之行，是皆著述者有以启之。③

王阳明在此指出：孔子当时发现喜欢华丽辞藻的风气日渐兴盛起来，就采用和阐释《易》之说加以统一。经过孔子的修正，摒弃如《九丘》《八索》这样夸夸其谈的修辞文章，而对《书》《诗》《礼》《乐》进行校订，让各种浮夸的奇怪之说得到废除。因此王阳明才会说：孔子何尝加一语？主张摒弃靡靡浮夸的辞藻，开启了后世朴实的文风。

王阳明认为"学者须先从礼乐本原上用功"，也再次强调："心中先具礼乐之本方可。"

问《律吕新书》，先生曰："学者当务为急，算得此数熟，亦恐未有用，必须心中先具礼乐之本方可。且如其书说多用管以候气④，然至冬至那一刻时，管灰之飞或有先后，须臾之间，焉知那管正值冬至之刻？须自心中先晓得冬至之刻始得。此便有不通处。学者须先从礼乐本原上用功。"⑤（《卷一·语录一·传习录上》）

在王阳明看来：对于礼乐，读书人是要引起高度重视，不但要熟练，同时还要应用到具体实践中。王阳明用《律吕新书》中提到的"用管以候气"来具体说明，通常人们用律管来观察宇宙中阴阳二气的变化，芦苇灰在管

---

① 眩：同"炫"，炫耀。
② 靡：喻望风响应，闻风而动。
③ （明）王守仁著，吴光等编校：《王阳明全集》上册，上海古籍出版社，2011年，第9页。
④ 候气：占验节气的变化。古人将苇膜烧成灰，放在律管内，到某一节气，相应律管内的灰就会自行飞出。
⑤ （明）王守仁著，吴光等编校：《王阳明全集》上册，上海古籍出版社，2011年，第22-23页。

子中的飞出有先后之分，以此来判断冬至来临，但是具体是哪一根管子中的芦苇灰飘出，代表着冬至这一刻的到来呢？王阳明由此提出了，要在根本之处做好功夫，也就是心中要预先对冬至的具体时间熟知才可以。

王阳明还把"礼乐"与"刑政"相提并论，认为这两者是"治天下之法"。

马子莘①问：修道之教，旧说谓圣人品节吾性之固有，以为法于天下，若礼乐刑政之属，此意如何？

先生曰：道即性即命，本是完完全全，增减不得，不假修饰的，何须要圣人品节？却是不完全的物件。礼乐刑政是治天下之法，固亦可谓之教，但不是子思本旨。若如先儒之说，下面由教入道的，缘何舍了圣人礼乐刑政之教，别说出一段戒慎恐惧工夫？却是圣人之教为虚设矣。

子莘请问。

先生曰：子思性、道、教，皆从本原上说。天命于人，则命便谓之性；率性而行，则性便谓之道；修道而学，则道便谓之教。率性是诚者事，所谓自诚明，谓之性也。修道是诚之者事，所谓自明诚，谓之教也。圣人率性而行，即是道。圣人以下，未能率性，于道未免有过不及，故须修道。修道则贤知者不得而过，愚不肖者不得而不及，都要循着这个道，则道便是个教。此教字与天道至教，风雨霜露无非教也之教同。修道字与修道以同。人能修道，然后能不违于道，以复其性之本体，则亦是圣人率性之道矣。下面戒慎恐惧便是修道的工夫，中和便是复其性之本体，如《易》所谓穷理尽性，以至于命，中和位育②便是尽性至命。③（《卷一·语录一·传习录上·与马子莘的对话》）

《礼记·乐记》也讲到"礼乐"与"刑法"都是用来服务于社会稳定

---

① 子莘：马子莘，名明衡，福建人，正德十二年进士。
② 中和位育：出自《中庸》：喜怒哀乐之未发，谓之中；发而皆中节，谓之和。中也者，天下之大本也；和也者，天下之达道也。致中和，天地位焉、万物育焉。是修养工夫的极致，"中和"是目的，不偏不倚，谐调适度；"位育"是手段，各守其分，适应处境。
③ （明）王守仁著，吴光等编校：《王阳明全集》上册，上海古籍出版社，2011年，第42-43页。

2007年4月重建并开放的浙江省余姚市王阳明故居的前门

浙江省余姚市重建的王阳明出生地"瑞云楼"

和谐的，如：礼以道其志，乐以和其声，政以一其行，刑以防其奸。礼乐刑政，其极一也，所以同民心而出治道也。西汉司马迁也提出了礼乐刑法，综合为治。也就是综合运用德、礼、刑、政等方式，对社会治安进行积极的综合治理，共同维持社会正常秩序和运转。

第三节　性一而已与心体存养

对于代表着儒家行为和伦理准则的"仁、义、礼、智"等，王阳明把他们同"恻隐、羞恶、辞让、是非"等之间用一个"性"字统一起来，都是"性一而已"，"只一性而已。犹人一而已"。

一、仁义礼智与善恶

只要在这个根本之处下足功夫，那么万事万物就会看得透彻，即是"看得一性字分明，即万理灿然"。仁、义、礼、智、忠孝等，也自然就是"性"这一本体的不同显现。如：

> 澄[①]问：仁、义、礼、智之名，因已发而有？
> 曰：然。
> 他日，澄曰：恻隐、羞恶、辞让、是非，是性之表德邪？
> 曰：仁、义、礼、智也是表德。性一而已：自其形体也谓之天，主宰也谓之帝，流行也谓之命，赋于人也谓之性，主于身也谓之心。心之发也，遇父便谓之孝，遇君便谓之忠，自此以往，名至于无穷，只一性而已。犹人一而已：对父谓之子，对子谓之父，自此以往，至于无穷，只一人而已。人只要在性上用功，看得一性字分明，即万理灿然。[②]（《卷一·语录一·传习录上·与陆澄的对话》）

行善积德，也就不会惧怕鬼神了。也就是俗语所讲的：不行亏心之事，

[①]　陆澄：字原静，又字清伯，湖州归安人，正德丁丑进士，《明儒学案》记作《主事陆原静先生澄》。
[②]　（明）王守仁著，吴光等编校：《王阳明全集》上册，上海古籍出版社，2011年，第17–18页。

不怕鬼来敲门。鬼是不能迷惑正直和善良的人，心之本体的寂然不动，即是"天理"。《周易·坤》中也讲道：积善之家必有余庆，积不善之家必有余殃。王阳明对此也讲道：

> 澄问：有人夜怕鬼者，奈何？
> 先生曰：只是平日不能集义，而心有所慊①，故怕。若素行合于神明，何怕之有？
> 子莘②曰：正直之鬼不须怕；恐邪鬼不管人善恶，故未免怕。
> 先生曰：岂有邪鬼能迷正人乎？只此一怕，即是心邪，故有迷之者，非鬼迷也，心自迷耳。如人好色，即是色鬼迷；好货，即是货鬼迷；怒所不当怒，是怒鬼迷；惧所不当惧，是惧鬼迷也。
> 定者心之本体，天理也。动静所遇之时也。③（《卷一·语录一·传习录上·与陆澄的对话》）

二、未发之中与养得心体

对于如何存养各自的心体，王阳明提出，要在"未发之中"，来"养得心体"，外在的与各类事物相关的知识积累中，如果没有和"心体"建立联系，就会只能流于表面。具体是：

> 问：名物度数，亦须先讲求否？
> 先生曰：人只要成就自家心体，则用在其中。如养得心体，果有未发之中，自然有发而中节之和，自然无施不可。苟无是心，虽预先讲得世上许多名物度数，与己原不相干，只是装缀，临时自行不去。亦不是将名物度数全然不理，只要知所先后，则近道。
> 又曰：人要随才成就，才是其所能为。如夔④之乐，稷⑤之种，是他资性合下便如此。成就之者，亦只是要他心体纯乎天理。其

---

① 慊：不满，怨恨。
② 子莘：马子莘，名明衡，福建人，正德十二年进士。
③ （明）王守仁著，吴光等编校：《王阳明全集》上册，上海古籍出版社，2011年，第18-19页。
④ 夔：相传为尧、舜时乐官。
⑤ 稷：古代主管农事的官。

运用处，皆从天理上发来，然后谓之才。到得纯乎天理处，亦能不器。使夔、稷易艺而为，当亦能之。

又曰：如素富贵行乎富贵，素患难行乎患难'，皆是不器，此惟养得心体正者能之。①（《卷一·语录一·传习录上·与曰仁的对话》）

不可谓未发之中常人俱有。盖体用一源，有是体即有是用，有未发之中，即有发而皆中节之和。今人未能有发而皆中节之和，须知是他未发之中亦未能全得。②（《卷一·语录一·传习录上·与陆澄的对话》）

洞悉名物度数的先后顺序，就会"则近道"。"心体纯乎天理"，至"得纯乎天理处"，随着所处的各自处境不同，从内在的心体之处，向外灵活地进行具体实践，就达到"惟养得心体正者能之"的目标，也就是在什么位置上，就成就什么样的事业，"心体正者"，就不会被束缚了自由。

如何对待好色、好利、好名等这些私欲，王阳明还是让人们回归到"寂然不动"的"未发之中"，也就是从"心之本体"进行观察。

澄曰：好色、好利、好名等心，固是私欲。如闲思杂虑，如何亦谓之私欲？

先生曰：毕竟从好色、好利、好名等根上起，自寻其根便见。如汝心中决知是无有做劫盗的思虑，何也？以汝元无是心也。汝若于货色名利等心，一切皆如不做劫盗之心一般，都消灭了，光光只是心之本体，看有甚闲思虑？此便是寂然不动，便是未发之中，便是廓然大公。自然感而遂通，自然发而中节，自然物来顺应。③（《卷一·语录一·传习录上·与陆澄的对话》）

王阳明认为：只要灭除这些名利、劫盗等之心，一言一行都处在节制有度的状态中，自然人们的所作所为就没有什么不妥当之处，心体和外在

---

① （明）王守仁著，吴光等编校：《王阳明全集》上册，上海古籍出版社，2011年，第24页。
② （明）王守仁著，吴光等编校：《王阳明全集》上册，上海古籍出版社，2011年，第20页。
③ （明）王守仁著，吴光等编校：《王阳明全集》上册，上海古籍出版社，2011年，第25页。

的事物互相感应，身、心、外部世界之间就没有障碍了，他们之间也能够相互通达。

三、身心意与心统五官

心是主宰身体的，心、知、意、物之间形成了一个认识世界的过程，通过认真学习来存养自己的本心，说话和做事就会遵循秩序，合乎法度。

王阳明主张：心要逐物之时，还是用心来统领眼耳鼻舌身这五官，这样各司其职，就如同治理天下是同样的道理。

> 问：心要逐物，如何则可？
> 先生曰：人君端拱清穆①，六卿分职，天下乃治。心统五官，亦要如此。今眼要视时，心便逐在色上；耳要听时，心便逐在声上。如人君要选官时，便自去坐在吏部；要调军时，便自去坐在兵部。如此，岂惟失却君体，六卿亦皆不得其职。
> 善念发而知之，而充之；恶念发而知之，而遏之。知与充与遏者，志也，天聪明也。圣人只有此，学者当存此。②（《卷一·语录一·传习录上·与曰仁的对话》）

同时，王阳明强调：善念萌发的时候，要进行扩充，相反，恶念产生时，要尽力遏制，把恶念消灭在萌芽状态中，圣人们都是如此调整自己的心性。

区分孟子与告子两者有关"不动心"的差异，一个是通过不断涵养自己的道德，让心自然不动；另一个则是强求心不动，在王阳明看来：心体、性、理，都是寂然不动的。对此王阳明讲道：

> 尚谦③问：孟子之不动心，与告子异？
> 先生曰：告子是硬把捉着此心，要他不动；孟子却是集义到自然不动。
> 又曰：心之本体原自不动。心之本体即是性，性即是理，性

---

① 端拱：指帝王庄严临朝，清简为政。清穆：清静，清和。
② （明）王守仁著，吴光等编校：《王阳明全集》上册，上海古籍出版社，2011年，第25页。
③ 尚谦：即薛侃，字尚谦，号中离，揭阳人（今潮州市潮安县），王阳明弟子。

江苏省金坛市茅山顶上的万福宫（王阳明在此作《题汤大行殿试策问下》和其他多首诗，刘晓民拍摄）

江苏省金坛市茅山上乾元观全景（刘晓民拍摄）

元不动,理元不动。集义是复其心之本体。

"万象森然"时,亦冲漠无朕;冲漠无朕,即万象森然。冲漠无朕者一之父,万象森然者精之母。一中有精;精中有一。

心外无物。如吾心发一念孝亲,即孝亲便是物。[①](《卷一·语录一·传习录上·与尚谦的对话》)

王阳明认为:修养自身的德行,无非就是回归到原本不动的本性之中。心外是无物,但是从心中生发出为双亲父母行孝的念头时,相对于心而言,孝亲便是心外的物了。

第四节　出佛老入儒与内圣外王

中国古代的思想家们,推崇尚贤之风,各家各派通过著书立说,把各自思想脉络传承下来。《汉书·艺文志》中所记录的先秦时期各个学术派别的思想家,留有名字的有189位,著作大约有4324篇,《四库全书总目》等中记载的大约有千家以上,其中几十家比较著名,影响比较大,称为诸子百家。其中影响最大的莫过于儒、法、老庄、名家、墨家、纵横家、兵家等,各家思想学说的侧重点虽不尽相同,但都是以人为本,重视社会的政治理想和个人的道德修养,关注人与自然、天人之间的合一、和谐。

儒家,是从先秦诸子百家学说中独立出来思想体系,历经周公和夏、商、周三代礼乐文化;春秋末期孔子主张的仁与礼的思想;战国时期孟子提出仁政学说;战国末期荀子提出的性恶论、礼治说;汉代的董仲舒又提出独尊儒术,贯通天人的思想;经过宋代的哲学家的不断丰富发展,如周敦颐、张载、二程(程颢、程颐)、朱熹提出的性即理,陆九渊提出的发明本心、心即理,明代的王阳明所创立的以致良知、知行合一等为核心的心学思想等,通过历代哲学家和思想家们不断努力,让"儒学"体系,能够占据漫长封建社会意识形态的统治地位,并在理论和实践的不同层面都得到了不断发展和完善。

---

① (明)王守仁著,吴光等编校:《王阳明全集》上册,上海古籍出版社,2011年,第28页。

一、礼治德治与内圣外王

在重视礼、德、仁的基础上,用礼治、德治、仁治,传统经典中对此的阐释有很多,如《战国策·魏四》:人之有德于我也,不可忘也;吾有德于人也,不可不忘也。《尚书·周官》:富润屋,德润身,心广体胖。《论语·颜渊》:爱人者,克己复礼为仁。《孟子·离娄下》:爱人者,人恒爱之;敬人者,人恒敬之。《孔子家语·颜回》:君子以行言,小人以舌言。

此外,儒家中庸思想提出和教导人们如何更好地做人、做事。中庸,不是人们误解的平庸、碌碌无为,而是希望人们掌握好一个合适的度,持中庸之道,凡事过犹不及,即喜怒哀乐之未发,谓之中;发而皆中节,谓之和。找到内、外的平衡点,审时度势之中,做到游刃有余,进退之中做到收放自如。

"内圣外王"是指人们通过内外兼修德行,以具备圣人之德,达到儒家个人修养和治理国家的理想状态。内圣外王的实现路径,是以仁而治理天下,是庄子在"天下大乱,贤圣不明"的情况下,提出了"是故内圣外王之道,暗而不明,郁而不发"(《庄子·天下》)。《宋史》四二七卷中的《道学传一·邵雍传》也提及此内容,即:尧夫[①],内圣外王之学。通过对这些儒家文化理论和思想的学习、实践,才能逐渐到达修身齐家,治国平天下的理想境界,

儒家所倡导的中庸与平和,推崇崇文尚贤的道德理性与革故鼎新的精神,对中国文人风骨的塑造和形成产生了深远的影响。儒家也注重天人合一,从孔子敬天思想到董仲舒的《天人三策》《春秋繁露》中可以看到其理念,体现出了人类应该尊重大自然,顺应自然,才能在自然中生存,人与自然才能和谐相处。

经过历代思想家们的不断努力和完善,相对完整的儒家思想体系就逐渐形成,并被历代儒者们不断学习和尊崇,对中国文化乃至世界文化都产生了极为深远的影响。这些学说和思想的提出,对建立起正确的个体和社会的价值观、道德观、人生观起到了规范作用,并对具体的行为规范和实践,

---

[①] 邵雍:字尧夫,谥康节,北宋著名理学家、数学家、诗人。

都做了详细的规定，让人们自觉遵守，促进提升了人们的文化修养并维护了社会稳定。

二、圣人之治与无为而治

老子的《道德经》中，也讲德、仁、圣人，但是却与儒家的指向不同。老子对德行的推崇，是注重舍弃不必要的虚于表面的礼节，注重内心的朴实和敦厚的德行，反对流于表面的虚伪言行。《道德经》第三十八章：

> 上德不德，是以有德；下德不失德，是以无德。上德无为而无以为；下德无为而有以为。上仁为之而无以为；上义为之而有以为。上礼为之而莫之应，则攘臂而扔之。故失道而后德，失德而后仁，失仁而后义，失义而后礼。夫礼者，忠信之薄，而乱之首。前识者，道之华，而愚之始。是以大丈夫处其厚，不居其薄；处其实，不居其华。故去彼取此。①

老子此处，把德性分为了：上德、下德，符合自然规律的，合乎大道的，才能称之为是"上德"，不仅仅是表现在形式上的，而是真正行于"道"的朴实纯洁的德行。反之，表面上看似没有离失德性，但是实质上却没有达到德行标准。如果道、德、仁、义等基本操守都相续失去了，那么人心就会变得叵测，社会也随之开始产生动乱了。

老子认为，天地之间对待万物应该是平等；圣人对待百姓也应该是仁慈和无差别对待的。真正的圣人，是要效法天地的平等精神。万事万物在大自然面前都是平等的，按照客观规律生存、不断进化发展着，人类要用博爱天下之心平等地对待自然和人类自己。《道德经》第五十九章：

> 治人事天，莫若啬。夫为啬，是谓早服；早服谓之重积德；重积德则无不克；无不克则莫知其极；莫知其极，可以有国；有国之母，可以长久；是谓深根固柢，长生久视之道。②

---

① （魏）王弼注，楼宇烈校注：《老子道德经注校释》，中华书局，2008年，第93页。
② （魏）王弼注，楼宇烈校注：《老子道德经注校释》，中华书局，2008年，第155–156页。

通过修养身心、重积德、积蓄能量,打好根基,就会获得"长生久视之道",实现长久稳固。《道德经》第五章:

> 天地不仁,以万物为刍狗;圣人不仁,以百姓为刍狗。天地之间,其犹橐钥①乎?虚而不屈,动而愈出。多闻数穷,不如守中。②

此处把天地比喻为一个风箱,如果有人动摇它,就会有风吹出来,如果不动它,它就是静止、虚静无为的,老子主张守中,避免言多必失,要追求内心清静和安乐。

老子在《道德经》中有几处都讲到圣人与圣人之治,以达到无为而治。《道德经》第十二章、四十九章、第三章:

> 五色令人目盲;五音令人耳聋;五味令人口爽;驰骋畋猎,令人心发狂;难得之货,令人行妨。是以圣人为腹不为目,故去彼取此。③

> 圣人常无心,以百姓心为心。善者,吾善之;不善者,吾亦善之;德善。信者,吾信之;不信者,吾亦信之;德信。圣人在天下,歙歙④焉,为天下浑其心,百姓皆注其耳目,圣人皆孩之。⑤

> 不尚贤,使民不争;不贵难得之货,使民不为盗;不见可欲,使民心不乱。是以圣人之治,虚其心,实其腹,弱其志,强其骨。常使民无知无欲。使夫智者不敢为也。为无为,则无不治。⑥

五颜六色、光怪陆离的外部世界,使人眼花缭乱和迷失自我,让内心走向放荡发狂,贪婪地收集各类珍宝财富容易让人招致灾难。圣人不贪求这些世俗名利,而是仅仅满足基本需要就可以了,不追求感官的一味享乐。

---

① 橐钥:古代冶炼时用以鼓风吹火的装置,即现代的风箱。
② (魏)王弼注,楼宇烈校注:《老子道德经注校释》,中华书局,2008年,第13—14页。
③ (魏)王弼注,楼宇烈校注:《老子道德经注校释》,中华书局,2008年,第27—28页。
④ 歙歙:古同,翕,释义:和洽、收敛、吸进,表示:1.心无所偏执的样子。2.朋比为奸,众口附和的样子。
⑤ (魏)王弼注,楼宇烈校注:《老子道德经注校释》,中华书局,2008年,第129页。
⑥ (魏)王弼注,楼宇烈校注:《老子道德经注校释》,中华书局,2008年,第8页。

圣人注重"德信",以胸怀天下百姓为己任,言行上做到以平等之心来善待天下苍生,使得天下民风民俗归于淳朴善良。热衷追求贪欲的人们也能够回归到赤子般自然天成的状态,也就是做到返璞归真。去其虚名,依照"道"来运行,达到无为而治的目标,达到有效治理天下的目的。《道德经》第五十七章和第六十章:

> 以正治国,以奇用兵,以无事取天下。吾何以知其然哉?以此:天下多忌讳,而民弥贫;人多利器,国家滋昏;人多伎巧,奇物滋起;法令滋彰,盗贼多有。故圣人云:我无为,而民自化;我好静,而民自正;我无事,而民自富;我无欲,而民自朴。①

> 治大国,若烹小鲜。以道莅天下,其鬼不神,非其鬼不神;其神不伤人,非其神不伤人。圣人亦不伤人。夫两不相伤,故德交归焉。②

治理国家,要避免正、奇等有为而治的行为,强调圣人应该无为而治、无为而为。避免百姓生活的困苦,谋权者们的勾心斗角导致的国家混乱,这样人们就会进行自我教化,生活安宁、富足,民风质朴。通过清净的无为而治,万事万物各得其所,人鬼神各在其位,和谐共处。

老子的"道",指得是宇宙与自然之道,个体完善自我的修道方法。是为人处世、治理国家的法则。《道德经》四十一章中:

> 上士闻道,勤而行之;中士闻道,若存若亡;下士闻道,大笑之。不笑不足以为道。故建言有之:明道若昧;进道若退;夷道若颣;上德若谷;广德若不足;建德若偷;质真若渝;大白若辱;大方无隅;大器晚成;大音希声;大象无形;道隐无名。夫唯道,善贷且成。③

道,也是世界万物运行、变化运动的规律。不会随着上、中、下,

---

① (魏)王弼注,楼宇烈校注:《老子道德经注校释》,中华书局,2008年,第149—150页。
② (魏)王弼注,楼宇烈校注:《老子道德经注校释》,中华书局,2008年,第157—158页。
③ (魏)王弼注,楼宇烈校注:《老子道德经注校释》,中华书局,2008年,第111—113页。

不同层次的人，不同的认知态度而发生变化。《道德经》第五十八章和五十九章中：

> 其政闷闷，其民淳淳；其政察察，其民缺缺。是以圣人方而不割，廉而不刿，直而不肆，光而不耀。祸兮福之所倚，福兮祸之所伏。孰知其极？其无正也。正复为奇，善复为妖。人之迷，其日固久。①

> 治人事天，莫若啬。夫为啬，是谓早服；早服谓之重积德；重积德则无不克；无不克则莫知其极；莫知其极，可以有国；有国之母，可以长久；是谓深根固柢，长生久视之道。②

老子的道，即神妙无穷，又至简至易，隐于无名、同入无形。闻于道，行于道，可以修心、固身，立德，齐家，治国。吕思勉先生认为："一种学术，必有其独至之处，亦必有其流弊。流弊不可无以矫之，独至之处，亦不容埋没；故新兴之学术，必能祛旧学术之流弊，而保其所长。旧为代兴之新学术可，谓为改良之旧学术，亦无不可也。凡百学术，新旧递嬗之际皆然。佛学与理学，亦何独不然。"③ "理学者，佛学之反动，而亦兼采佛学之长，以调和中国之旧哲学与佛学者也。"④

三、诸恶莫作与众善奉行

中国传承了几千年的文化和精神，虽然有多种多样的呈现形式，但是核心精神始终如一。正如历史学家钱穆先生讲道："中国文化有三大传统：一是中国人，一是中国的家，又一是中国的国。一个中国人，在这样的家与国之下也就有了我们的'天下'。中国人理想中的修身、齐家、治国平天下，一以贯之。虽不能平到中国以外全世界人类的天下然而中国人自己的天下，也可以到达在一个理想下，而获得其平了。"⑤ "善"是中国文化

---

① （魏）王弼注，楼宇烈校注：《老子道德经注校释》，中华书局，2008年，第151-152页。
② （魏）王弼注，楼宇烈校注：《老子道德经注校释》，中华书局，2008年，第155-156页。
③ 吕思勉：《从宋明理学到阳明心学》，新世界出版社，2017年1月，第6页。
④ 吕思勉：《从宋明理学到阳明心学》，新世界出版社，2017年1月，第6页。
⑤ 钱穆：《中国文化精神》，九州出版社，2021年，第25页。

中不可或缺的重要内容之一。

佛教思想体系中各个分支，都是把善行放在首位，是要求人们时时刻刻都要保持善念，唐代白居易向鸟窠禅师请问禅法，鸟窠禅师告诉白居易要"诸恶莫作，众善奉行"，此偈语不能仅仅是流于口耳，看似3岁小孩虽会说，但是八十老翁行不得，要把"善"贯穿到一生的言行之中，并不是一件容易的事情。

东晋罽宾三藏瞿昙僧伽提婆翻译的《增壹阿含经》第一卷中教导人们不要造作种种邪恶之事，这是修行者的根本之处，不作恶，心中就会出生一切善法，身口意自然也就清净，也就是行于"清白之行"，修行中的三十七种修行法门，即三十七道品①，也就容易获得了。

> 所以然者，诸恶莫作，是诸法本，便出生一切善法；以生善法，心意清净。是故，迦叶！诸佛世尊身、口、意行，常修清净。
>
> 迦叶问曰：云何，阿难！增壹阿含独出生三十七品及诸法，余四阿含亦复出生乎？
>
> 阿难报言：且置。迦叶！四阿含义，一偈之中，尽具足诸佛之教，及辟支佛、声闻之教。所以然者，诸恶莫作，戒具之禁；清白之行，诸善奉行；心意清净，自净其意；除邪颠倒，是诸佛教，去愚惑想。云何，迦叶！戒清净者，意岂不净乎？意清净者，则不颠倒；以无颠倒，愚惑想灭，诸三十七道品果便得成就。以成道果，岂非诸法乎？②

佛教中是用"善"来约束人们的言行，基本的五戒十善③，也是同样的道理。自利利他，就是不仅仅是自己做利益于自己的言行，也要不伤害他人，积极地做有益于他人的事情，也就是发扬自度度他的大乘菩萨道精神。西晋月氏国三藏法师竺法护翻译的《佛说海龙王经》中第十一品《十德六度》，

---

① 三十七品：又称：三十七觉支、三十七菩提分、三十七助道法、三十七品道法，具体包含四念处、四正勤、四如意足、五根、五力、七觉分、八正道。
② 《增壹阿含经》卷1《序品》，《大正藏》第2册，第551页。
③ 五戒十善：五戒指：戒杀、盗、淫、妄语、饮酒。十善指：由身口意的业力组成，具体是身不杀生，不偷盗，不邪淫；口不妄言，不绮语，不两舌，不恶口；意不贪，不嗔，不痴。

后由唐于阗三藏法师实叉难陀奉制翻译为《佛说十善业道经》，此经典专门讲解了修行十善业道的种种不可思议功德，只有勤修十善，才能断除烦恼和痛苦，饶益众生。

佛教其他经典中，也把"诸恶莫作者"，看做是修行声闻、缘觉、菩萨道等"三乘道者"的必修之道，"普修众善"是修行人必须奉行的戒律。如姚秦凉州沙门竺佛念翻译的《出曜经》第二十五卷，龙树所作，后秦龟兹国三藏鸠摩罗什翻译的《十住毗婆沙论》第十三卷，《分别功德论》第二卷（附后汉录）中：

> 诸恶莫作者，诸佛世尊教诫后人三乘道者，不以修恶而得至道，皆习于善自致道迹，是故说曰，诸恶莫作也。诸善奉行者，彼修行人普修众善，唯自璎珞具足众德，见恶则避恒修其善，所谓善者，止观妙药烧灭乱想。是故说曰，诸善奉行。自净其意者，心为行本招致罪根，百八重根难解之结缠裹其心，欲怒痴盛憍（同：骄）慢悭嫉种诸尘垢，有此病者则心不净，行人执志自练心意使不乱想，如是不息便成道根，是故说曰，自净其意也。是诸佛教者，如来演教禁戒不同，戒以检形义以摄心，佛出世间甚不可遇，犹如优昙钵花亿千万劫时时乃有；是故如来遗诫教化，圣圣相承以至今日，禁诫不可不修，惠施不可不行，吾所成佛王三千者，皆由禁诫惠施所致也。是故说曰，是诸佛教。
>
> 惠施获福报，不藏恚怒怀，
>
> 　以善灭其恶，欲怒痴无余。①
>
> 如上诸品所说，能生能增长诸地法。如上诸品中说，若于余处说者，皆应令生菩萨过恶事皆应远离，是名略说菩萨所应行。如法句中说，诸恶莫作，诸善奉行，自净其意，是诸佛教。有一法摄佛道，菩萨应行，云何为一，所谓于善法中一心不放逸，如佛告阿难：我不放逸故，得阿耨多罗三藐三菩提。②

---

① 《出曜经》卷25《29恶行品》，《大正藏》第4册，第741页。
② 《十住毗婆沙论》卷13《27略行品》，《大正藏》第26册，第92页。

诸恶莫作，诸善奉行，自净其意，是诸佛教法也。言此法能成三乘，断三恶趣，具诸果实。二世受报，以才有优劣故，设诱进之。颂云：上者持三。其次四阿含，或能受律藏，即是如来宝。所以云宝者，喻若王有宝藏不使外人知，唯有内臣与王同心者，乃使典掌耳。戒律亦如是，若能持二百五十及与五百事者，乃授其人。不可使外部清信士女所可瞻翫①，故喻王宝也。设力不及二藏，但持阿毗昙者，便可降伏外道，九十六径靡不归宗。何者？此无比妙慧，能决上微滞，使谿尔齐直。虽复五通住劫，未免四驶之所制，是故外学莫敢窥。②

佛教的各门教法之中，都把"诸恶莫作，诸善奉行，自净其意"作为修行的基础，只有以此约束自己的身口意，就会"能成三乘，断三恶趣，具诸果实"，这是区别于外道的准则，也是获得智慧和最终解脱的基础。

王阳明晚年的一篇文章《为善最乐文·丁亥》中也讲到了"善"，这是王阳明为其妻子的弟弟讲解"君子之善"，王阳明认为人们心之本然状态就是至善，至善即为良知。即：

"君子乐得其道，小人乐得其欲"③。然小人之得其欲也，吾亦但见其苦而已耳。"五色令人目盲，五声令人耳聋，五味令人口爽，驰骋田猎令人心发狂"，营营戚戚，忧患终身，心劳而日拙，欲纵恶积，以亡其生，乌在其为乐也乎？若夫君子之为善，则仰不愧，俯不怍；明无人非，幽无鬼责；优优荡荡，心逸日休；宗族称其孝，乡党称其弟（同"悌"）；言而人莫不信，行而人莫不悦。所谓"无入而不自得也"④，亦何乐如之！

妻弟诸用明⑤"积德励善"，有可用之才而不求仕。人曰："子

---

① 瞻翫：同：瞻玩，观赏，玩赏。
② 《分别功德论》卷2《大正藏》第25册，第34页。
③ 出自《礼记》，意为：君子乐在得到仁义之道，小人乐在满足欲望。
④ 出自《中庸》：君子无入而不自得焉。
⑤ 诸用明：名：诸经，字：用明。（清）光绪《余姚县志·诸用明传》（卷二十三），光绪二十五年刻本，记载：诸用明，王守仁妻弟也。积德励善，有可用之才而不求仕。

独不乐仕乎？"用明曰："为善最乐也。"因以四字扁其退居之轩，率二子阶、阳日与乡之俊彦读书讲学于其中。已而二子学日有成，登贤荐秀。乡人啧啧，皆曰："此亦为善最乐之效矣！"用明笑曰："为善之乐，大行不加，穷居不损①，岂顾于得失荣辱之间而论之？"闻者心服。仆夫治圃，得一镜，以献于用明。刮土而视之，背亦适有"为善最乐"四字。坐客叹异，皆曰："此用明为善之符，诚若亦不偶然者也。"相与咏其事，而来请于予以书之，用以训其子孙，遂以勖夫乡之后进。②（《卷二十五·外集六》）

《宋史·赵颢传》中有"为善最乐"之典故，昔汉明帝问东平王："在家何以为乐？王言：为善最乐。帝大赞其言，因送列侯印十九枚，诸子5岁以上悉佩之，著之简策，天下不以为私。今王诸子性于忠孝，渐于礼义，自胜衣以上，顾然皆有成人之风，朕甚嘉之。其各进一官，以助其为善之乐。毋忝父祖，以为邦家光。"

此处大意是：汉明帝询问东平王，在家中以什么作为自己快乐源泉呢？东平王对此回答道：为善最乐。汉明帝赞赏其答复，赏赐了十九枚列侯的封印，东平王家中5岁以上的孩子都佩戴着这些印章，并记录在册，天下之人也并不认为这是出于私心一种炫耀，是因为东平王家中各子本性忠孝，并长期受到礼仪熏陶，年龄渐长之后，气度显现出不凡之处，汉明帝因此而嘉奖。东平王家中子嗣官职也各升一级，以增添"为善之乐"，不要埋没父辈、祖辈的荣耀，更要为国家增添功勋。

王阳明开篇之首直接表达出"君子乐得其道，小人乐得其欲"，表明了什么是君子之乐，小人之欲，引用《道德经》第十二章说明：一昧地追求感官之乐，只会增加欲望痛苦，而不会有真正的快乐。

王阳明用"优优荡荡，心逸日休"的诗文表达出"为善之乐"这种悠然自得、不以物喜不以己悲的自在之情。

两汉司马迁《悲士不遇赋》的上段也有"悠悠而荡荡"的佳句，原文是：

---

① 出自《孟子·尽心上》：君子所性，虽大行不加焉，虽穷居不损焉，分定故也。
② （明）王守仁撰，（明）钱德洪原编，（明）谢廷杰汇集：《王文成公全书》（28卷），明隆庆六年（1572）刻本。

悲夫！士生之不辰，愧顾影而独存。恒克己而复礼，惧志行而无闻。谅才赇而世戾，将逮死而长勤。虽有形而不彰，徒有能而不陈。何穷达之易惑，信美恶之难分。时悠悠而荡荡，将遂屈而不伸。

不同于司马迁在此处是抒发自己含悲忍垢、为自己跌宕起伏的人生境遇感到愤慨和鸣不平，王阳明此处表达的是心胸坦荡、开阔的心境，这就是快乐。

"仆夫治圃，得一镜"的故事，旨在说明这种高尚的道德境界，得到了天道的认可，也就是一种天、地、人道精神高度契合，是符合古人天人感应的高尚道德境界，也是上天对王阳明把"善"作为自己人生追求的最高境界一种褒奖。

浙江省绍兴市会稽山阳明洞（弘治十五年秋，王阳明在宛委山阳明洞读书静坐，修练导引术，于此自号"阳明山人"。王巨明、汪一煦拍摄。）

王阳明曾居住和讲学的贵州省修文县城北的龙岗山"阳明小洞天"

江西省南昌市区西南隅象湖风景区内南昌铁柱宫(万寿宫),(万寿宫在"文化大革命"中被毁掉,2001年末在象湖重建。)

江西省南昌市区西南隅象湖风景区铁柱宫藏铁柱的井口

第二章　良知本体与格物至善

儒教思想宗旨是教导人们注重身心内外兼修，通过修身，齐家，治国，平天下，实现内圣外王的人生境界和社会美好理想，达到孔子提出的"安而行之，不勉而中"的至善的圆满境界。

钱穆在其著作《中国思想史》一书中，也讲到中国思想家和哲学家关注的对象、问题等侧重点不同，逐渐形成了不同的思想类别。钱穆讲道："佛经上说：有生灭心，有相续心。普通人心都是刹那起灭，一刻儿想这，一刻儿想那。很少能专注一对象，一问题，连续想下。相续心便成了思想。有些人能对一事实一问题，穷年累月，不断注意思索，甚至有毕生竭精殚虑在某一问题上的，这些便成为思想家。但宇宙间，人生界，有几件大事，几个大问题，虽经一两个人穷老思索，也获不到结论，于是后人沿他思路，继续扩大继续深入，如是般想去，便成为思想史。有些注意这问题，有些注意那问题，有些注意问题之这一面，有些注意问题之那一面。注意对象不同，思路分歧，所得结果也不一致，这就形成思想史上的许多派别"[1]。

第一节　良知本体与戒惧慎独

孔孟的仁、善等，是道德层面的实践履行，落在客观方面称作是"性体"，即本体之性；主观方面的认知称为是"心体"。从宇宙本体论出发来看，即是天地之心已为心。孟子注重本心是良心，是善心；《中庸》等著作中是以生命个体中人人都具备的良心为其本心。两者不同，融合为一，也就是主客观世界都用一个心展开，这就是陆九渊、王阳明等建构的理论

---

[1]　钱穆：《中国思想史》，九州出版社，2019 年，第 1 页。

体系。

一、心之本体与良知本体

王阳明哲学体系中涉及心与天地万物的关系中，何者是本体，他认为心之本体。王阳明把心看做是灵明，心与物产生关联，王阳明又用意，把两者联系起来。此心就具有了主动性并占据主导地位。

王阳明《答顾东桥书·乙酉》中："心者，身之主也，而心之虚灵明觉，即所谓本然之良知也。其虚灵明觉之良知应感而动者，谓之意。有知而后有意，无知则无意矣。知非意之体乎？意之所用必有其物，物即事也。如意用于事亲，即事亲为一物；意用于治民，即治民为一物；意用于治民，即读书为一物；意用于听讼，即听讼为一物。凡意之所用，无有无物者。有是意即有是物，无是意即无是物矣，物非意之用乎？"①（《卷二·语录二·传习录中·答顾东桥书》）此处，王阳明用心来主宰和指挥身体，心，又可以看做是"虚灵明觉""本然之良知"。

王阳明把意念看做是良知本体的一种感应和行动，良知处于意念发动之前，对于意念而言，良知就是本体。意念所产生作用的对象就是与之对应的事和物。并举例事亲、治民、读书、听讼等，这些都是意念产生作用的一些具体表现。有什么意念发动，就会对应产生什么事和物，这些都可以看做是意念产生作用的具体结果。在此看来，心与物又是同体，是"物外无心"同"心外无物"和合。

王阳明的学生陆澄认为心是身体的主宰，心、知、意、物，依次发生作用和显现。即：

> 问：身之主为心，心之灵明是知，知之发动是意，意之所著为物。是如此否？
> 先生曰：亦是。②（《卷一·语录一·传习录上》）

王阳明的学生冀元亨问他，"知"怎么成为了"心的本体"？具体是：

---

① （明）王守仁著，吴光等编校：《王阳明全集》上册，上海古籍出版社，2011年，第53页。
② （明）王守仁著，吴光等编校：《王阳明全集》上册，上海古籍出版社，2011年，第27页。

阳明心学与多元文化的会通

> 惟乾①问：知如何是心之本体？
>
> 先生曰：知是理之灵处。就其主宰处说，便谓之心；就其禀赋处说，便谓之性。孩提之童，无不知爱其亲，无不知敬其兄，只是这个灵能不为私欲遮隔，充拓得尽，便完；完是他本体，便与天地合德。自圣人以下，不能无蔽，故须格物以致其知。②（《卷一·语录一·传习录上·与惟乾的对话》）

王阳明指出：此"心"之所以成为本体，是针对此"心"可以主宰万事万物而说的。先天的禀赋称为是性。王阳明举例：孩童们具有赤子之心，是因为没有被私欲遮盖此"心"，都知晓日常生活中要做到疼爱父母，尊敬兄长，这种德行无损和完美的本体之心，就是合乎于天地之德。除了圣人之外的世俗凡夫，都会出现此"心"被蒙蔽的时候，这就必须要通过格物功夫来致其良知，让此"心"恢复其本来具备良知的面目。

在王阳明与陆原静的书信中，提到本体之心如何修养以及"养心与养生"的问题，王阳明提出：此心纯乎天理与作圣之功，要在戒慎恐惧和致知格物上下工夫。

> 来书云：养生以清心寡欲为要。夫清心寡欲，作圣之功毕矣。然欲寡则心自清，清心非舍弃人事而独居求静之谓也。盖欲使此心纯乎天理，而无一毫人欲之私耳。今欲为此之功，而随人欲生而克之，则病根常在，未免灭于东而生于西。若欲刊剥洗荡于众欲未萌之先，则又无所用其力，徒使此心之不清。且欲未萌而搜剔以求去之，是犹引犬上堂而逐之也，愈不可矣。
>
> 必欲此心纯乎天理，而无一毫人欲之私，此作圣之功也。必欲此心纯乎天理，而无一毫人欲之私，非防于未萌之先，而克于方萌之际不能也。防于未萌之先，而克于方萌之际，此正《中庸》"戒慎恐惧"、《大学》"致知格物"之功，舍此之外，无别功矣。

---

① 冀元亨（1482-1521年），字惟乾，湖广承宣布政使司常德府武陵县（今湖南省常德市）人，明朝政治人物。王阳明弟子。

② （明）王守仁著，吴光等编校：《王阳明全集》上册，上海古籍出版社，2011年，第39页。

夫谓"灭于东而生于西","引犬上堂而逐之"者,是自私自利,将迎意必之为累,而非克治洗荡之为患也。今日"养生以清心寡欲为要",只"养生"二字,便是自私自利,将迎意必①之根。有此病根潜伏于中,宜其有"灭于东而生于西","引犬上堂而逐之"之患也。②(《卷二·语录二·传习录中·答陆原静书》)

陆原静认为:圣人做到以清心寡欲来养生,功夫也就做到位了,心的清净纯洁,是建立在减少不必要欲望的基础之上;也并不是要求彻底远离世俗社会,离群独居,而是让此心保持纯净,不产生丝毫私欲,保持合乎纯粹天理之心。如果还需要时时克制经常冒出的私欲,说明产生私欲的根源并没有彻底除去,现在要找到萌生私欲根源之所在,人们却不知道具体从哪个方面开始下手,就像是已经把一条狗牵引到大堂之上,再驱逐赶出去,就不那么容易了。

王阳明在此指出的是:圣人所具备的功夫,就是要保持此心无私无欲,与纯粹天理不相违背。在各类私欲念头萌芽之时,就要及时制止,做好防范措施,与《中庸》中的戒慎恐惧、《大学》中的致知格物等是相同的。陆原静所提到的私欲想法和念头,是一边制止,一边又冒出来;如同把狗牵出来,上了大堂之中,再赶下去,这不是克制和洗涤各种私欲的问题,是被个人的自私和过度思虑牵着鼻子走了,"养生"也是潜伏在个人内心根源之中一种被刻意安排的牵绊,人们不断产生各种私欲念头,想制止,这些念头却又不断冒出来,也就是按下葫芦又起来瓢,这类现象是反复不断出现。

二、戒惧与慎独

学生黄弘刚问王阳明,戒惧与慎独是在不同意识状态下,个人所做的不同功夫,不知是否可以这样认为?王阳明认为戒惧与慎独是同一种功夫。

---

① 将迎意必:有所造作、有所执着、有所私心。
② (明)王守仁著,吴光等编校:《王阳明全集》上册,上海古籍出版社,2011年,第74-75页。

正之①问：戒惧是己所不知时工夫，慎独是己所独知时工夫，此说如何？

先生曰：只是一个工夫，无事时固是独知，有事时亦是独知。人若不知于此独知之地用力，只在人所共知处用功，便是作伪，便是见君子而后厌然。此独知处便是诚的萌芽，此处不论善念恶念，更无虚假，一是百是，一错百错，正是王霸、义利、诚伪、善恶界头。于此一立立定②，便是端本澄源③，便是立诚。古人许多诚身的工夫，精神命脉全体只在此处。真是莫见莫显，无时无处，无终无始，只是此个工夫。今若又分戒惧为己所不知，即工夫便支离，亦有间断。既戒惧即是知，己若不知，是谁戒惧？如此见解，便要流入断灭禅定。

曰：不论善念恶念，更无虚假，则独知之地更无无念时邪？

曰：戒惧亦是念。戒惧之念，无时可息。若戒惧之心稍有不存，不是昏聩④，便已流入恶念。自朝至暮，自少至老，若要无念，即是己不知，此除是昏睡，除是槁木死灰。⑤（《卷一·语录一·传习录上·与黄弘刚的对话》）

王阳明认为，人在独处之时、与他人共处之时，都要用同一个功夫，不然就是在做假功夫，当人们见到正人君子本人和其德行之后，才收敛内心自己的恶言恶行，这不是真功夫，是假功夫。当独自一个人呆在某一处时，对善恶没有刻意地伪装和造假，对就是对，错就是错，这个时候就是诚意功夫的萌芽。当人们能够清晰地分辨王霸、义利、诚伪、善恶等分界之处，就可以正本清源，以确立诚、德功夫，并以此作为自己的志向。人们不能把戒惧看做是在无知的状态中所做的功夫，这样就会把功夫截断成了几节了，这种见解是不正确的，就如同陷入了一种断灭的认知之中。

---

① 正之：王阳明弟子，全名：黄弘刚，字正之。
② 立定：决定，拿定。
③ 端本澄源：正本清源，从根本上加以整顿清理。
④ 昏聩：愚昧，糊涂。
⑤ （明）王守仁著，吴光等编校：《王阳明全集》上册，上海古籍出版社，2011年，第39-40页。

针对黄弘刚提出的问题：独处之时，是不是就没有了对善恶的思考了？王阳明对此指出：戒惧的这个意念，如同紧箍咒一样，时时刻刻不能中断了，如果断了，就容易流入到恶念之中。人们如果历经自己每一天之中早、中、晚时间段，历经自己从年少无知到年老垂暮这样一个完整的生命成长历程中，其中是不可能中断了自己的意念；人们如果没有了意念，要么处在昏睡的状态，要么如同槁木和死灰一样了，是没有任何感知能力的。

中国传统文化熏陶和教育，注重在士的阶层养成君子风骨，注重通过克己、修身、达到成己的人生目标；注重约束、控制自己的各种欲望，胸怀宽广、能容难容之事。要求人们一言一行都按照儒家之礼法去遵守和实践，做到克己慎行，克己复礼，为仁由己，也就是人们都选择仁行，天下也就都归于仁。具体实践的条目就是孔子要求的非礼勿视，非礼勿听，非礼勿言，非礼勿动。

学生萧惠向王阳明请教怎么克服自己的私欲或私念，萧惠虽然也期望自己能成为一名大公无私和心地善良的好人，但是自己的眼睛、耳朵、嘴巴、身体，还是在追求享受美好的事物，这是不能做到彻底克己的原因。

萧惠①问：己私难克，奈何？

先生曰：将汝己私来，替汝克。

先生曰：人须有为己之心，方能克己；能克己，方能成己。

萧惠曰：惠亦颇有为己之心，不知缘何不能克己？

先生曰：且说汝有为己之心是如何？

惠良久曰：惠亦一心要做好人，便自谓颇有为己之心。今思之，看来亦只是为得个躯壳的己，不曾为个真己。

先生曰：真己何曾离着躯壳？恐汝连那躯壳的己也不曾为。且道汝所谓躯壳的己，岂不是耳目口鼻四肢？

惠曰：正是。为此，目便要色，耳便要声，口便要味，四肢便要逸乐，所以不能克。

先生曰：美色令人目盲，美声令人耳聋，美味令人口爽，驰

---

① 萧惠：王阳明弟子。

骋田猎令人发狂，这都是害汝耳目口鼻四肢的，岂得是为汝耳目口鼻四肢？若为着耳目口鼻四肢时，便须思量耳如何听，目如何视，口如何言，四肢如何动。必须非礼勿视听言动，方才成得个耳目口鼻四肢，这个才是为着耳目口鼻四肢。汝今终日向外驰求，为名为利，这都是为着躯壳外面的物事。汝若为着耳目口鼻四肢，要非礼勿视听言动时，岂是汝之耳目口鼻四肢自能勿视听言动？须由汝心。这视听言动皆是汝心：汝心之视，发窍于目；汝心之听，发窍于耳；汝心之言，发窍于口；汝心之动，发窍于四肢。若无汝心，便无耳目口鼻。所谓汝心，亦不专是那一团血肉。若是那一团血肉，如今已死的人，那一团血肉还在，缘何不能视听言动？所谓汝心，却是那能视听言动的，这个便是性，便是天理。有这个性，才能生这性之生理，便谓之仁。这性之生理，发在目便会视，发在耳便会听，发在口便会言，发在四肢便会动，都只是那天理发生，以其主宰一身，故谓之心。这心之本体，原只是个天理，原无非礼，这个便是汝之真己。这个真己，是躯壳的主宰。若无真己，便无躯壳，真是有之即生，无之即死。汝若真为那个躯壳的己，必须用着这个真己，便须常常保守着这个真己的本体，戒慎不睹，恐惧不闻，惟恐亏损了他一些，才有一毫非礼萌动，便如刀割，如针刺，忍耐不过，必须去了刀，拔了针，这才是有为己之心，方能克己。汝今正是认贼作子，缘何却说有为己之心，不能克己？

有一学者病目，戚戚甚忧。先生曰："尔乃贵目贱心①。"② （《卷一·语录一·传习录上·与萧惠的对话》）

王阳明针对萧惠的问题，指出：耳目口鼻四肢是不可能自己产生作用，是在心的主导之下，这些器官才发生作用。一味地向外追求身外之物，为名为利忙忙碌碌，这不是为了保持本心的所作所为。此处的心，不是指身

---

① 贵目贱心：以眼为贵，以心为贱，以眼为贵所以盲了之后终日忧心，却不知这样于心不利，使心徒受牵连，白白受累。目虽瞽，心却灵，理应以心为目，贵心贵己。

② （明）王守仁著，吴光等编校：《王阳明全集》上册，上海古籍出版社，2011年，第40—41页。

贵阳市修文县阳明洞内摩崖（阳明再传弟子罗汝芳万历五年曾游此，书题刻一幅。）

贵州省修文县龙场人民帮助修建的"龙岗书院"第一栋建筑"何陋轩"

体中一团血肉组成的特定器官，而指的是人们的天性、天理，不然一个已经去世的人，作为心的人体器官还存在，但是其他的器官却不再产生视、听、言、动等作用了。让此心发挥天理、天性等能动作用的是生生不息的"礼"，也就是儒家一直提倡的"仁"。

当合乎天理的心发生作用时，人们的视、听、言、动等行为所发动的不同功能和作用，也是与礼制、礼仪等相互契合的，这才是此"心"主宰身体的一个真实和正常的状态。下真功夫，着力点就是要下在此处，也就是管理好这个象征着真心的本体，独处之时，也要务必守住、守好这个本心和德性。如果发现有不遵循礼仪、法度而越出礼法的言行，例如：如果刀割，针刺身体时，就会痛苦不堪，这时，就要舍弃刀、拔掉针，及时制止这种痛苦。只有痛下决心，才能去除各类私欲，不能认贼作子，也不能像眼睛患病的人，只关注眼睛，为眼疾忧心，却忽略了本心。

第二节　格物至善与止至善

格物，是到达善境界的一种实践功夫，知晓如何到达至善之境，人们就应该知道如何格物。格物在不同的经典中有不同的具体说法，《尚书》讲的是"精一"，《论语》讲的是"博约"，《孟子》讲的是"尽心知性"等。

一、格物与尽性

朱熹的格物，把天下之物，从表、里、粗、精等进行细致入微的明辨剖析，坚持不懈地用功下去，直到豁然开朗，融会贯通，以达到无所不明、洞彻万物的境界，这可以看做是心体的大用，大功就可以告成了。王阳明认为，按照朱熹的格物之法，只有圣人可以做到。圣人的所作所为合乎天理，格物也与天理同步，如同尽心知性一样。其他人如果"格"世间万物，就比较困难，天地之大，事物繁多，不能像无头苍蝇一样，胡乱格物。

王阳明把人分为了圣、贤、凡这三类。孔孟周公等可以称为是圣人，这类圣人，几百年的时间才能出一位。圣人们能在自己天性没有被世俗蒙蔽的状态下，轻松认识事物发展的规律，心体与天理保持同一，但是这部分人的数量比较少。更多的是贤人和凡人这两类，这些人只有通过自身不懈努力，才能掌握天理，找到本心，也就是要通过存心养性、困知勉行等这些功夫才能达到圣人境界。

王阳明对"多流于口耳"之学的弊端是反对的。王阳明认为："天理人欲"要下足功夫进行一番省察克治，天长日久才能有所得。他不赞同在辨析概念和经验这两者之间所形成的各自独立、二元对立的状态。本体和心体，不在语言所能描述的范围之中，但可以通过具体的身心实践进行体悟和把握。王阳明为学生讲授"格物"时，讲道：

> 先生曰：今为吾所谓格物之学者，尚多流于口耳。况为口耳之学者，能反于此乎？天理人欲，其精微必时时用力省察克治，方日渐有见。如今一说话之间，虽只讲天理，不知心中倏忽之间已有多少私欲。盖有窃发而不知者，虽用力察之，尚不易见，况徒口讲而可得尽知乎？今只管讲天理来顿放着不循；讲人欲来顿放着不去；岂格物致知之学？后世之学，其极至，只做得个义袭而取①的工夫。
>
> 问：格物。
>
> 先生曰：格者，正也。正其不正，以归于正也。
>
> 问：知止者，知至善只在吾心，元不在外也，而后志定？
>
> 曰：然。
>
> 问：格物于动处用功否？
>
> 先生曰：格物无间动静，静亦物也。孟子谓必有事焉，是动静皆有事。
>
> 工夫难处，全在格物致知上，此即诚意之事。意既诚，大段心亦自正，身亦自修。但正心修身工夫，亦各有用力处，修身是已发边，正心是未发边。心正则中，身修则和。
>
> 自格物致知至平天下，只是一个明明德。虽亲民，亦明德事也。明德是此心之德，即是仁。仁者以天地万物为一体，使有一物失所，

---

① 义袭而取：语出《孟子·公孙丑上》，指行事偶然合于义，并非循义而行事。

便是吾仁有未尽处。①(《卷一·语录一·传习录上》)

王阳明认为：格物不能只是夸夸其谈，要在细微之处下手，时时克制，不断反省，细致观察，慢慢才会有所得。人们在讲到天理之时，心里就不能夹杂任何的私心、私欲。人们需要下工夫去观察那些不易察觉的私欲，只做表面功夫，是不能发现这些私欲的全貌。要提醒自己遵循天理，毫不留情地摒弃个人私欲，这才能称为是格物。

陆澄向王阳明请问格物和至善，王阳明解释为：格就是正、纠正，就是把错误的念头和言行，纠正到正确的位置。王阳明也认可陆澄所说的善，不能向外面求索，而是要反观内心，向自己内心深处去寻找。

陆澄认为，格物是在动的状态中开始用功，王阳明认为，不论动静，在这两种状态之下，都可以格物，如同孟子讲到，必有事焉。无论是在动或静状态中，人们都可以观察和体验自己应该如何与事物相处。

格物致知，是在一个最为困难的下功夫阶段中体现出来的状态，类似于"诚意"，人的意识念头足够真诚，修身就是水到渠成、自然而然的事情。正心与修身各自的关注点不同，修身是指已经显现出来的意识和情感；正心是指未发之时的意识和情感。本体之心放得端正，意识和情感即是处在未发的状态，也是能够行的端正；修身的功夫做好了，人们的身心就会处在和谐的状态中。

明明德是促使格物、致知、平天下等不同阶段的依次具体展开，亲民，也是归属于明德的范围。明德与仁，基本同义，人具备了基本的德行，就是具备仁德，有仁德的圣人，把天地万物看成一个整体，如果遗漏其中的某一个部分，就是仁德的修为还没有达到圆满的状态。

王阳明在回答顾东桥有关"尽心知性""致知格物"时，讲道：

"尽心由于知性，致知在于格物"，此语然矣。然而推本吾子之意，则其所以为是语者，尚有未明也。朱子以"尽心、知性、知天"为物格、知致，以"存心、养性、事天"为诚意、正心、修身，

---

① （明）王守仁著，吴光等编校：《王阳明全集》上册，上海古籍出版社，2011年，第28—29页。

以"夭寿①不贰、修身以俟"为知至仁尽、圣人之事。若鄙人之见，则与朱子正相反矣。夫"尽心、知性、知天"者，生知安行，圣人之事也；"存心、养性、事天"者，学知利行，贤人之事也；"夭寿不贰，修身以俟"者，困知勉行，学者之事也。岂可专以尽心、知性为知，存心、养性为行乎？吾子骤闻此言，必又以为大骇矣。然其间实无可疑者，一为吾子言之：夫心之体，性也；性之原，天也。能尽其心，是能尽其性矣。

《中庸》云：惟天下至诚为能尽其性。

又云：知天地之化育，质诸鬼神而无疑，知天也。此惟圣人而后能然，故曰此生知安行，圣人之事也。存其心者，未能尽其心者也，故须加存之之功。必存之既久，不待于存而自无不存，然后可以进而言尽。②（《卷二·语录二·传习录中·答顾东桥书》）

来书云：人之心体本无不明，而气拘③物蔽鲜有不昏，非学问思辨以明天下之理，则善恶之机，真妄之辨，不能自觉；任情恣意，其害有不可胜言者矣。④（《卷二·语录二·传习录中·答顾东桥书》）

王阳明在回答顾东桥的信中，认为"尽心由于知性，致知在于格物"，秉承这种观点是正确的。朱熹认为："格物""诚意""知""仁"等，做到极致之处，就是圣人应该完成的事业。王阳明并不认同朱熹此说法，他反认为：圣人的事业，完成"存心、养性、事天"的过程，应该是与生俱来的，是按部就班地展开具体行动和实践。贤人的事业，是通过"学知利行"来完成，强调"学"的重要性；大部分普通人的事业，是通过"困知勉行"来实现的。

王阳明认为，心之体是本性，而本性的源头，是天理，穷尽本体之心，就把本性显现出来了。通过"至诚"来"尽其性""知天"，这是圣人才

---

① 夭寿：短命与长寿。
② （明）王守仁著，吴光等编校：《王阳明全集》上册，上海古籍出版社，2011年，第48-49页。
③ 拘：遮蔽，《说文解字》：拘，止也。
④ （明）王守仁著，吴光等编校：《王阳明全集》上册，上海古籍出版社，2011年，第51页。

能通达、洞悉的。从"存其心"到"尽其心者",需要下足存养的功夫,日积月累,时刻存养此功夫,才可以达到"尽"这一层次。

王阳明在分辨"格""至"与"穷理"时讲道:

> "格"字之义,有以"至"字训者,如"格于文祖"、"有苗来格",是以"至"训者也。然"格于文祖",必纯孝诚敬,幽明之间,无一不得其理,而后谓之"格";有苗之顽,实以文德诞敷而后格,则亦兼有"正"字之义在其间,未可专以"至"字尽之也。如"格其非心""大臣格君心之非"之类,是则一皆"正其不正以归于正之义",而不可以"至"字为训矣。且《大学》"格物"之训,又安知其不以"正"字为训,而必以"至"字为义乎?
>
> 如以"至"字为义者,必曰"穷至事物之理",而后其说始通。是其用功之要全在一"穷"字,用力之地全在一"理"字也。若上去一"穷"、下去一"理"字,而直曰"致知在至物",其可通乎?夫"穷理尽性",圣人之成训,见于《系辞》者也。苟"格物"之说而果即"穷理"之义,则圣人何不直曰"致知在穷理",而必为此转折不完之语,以启后世之弊邪?盖《大学》"格物"之说,自与《系辞》穷理大旨虽同,而微有分辨。① (《卷二·语录二·传习录中·答顾东桥书》)

王阳明认为的格物致知与穷理的意思是相同的,"格",有"至""正"的含义,"至"要加上"穷理"才能说得通。"格物"在《大学》之中,与"穷理"在《中庸》之中,两者的主要内涵是相同的,只是在细微之处有差别。穷理是包含了格物等功夫;格物也包含诚意等,这样"穷理"和"格物"两者的功夫才不会出现片面的状况,才是系统完整的功夫。也就是,知和行,两者不能割裂开来,要保持一致。具体内容是:

> 来书云:致知之说,春间再承诲益,已颇知用力,觉得比旧尤为简易。但鄙心则谓与初学言之,还须带格物意思,使之知下

---

① (明)王守仁著,吴光等编校:《王阳明全集》上册,上海古籍出版社,2011年,第54页。

手处。本来致知格物一并下，但在初学，未知下手用功，还说与格物，方晓得致知。云云。

格物是致知工夫，知得致知，便已知得格物。若是未知格物，则是致知工夫亦未尝知也。近有一书与友人论此颇悉，今往一通，细观之当自见矣。①（《卷二·语录二·传习录中·启问道通书》）

《启周道通②书》中，讨论致知之说，弟子们在春季再次蒙受教导受益之后，已经知道如何用力，比之前的旧说更加简单明了。对于初次学习的人，加上格物，初学者就能知道在什么地方开始用力和下功夫。

致知和格物本就是不可分割，对于无从下手的初学者而言，还是先说格物，他们才能更好地理解什么是致知。致知的下功夫之处是格物，知晓了致知，自然就了解格物，不熟悉格物功夫，也就无从知晓致知。

二、知止与至善

《传习录》中的《徐爱录》，有对"知止而后有定"的阐释，以教育人们怎么才能达到"至善"的境界。

爱问：知止而后有定，朱子以为事事物物皆有定理，似与先生之说相戾。

先生曰：于事事物物上求至善，却是义外也。至善是心之本体，只是明明德到至精至一处便是。然亦未尝离却事物，本注所谓尽夫天理之极，而无一毫人欲之私者得之。③（《卷一·语录一·传习录上·与徐爱的对话》）

徐爱问王阳明，在朱熹《大学或问》中：能知所止，则方寸之间，事事物物皆有定理矣，也就是"知止而后有定"，徐爱认为朱熹追求的至善境界，也就是天地之间的万事和万物都有既定的真理存在，与王阳明的说法好像不一致。王阳明对此直接指出：至善就是心之本体，从"明明德"达到"至

---

① （明）王守仁著，吴光等编校：《王阳明全集》上册，上海古籍出版社，2011年，第67页。
② 周道通：周冲，字道通，宜兴（今属江苏）人，是王阳明、湛若水的学生。
③ （明）王守仁著，吴光等编校：《王阳明全集》上册，上海古籍出版社，2011年，第2页。

精至一"的境界，就是至善的境界。至善也并没有离开万事万物，但是如果仅仅是在事物表面上寻求善，就把天理看成了外在的部分。朱熹认为：只要把天理的极致穷尽之处，进行认真体悟，不掺杂丝毫的欲望，王阳明认为这个观点是正确的。

"知止"，也就明了至善原本就在心内，而不是在心外，这样寻求至善的心也会变得非常坚定。人的本性也是属于善，没有恶念，至善也就是人的本然之性，也是道德修养的顶点。

王阳明也认为：至善者，明德、亲民之极则也。王阳明把至善作为一个终极准则来衡量人、事、物三者是否符合天理。当有一丝念头升起显现之时，也要进行细致入微地观察，判断它是属于善还是不善，以达到王阳明提出的"至善是心的本然状态"，也就是让"至善"，作为心的本然之体，呈现出善的原本面目。具体是：

爱问：至善只求诸心，恐于天下事理有不能尽。

先生曰：心即理也。天下又有心外之事，心外之理乎？

爱曰：如事父之孝，事君之忠，交友之信，治民之仁，其间有许多理在，恐亦不可不察。

先生叹曰：此说之蔽久矣，岂一语所能悟？今姑就所问者言之：且如事父，不成去父上求个孝的理？事君，不成去君上求个忠的理？交友治民，不成去友上、民上求个信与仁的理？都只在此心。心即理也。此心无私欲之蔽，即是天理，不须外面添一分。以此纯乎天理之心，发之事父便是孝，发之事君便是忠，发之交友治民便是信与仁。只在此心去人欲、存天理上用功便是。

爱曰：闻先生如此说，爱已觉有省悟处。但旧说缠于胸中，尚有未脱然者。如事父一事，其间温清定省之类，有许多节目，不亦须讲求否？

先生曰：如何不讲求？只是有个头脑，只是就此心去人欲、存天理上讲求。就如讲求冬温，也只是要尽此心之孝，恐怕有一毫人欲间杂；讲求夏清，也只是要尽此心之孝，恐怕有一毫人欲间杂：只是讲求得此心。此心若无人欲，纯是天理，是个诚于孝

道光二十六年改建的王文成公祠

贵州省修文县龙岗书院建筑"君子亭"（亭下石壁有蒋介石第三次游阳明洞书"知行合一"四字。）

亲的心，冬时自然思量父母的寒，便自要去求个温的道理；夏时自然思量父母的热，便自要去求个清的道理。这都是那诚孝的心发出来的条件。却是须有这诚孝的心，然后有这条件发出来。譬之树木，这诚孝的心便是根，许多条件便是枝叶，须先有根，然后有枝叶，不是先寻了枝叶，然后去种根。《礼记》言：孝子之有深爱者，必有和气；有和气者，必有愉色；有愉色者，必有婉容。须是有个深爱做根，便自然如此。①(《卷一·语录一·传习录上·与徐爱的对话》)

徐爱存有疑问，至善如果是只追求于心，但是天下事物多的数不过来，要想把每件事情都做到尽善尽美，怕是很难完成。

王阳明直接解答：心即理也！也就是说，本体之心合乎天理，所作所为也是合乎法度，合乎天理。还是要注重格物致知的功夫，注重在本体上下功夫。尽孝、忠君、守信、仁政等，这些不是向外索求就能实现的，而是此心，存天理、灭人欲，没有被各类私欲蒙蔽的情况下，在不同领域发挥不同的作用。王阳明还用树木的根部、树叶来比喻说明，根部指的是本心，繁茂的树叶指的是不同的事情，只要根部深厚，树木就会枝繁叶茂，也就是只要本心至善，与天理保持一致，各种行动也就会自然而然地行驶在正确的轨道上。

第三节　道无精粗与见有精粗

蒋维乔在其《中国佛教史》一书中指出："王阳明之良知说，亦绝不能出佛教之范围。"② 其实不仅仅是良知之说，王阳明整个思想体系中都可以看到佛教及禅宗思想对他的深刻影响。

---

① （明）王守仁著，吴光等编校：《王阳明全集》上册，上海古籍出版社，2011年，第2—3页。
② 蒋维乔：《中国佛教史》卷3，上海书店，1989年，第60页。

一、圣人心如明镜

徐爱向王阳明请教"近世格物之说"的问题,圣人们的心就像是明镜一般,但是普通人的心,就像蒙上厚厚尘垢,变成了昏暗之镜。如果是在"照"上下工夫,明镜已经变成昏暗之镜,怎么能照出事物的影像呢?如果在"磨镜子"上下工夫,镜子变得明亮之后,自然就能显示出万事万物了。

> 曰仁云:犹镜也。圣人心如明镜,常人心如昏镜。近世格物之说,如以镜照物,照上用功,不知镜尚昏在,何能照?先生之格物,如磨镜而使之明,磨上用功,明了后亦未尝废照。

> 先生曰:道无精粗,人之所见有精粗。如这一间房,人初进来,只见一个大规模如此;处久,便柱壁之类一一看得明白;再久,如柱上有些文藻,细细都看出来。然只是一间房。

> 先生曰:诸公近见时,少疑问,何也?人不用功,莫不自以为已知为学,只循而行之是矣。殊不知私欲日生,如地上尘,一日不扫,便又有一层。着实用功,便见道无终穷,愈探愈深,必使精白无一毫不彻方可。①(《卷一·语录一·传习录上·与徐爱的对话》)

王阳明对此问题解答道:是人们的对"道"的理解和见识上有粗细之分,"道"的本体并没有粗细之分。如同人们刚刚进入一处房间,先是见到房子的规模,待的时间久了,房子内部的摆设,如房子的柱梁以及上面的纹饰都能看得清清楚楚,但是都还是这一处房子。

也如同房间地上的灰尘,如果每天不打扫,日积月累,尘土越积越多。人们做学问下功夫,也是如此,每天读书慎思、明辨事理、笃行实践,就会发现成圣之道没有穷尽,越来越深,要让自己不断精进用功,做到没有丝毫的不明了之处,这样才可以达到目标。

禅宗语录中也有很多含有"扫尘"的譬喻,多见于引导修行人开悟的偈语,如:"等闲平地扫尘埃,须还知有肯相陪,悲风皓月猿啼急,穷子

---

① (明)王守仁著,吴光等编校:《王阳明全集》上册,上海古籍出版社,2011年,第23页。

离家甚日回。"① "月上池鱼吞饵,风来竹影扫尘,此际顿忘物我,浑然一派天真。"② "但得雪消去,自然春到来。其示人真切,类若此至己未冬除夜。乃手自书扫尘偈,示众曰:年年年尽日,扫尽一年尘,百年尘复在,不见扫尘人。"③ 等等。

其他经典如《四分律》中详细讲到了"五种扫地,不得大福德""五法得大福德",具体是:

> 佛言:不应尔应顺风扫,有五种扫地,不得大福德:不知逆风、顺风,扫地不灭迹,不除粪,不复扫帚本处。有如是五法扫地不得大福德。有五法得大福德:知逆风、顺风,扫地灭迹,除粪,复扫帚本处,有如是五法得大福德。若上座在下风,应语言小避,我欲扫地。我今为诸比丘说染衣法,应随顺。若不随顺,应如法治。④

《佛果圜⑤悟禅师碧岩录》第九卷中讲到如何"入不二法门",不能"尘虽去,箒迹犹存",具体是:

> 文殊以无言遣言,一时扫荡总不要,是为入不二法门。殊不知灵龟曳尾,拂迹成痕,又如扫箒⑥扫尘相似。尘虽去,箒迹犹存,末后依前除踪迹。于是文殊却问维摩诘云:我等各自说已,仁者当自说。何等是菩萨入不二法门?维摩诘默然。若是活汉,终不去死水里浸却,若作怎么见解?似狂狗逐块,雪窦亦不说良久,亦不说默然据坐。⑦

《梵网经菩萨戒初津》第七卷中讲到"巾布扫尘"是十八种"行菩萨道之要具"之一,具体是:

---

① 《普庵印肃禅师语录》卷3,《新编卍续藏经》,第69册,第442页。
② 《御选语录》卷12,《新编卍续藏经》,第68册,第567页。
③ 《五灯全书(第34卷-第120卷)》卷75,《新编卍续藏经》,第82册,第383页。
④ 《四分律》卷49,《大正藏》第22册,第936页。
⑤ 同:环。
⑥ 同:帚。
⑦ 《佛果圜悟禅师碧岩录》卷9,《大正藏》第48册,第209页。

> 常用者，谓此十八种物，乃是行菩萨道之要具也。谓：杨枝净口，藻荳洁身，三衣蔽形，以超俗染，一钵知足，以离邪命，瓶注法泉，具开圣地，锡杖竖贤圣之标，香炉示清净之体，漉囊救物，巾布扫尘，刀断爱根，燧取智火，镊子拔除烦恼，绳床脱略贡高。经契一心，律规三业。①

上面王阳明与学生问答中提到的"圣人心如明镜，常人心如昏镜"和"道无精粗，人之所见有精粗"的比喻与禅宗中"扫尘除垢""垢尽明显"等寓意已经非常接近。

二、垢尽明显

禅宗中常常用"垢尽明显"来指代明心见性之意，也就是通过顿渐不同法门，让众生去除尘垢，见到自性无染无杂的本真面貌，明了自己原本不生不灭的本心。禅门中各种修行方便法门，都是来教导弟子们通过知、解、行、证，达到明心见性，悟道解脱，获得无上菩提的终极目标。

六祖慧能大师在《六祖大师法宝坛经》第一卷中，有讲到如何"自净其心""自修自行"，详细讲到了什么是"自性五分法身香"，即戒、定、慧、解脱等几种修行阶段，具体是：

> 时，大师见广韶洎四方士庶，骈集山中听法，于是升座，告众曰：来，诸善知识！此事须从自事中起，于一切时，念念自净其心。自修自行，见自己法身，见自心佛，自度自戒，始得不假到此。既从远来，一会于此，皆共有缘。今可各各胡跪，先为传自性五分法身香，次授无相忏悔。众胡跪。师曰：一、戒香。即自心中无非无恶、无嫉妒、无贪瞋、无劫害，名戒香。二、定香。即睹诸善恶境相，自心不乱，名定香。三、慧香。自心无碍，常以智慧观照自性，不造诸恶；虽修众善，心不执着，敬上念下，矜恤孤贫，名慧香。四、解脱香。即自心无所攀缘，不思善、不思恶，自在无碍，名解脱香。五、解脱知见香。自心既无所攀缘

---

① 《梵网经菩萨戒初津》卷7，《新编卍续藏经》，第39册，第152页。

善恶，不可沈（同：沉）空守寂，即须广学多闻，识自本心，达诸佛理，和光接物，无我无人，直至菩提，真性不易，名解脱知见香。善知识！此香各自内熏，莫向外觅。①

慧能大师在此指出要"各自内熏，莫向外觅"，就是要各自打磨掉自己内心的种种尘垢，不要向外面世界寻觅自己的本性，这是徒劳无获的，通过"自心无所攀缘"，渐次到达"自在无碍""直至菩提"，也就是"明心见性、见性成佛"的最终解脱境界。《百丈清规证义记》第六卷、《禅门锻炼说》第一卷中也指出了"垢尽心净""垢尽明现，如磨镜喻"等相同之佛法大意，即：

蕅益云：便利秽作净想，则能除憎受食净作秽想，则能除爱，憎爱悉除，便成漏尽假想纯熟。法随念转，出世方便，孰过于此？若能悟此净秽本源，则可以悟大千世界。不在心外，从此垢尽心净。不知吾身之为法界，法界之为吾身，我身法界，非一非二，则三毒自去，罪法自除也！此非唯为净头者，当作是观，一切人皆可作是观。②

锻炼之说，既毕陈于前矣！然欲善始善终，则流传宜慎。何故？苟有佛性，则皆受锻炼。既受锻炼，则人可省发。然人人可以省发，而不必人人可付授也。昔人云上根利智，方可参禅。余尝斥其言为非是，盖炉鞴③所以镕钝铁，良医所以疗病人。不明锻炼吗，虽上根利智，皆成废器。况下此者乎？善能锻炼，虽钝铁病人，亦成良材，况上此者乎？有心皆可以作佛，有性皆可以悟道。祇在善知识，爬罗抉剔，刮垢磨光，垢尽明现，如磨镜喻。今不咎锻炼之无方，而概谓中下机器，绝参学分，此万古不破之惑而余切齿者也！然谓一经省发，尽可付授，此又知其一而不知其二也。学家而至堪付授，必其道眼可以绳宗祖，行德可以范人天，

---

① 《六祖大师法宝坛经》卷1，《大正藏》第48册，第353页。
② 《百丈清规证义记》卷6，《新编卍续藏经》，第63册，第454页。
③ 鞴：古代的皮制鼓风囊，又称：风箱。

学识可以迪后进,爪牙可以擒衲子。然后命之以出世,责之以为人,如印传印。(谨严付授第十三)①

禅门中诸位禅师、祖师的语录、偈颂中,多用此譬喻,如"痕垢尽除光始现""垢尽明现而后已""垢尽明复""痕垢尽时光始现""垢尽明现去"等,只是表述略有一字或几个字的差异,但都是为了教导人们领悟佛法真谛,明心见性的方便法门,下面仅列举几位禅师运用此譬喻来开悟弟子门人的禅语:

1. 痕垢尽除光始现

《禅门诸祖师偈颂》第一卷:真不立,妄本空。有无俱遣不空空,二十空门元不着,一性如来体自同。心是根,法是尘。两种犹如镜上痕,痕垢尽除光始现,心法双亡性即真。(《永嘉真觉大师证道歌》)②

《普庵印肃禅师语录》第二卷:心是根法是尘,根尘觌(同:睹)对转迷情。以火救火方为妙,烧却从前业识心。两种犹如镜上痕,直达取岭南能。便显秀公无跳脱,徒劳四句语言争。痕垢尽除光始现,照见不似娘生面。无头无尾一般般,千眼大悲也不见。心法双忘性即真,夜来梦见一天星。南曹北斗无藏隐,个个含光暎法身。③

《万峰和尚语录》第一卷:大凡参学做工夫者,先将平日所知所见,人我利名,尽情扫却。然后将本参话头顿在目前,行住坐卧时也参,着衣吃饭时也参,屙屎送尿时也参,静闹闲忙时也参,喜怒哀乐时也参。但于十二时中心心无间念念相续,不忘这个话头。须是大起疑情,大疑即大悟,不疑即不悟,悟即悟自本心,明即明自本性。古人云:佛见法见是二种铁围山,若有所见,尽成其障。所以证道歌云:心是根,法是尘。两种犹如镜上痕,痕垢尽除光始现,心法双忘性即真。此事不论根性利钝只要信得及行得切,时节到来,忽然触着磕着,洞明大事。祖师云:我本求心不求佛,法界元来无一物。佛者觉也,如何是觉?呵呵,方知此语实无妄也!且道笑个什

---

① 《禅门锻炼说》卷1,《新编卍续藏经》,第63册,第785页。
② 《禅门诸祖师偈颂》卷1,《新编卍续藏经》,第66册,第732页。
③ 《普庵印肃禅师语录》卷2,《新编卍续藏经》,第69册,第412页。

么？经云：心生大欢喜，自知当作佛。然虽如是，须经大善知识炉韛①锻炼，将来方可续佛慧命(谨参谨参)。西来直指正单传，自念参疑意廓然。今古上乘无别法，尽皆心悟未生前。(《警策》)

《宗宝道独禅师语录》第六卷：六祖大师云：世人外迷着相，内迷着空。若能于相离相，于空离空，即是内外不迷，本来真性而得出现。夫言相者，外尘境也，空者内意根黑山鬼窟也。经云：纵灭一切见闻觉知，内守幽闲，犹为法尘分别影事。何以故？但有幽闲可守，即是境与意根作对。有意有境，即属生灭。永嘉云：心是根，法是尘。两种犹如镜上痕，痕垢尽除光始现，心法双忘性即真。所以但有取舍向背，便是执。有执着便是迷也。如今若要直捷，祇是无事于心，无心于事。公谓：凡遇有事时，不论大小，俱以付清净本体，不敢起一毫意念，保个清净本体，岂不是意？依然心境对待，非真也。以纷飞之心，摄入清净体中，又成藞苴②。工夫不是者等做，若直捷做去，内心一毫不放出，外境一毫不放入，思之！③（答惟己禅人）

《为霖禅师旅泊庵稿》第四卷：菩提达磨为初祖，六代传衣天下闻，后人得道无穷数。真不立，妄本空。有无俱遣不空空，二十空门元不着。一性如来体自同，心是根，法是尘。两种犹如镜上痕，痕垢尽除光始现，心法双亡性即真。④

2. 垢尽明现而后已

《天如惟则禅师语录》第三卷：是故吾佛思所以治之，演出一大藏教。曲垂种种方便者，皆去妄就真之法也。亦犹磨镜之方药焉，使其日治日磨。垢尽明现而后已。苟知治心如治镜，则人皆可使为圣贤之归。使人人为圣贤之归，则吾佛治心之道岂在诡僻异之术，险峻幽深之事哉。⑤

---

① 韛：释义：举火，举火烛等。
② 藞苴：释义：邋遢、不整洁。引申义：犹阑珊。
③ 《宗宝道独禅师语录》卷6，《新编卍续藏经》，第72册，第765页。
④ 《为霖禅师旅泊庵稿》卷4，《新编卍续藏经》，第72册，第726页。
⑤ 《天如惟则禅师语录》卷3，《新编卍续藏经》，第70册，第779页。

3. 垢尽明复

《古林清茂禅师语录》第一卷：金陵保宁古林禅师，四坐道场，饶益一切。五方英衲颖（同：颖）笠均膝行侧足，而交屦①四驰。出则有语，语则有录。音之赴也如谷，影之彻也如镜。窍启籁发，万窍齐撼。垢尽明复，纤埃弗栖。譬之雪山药树根，欲齅（同：嗅）而鼻观春回。②

4. 痕垢尽时光始现

《了堂惟一禅师语录》第二卷：除夜小参。僧问：爆竹声中残腊尽，请师直示少林宗。师云：潘阆倒骑驴。进云：心是根法是尘，两种犹如镜上痕。痕垢尽时光始现，心法双忘性即真。如何是性即真？师云：剑去久矣，汝方刻舟。进云：与么则野老不知尧舜力，冬冬打鼓祭江神。师云：螺蛳吞大象。③

《愚庵智及禅师语录》第五卷：心是根，法是尘。两种犹如镜上痕，痕垢尽时光始见，心法双忘性即真。永嘉大师虽负曹溪正传，若到径山门下，直须棒了连夜赶出。何故？诸方闻得，将谓径山与人说心说性。④

《法昌倚遇禅师语录》第一卷：上堂云：诸仁者，心是根，法是尘。两种犹如镜上痕，痕垢尽时光始现，心法双忘性即真。古人已，是四楞着地了也。汝等诸人，作么生会？内视不己见，返听不我闻，觉体超然，不属量数，正是痕垢在你。且道镜在什么处？直饶分明拈出。我更问你：什么处得来？你若不知来处，山僧为你指出。炼得铜山没一星，入红炉里又埃尘。须知本自圆成物，本自圆成无故新。⑤

5. 垢尽明现去

《真歇清了禅师语录》第一卷：示众云：但有言句，都无实义。千说万说，

---

① 屦：用麻、葛等做成的鞋。
② 《古林清茂禅师语录》卷1，《新编卍续藏经》，第71册，第206页。
③ 《了堂惟一禅师语录》卷2，《新编卍续藏经》，第71册，第462页。
④ 《愚庵智及禅师语录》卷5，《新编卍续藏经》，第71册，第676页。
⑤ 《法昌倚遇禅师语录》卷1，《新编卍续藏经》，第73册，第63—64页。

试为我拈一毛头来看。从朝至暮虚（同：虚）空里喃喃地，苦哉！饱吃饭了开眼寐语，阿你分上甚生次第。混耀烜赫，密露堂堂。没根株，绝边岸。现成大用，快活不彻。外有甚大活计，何不荐取？只管依他作解，认口头声色。还知道记个元字脚万劫作野狐精么？快须忘前失后去，家破人亡去。路断忘归去，垢尽明现去。良久云：不合恁么道？珍重！①

《慈受怀深禅师广录》第三卷：复云：达磨西来，单传心印，不立文字，直指人心，见性成佛，诸人还见性也未。此性，上至诸佛，下至凡夫，蠢动含灵，平等无异。譬如矿中金，石中玉，木中火，地中水。若无善巧方便，此金此玉，此火此水，终不能出。又如琴瑟箜篌，琵琶琴筝，虽有妙音，若无妙指，终不能发。是知：指不妙则五音不成，智不巧则一心不现。若能于此一念回光，如梦觉人，了无所得。又如磨镜，垢尽明现。一切众生，不能直下明心见性者，良由无始时来，颠倒妄想，障闭心光。②

三、不入断灭禅定

前面王阳明教育弟子在做"戒惧""慎独"的功夫时，"今若又分戒惧为己所不知，即工夫便支离，亦有间断。既戒惧即是知，己若不知，是谁戒惧？如此见解，便要流入断灭禅定"。不要把功夫做得支离破碎了，不要"流入断灭禅定"这样的状态之中。

佛教诸多经典中对"断灭见""断灭论"也是坚决反对的，例如《大乘大集地藏十轮经》第六卷："如是愚痴断灭论者，坏乱毁灭我之正法。逼恼谪罚我诸弟子，持戒破戒及无戒者，皆令不安修诸善品。由是因缘多百千劫没众恶趣，从闇（同：暗）入闇（（同：暗））难有出期。如是众生所有罪报，皆为未求听习声闻独觉乘法，先求听习微妙甚深大乘正法。如是愚痴断灭论者，下劣人身尚难可得，况当能成贤圣法器？尚不能得声闻独觉所证涅槃，况得广大甚深无上正等菩提？"③

《入楞伽经》第二卷："大慧！彼沙门婆罗门说：相续体本无始有，

---

① 《真歇清了禅师语录》卷1，《新编卍续藏经》，第71册，第775页。
② 《慈受怀深禅师广录》卷3，《新编卍续藏经》，第73册，第126页。
③ 《大乘大集地藏十轮经》卷6《4有依行品》，《大正藏》第13册，第754页。

若生、若灭、若涅槃、若道、若业、若果、若谛。破坏诸法是断灭论,非我所说。何以故?以现法不久当可得故;不见根本故。大慧!譬如瓶破不得瓶用。大慧!譬如燋(同:焦)种不生芽等。"①

《大佛顶如来密因修证了义诸菩萨万行首楞严经》第十卷:"又三摩中诸善男子,坚凝正心魔不得便,穷生类本观彼幽清常扰动元,于后后无生计度者,是人坠入七断灭论,或计身灭、或欲尽灭、或苦尽灭、或极乐灭、或极舍灭,如是循环穷尽七际,现前销灭灭已无复。由此计度死后断灭,堕落外道惑菩提性,是则名为第九外道,立五阴中死后断灭心颠倒论。"②

经典中认为这是愚痴之人才会有这样的见解,是一种"颠倒论",就如同已经破碎的瓶子,不能再当做容器使用了,已经无法用来盛东西了;如同烧焦了的种子,也就不会再发芽了。

王阳明弟子萧惠请问王阳明,他自己做不到"克己",王阳明认为萧惠没有常常保守自己的本体、本心,认欲做理,才会做不到"克己",即"汝今正是认贼作子,缘何却说有为己之心,不能克己?"佛教中也常常讲到如果人们"认贼作子",就会"失却元来真常之心",不能免除生死。

《楞严经笺》第一卷中讲道:"因由汝之无始,至于今日,认贼作子,失却元来真常之心,故受轮转,法上若认真心为心,成佛有期。若执能推者为心,何殊认贼为子。所有法财功德,一时偷将,然后不免轮转生死。"③

《楞严经贯摄》第六卷中讲到要"用心观察",必须破除"认贼作子"的邪见,即"问:初卷已斥思惟是妄。何故此中复用思耶?答:前之所以斥者,以阿难④一向认此思惟为真,不肯放舍,是认贼作子,故须斥破,欲其识贼而求真子也!今之用此思者,是知其为贼,而借贼以杀贼,转祸为功也。且二十四圣所修,门虽不同,要其用心观察,皆用此思。若无此思,无下手处,故二十四圣下手功夫,皆在观音一门显发。譬如油蜡作灯烛,不用火点,终不明也。若谓不假思惟,直下离心意识参究,则此一门。似是单为上上

---

① 《入楞伽经》卷2《3集一切佛法品》,《大正藏》第16册,第522页。
② 《大佛顶如来密因修证了义诸菩萨万行首楞严经》卷10,《大正藏》第19册,第153页。
③ 《楞严经笺》卷1,《新编卍续藏经》,第11册,第906页。
④ 阿难:(?-公元前463),释迦牟尼佛的堂弟,跟随佛陀出家,释迦牟尼佛的十大弟子之一。佛陀55岁时,阿难被选为常随侍者,服侍佛陀二十五年,对佛陀讲法言语谨记无误,被称为多闻第一。

根说，其或根器稍钝，不免借思而入。若下根人，既得闻思，又必尽力于修，方能得入。是则闻思修为浅深同说法，彰彰明矣，但不可用乱思邪思。若用乱思邪思，终不能入。故曰：知根杂乱思，湛了终无见。又曰：阿难纵强记，不免落邪思也。"①

上面几处可以看出：王阳明治学的根基还是根植于中国传统儒家思想和文化的深厚土壤，同时又对佛道教进行批判性吸收和改造，其思想理论和教育弟子们的方式、方法还是能看到一些与佛道等多元文化融合的痕迹。

---

① 《楞严经贯摄》卷6，《新编卍续藏经》，第15册，第457页。

广西横县郁江岸边上的伏波庙（王阳明曾拜谒伏波将军庙，作有《谒伏波庙四首》。）

"龙冈书院"迎宾待客之所"宾阳堂"

镇江金山寺鸟瞰（王阳明多次到金山寺，作《泊金山寺二首》等诗。）

王阳明居阳明洞时手植的两棵柏树（被称为"文成柏"）

镇江金山寺门楼（王阳明初次随祖父王伦到北京，过镇江金山寺时，始作《金山寺》和《蔽月山房》诗。）

第三章　心之本体与万物一体

"心"是王阳明哲学中最核心的范畴,他所提的"心"不是专指客观存在的"心",而是将"心"认作是主宰的"心"。"所谓汝心,亦不专是那一团血肉;若是那一团血肉,如今已死的人,那一团血肉还在,缘何不能视、听、言、动?所谓汝心,却是那能视、听、言、动的,这个便是性,便是天理。"[1]王阳明将此"心"认作"性",而把"那一团肉"定性为"躯壳",而此"心"则是真己,只有保守真己,才能守住本心。王阳明"心之本体"说是把"心"视作道德主体看待,"心"与"性""天""理""道""良知"都是同质的存在,在本体上说都是一个存在,但是在不同时间显现出不同的作用。

第一节　心之本体与内在层次

王阳明认为"心之本体即是天理",这里的"天理"是作为道德的普遍法则而确立的,但是主体中有作为与"天理"相对应的"自心"。王阳明即说:"学是学存天理。心之本体即是天理。体认天理,只要自心地无私意。"[2]但是"自心"与"天理"并不是冲突的,"天理"是"自心"的本然状态,而"自心"只是"天理"被私意蒙蔽。又如王阳明曾对《中庸》中的"溥博如天,渊泉如渊"作出解释:"人心是天、渊。心之本体无所不该,原是一个天,只为私欲障碍,则天之本体失了;心之理无穷尽,原是一个渊,

---

[1]　(明)王守仁著,吴光等编校:《王阳明全集》上册,上海古籍出版社,2011年,第41页。
[2]　(明)王守仁著,吴光等编校:《王阳明全集》上册,上海古籍出版社,2011年,第81页。

只为私欲窒塞,则渊之本体失了。"①王阳明所认为的"心"即是"天"与"渊"的等同,是一个整体的,广博的。人只需要在"自心"下功夫,除去障碍窒塞,就可复其本体,就能恢复至善天理。

一、至善与知

"心之本体"的概念在宋明理学中也是时常出现的,宋明理学甚至被后儒誉为心性之学。程颐曾对"心"的体用关系作了介绍,以心为寂然不动之体,以感而遂通为心之发用,但是对于"心"之"体"具体是什么,程颐没有解释,但是也为后来的心学理论发展奠定基础。在朱熹的哲学框架中也有"心之本体"的出现。朱熹即说:"虚灵自是心之本体,非我所能虚也。耳目之视听,所以视听者即其心也,岂有形象。然有耳目以视听之,则犹有形象也。若心之虚灵,何尝有物!"②此处的"心之本体"是指本质属性上的方面,心即为心是本质如斯,而且朱子所提的"心"是以"虚明灵觉"特性显现存在的,主要还是为"心"所具有"知觉"作用而阐述的。

朱熹还指出"心"也是主宰之谓,但是其所说的"心"之主宰指的是"心"在认知过程当中所起的主导作用,这里并不涉及"本体"的向度,真正能作为主宰的还是通过"知觉"的"心"所认知的"理"。朱熹说道:"心固是主宰底意,然所谓主宰者,即是理也,不是心外别有道理,理外别有个心。"③朱熹认为"心"能知觉、认知,是因为"气"和"理"的相结合而作用的结果。古人言"心"大都不出两个方面。第一,"心"是"知觉";第二,"心"是身体的"主宰"。"心"是"知觉",主要指的是"心"能知痛知痒,能通过感觉器官而能感受外物的刺激;"心"为"主宰",指的是"心"应具有主宰身心感官的功能。

王阳明在这两方面的基础上,提出的"心即理",就超越了这两层含义,前人说的"知觉"是"感官知觉",而王阳明将"心"定义为"道德知觉",也就是阳明所说的"良知良能""天理"等。这样就将"心"从生理感官

---

① (明)王守仁著,吴光等编校:《王阳明全集》上册,上海古籍出版社,2011年,第109页。
② (宋)黎靖德编:《朱子语类》第4卷,岳麓书社,1997年,第53页。
③ (宋)黎靖德编:《朱子语类》第4卷,岳麓书社,1997年,第4页。

和意识活动层面,提升至了道德本体层面。我们看王阳明所说的"心之本体",和程颐、朱熹所说的"心之本体"是有着根本差异的。王阳明所说的"心之本体"即是"心"作为"道德主体"的本来属性,"心之本体"具有多种属性、特质,譬如"至善是心之本体""知是心之本体""诚是心之本体""乐是心之本体""定是心之本体"等等。

(一) 至善

王阳明与弟子徐爱在一段对话中曾说道:"于事事物物上求至善,却是义外也。至善是心之本体,只是'明明德'到'至精至一'处便是。然亦未尝离却事物。本注所谓'尽夫天理之极而无一毫人欲之私'者得之。"① 此中所表述的是徐爱针对朱熹"事事物物皆有定理"之说提出的质疑,这一段中是关于徐爱对朱熹所说"事事物物皆有定理"产生疑问,王阳明认为事事物物之理不在自己的心外,至善就是"心"的本然状态,若在事物上求至善,不免是本末倒置了;王阳明认为只需要做到"至精至一",就能恢复"心之本体"的状态。

王阳明又讲:"然至善者,心之本体也,心之本体哪有不善?如今要正心,本体上何处用得功?必就心之发动处才可着力也。心之发动不能无不善,故须就此处着力,便是在诚意。"② 在这里,王阳明从《大学》开始讨论,他认为"心者身之主宰",若欲"修身",则必须从"心"上下工夫,在这里王阳明又说在"心体"上不能用功,还需要在"心"之发动处,也就是在"诚意"上下功夫。

王阳明在天泉证道中曾提到"无善无恶心之体",与此处似乎有矛盾之处,那么"至善"和"无善"之间又是怎样的关系?钱绪山在寄书给杨斛山,其中主要谈到"无善无恶"与"至善"的问题,"至善之体,虚灵也,犹目之明、耳之聪也。虚灵之体不可先有乎善,犹明之不可先有乎色,聪之不可先有乎声也。目无一色,故能尽万物之色;耳无一声,故能尽万物之声;

---

① (明)王守仁著,吴光等编校:《王阳明全集》上册,上海古籍出版社,2011年,第2页。
② (明)王守仁著,吴光等编校:《王阳明全集》上册,上海古籍出版社,2011年,第135页。

心无一善，故能尽天下万事之善。"①

绪山指出"善""恶"只是一种相对的概念，而"至善"是一种绝对的概念。"至善"不拘泥于事事物物，没有固定的标准，是没有一丝私意参杂的天理流行。若从本体论层面来讨论，"心"既是"至善"的，那就是不存在"恶"，既然不存在"恶"，那么与"恶"相对的"善"也就不存在，"无善无恶为至善"应当也就成立了。

(二) 知

要理解"知是心之本体"就必须先了解"知"的含义。王阳明曾说："知是心之本体，心自然会知。见父自然知孝，见兄自然知弟，见孺子入井自然知恻隐。此便是良知，不假外求。若良知之发，更无私意障碍，即所谓'充其恻隐之心，而仁不可胜用矣。'然在常人不能无私意障碍，所以须用致知格物之功，胜私复理，即心之良知更无障碍，得以充塞流行，便是致其知，知致则意诚。"②

由此可知这里王阳明所说的"知"并非是"闻见之知"或"感觉之知"，而是知善知恶之"良知"。"知"是"心"本然具有，这是"心体"的价值方面，当"心"发用时，便自然会知"孝""弟""恻隐"，这便是"心体"的道德标准。阳明还说道："知是理之灵处，就其主宰处说，便谓之心；就其禀赋处说，便谓之性。"③在王阳明看来，"知"是指道德本体之良知，此处的"理"是明觉自然的"天理"。就其天地主宰而言，这个"知"就是"心"。就其禀赋而言，这个"知"就是"性"。所以"知"与"天理""心""性"处于同一本体层面的。但是这里所说的"知本体"与我们之前所说无法用功的"心体"在方向上有差异的，这个差异就是良知是在知觉上的体现，是"心体"在价值与意识上的概念，但是其本质没有差别，"心体"始终只有一个。

在《传习录》中有不少处记载了关于"生而知之"之论。"生而知之"

---

① （明）黄宗羲：《明儒学案》卷十一，中华书局，1985年，第234页。
② （明）王守仁著，吴光等编校：《王阳明全集》上册，上海古籍出版社，2011年，第135页。
③ （明）王守仁著，吴光等编校：《王阳明全集》上册，上海古籍出版社，2011年，第39页。

出自《论语·季氏篇》。即说:"孔子曰:'生而知之者,上也;学而知之者,次也;困而学之,又其次也;困而不学,民斯为下矣。'"① 很多人对"生而知之"的解释不一,比如朱熹就认为"生而知之"的是义理,而非礼乐名物、古今事变。

对此,王阳明是持反对态度,他认为若是义理,首要问题是学,然后才能了知,必然是学而后能知,这就不能算是"生而知之"。首先我们要清楚"生而知之"的"知之"的对象是什么。王阳明在和九川问答时说:"圣人亦是'学知',众人亦是'生知'。"然后接着说:"这良知人人皆有,圣人只是保全,无些障蔽,兢兢业业、亹亹②翼翼,自然不息,便也是学。只是生的分数多,所以谓之'生知安行'。"③ 由此可知,王阳明认为"生而知之"所知的对象就是"良知",王阳明认为,"生而知之"就是表示每个人天生都具有良知,圣人天生的良知本体更通彻一些,私意更少一些;"生而知之"意为通过学习与工夫才能恢复被私欲所遮蔽的良知;因而"知之"就表示在学习和工夫上也有困难的人,但是仍然一心为善,最终也可以恢复良知本体。

二、诚与乐

"诚"的概念在中国思想史上很早就有运用,并且在发展过程中也不断丰富其内涵。《易文言》即说:"修辞立其诚。"诚主要意为真实。《说文》中释"诚"有讲:"诚,信也。"

(一) 诚

王阳明所说的"诚"主要为工夫本体论,包含"诚"和"思诚"两个重要范畴。《孟子·离娄上》中对"诚"与"思诚"的定义而言:"是故诚者,天之道也,思诚者,人之道也。"④ 若结合上文释义,孟子从"心"的角度

---

① (宋)朱熹:《四书集注》,凤凰出版社,2008年,第169页。
② 亹亹:1.形容勤勉不倦,2.形容向前推移、行进。
③ (明)王守仁著,吴光等编校:《王阳明全集》上册,上海古籍出版社,2011年,第109页。
④ (宋)朱熹:《四书集注》,凤凰出版社,2008年,第269页。

来指出"诚"的意义所在，揭示"诚"的道德方面的含义，即诚心、诚信等。《中庸》论"诚"则有说："诚者，天之道也；诚之者，人之道也。诚者不勉而中，不思而得，从容中，圣人也。诚之者，择善而固执之者也。"①

朱熹将"诚"解释为："诚者，真实无妄之谓，天理之本然也。诚之者，未能真实无妄，而欲其真实无妄之谓，人事之当然也。"②王阳明则把"诚"复归到"心体"的层面，说道："诚字有以工夫说者。诚是心之本体，求复其本体，便是思诚的工夫。"③这里和孟子所说相似，都是从心的角度进入，将天道之诚来论证人心之诚，更加突出了人道的道德意义。

王阳明的《传习录》继续论述道："诚是实理，只是一个良知。实理之妙用流行就是神，其萌动处就是几。"④可见王阳明将"诚"从天道之诚转向了人道之诚，就更具有道德意义。他将"诚"定义为实理，通过不断追求"诚"这一状态，从而自然而然地出现更多的道德准则，它是在人们日常生活中至关重要且实实在在的。而人只要达到"诚"的状态，就能符合天道，达到天人合一的境界。王阳明"诚"的思想是完成了天道到人道，再从人道回归天道的转化。

（二）乐

"乐"思想源自孔子，在《论语》中多次提及关于"乐"的概念，如开篇就有"学而时习之，不亦说乎？有朋自远方来，不亦乐乎？人不知而不愠，不亦君子乎"⑤，还有著名的孔颜乐处的典故。《论语》即是说："贤哉，回也！一箪食，一瓢饮，在陋巷，人不堪其忧，回也不改其乐。"⑥孔子也自述："其为人也，发愤忘食，乐以忘忧，不知老之将至云尔。"⑦由此可见，在孔子的思想中，"乐"是君子所不能或缺的一项内涵，是君

---

① （宋）朱熹：《四书集注》，凤凰出版社，2008年，第28页。
② （宋）朱熹：《四书章句集注》，中华书局，2018年，第31页。
③ （明）王守仁著，吴光等编校：《王阳明全集》上册，上海古籍出版社，2011年，第40页。
④ （明）王守仁著，吴光等编校：《王阳明全集》上册，上海古籍出版社，2011年，第124页。
⑤ （宋）朱熹：《四书集注》，凤凰出版社，2008年，第45页。
⑥ （宋）朱熹：《四书集注》，凤凰出版社，2008年，第83页。
⑦ （宋）朱熹：《四书集注》，凤凰出版社，2008年，第93页。

子精神和心理状态的显现和表征。程子言"非乐不足以语君子"。

王阳明则将"乐"提升到了本体论的高度进行探讨,"乐是心之本体。仁人之心,天地万物为一体,诉合和畅,原无间隔。良知即是乐之本体"①,使"乐"不仅具有情感的抒发,还具有了形上的属性。王阳明认为"乐"是以"心"而言的,真正的"乐"是仁人之心,是万物一体之心,而万物一体就是良知的拓充,因此,王阳明强调了"良知"本体的乐的实质。

又见于《传习录》所说:"乐是心之本体,虽不同于七情之乐,而亦不外于七情之乐。虽则圣贤别有真乐,而亦常人之所同有,但常人有之而不自知。"②人皆有七情之乐,不过王阳明却是认为七情之乐与真乐是不可同日而语的,虽然"真乐"却也不外乎于七情之乐,王阳明认为"乐之本体"与七情中的"乐"是有差异的,这七情乐是经由心驱动而源发知觉存在形式,是"已发"的结果。而乐本体是"心体"的本然状态,是属于"未发之中"。

此"乐"不能仅指"快乐""高兴"等,"真乐"即是天理扩充,是良知之发。王阳明认为圣贤与常人此乐同,一为同具,二为同质。同具则是圣贤与常人皆有此乐,同质是圣贤与常人"乐之本体"相同,常人不觉此乐,只是没有发现"乐之本体"而已。在王阳明认为,若要追求"真理",还需要"致其良知",那么事事物物都合乎天理,自然能发现"真乐"。

三、定与动静

《传习录》中提到了"定者心之本体,天理也。动静,所遇之时也"③;王阳明所说的"定"并非是禅宗所说的"静",也不是指外在环境影响,隐世避世,端居默坐去求定,而是从"心之本体"上去解释"心体"是具有"定"的形式。

"定"必然是符合天理的。说到"定"就不得不讨论和"动静"之间的关系,这里所说的"动静,所遇之时"就是"心"有"动静",而这些"动静"就是根据不同的时间,不同的外部条件所表现出来的形式。

---

① (明)王守仁著,吴光等编校:《王阳明全集》上册,上海古籍出版社,2011年,第216页。
② (明)王守仁著,吴光等编校:《王阳明全集》上册,上海古籍出版社,2011年,第79页。
③ (明)王守仁著,吴光等编校:《王阳明全集》上册,上海古籍出版社,2011年,第19页。

第三章 心之本体与万物一体

王阳明到凤阳后曾登谯楼（并作《登谯楼》诗感怀）

九华山下无相寺前门（王阳明曾两次游九华山，在山下的无相寺作《夜宿无相寺》《重游无相寺次韵四首》等诗。）

117

九华山上的化城寺（王阳明两游化城寺，作有《化城寺六首》《重游化城寺二首》等诗。）

九华山地藏禅寺护国肉身宝塔殿（王阳明听说地藏洞有异人，遂历岩险访之。）

王阳明曾说:"是静、定也,决非不睹不闻、无思无为之谓,必常知、常存、常主于理之谓也。夫常知、常存、常主于理,明是动也,已发也,何以谓之静?何以谓之本体?岂是静、定也,又有以贯乎心之动静者邪?"① 探讨"定"与"动静"关系可以从两方面入手,一是从形式方面,二是从体用方面。从形式方面讨论,王阳明所说的常知也就是要常保持良知,常存就是常存天理,常主于理也就是常符合天理。

我们可以打个比方,我们的心就像一面镜子,擦拭这个镜子使它变得明亮就是常知、常存,而睹闻思为时就像有物来照,物是有"动静"的,镜子中的影像也是有"动静"的,但是镜子却始终是不需要动的。物就是我们睹闻思为的对象,而镜子中的影像就是我们的表现行为和思考意识,也是有"动静"的,但是我们的"心"是始终处于"定"的状态。可是不能说"心"就是不动的,镜子虽然不动,但是镜子中的影像是动的,也就是说动、静互为趣入圆融,你中有我、我中有你。

若从体用方面来讨论,"定"就是体,"动静"即是用。王阳明曾说:"动静者所遇之时,心之本体固无分于动静也。理无动者也,动即为欲。循理则虽酬酢万变而未尝动也,从欲则虽槁心一念而未尝静也。"② 由此可知"动"和"静"是相对而言的,而"定"则是绝对的,没有规定性的。"定"是超越了"动静"的,这就如程颢所说的"动亦定,静亦定"。"动静"是在"心"之发动后才产生的相对的表现形式,而"定"则是从"心体"层面而言,是无所谓动静的。

第二节 心、理与意、物

在王阳明的哲学思想中,在强调对心体把握的同时也指出对于心体所发之意的对象,即王阳明所言之物。王阳明对于心与物的关系一直都是学界探讨的核心问题之一,而王阳明所说的"物"通常又涉及到"事""意""理"

---

① (明)王守仁著,吴光等编校:《王阳明全集》上册,上海古籍出版社,2011年,第71页。
② (明)王守仁著,吴光等编校:《王阳明全集》上册,上海古籍出版社,2011年,第72页。

等内涵。要想厘清关于"心"和"物"的关系,就必须从此类概念出发,对其与心的关系,逐一进行探讨,这即是研究王阳明心物关系的前提,对于研究王阳明整个心学思想也具有重要意义。

一、心与理

在王阳明思想的哲学体系中着重探讨了心与理的关系,并且提出"心即理"命题,而且成为了阳明心学结构较为重要的命题之一。"理"一字最早见于《说文解字》,是与"玉"与有关系的,此处"玉"当指"玉石",而"理"字又从"玉"偏旁,必然与这"玉"存在关系,所表示的是作坊将山上挖来的璞石,依循璞石内里纹路进行切割继而精雕细琢,加工成美玉,在引申义上就有纹理、条理、道理等义。而在我国历史上也多次出现过使用"理"作为内涵进行阐述,如孟子将"理"与"义"并举,而其中"理"意为道德准则;《易传·系辞上》《庄子·则阳》《荀子·解蔽》《韩非子·解老》等经典所说的"理",是指事物的普遍或特殊规律。而王阳明的"理"是在朱熹理学话语语境中产生,要明白王阳明所说的"理"就需要对朱熹所说的"理"进行分析。朱熹的"理"具有三个特点:

一是"主宰",主宰一切;二是"理"与"太极""盗"在朱熹哲学当中都是基本范畴和逻辑结构,属于异名同实的概念;三是"理"具有实在性。

朱熹认为心是包含众理的,但是理并不能就等于心,而是作为"性"存在于心的。朱熹认为人生的终极目标与理想就是将"心""理"合一。朱熹以理存在于主体当中为主要观点,但是理并非现有而在的意识存在的事实,是说道德原理从究竟与根源性上,它是宇宙当中普遍法则本身这一能指,而且相对于人心而言还是先验性本质的结构。然而朱子所说格物穷理的方式也就是将道德原则的理与主体的意识和动机融合,这个"理"是从本质结构上演进而化为认识对象上的。而陆九渊所提出的"心即理"中的"心"主要是指先验的本心,陆子并不认为人的一切意识活动都一定符合于义、理,双方持有不同的立场,但是也从未真正地展开讨论,朱子理学的经典依据主要是《大学》,陆学的经典依据主要是《孟子》。

在这个方向上,王阳明延续着陆九渊的思想,并且展开讨论了"心即理"内涵。徐爱曾向王阳明提问,徐爱是从朱熹的基本问题思路出发,即心中所求的只是心中的理，那天下的事理是在心之外又应如何去求？因为事事物物皆有定理，人们只能通过格物穷理的方法去获得。而王阳明解释说"心即理"是早年通过事事物物中求理得出的结论。

王阳明答复后，徐爱仿佛还有不明白之处，他就接着问有关"孝"具体的事情。王阳明对此事而回复到：如果要侍奉父亲，这个孝心并不在父亲身上，最终的问题根源都在自己的心中，只有自己的心不参杂任何一丝私欲，心就是纯乎天理。发用此心来事父、事君、交友和治民，那都是符合道德原则的。在这一段回答中可以看出王阳明认为道德原理和实践都是存于主体当中，而不能从主体关照的对象中去求。从这个角度去看，事父、事君等事正因为有此心的发用才有，如果离却本心就不存在事父或事君等实践行为，这也可以得出"心即理""心外无事"的结论。

徐爱通过这个回答似有所悟，但是仍有不明白之处。王阳明讲道：对待"孝"父母这件事，怎么能不讲求？不过就是头脑的问题，据此从心上"去人欲，存天理"来讲求。这就好比讲求"冬温"一事一样，惟有尽到这一片心的孝道，诚挚孝心所发，是条件因素，即或存在着一丝一毫人之欲间杂其间，然而却又必定有诚挚孝心而借机生发。

徐爱这个问题其实就已经问出了朱子和王阳明学问的不同之处，朱子是从具体事物上去穷理，并且通过"自上而下推下来"与"自下而上的推上去"两种不同格物路径去获得事物的理。而王阳明显然是反对这种从事物上求理的方法，虽然他承认事事物物皆有定理，但是要先有个"头脑处"这个"头脑"就是"天理"，即是王阳明所说的"良知"。只要此心存有天理并且不断去扩充它，就能事父自然知孝、事君自然知忠、交友自然知信，并且其中的"许多节目"也就随着纯乎天理之本心的发见而自然有一个正确的体当。

而对于心与理中私心和当理的关系在《传习录》中也有探讨。陆澄就跟延平先生请益中即说"当理而无私心"。王阳明先生回答说："心即理也，'无私心'即是'当理'，未'当理'便是'私心'。若析心与理言之，恐亦未善。"[①]可见王阳明认为延平先生所说的似有不妥，因为在他看来，"当理"就是"无

---

① （明）王守仁著，吴光等编校：《王阳明全集》上册，上海古籍出版社，2011年，第30页。

私心","无私心"也就是"当理"。"当理而无私心"有种将"当理"和"无私心"分裂开来的感觉。陆澄还以佛氏举例,以情欲之私不染着之"无私心"与外弃人伦之"不当理"发问。王阳明认为佛氏看似没有私心,但是有一个成己之私,从这个角度,"心"与"理"还是一个统一的整体。

王阳明语录中,他提出"心即理"说有个立言宗旨,主要还是针对当时世人将心与理分作两个来看,从而导致只知做外表功夫,不从内心去省察。王阳明基于这个宗旨立言,可见一方面是本然如此,一方面则是因病的药:"诸君要识得我立言宗旨。我如今说个'心即理'是如何?只为世人分心与理为二,故便有许多病痛。如五伯攘夷狄、尊周室,都是一个私心,使不当理。分心与理为二,其流至于伯道之伪而不自知。故我说个'心即理',要使知心理是一个,便来心上做工夫,不去袭义于外。"[1]

王阳明认为若将心与理分为二,将会导致"私心"与"不当理"的毛病出现,在这里和"知行合一"之说相通,人们大都是将知与行分离,就如只知从外在表象去寻求一个"当理",忽略了在此心做功夫。王阳明认为后世学者之所以有"专求本心,遂遗物理"的毛病,也正是因为将心与理为二。而就心与理的重要性而言,王阳明的"心即理"说的逻辑路径即是从心中求理。

如王阳明所说:"心一而已,以其全体恻怛而言谓之仁,以其得宜而言谓之义,以其条理而言谓之理。"[2]故而不论是"仁""义"或是"理"皆是于"心"而言,即是心在不同角度而言的不同表现。我们可以看出王阳明的"心即理"之说的立言宗旨,是治后世"心理为二"的病痛。其应然的实现路径即是从道德原理的本心出发,通过心之所发的意在对象中而呈现出理,王阳明对程子的"在物为理"进行过解答。即说:"'在物为理','在'字上当添一'心'字,此心在物则为理。如此心在事父则为孝、在事君则为忠之类。"[3]

可知王阳明认为理即此心在物上的呈现,没有本心即不存在此理。而

---

[1] (明)王守仁著,吴光等编校:《王阳明全集》上册,上海古籍出版社,2011年,第137页。
[2] (明)王守仁著,吴光等编校:《王阳明全集》上册,上海古籍出版社,2011年,第48页。
[3] (明)王守仁著,吴光等编校:《王阳明全集》上册,上海古籍出版社,2011年,第137页。

在另一方面，理也不能离开物而存在，没有物则没有心所附着的对象，也就没有理的呈现，而离开了心，理就失去了存在的依据，也即是"心外无事""心外无理"。"心即理"是知行的本体，是知行之所以为一的依据。"心即理"学说是王阳明对前人思想的总结和发展，具有很高的创新和应用价值。

二、心与意

在王阳明的哲学思想中，有一个著名的论点，即"意之所在便是物"。这里的"意"是人们心体活动的一种自然呈现，与其心体的纯然天理不同。"意"是具有一种特定的对象性，有明确的目标指向，也可以理解为是人赋予了万物特定的意义的一种意识活动。王阳明曾经提出了闻名于世的"四句理"："身之主宰便是心，心之所发便是意，意之本体便是知，意之所在便是物。"[①] 这四句当中有三句都是和意相关，这也说明王阳明虽然强调心体的重要性，但是心体的内容还是需要通过"意"来进行表达和呈现，"心体"属于"未发"，而"意"则属于"已发"，是属于"心之运用"。

从"心"到"物"必须要通过"意"来进行呈现，但是这个"意"仅限于主体之"意"，因其主体性就存在着善与恶，就有了"有善有恶意之动"。而通过这个主体性的"意"所指向的"物"同样具有其主体性，也应该具有善恶分别。王阳明因此在《大学》八条目中特别强调"诚意"的重要性，是藉以"诚意"工夫上的介质并且还是实在性善念的自我扩充，以此对恶念予以遏制。那么就有人会问为何不在格物或正心上做工夫呢？

王阳明认为朱子强调"格物"的重要性即是不得要旨，他说："朱子'格物'之训，未免牵合附会，非其本旨。"[②] 格物的工夫应是将"心之所发"的"意"作用于物，其要旨不在物，在其"意"，而意之本体是"心体"或是"良知"，从这个意义上来说，"诚意"即是"正心"，"诚意"即是"致知"，"致知"即是"格物"，四者并无实质上的分别，也仅仅是条目上的分别。在其所作《大学问》中将这一理念阐发得更为详细，即讲："盖身、心、意、知、物者，是其工夫所用之条理，虽亦各有其所，而

[①] （明）王守仁著，吴光等编校：《王阳明全集》上册，上海古籍出版社，2011年，第4页。
[②] （明）王守仁著，吴光等编校：《王阳明全集》上册，上海古籍出版社，2011年，第4页。

其实只是一物。格、致、诚、正、修者,是其条理所用之工夫,虽亦皆有其名,而其实只是一事。"①

王阳明哲学中的"意"主要有以下三个方面:

一是意识或意念,是指一种内在欲念的表现,如"意欲温凊""意欲奉养者",这是一种由主体主动发出的欲念,由此意识指向的对象即是"物"。这种主体发出的意念并不是诚意,诚意就是将此意识落实,在落实的过程中就要做到"自慊"而不自欺。"致知"的过程也是如此,在于所知温凊之节、奉养之宜是如何可为,不过这是"知"但不能称为"致知",因为须要了知温凊节操是如何而为,而最终落实以温凊,而且知如何为奉养之宜,最终落实以奉养。"格物"也是如此,"物"是"意"之所指,并不能称为"格物","格物"必须是将良知之所知落实于具体事物当中才是格物。这三者其实是一件事,但是在阶段上是不同的。

王阳明在书信中曾解释道:"奉养之物格,然后知奉养之良知始致。故曰:'物格而后知至。'致其知温凊之良知,而后温凊之意始诚;致其知奉养之良知,而后奉养之意始诚。故曰:'知至而后意诚。'"② 在王阳明看来实现路径就应该是由良知本体出发格意念之物,而后才能致其良知。只有致其事物之良知,才能诚事物之意。

二是感应。王阳明即说:"如心者,身之主也,而心之虚灵明觉,即所谓本然之良知也。其虚灵明觉之良知应感而动者,谓之意。"③ 由此可知,王阳明认为"意"应是良知主体由于外部的刺激而产生的感觉意念,是一种理在内化于心的同时,又能将心体表现为外化的趋向,而在这个角度来看,意即是心体在其外化过程当中的呈现。王阳明所说的"物"基本上是指"意之所在"之物,而对于本然存在的物,王阳明也承认其存在,但是并不在王阳明哲学的讨论范围之内。从感应的角度来看,把"意"指向对象而且还是主体于对象上赋予其意义的这一个过程,就是"意之所在"。本然之物在不被人们意向所关照的时候即是以一般对象意义存在,而只有当意所

---

① (明)王守仁著,吴光等编校:《王阳明全集》中册,上海古籍出版社,2011年,第1069页。
② (明)王守仁著,吴光等编校:《王阳明全集》上册,上海古籍出版社,2011年,第53页。
③ (明)王守仁著,吴光等编校:《王阳明全集》上册,上海古籍出版社,2011年,第52页。

指向这种对象,从而对象通过意向关照的过程呈现于主体并获得意义。这种对象既可以是一种本然存在之物,也可以是一种通过心体指向并参与的实践活动。这种存在并不同于西方哲学中的形而上的存在。

三是气象。如所说:"惟其生,所以不息。譬之木,其始抽芽,便是木之生意发端处。"① "生生"源自《易传》——生生之谓易,意为事物就是在不断变化之中而存在。而宋明理学家对"生"的概念重新进行了解读,从本体论的角度去解说"仁体""天道"的生生创造。程明道首倡此义,而提出这个命题的经典依据就是易学中的"天地之大德曰生",由此赋予了"生"的宇宙本原义。王阳明以"生"之发用流行来解释,万物皆有生生之意,正是这种万物之生意就是"仁"的特质。在王阳明看来,生生不息的"仁"就是宇宙万物不断生化的根源,是时时刻刻都在流行发用当中的。这其中的仁之生"意"就是具有生生的气象,是宇宙万物存在的动力。

三、心与物

在王阳明的哲学体系中,从"心"到"物"中间要经过"知"和"意",而"知"是良知,是心之本体,是心之虚灵明觉。这个虚灵明觉就需要通过"意"发出来,意之所发的对象就是"物"。心→意→知→物这个顺序明显是从《大学》而来,但是根据王阳明所说的"意之本体便是知"可知逻辑上的知是在意之前的,所以在逻辑上的关联应该是心→知→意→物这样一种关系。王阳明的《答顾东桥书》中,就有这样一说:"心者身之主也,而心之虚灵明觉,即所谓本然之良知也。其虚灵明觉之良知感而动者谓之意。有知而后有意,无知则无意矣,知非意之体乎?"(《卷二·语录二·传习录中·答顾东桥书》)②

王阳明与朱熹所不同就是在于他将"致知"中的"知"与"诚意"中的"意"结合了起来,并且把"格物"中的"物"和"诚意"中的"意"联系起来阐释。如此一来,王阳明就赋予了"知""物""意"的新内涵。王阳明将"致知"中的"知"解释为了孟子所说的"良知",即是从知识的领域转换到了道

---

① (明)王守仁著,吴光等编校:《王阳明全集》上册,上海古籍出版社,2011年,第29页。
② (明)王守仁著,吴光等编校:《王阳明全集》上册,上海古籍出版社,2011年,第53页。

德领域，那么"致知"就不是对于外在知识的求索，而是从内心出发，对道德之良知的不断追求。"致知"的目的一旦从外在知识变成内心的良知，根本目标发生了转换，那么"格物"的方式和目标也自然会发生重大改变。"格物"中"物"的内涵，首先就从外在的客观存在变成了"意之所在便是物"，王阳明并非是虚构一个因主体而存在的世界，而是他认为存在对于主体来说必须具有某种意义，通过王阳明所说的意之落实，赋予了存在某种意义才会在主体的良知中产生感应，物就会存在于主体的意义世界当中。

如果离开了主体，存在就失去了存在的意义，也就不能称之为物。相反如果离开了客观存在，主体良知所发之意就失去了切要落实处。故此有"格物""致知"二者中间存在着"诚意"这一个中间环节，而"诚意"之工夫在于进行心之恶念的克服，同时要有自身善念的扩充。意是心之所发，"诚意"便是"正心""致知"的前提，而"格物"所格的就是"意之所在"之物，所以"格物"又是"诚意"的前提。

在王阳明的心物关系中有一点不容忽视，就是如何去界定物的内涵。王阳明在与徐爱的问答中曾举例而说：

> 身之主宰便是心，心之所发便是意，意之本体便是知，意之所在便是物。如意在于事亲，即事亲便是一物；意在于事君，即事君便是一物；意在于仁民爱物，即仁民爱物便是一物；意在于视听言动，即视听言动便是一物。所以某说无心外之理，无心外之物。[1]（《卷一·语录一·传习录上·与徐爱的对话》）

物并不是专指实在之物，王阳明指出"意之所在"，并且此中的"意"生发而指向的对象，即是物。如事亲是一个具体行为过程，意在事亲，则事亲就是一物。从这里我们可知物至少有两个内涵可以确定：一则意识上的指向对象，其存在方式是不论实在还是虚幻都能称其为物；二则就是物的内涵是以主体的存在而呈现的，若没有主体，世界就相应地不存在物。所以我们在对王阳明所说之物产生疑惑不解的同时，有许多情况是没有理清王阳明之物的真正内涵。当然，对于客观之物王阳明也没有否认，如在《传

---

[1] （明）王守仁著，吴光等编校：《王阳明全集》上册，上海古籍出版社，2011年，第6页。

习录》中记载薛侃问除草一章。

薛侃对"培善去恶"产生了疑问,王阳明便举除草为例,在我们主体的角度来看,若是喜欢花,就会将花看作善,将草看作恶。王阳明认为善恶都是由心所省,若是用草,则草又会成为善,所以花草都是无善无恶的,这里所说的就是客观存在的物,王阳明将客观的物认为是无善无恶的,而主体的意之所发是有善有恶的,而善恶的依据即是否是循天理而行。如在《传习录》中有一个著名的南镇观花的公案。

> 先生游南镇。一友指岩中花树问曰:天下无心外之物,如此花树,在深山中自开自落,于我心亦何相关?
> 先生曰:你未看此花时,此花与汝心同归于寂。你来看此花时,则此花颜色一时明白起来,便知此花不在你的心外。①(《卷三·语录三·传习录下·钱德洪录》)

从这个公案中我们可以看出友人所说的"岩中之花"就是客观存在之物,他所问的就是客观存在之物和我们的"心"又有什么联系。但是王阳明并没有从正面回应他的问题,而是从主体的角度去解释。"王阳明说一树花不被人知觉时,这树花处于'寂'的状态,这个人的心也'同归于寂'。这树花被人'看'时就'明白'起来,这个'看'正是我们前面所提到的闻见,指理性通过感性觉知起作用,是人的心或良知的妙用。"②

在邓艾民看来,王阳明说的"同归于寂"的"寂"虽然存在,但是它本身并不具有现实意义,而当人来看此花时,花就被本心所关照,此时花在人的心中才具有了现实意义,如颜色美丽、香味扑鼻等。我们也可以从中看出王阳明所说的"花"实际上就是本心所关照到客观之物从而在意义世界中呈现的"花",王阳明认为"意之所在便是物",意在于观花,在王阳明哲学中"观花"才是一物,从这个角度来看王阳明所说之物与友人所说之物是完全不一样的。

---

① (明)王守仁著,吴光等编校:《王阳明全集》上册,上海古籍出版社,2011年,第122页。
② 邓艾民:《朱熹王守仁哲学研究》,华东师范大学出版社,1989年,第138页。

阳明心学与多元文化的会通

九华山东崖禅寺（王阳明游东崖禅寺，作《宴坐东岩》《东岩宴坐示诸生》等诗。）

湖南省株洲市醴陵县仙山公园中的靖兴寺（王阳明两次经过醴陵，作有《过靖兴寺》等。）

第三章 心之本体与万物一体

湖南省株洲市醴陵县滨河路上的泗洲寺（王阳明作有《过泗州寺》《重过泗州寺》诗。）

王阳明贬谪时游长沙岳麓书院（作有《游岳麓书事》《次韵答赵太守王推官》等诗。）

129

第三节　天人合一与万物一体之仁

"天人合一"与"万物一体"观念在先秦乃至两汉之间都有着重大的哲学意义,"天人合一"问题的探讨既是对天人关系的思考,也是关于天与人、人与人、人与自然之间关系的辩论。"万物一体"观念亦在中国哲学当中有着重要的地位,"万物一体"思想不仅对宋明理学产生了巨大的影响,对于整个中国哲学发展都有着重要的作用。

一、天人合一与万物一体

自先秦时期百家争鸣时代开始,就有关于"天人合一"观念的思考。季羡林1992年11月撰写的《天人合一新解》一文已对此论述得很详细。

墨子主张的"兼爱"思想也有仁者与天地万物一体的思想,提倡"爱无差等"以实现社会大同。《齐物论》中庄子即讲"天地与我并生,万物与我为一"[1]。在庄子的思想中,万物皆是由"气"所构成,故万物与我皆是没有差别的。孟子却提出:"万物皆备于我矣。反身而诚,乐莫大焉。强恕而行,求仁莫近焉。"[2]

朱熹将孟子的"万物皆备"理解为"万物一体",通过"反身""强恕"的工夫而达到道德生命的提升。张载所提出的"民吾同胞,物吾与也"思想,宋明理学的儒者大都认为与"天人合一"与"万物一体"思想是相互对应的,二程对《西铭》则是极力称赞,其弟子杨时在读此书时怀疑张载的"万物一体"与墨子"兼爱"类似,而程颐用"理一分殊"来解释了张载和墨子之间的重大区别。程颢说"观万物皆有春意",即为当看到天地万物皆有生机盎然之意就是仁者。《识仁篇》即讲:"仁者浑然与物同体。义礼智信皆仁。识得此理,以诚敬存之而已,不须防检,不须穷索。此道与物无对,大不足以名之,天地之用皆我之用。"[3]

程颐"万物一体"观念的提出,虽然和"天人合一"思想有所类似,

---

[1]　郭庆藩:《庄子集释》,中华书局,1961年,第79页。
[2]　杨伯峻:《孟子译注》,中华书局,1960年,第302页。
[3]　(宋)程颢、程颐:《二程集》,王孝鱼点校,中华书局,1981年,第15-16页。

然而程颐却是就本体、工夫与境界这三个层面来予以展开论述。对于程颐"万物一体"论，冯友兰是趋向于人生境界这一层面予以把握，指出天地万物原本就是一个整体性存在，而且相互之间存在着内部联系。而学者就必须体会这种境界，要真正地感受自己与万物融为一体，才能真正达到人生的最高境界。在钱穆先生这边的阐发，所侧重的是本体论角度，即说："宋代学者所热烈讨论的问题，不外两部：一部是属于本体论的，一部是属于修养论的。他们对于本体论共同的见解是'万物一体'，他们对于修养论共同的见解是'变化气质'。"[①] 在学界中，一般认为王阳明"万物一体"论源于程颐"万物一体"论，以此为基础并且多从本体论方面进行阐述。

至于吴震的仁学思想，却是从阳明心学之中所提出来"一体之仁"，认为王阳明的良知与天理、天性是同体实在的关系，所以仁心就是总体之心，即是本体。而且，藉以"一体之仁"观念建立起来的"仁学一体论"，同样都是强调"一体之仁"一种本体实在——存在于宇宙万物当中并且是有机联系的。

二、万物一体之仁与心体

"万物一体之仁"学说是王阳明晚年的心学思想臻于完善的标志，其内容建立在以往学说的基础上，不断总结提炼，一气贯通。所以不管是要理解"心体"或是"万物一体之仁"，这两者都是相互涵摄的。只有从"心体"的角度去看待"万物一体之仁"，才能真正了解"万物一体之仁"思想的深刻内涵，其中可以分两个方向进行阐述。

（一）自内而外

在王阳明年谱中提到，晚年的王阳明居住越州开馆讲学，有说："环座而听者常三百人，先生临之，只发《大学》万物同体之旨，使人各求本性，致其良知以至于至善。"[②] 由此可以看出，王阳明不仅非常注重万物同体思想，万物同体也就是万物一体，而且希望通过"只发万物同体之旨"，

[①] 钱穆：《阳明学述要》，正中书局，1955年，第2页。
[②] （明）王守仁著，吴光等编校：《王阳明全集》中册，上海古籍出版社，2011年，第1066页。

使人求得本性，能致其良知，说明万物一体思想，已经可以很圆满地阐释王阳明的所有主张。要理解王阳明的"万物一体"论，就不得不谈到他在晚年时作的《大学问》。在《大学问》中王阳明用"万物一体"论和《大学》来相互阐释。

在"万物一体"论中有一个核心的主题贯穿其中，就是"一体之仁"是如何得以实现。

在王阳明的哲学思想中"仁"具有两重性质，一是道德主体性，二是本体实在性。首先仁的道德主体性，具体意为博施济众、仁民爱物。"仁"作为人的德性，而获得"仁"既是和个人的德性修养相关。正如"充其恻隐之心，而仁不可胜用矣"①，这是一种可以共通的道德情感，而情由性而发，"仁"是立足于人，而推及于物，是道德情感体现，即是顺应的天道和自然。

唐君毅有这样的见解，说："仁之表现只是此心境之直下流露。其主要者即在爱人。人之能爱，乃依于人我无间之心境。唯其人与我无间，然后能爱人如己。"②王阳明认为"仁"也是人的天性，是性的表德，这不是由于"意之"的原因，而是心之本体本来就是如此，我们也可以说"仁是心之本体"。"大人者，以天地万物为一体者也，其视天下犹一家，中国犹一人焉。若夫间形骸而分尔我者，小人矣。大人之能以天地万物为一体也，非意之也，其心之仁本若是，其与天地万物而为一也。岂惟大人，虽小人之心亦莫不然，彼顾自小之耳。"③

王阳明定义了"大人"的含义，就是能与天地万物为一体，并且从本体论的角度来解释了"大人"之所以能以"万物为一体"的原因；并且这样的"仁"不仅是"大人"具有，大人和小人是没有差别的，我们很自然能想到王阳明说的"良知"，都是具有普遍性和必然性的。王阳明用了许多例子来描述"万物一体之仁"，例如"见孺子之入井""见鸟兽之哀鸣觳觫""见草木之摧折""见瓦石之毁坏"等，诸如这些是能够促使人们

---

① （明）王守仁著，吴光等编校：《王阳明全集》上册，上海古籍出版社，2011年，第4页。
② 唐君毅：《中华人文与当今世界补编》，广西师范大学出版社，2005年，第209页。
③ （明）王守仁著，吴光等编校：《王阳明全集》中册，上海古籍出版社，2011年，第1066页。

第三章　心之本体与万物一体

恻隐之心生发，也会有不忍之心、悯恤之心、顾惜之心的生发。而这些都是属于共通的道德情感，所有与人相关的、人所能认识的都具有"仁"。这就是立足于人并推及于物的道德情感，而人可以通过这种道德情感来认识和感受万物。

王阳明解释《论语》中的"一日克己复礼，天下归仁"，即讲："圣贤只是为己之学，重功夫不重效验。仁者以万物为一体，不能一体，只是己私未忘。全得仁体，则天下皆归于吾仁，就是'八荒皆在我闼'意。天下皆与，其仁亦在其中。"① 可见圣贤之心，是通过自身的修养来达到"万物一体"的境界，如果能尽去私欲，则能全的仁心，也既是仁本体，就能推及万物，所以才有"天下皆归于仁"。"克己复礼"为"仁"，"仁"不是在外求，而是由内向外，通过内在的超越，推行于万物之中。

王阳明的"拔本塞源论"主要以去除"私己之欲"与"功利之毒"为目的而作，他认为很多学者在根本上曲解了圣人之学，比如不能了解圣人之心及其教就无法"拔本塞源"。所谓圣人心即就是"以天地万物为一体"，圣人教是以推广"仁者以天地万物为一体"而存在。在"拔本塞源论"中王阳明专门讨论了"生而知之""学而知之""困而知之"三个命题，这三个命题就是对圣人的基本理解。王阳明认为："圣人之所以谓之'生知'者，专指义理而不以礼乐名物之类，则是'学而知之'者，亦惟当学知此义理而已；'困而知之'者，亦惟当困知此义理而已。"② 他所说的义理不是事物之理，因事物之理必须"待学而后有以验其行事之实"，圣人"生知"之理即是"以天地万物为一体"之理。"学而知之"则是通过学此理而能知之，"困而知之"即是困知此理，但是最终也能知之。

王阳明强调的"以天地万物为一体"实际上就是"万物一体之仁"；"一体"起了对"仁"特质上描述的作用。"仁"不仅存在于人心之中，更存在于万物之中，"一体之仁"是"心体"也是"仁体"，是一种本体存在，即就是说为的"仁"通达万物而融为一体。王阳明所说的"一体之仁"很多学者只诠释为与万物融为一体，而王阳明所说的"万物一体"是广义上

---

① （明）王守仁著，吴光等编校：《王阳明全集》上册，上海古籍出版社，2011年，第125页。
② （明）王守仁著，吴光等编校：《王阳明全集》上册，上海古籍出版社，2011年，第60页。

的"一体",其中包含有两种含义和诠释路径。一是与天地万物融为一体。表示我和天地万物本质上是没有差别的,并且天地万物之间是休戚相关的,本身就是一体的;二是与天地万物同体。"同体"表示万物构成一个整体,但在本质上是存在差别的,不过同样万物之间也存在着联系和相互共通之处,这个共通之处联系天地万物构成这个整体,而这个共通之处就是"一体之仁",如手足、眼耳、鼻舌等等,本质功能上存在着差异,但是共同构成一个完整的身体。

再如有分士、农、工、商,各自勤于本职工作,才能共同构成一个完整的社会体系,如果内部出现问题,则整体自然也会受到影响。所以王阳明在构建"万物一体"学说其中一个方向就是自内而外的扩充路径,从自身而推及天地万物以达到天地万物和谐一致。

(二) 自外而内

王阳明在对于心体与万物的关系中,还存在着另一个诠释路径,即通过后天的工夫的展开,不断融摄先天的本体以获得现实性的品格,即是自外而内的诠释路径。杨国荣认为王阳明在对于精神本体的理解上表现出二重性,是在本体上来说"工夫"。他指出,有心即是实在,无心便是虚幻;而在"工夫"上来说"本体",即就是反其道而行。他认为王阳明在这里已经离开了对超验本体的关注,转而将本体作为普遍必然性的理性原则,作为先天的存在。王阳明曾提到:"目无体,以万物之色为体;耳无体,以万物之声为体;鼻无体,以万物之臭为体;口无体,以万物之味为体;心无体,以天地万物感应之是非为体。"[1]

由此可以清晰地看出这里所说的"心无体"和前面说的"心体"是两个不同的理解向度,王阳明将万物作为人的感应对象以其作为主体,从而转向人的身心完成对本体的诠释。在自外而内的路径中,王阳明着重强调的是物,而且还是以此当作把握本体所必不可少的环节,而致知的工夫所在是本质上的,其过程应该是非常重要。

---

[1] (明)王守仁著,吴光等编校:《王阳明全集》上册,上海古籍出版社,2011年,第123页。

第三章　心之本体与万物一体

王阳明"教人致良知"①，是通过"在格物上用功"，即是自外而内的工夫路径，而其长进、精明也就是指认识能力的提升和良知在体悟上的深化。在良知体悟的过程中，强调的是个体通过对万物的体证转化为现实能力的过程。

而"本体之仁"中"仁"的含义是以"生生"之意出现时，只在有"本体之仁"与世界本质发生互为联系的时候，而且是有创生与生长的深意。如果"仁"能够通达了本体境界，则人与我也就彼此不分而为一体，同时"我"是与天地万物一体存在。如此，孝悌就是"仁"的发端，这是人生而禀赋的，是内在超越上具有的意义，是如亲亲、仁民、爱物，就是具有"仁"的生长之意，从爱亲到爱民再到爱物，直至达到"仁之本体"的境界。万物生长化育得天地之"仁"并且赋予了每个事物生生之意，例如果实的仁核、草木的籽以及人类自身，都包含着生生之意。只要满足合适的条件，就会不断生长繁衍，除了所有的质料和外在环境外，最重要的就是这个"生生之意"。

这个"生生之仁"使天地万事万物充满了无数变化和发展，不是一个纯粹死寂的世界，而是构成"天地万物为一体"的重要因素。"一体之仁"在天地之间以"生物之心"上下贯通，一方面发而为人的良知，一方面发而使物不断生长，生生不已。不但人而且世间万物，来自于同一个母体，只要能够尽物之性即可以尽人之性。"天地之心是生物，人之心是仁爱，而从生生到仁爱的转接，自北宋以来，就被看作天人合一，不证自明的。"②

王阳明的哲学思想，关于"心体"的概念则是其基石，既是基本范畴也是核心内容。而"万物一体论"则是王阳明晚年思想臻于完善的学说，在"万物一体"的角度中去探究"心体"的含义，是具有重要意义的。只有辨析清楚关于王阳明所说"心"和"心体"的概念，才能真正了解王阳明哲学思想的内涵，而思想发展可谓是无穷无尽，随着科技发展，时代变迁，一代人有一代人的思想，一代人有一代人的问题，但是所有的发展和思想都是围绕同一个内涵，那就是"心"。

---

① （明）王守仁著，吴光等编校：《王阳明全集》上册，上海古籍出版社，2011年，第113页。
② 陈来：《仁学本体论》，生活·读书·新知三联书店，2014年，第46页。

这也正如美国文化人类学家格尔茨在其著作《文化的解释》中指出:"文化的移动也像章鱼——并不是一种各个部分之间协同一致地增加效能,一个整体的大规模共同动作,而是这一部分那一部分的无联系的运动,最终积累起来做方向性的变化。"[1]

---

[1] [美]克利福德 格尔茨著,韩莉译:《文化的解释》,南京译林出版社,2020年11月,第480页。

第三章　心之本体与万物一体

王阳明讲学的湖南怀化龙兴讲寺（世界上现存最古老的书院，蒋信、冀元亨、吴鹤等曾在此听讲。）

安徽省滁州市琅琊山瀼泉（王阳明曾在此讲学。）

位于安徽省滁州市的南京太仆寺（现参照原太仆寺规制，仿明代官署风格在原址重建。王阳明曾在太仆寺栖云楼讲学。张祥林拍摄）

贵州省贵阳市南霁云祠，其又名忠义宫（今达德学校旧址）（王阳明游此作《南霁云祠》诗。）

第四章　致良知与明心见性

王阳明前期的讲学主要围绕着"心外无物、心外无理、知行合一"等展开。49 至 50 岁，是王阳明江西讲学的后期，在赣州提出深化了致良知思想的论说。在浙江省绍兴市讲学时期，即"越①城明道"阶段对其良知思想做了进一步完善和扩充。

王阳明的良知之说，在《大学》和《孟子》等经典中的论述，可以窥见到与"良知"之说相关的早期端倪，如《大学》中"致知在格物"，《孟子·尽心上》中："人之所不学而能者，其良能也；所不虑而知者，其良知也。孩提之童，无不知爱其亲者；及其长也，无不知敬其兄也。亲亲，仁也；敬长，义也。无他，达之天下也。"②

王阳明著名的"无善无恶心之体"等四句教，也是在"越城"之地的天泉桥③上产生的。王阳明的思想体系，如果把"龙场悟道"看作是王阳明心学思想开始成熟的起点，在"越城明道"可以看作是其思想最终总结阶段。

第一节　致良知与万物同体

王阳明也把自己的"致良知"思想与《大学》中的明明德、亲民、止于至善"三纲领"学说思想结合起来进行讲学。正德十六年（1521）至嘉

---

① 越：指的是越城，现在的绍兴。王阳明的"越城明道"，与其青年时期的"稽山修道""龙场悟道"、中年时期的"两京论道""江西倡道"，在其思想学说形成过程中具有同样重要的意义和作用。
② 杨伯峻译注：《孟子译注》，中华书局，2021 年，第 283–284 页。
③ 天泉桥：越城区北海街道王阳明故居前的碧霞池（当地人俗称：王衙池）。

靖六年（1527），王阳明在越城居住了六年，此期间的讲学是发扬《大学》中"万物同体与一体"思想，阐发其致良知的思想，也可以说是对良知思想内涵的一个扩充和完善。

一、一体同物之心与致良知

嘉靖三年（1524），在《答顾东桥书》中的最后一段，也就是《拔本塞源论》一文，是对万物同体、一体，最早讲解和论述，也成为了其心学思想的重要内容。王阳明对当时支离破碎的学说深感痛心，深忧当时世风日下和败乱，力陈万物一体之主旨。此处把万物同体、一体，与圣人之心等同起来，把心与体也等同起来。

> 王阳明《拔本塞源论》：夫圣人之心，以天地万物为一体，其视天下之人，无外内远近，凡有血气，皆其昆弟赤子之亲，莫不欲安全而教养之，以遂其万物一体之念。天下之人心，其始亦非有异于圣人也，特其间于有我之私，隔于物欲之蔽，大者以小，通者以塞，人各有心，至有视其父子兄弟如仇仇者。圣人有忧之，是以推其天地万物一体之仁以教天下，使之皆有以克其私，去其蔽，以复其心体之同然。①（《卷二·语录二·传习录中·答顾东桥书》）

王阳明在此处提出：圣人是把天地之间的万事万物与人类看做"一体"的，圣人之心与一般世俗人之心是相同的，俗人没有成圣，是因为他们的心性被种种私欲蒙蔽或妨碍，导致亲人之间失和，人与人、人与自然之间互相斗争、仇视。教育人们通过学习和推广"天地万物为一体之仁"，使得人与社会、自然达到和谐、稳固的理想状态。

在嘉靖七年（1528），王阳明写给他的学生聂文蔚的《答聂文蔚书》，把万物一体的思想，表述为一种深切的情怀与感情，也就是不忍心看到黎民百姓受苦受难。王阳明把万物一体的思想提出，看做是孔、孟等圣贤，用来教育后学的一番良苦用心。

---

① （明）王守仁著，吴光等编校：《王阳明全集》上册，上海古籍出版社，2011年，第61页。

王阳明把针对个体的良知扩充到了宇宙世界,用万物一体和良知的思想把个体、宇宙、自然万物融合为一个整体。不再只是狭隘地关注个体自我,而是延伸到更加宽广的世界;既要关注个体内在的精神境界,也关注心外无物的理想境界。正如《二程集》中程颢认为:"仁者浑然与物同体,义礼知信皆仁也。识得此理,以诚敬存之而已。不须防检,不须穷索。……此道与物无对,大不足以名之,天地之用,皆我之用。"①

这样,王阳明就把内外的修养兼容并蓄起来。宋代以来的万物一体思想也是把个体自我和天地宇宙之间"同一"在"心之本体",王阳明继承、延续了这一脉络,并更加突出了以"万物一体"为重点的讲学,更加关注以百姓为中心的人道主义精神和亲民的情怀。王阳明在为学生讲解"一体同物之心""必有事焉"和"致良知"功夫的时候,讲道:

> 其余指知行之本体,莫详于答人论学②与答周道通、陆清伯、欧阳崇一四书。而谓格物为学者用力日可见之地,莫详于答罗整庵③一书。平生冒天下之非诋推陷,万死一生,遑遑然不忘讲学,惟恐吾人不闻斯道,流于功利机智,以日堕于夷狄禽兽。
>
> 其一体同物之心,譊譊④终身,至于毙而后已。此孔、孟以来贤圣苦心,虽门人子弟未足以慰其情也。是情也,莫详于《答聂文蔚》之第一书。此皆仍元善所录之旧。而揭"必有事焉",即"致良知"功夫,明白简切,使人言下即得入手,此又莫详于

---

① (宋)程颢,程颐撰,陈京伟笺证:《河南程氏遗书·河南程氏外书》上册,卷二上,山东人民出版社,2020年,第38页。

② 答人论学:指《答顾东桥书》。顾东桥,字华玉,号东桥,江苏江宁人,进士,官至南京刑部尚书,王阳明友人。少有才,功诗文。

③ 罗整庵:名钦顺(1465-1547),字允升,号整庵,江西泰和人。进士,官至南京吏部尚书,后辞官归家,潜心学问。早年笃信佛学,后崇举儒学,著有《困知记》等。

④ 譊譊:1.喧也。争辩,喧嚣。《说文》譊:恚呼也。从言,尧声。《广雅》譊:鸣也。《后汉书·儒林传》注:譊譊,喧也。古乐府《孤儿行》:里中一何譊譊,愿欲寄尺书,将与地下父母,兄嫂难与久居。2.通"挠",挑逗。银雀山·汉墓竹简《孙子兵法》:怒而譊之。3.譊:喧哗、呼叫。《说文解字·言部》:恚嚖也。《唐·徐锴·系传》:声高噪狞也。《晋书·卷五十·庾纯传》:临时諠谠,遂至荒越。

答文蔚之第二书，故增录之。元善①当时汹汹②，乃能以身明斯道，卒至遭奸被斥，油油然惟以此生得闻斯学为庆，而绝无有纤芥愤郁不平之气。斯录之刻，人见其有功于同志甚大，而不知其处时之甚艰也。今所去取，裁之时义则然，非忍有所加损于其间也。③

（《卷二·语录二·传习录中·与德洪的对话》）

王阳明在回复顾东桥、周道通、陆清伯、欧阳崇、罗钦顺等的书信中，讨论知与行之间的关联，强调在日常下功夫的同时，还要注重格物在日常言行中的实际运用，他在这些书信中对此进行了详细论述。

王阳明不顾自己屡屡身陷险境、九死一生，以及来自四面八方的各种诋毁，仍一直在积极宣扬自己的学说，希望大家都能知晓他的学说精髓。他希望学习者能够深入理解万物一体、悲悯天下苍生的思想，直到生命的尽头才停止讲学。他希望大家能够体会到孔孟等圣贤以"仁、善"为核心思想的仁爱之心，这一点在王阳明回复聂文蔚的第一封信中表述的最为详细，弟子元善刻录了这些书信。

孟子所讲的有关"必有事焉"内涵与"致良知"是相同的，在王阳明回复聂文蔚的第二封信中讲解的直接明白，听了更加容易让学生们理解。

由于有人对王阳明的学说和思想有所误解，对王阳明进行了猛烈的人身攻击，在此情境之下，作为王阳明学生的元善，尽管当时也是处在非常艰难的境地，还是能够以身明斯道；即使遭遇到奸佞小人的诋毁、排挤而被罢官，依然乐观地庆幸此生能够学习和接触到王阳明的思想和学说，并依然在坚持讲授阳明之学；人们往往只是看到他积极筹措并刊印流通这本记录王阳明学说的《传习录》，对后世弟子们的学习提供了很大便利，却忽略了元善当时所处的环境是多么恶劣。钱德洪在元善所刻录的《传习录》版本的基础上，做了适当的增加和删减，这是基于当时的现实状况而做的改动，并不是有意为之。

---

① 南元善：南大吉（1487-1541），字元善，号瑞泉，明代陕西渭南县田市里秦家堡（今陕西省渭南市临渭区官道镇南家村）人，南金长子。心学大儒王阳明得意弟子之一，著名学者。性豪宕，雄于文。

② 汹汹：骚乱不宁。

③ （明）王守仁著，吴光等编校：《王阳明全集》上册，上海古籍出版社，2011年，第45-46页。

二、尽性知天与致良知

王阳明在与顾东桥的书信中讲到"尽性知天，亦不过致吾心之良知而已"，即：

> 来书云：人之心体本无不明，而气拘①物蔽鲜有不昏，非学问思辨以明天下之理，则善恶之机，真妄之辨，不能自觉；任情恣意，其害有不可胜言者矣。（《卷二·语录二·传习录中·答顾东桥书》）……②

人的心之本体，原本都是知晓、通达天地宇宙之间的规律，没有什么不明了的地方，自性本就具足，只是因为被气所约束，被欲望等蒙蔽，导致变得混沌。如果不是通过学、问、思、辨的方法来进行学习，就不会深入了解这普天之下的一番道理。如果对善恶、是非，不加以分辨原由和真假，一味任性地放纵自己，其产生的危害将会难以估量。

王阳明接着为顾东桥讲到"夫万事万物之理，不外于吾心"，具体是：

> ……夫万事万物之理，不外于吾心。而必曰穷天下之理，是殆以吾心之良知为未足，而必外求天下之广，以裨补增益之，是犹析心与理而为二也。夫学、问、思、辨、笃行之功，虽其困勉至于人一己百，而扩充之极，至于尽性知天，亦不过致吾心之良知而已。良知之外，岂复有加于毫末乎？
>
> 今必曰穷天下之理，而不知反求诸其心，则凡所谓善恶之机，真妄之辨者，舍吾心之良知，亦将何所致其体察乎？
>
> 吾子所谓"气拘物蔽"者，拘此蔽此而已。今欲去此之蔽，不知致力于此，而欲以外求，是犹目之不明者，不务服药调理以治其目，而徒怅怅然求明于其外，明岂可以自外而得哉？任情恣意之害，亦以不能精察天理于此心之良知而已。此诚毫厘千里之

---

① 拘：遮蔽。
② （明）王守仁著，吴光等编校：《王阳明全集》上册，上海古籍出版社，2011年，第51页。

南京鸡鸣寺前门（王阳明曾在鸡鸣寺（凭虚阁）讲学，作《登凭虚阁和石少宰韵》诗。）

南京牛首山佛顶塔（王阳明曾游牛首山，作《游牛首山》诗。袁润泽拍摄）

南京清凉寺（王阳明曾游清凉寺，作《游清凉寺三首》。袁润泽拍摄）

南京瞻园内的"岁寒亭"（王阳明曾在岁寒亭作《题岁寒亭赠汪尚和》诗。王懿萱拍摄）

谬者，不容于不辨，吾子毋谓其论之太刻也。①（《卷二·语录二·传习录中·答顾东桥书》）

王阳明认为：宇宙之间万事和万物的道理，都是在我们心内的，如果非要向外寻求，那是自己内心的良知还没有充足地显现出来，而且把心与理又分为了不同的两截。如果在学、问、思、辨、笃行上刻苦用功，达到了"尽性知天"这个高度，这是自己内心良知的具体实践而已，良知之外，实在是不能再有一丝一毫地增加了。王阳明此处为学生们的讲解与佛教中"自性具足"，也就是佛性本就人人具足，有相似之意。

王阳明希望人们要回归到各自的内心之中来寻求良知，以穷尽天下之理，这才是正确的下功夫之处和正确下功夫的方法。例如：一个人的眼睛出现疾病，视物模糊，应该抓紧时间去看医生和积极配合治疗，而不是向外寻求光明，这种行为以毫厘之差而谬之千里的错误行为，是根本行不通的。王阳明教导学生们还是要在人的良知上来深入探究天理，不要被外界种种幻象蒙蔽了自己的"良知"而无法"体认天理"，就像佛教经典中讲到的"妄心心歇，歇即菩提"，自然不会"惑南为北"，迷失了自己的本心和良知。

第二节　明德性与致良知

王阳明还是强调注重存养内心，让学生们通过格物致知的方法，认识到这是穷理的一种学习方式。

一、存养内心

王阳明在回复顾东桥的书信中，讲到"致知格物""穷理""本然之良知"，具体是：

> 区区论致知格物，正所以穷理，未尝戒人穷理使之深居端坐，而一无所事也。若谓即物穷理，如前所云务外而遗内者，则有所

---

① （明）王守仁著，吴光等编校：《王阳明全集》上册，上海古籍出版社，2011年，第52-53页。

不可耳。昏暗之士，果能随事随物精察此心之天理，以致其本然之良知，则"虽愚必明，虽柔必强"①，大本立而达道②行，九经③之属，可一以贯之而无遗矣，尚何患其无致用之实乎？彼顽空虚静之徒，正惟不能随事随物精察此心之天理，以致其本然之良知，而遗弃伦理，寂灭虚无以为常，是以要之不可以治家国天下。孰谓圣人穷理尽性之学而亦有是弊哉？④（《卷二·语录二·传习录中·答顾东桥书》）

王阳明教导人们要在具体事物上进行细致观察和体会天理，在不断地实践锻炼中让本心中的良知显现出来；只要把这个根基打好了，那么通向圣人的大道就会畅通无阻；九部儒家经典之中的规范也能不断传承下来，那么天下士子们经世致用的才华也会有用武之地。

此外，王阳明对抛弃儒家人伦纲常的佛教、道家进行了抨击，认为他们只是在追求虚无缥缈的东西，这些行为是背离了自己的良知，是不可取的。

心是身体的主宰，心能通达明理之处，就是良知。良知伴随着感官而发动，并产生作用就称为是意念，可见，良知是在意念之前。意念针对不同的事情而进行发动不同的状态。王阳明在《传习录》中曾列举了几个例子，如孝顺父母、治理天下百姓、读书、诉讼等，这些事情的发生，都可以看做是意念发动的作用和结果，也即是意念发动针对的对象是什么样子，对应的就会显现不同的事物状态。

王阳明对"明德性之良知"阐释道：

格物之义，前已详悉，牵合之疑，想已不俟复解矣。至于多闻多见，乃孔子因子张之务外好高，徒欲以多闻多见为学，而不能求诸其心，以阙疑殆，此其言行所以不免于尤悔，而所谓见闻者，

---

① 必强：出自《中庸》第二十章。
② 大本立而达道：出自《中庸》第一章。
③ 九经：一般是指九部儒家经典的合称。朝代不同，指的经典略有差异，隋唐时期，规定"三礼"：《周礼》《仪礼》《礼记》；"三传"：《左传》《公羊传》《谷梁传》；加上《易》《书》《诗》，合称为九经。
④ （明）王守仁著，吴光等编校：《王阳明全集》上册，上海古籍出版社，2011年，第53页。

适以资其务外好高而已。盖所以救子张多闻多见之病,而非以是教之为学也。

夫子尝曰:"盖有不知而作之者,我无是也。"是犹孟子"是非之心,人皆有之"之义也。此言正所以明德性之良知,非由于闻见耳。

若曰"多闻择其善者而从之,多见而识之",则是专求诸见闻之末,而已落在第二义矣,故曰"知之次也"。夫以见闻之知为次,则所谓知之上者果安所指乎?是可以窥圣门致知用力之地矣。①(《卷二·语录二·传习录中·答顾东桥书》)

王阳明借用孔子教育学生子张的例子再次说明不要好高骛远,不要只是关注外在的言行,而是应该注重反求诸心,多听多看,学习别人的长处,这种学习方式已经是略次一等。此处是针对"圣人生而知之",而不是"学而知之"而言的。

王阳明又为学生讲解"道心者,良知之谓也",即:

……道心者,良知之谓也。君子之学,何尝离去事为而废论说?但其从事于事为论说者,要皆知行合一之功,正所以致其本心之良知;而非若世之徒事口耳谈说以为知者,分知行为两事,而果有节目先后之可言也。②(《卷二·语录二·传习录中·答顾东桥书》)

此处,王阳明是把道心与良知等同起来,他认为道心就是良知。践行知行合一,就是把自己本来的良知功用激发出来,不能把知和行截然分裂开来,也不能认为两者有先后不同的次序。

二、事上磨炼

王阳明为学生周冲讲解"事上磨炼与功夫"和"致其良知",具体是:

---

① (明)王守仁著,吴光等编校:《王阳明全集》上册,上海古籍出版社,2011年,第57-58页。
② (明)王守仁著,吴光等编校:《王阳明全集》上册,上海古籍出版社,2011年,第59页。

第四章 致良知与明心见性

　　来书云：事上磨炼，一日之内不管有事无事，只一意培养本原。若遇事来感，或自己有感，心上既有觉，安可谓无事？但因事凝心一会，大段觉得事理当如此，只如无事处之，尽吾心而已。然乃有处得善与未善，何也？又或事来得多，须要次第与处，每因才力不足，辄为所困，虽极力扶起，而精神已觉衰弱。遇此未免要十分退省，宁不了事，不可不加培养。如何？① (《卷二·语录二·传习录中·启问道通书》)

《答周道通书》②中，周冲向王阳明请教他的学习体悟，具体内容是：老师们要求人们在日常生活中进行磨炼，注重在本源、本心上进行栽培和养育。时时对自己的念头、想法、感觉做一番观察，这是每天要做的事情，类似一日要三省吾身。面对各类不同的事情和突发状况，不能产生急躁行为，要一件一件地依次处理，不能急于求成。遇到力不从心，一时无法解决的事情，更要静下心来，进行深刻反省。

王阳明针对此回复：

　　所说工夫，就道通分上也只是如此用，然未免有出入在。凡人为学，终身只为这一事，自少至老，自朝至暮，不论有事无事，只是做得这一件，所谓"必有事焉"者也。若说"宁不了事，不可不加培养"，却是尚为两事也。"必有事焉而勿忘勿助"，事物之来，但尽吾心之良知以应之，所谓"忠恕违道不远"③矣。凡处得有善有未善，及有困顿失次之患者，皆是牵于毁誉得丧，不能实致其良知耳。若能实致其良知，然后见得平日所谓善者未必是善，所谓未善者却恐正是牵于毁誉得丧，自贼其良知者也。④ (《卷二·语录二·传习录中·启问道通书》)

---

① （明）王守仁著，吴光等编校：《王阳明全集》上册，上海古籍出版社，2011年，第66—67页。
② 周道通：周冲，字道通，江苏宜兴人。从师王守仁、湛若水。由举人授高安训导，至唐王府纪善。与蒋信集师说著《新泉问辨录》。
③ 选自《中庸》：忠恕违道不远，施诸己而不愿，亦勿施于人。
④ （明）王守仁著，吴光等编校：《王阳明全集》上册，上海古籍出版社，2011年，第67页。

王阳明此问题所做的回复中，还是再次强调了良知的重要性。人们一生所做的学问，从少年到老，每天从早至晚，时时刻刻只要注重良知这一件事情，如同孟子讲到的如何养浩然之气的"必有事焉"①，需要注意这是一件事，而不是两件事。处理具体日常的德行问题之时，不要被外界毁、誉、得、失等不同因素来影响到自己对问题的判断，还是要启用自己的良知来进行应对和处理。要注重自己致良知的功夫运用，这样来处理事情也不会存在问题。

也要注意避免一些偏激知见，如：要么判定是绝对好或者要么判定是绝对坏，要避免类似这样极端现象出现。一时处理不好的事情，从另一个方面来看，也可能是好的，处理的好的事情也可能存在不好的一面。不要被外界的毁、誉、得、失等因素所影响而毁坏了自己的宝贵良知。

《答陆原静书》中，陆原静向王阳明问到与良知有关的问题，他认为：既然良知就是人的本体，也就是本来就具备的。同样，性善也是人的本性，存在于寂然不动的未发之中的本体之中，但是怎么会有人做不到？必须要通过学习来寻找和发现自己良知呢？在自己心体的检验中，没有什么是不符合良知的，但是"中、寂、大公"也就是"未发之中""寂然不动""廓然大公"这三种特性的特质却发现并没有在心体之中，那么良知是"超然于体用之外"吗？

> 来书云：良知，心之本体，即所谓性善也，未发之中也，寂然不动之体也，廓然大公也。何常人皆不能而必待于学邪？中也，寂也，公也，既以属心之体，则良知是矣。今验之于心，知无不良，而中、寂、大公实未有也。岂良知复超然于体用之外乎？
>
> 性无不善，故知无不良，良知即是未发之中，即是廓然大公，寂然不动之本体，人人之所同具者也。但不能不昏蔽于物欲，故须学以去其昏蔽，然于良知之本体，初不能有加损于毫末也。知无不良，而中、寂、大公未能全者，是昏蔽之未尽去，而存之未

---

① 选自《孟子》：集义所生者，非义袭而取之也。行有不慊于心，则馁矣。我故曰告子未尝知义，以其外之也。必有事焉而勿正，心勿忘，勿助长也，无若宋人然。

纯耳。体即良知之体，用即良知之用，宁复有超然于体用之外者乎？①（《卷二·语录二·传习录中·答陆原静书》）

王阳明认为，良知是每个人本来都具备的，性善和良知都存在本心之中，未发之中的良知就是"廓然大公"。这一个原本人人都具备的本体，会被外界的各种物欲给蒙蔽起来，学习的目的就是去除这种蒙蔽。良知的本体不会因为物欲的蒙蔽或者去除，而有一丝一毫地损伤。因为人们本心被蒙蔽的原因，良知的存养功夫还没有彻底达到精纯程度，导致本体良知就不能显现出来其所本应具备的"中、寂、大公"等品德。体和用分别指向的就是良知的本体和作用，良知也没有超出体用之外。

三、存于未发之中

王阳明类似的阐释还有几处，即：

1. 未发之中与良知

良知存于未发之中，并不存在前、后、内、外、有事、无事等分别，良知本身就是一个整体。针对"寂然感通"而言，良知有动静之分，这是面对具体情况而区分的，但是，良知本身不能区分为寂然与感通。

在心的本体之中，是没有动静之分的。即："动而无动，静而无静"，静止不动之处可以看做是理，发动变化可以看做是欲望。未发在已发之中，已发在未发之中，此处的未发与已发，是有动静的显现，但是不能用动静来区别，因为良知是一个不可分割的整体。

> 答："未发之中"即良知也，无前后内外而浑然一体者也。有事无事，可以言动静，而良知无分于有事无事也。寂然感通，可以言动静，而良知无分于寂然感通也。动静者，所遇之时，心之本体固无分于动静也。理无动者也，动即为欲，循理则虽酬酢万变而未尝动也；从欲则虽槁心一念而未尝静也。"动中有静，静中有动"，又何疑乎？

> 有事而感通，固可以言动，然而寂然者未尝有增也。无事而

---

① （明）王守仁著，吴光等编校：《王阳明全集》上册，上海古籍出版社，2011年，第70–71页。

寂然，固可以言静，然而感通者未尝有减也。"动而无动，静而无静"，又何疑乎？无前后内外而浑然一体，则至诚有息之疑，不待解矣。未发在已发之中，而已发之中未尝别有未发者在；已发在未发之中，而未发之中未尝别有已发者存；是未尝无动静，而不可以动静分者也。①（《卷二·语录二·传习录中·答陆原静书》）

周子"静极而动"之说，苟不善观，亦未免有病。盖其意从太极"动而生阳，静而生阴"说来。太极生生之理，妙用无息，而常体不易。太极之生生，即阴阳之生生。就其生生之中，指其妙用无息者而谓之动，谓之阳之生，非谓动而后生阳也；就其生生之中，指其常体不易者而谓之静，谓之阴之生，非谓静而后生阴也。若果静而后生阴，动而后生阳，则是阴阳、动静，截然各自为一物矣。阴阳一气也，一气屈伸而为阴阳。动静一理也，一理隐显而为动静。春夏可以为阳为动，而未尝无阴与静也；秋冬可以为阴为静，而未尝无阳与动也。春夏此不息，秋冬此不息，皆可谓之阳、谓之动也。春夏此常体，秋冬此常体，皆可谓之阴、谓之静也。自元、会、运、世、岁、月、日、时以至刻、秒、忽、微，莫不皆然。所谓动静无端，阴阳无始，在知道者默而识之，非可以言语穷也。若只牵文泥句，此拟仿像，则所谓心从《法华》转，非是转《法华》矣。②（《卷二·语录二·传习录中·答陆原静书》）

周濂溪的"静极而动"之说，如果不能正确理解，容易出现理解上的错误。周濂溪是针对太极的"动而生阳，静而生阴"来讲的，太极的生生之理，也如同程颐所讲的"动静无端，阴阳无始"，这些都需要人们有深厚的学习基础并且亲自实践后的一番体悟，如果仅仅是简单的言语并不能表述出其深刻含义；如果仅仅是拘泥于表面的文句，如东施效颦一般地模仿，也是理解不了其深意的，这正是所谓的《法华》转心，而非心转《法华》了。如果被表面的文字束缚住，就是所谓心从《法华》转，非是转《法华》了。

---

① （明）王守仁著，吴光等编校：《王阳明全集》上册，上海古籍出版社，2011年，第72页。
② （明）王守仁著，吴光等编校：《王阳明全集》上册，上海古籍出版社，2011年，第72-73页。

2.喜、怒、忧、惧与良知

《传习录·答陆原静书》（二）中：陆原静在自己的内心中，产生不同的情感，如喜、怒、忧、惧等，用自己的良知进行觉察时，这些情感产生的波动就会解除。有时候，在不同情感最开始产生的时候，自己就能发现和制止它们冒出来；有时候在情感已经发生的中间过程中才能制止；有时候是在事后，才能发觉并制止，随之因为发现晚了会产生后悔的念头。那么，良知是在"无事之地"发挥作用，与喜、怒、忧、惧等不同的情感是不是没有关联，这是什么原因啊？

> 问，来书云：尝试于心，喜、怒、忧、惧之感发也，虽动气之极，而吾心良知一觉，即廓然消阻，或遏于初，或制于中，或悔于后。然则良知常若居优闲无事之地而为之主，于喜、怒、忧、惧若不与焉者，何欤？
>
> 答，知此，则知未发之中、寂然不动之体，而有发而中节之和、感而遂通之妙矣。然谓良知常若居于优闲无事之地，语尚有病。盖良知虽不滞于喜、怒、忧、惧，而喜、怒、忧、惧亦不外于良知也。
>
> 来书云：夫子昨以良知为照心。窃谓：良知，心之本体也；照心，人所用功，乃戒慎恐惧之心也，犹思也。而遂以戒慎恐惧为良知，何欤？
>
> 能戒慎恐惧者，是良知也。[①]（《卷二·语录二·传习录中·答陆原静书》）

王阳明在回复中认为陆原静所问的问题中：良知是在"无事之地"发挥作用，本身就是一句病句。良知对于喜、怒、忧、惧等情感是不存在滞留的状态，但是喜、怒、忧、惧等情感也不存在于良知之外。

3.良知与不思善不思恶

> 来书云：佛氏"于不思善不思恶时认本来面目"，与吾儒"随

[①] （明）王守仁著，吴光等编校：《王阳明全集》上册，上海古籍出版社，2011年，第73-74页。

物而格"之功不同。吾若于不思善不思恶时用致知之功，则已涉于思善矣。欲善恶不思，而心之良知清静自在，惟有寐而方醒之时耳。斯正孟子"夜气"之说。但于斯光景不能久，倏忽之际，思虑已生。不知用功久者，其常寐初醒而思未起之时否乎？今澄欲求宁静，愈不宁静，欲念无生，则念愈生，如之何而能使此心前念易灭，后念不生，良知独显，而与造物者游乎？

"不思善不思恶时认本来面目"，此佛氏为未识本来面目者设此方便。"本来面目"即吾圣门所谓"良知"。今既认得良知明白，即已不消如此说矣。"随物而格"是"致知"之功，即佛氏之"常惺惺"①，亦是常存他本来面目耳。体段工夫，大略相似。但佛氏有个自私自利之心，所以便有不同耳。今欲"善恶不思，而心之良知清静自在"，此便有自私自利，将迎意必之心，所以有"不思善不思恶时用致知之功，则已涉于思善"之患。孟子说"夜气"，亦只是为失其良心之人指出个良心萌动处，使他从此培养将去。今已知得良知明白，常用致知之功，即已不消说"夜气"；却是得兔后不知守兔，而仍去守株，兔将复失之矣。欲求宁静，欲念无生，此正是自私自利、将迎意必之病，是以念愈生而愈不宁静。良知只是一个良知，而善恶自辨，更有何善何恶可思？良知之体本自宁静，今却又添一个求宁静；本自生生，今却又添一个欲无生；非独圣门致知之功不如此，虽佛氏之学亦未如此将迎意必也。只是一念良知，彻头彻尾，无始无终，即是前念不灭，后念不生。今却欲前念易灭，而后念不生，是佛氏所谓断灭种性②，入于槁木死灰之谓矣。③（《卷二·语录二·传习录中·答陆原静书》）

4. 只在良知上用功

看到陆原静与王阳明之间书信问答，大家都认为陆原静善于提问，王阳明的回答也很高妙。王阳明认为，陆原静对良知有所了解，但是他自己

---

① 常惺惺：佛教用语，头脑长久或经常保持清醒。
② 断灭种性：即断绝佛性。
③ （明）王守仁著，吴光等编校：《王阳明全集》上册，上海古籍出版社，2011年，第75—76页。

却不深信良知，才会导致产生这么多的困惑和问题。

> 《答原静书》出，读者皆喜。澄善问，师善答，皆得闻所未闻。师曰：原静所问，只是知解上转，不得已与之逐节分疏。若信得良知，只在良知上用功，虽千经万典，无不吻合，异端曲学，一勘尽破矣，何必如此节节分解？佛家有"扑人逐块"之喻，见块扑人则得人矣，见块逐块，于块奚得哉？在座诸友闻之，惕然皆有惺悟。此学贵反求，非知解可入也。①（《卷二·语录二·传习录中·答陆原静书》）

王阳明主张，还是要在良知上下足功夫，"千经万典"等圣贤书中讲的都是这个道理。不用像之前这样在详细的一问一答中解决疑问，运用良知也会把"异端曲学"一一破除了。佛教经典中，有'扑人逐块'的比喻，就是一只狗见到石头的时候，应该去扑向人，而不是扑向石头，这就是寻找目标的时候产生的错误认知。人们求学之时，要做到反求诸己，从本体上来学习致良知，而不是在细枝末节上一直纠缠不止，从这个比喻中要汲取教训，警惕并避免这种现象发生。

5. 良知不由见闻而有

王阳明在《答欧阳崇一书》中，回复欧阳崇有关"德性与良知""致良知与求见闻"的关系等问题，王阳明提出：良知不会因为见闻而产生，但是人们产生的见闻等功用却是良知之用的体现。良知不会被见闻所蒙蔽，见闻做发起的作用却也离不开良知。孔子认为自己并没有知识，是说自己没有被知识所束缚者，而不是一无所知之意。良知也是这样，良知之外，没有什么真"知"。此处，王阳明把"致良知"看做是"圣人教人第一义"，教育人们不能为了一些细枝末节而忽略了最重要的治学宗旨，如果遗忘了宗旨，就已经掉落在第二义了。

> 良知不由见闻而有，而见闻莫非良知之用，故良知不滞于见闻，而亦不离于见闻。孔子云："吾有知乎哉？无知也。"良知

---

① （明）王守仁著，吴光等编校：《王阳明全集》上册，上海古籍出版社，2011年，第80页。

之外，别无知矣。故"致良知"是学问大头脑，是圣人教人第一义。今云专求之见闻之末，则是失却头脑，而已落在第二义矣。近时同志中盖已莫不知有致良知之说，然其功夫尚多鹘突者，正是欠此一问。

大抵学问功夫只要主意头脑是当，若主意头脑专以致良知为事，则凡多闻多见，莫非良知之功。盖日用之间，见闻酬酢，虽千头万绪，莫非良知之发用流行，除却见闻酬酢，亦无良知可致矣。故只是一事。若曰致其良知而求之见闻，则语意之间未免为二，此与专求之见闻之末者虽稍不同，其为未得精一之旨，则一而已。"多闻，择其善者而从之，多见而识之"，既云"择"，又云"识"，其良知亦未尝不行于其间，但其用意乃专在多闻多见上去择识，则已失却头脑矣。崇一于此等处见得当已分晓，今日之问，正为发明此学，于同志中极有益。但语意未莹，则毫厘千里，亦不容不精察之也。① （《卷二·语录二·传习录中·答欧阳崇一书》）

如果把"致良知"当做是做学问的宗旨，博学多闻也是致良知的一种功夫。在人们的日常生活和具体实践中，也是各自的良知在产生作用，而不是另外有一个别处的良知在发生作用。王阳明反对"专求之见闻"与"除却见闻酬酢"，不能把"良知"和"见闻"，看做是两件事，"择"与"识"，都是良知在发挥作用。王阳明希望通过阐释致良知的深意，对大家做学问都有裨益。如果语言的描述和表达不能准确达意，就会相差"毫厘千里"，这里要进行精确地体察。

欧阳崇向王阳明请问"做事与培养良知"之间的关系。王阳明认为不能把治学与良知的培养看做是两件事的。

6. 集义与致良知

"宁不了事，不可不加培养"之意，且与初学如此说，亦不为无益。但作两事看了，便有病痛。在孟子言"必有事焉"，则君子之学终身只是"集义"一事。义者宜也。心得其宜之谓义。

---

① （明）王守仁著，吴光等编校：《王阳明全集》上册，上海古籍出版社，2011年，第80-81页。

能致良知，则心得其宜矣，故"集义"亦只是致良知。君子之酬酢万变，当行则行，当止则止，当生则生，当死则死，斟酌调停，无非是致其良知，以求自慊而已。故"君子素其位而行"，"思不出其位"，凡谋其力之所不及而强其知之所不能者，皆不得为致良知；而凡"劳其筋骨，饿其体肤，空乏其身，行拂乱其所为，动心忍性以增益其所不能"者，皆所以致其良知也。若云"宁不了事，不可不加培养"者，亦是先有功利之心，较计成败利钝而爱憎取舍于其间，是以将了事自作一事，而培养又别作一事，此便有是内非外之意，便是自私用智，便是"义外"，便有"不得于心，勿求于气"之病，便不是致良知以求自慊之功矣。①（《卷二·语录二·传习录中·答欧阳崇一书》）

君子治学同样也是"致良知"之学，"集义""当行则行，当止则止，当生则生，当死则死"等，也是"致良知"的功夫显现。只有按照这样来下功夫，才能达到"君子素其位而行""思不出其位"，"致良知"实践功夫地展开，也要在自己能力范围中进行，如果一个人只是"致良知"，而不做任何具体的事情了，那这个人就不是真正地培养良知，而是在计较人与事的"成、败、利、钝、爱、憎、取、舍"等，就有了"功利之心"。要时时刻刻注意保持自己的诚意和正心，这样就不会把治学和良知存养两者割裂开来而看成两件事了。

7. 良知在人心

《答聂文蔚②书》中，王阳明讲到：天地、心、万物与人，本就是一体。百姓们遭遇到的各种苦难和痛苦，就像是自己也在承受这些痛苦。

夫人者，天地之心，天地万物，本吾一体者也。生民之困苦荼毒，孰非疾痛之切于吾身者乎？不知吾身之疾痛，无是非之心者也。是非之心，不虑而知，不学而能，所谓良知也。良知之在

---

① （明）王守仁著，吴光等编校：《王阳明全集》上册，上海古籍出版社，2011年，第82-83页。
② 聂文蔚：聂豹（1487-1563），字文蔚，号双江，江西吉安永丰人。正德十二年（1517）考中进士，明代学者，为平阳知府，官至兵部尚书，明代有名的廉吏之一。

南京玄武湖（王阳明曾游玄武湖，集弟子在湖边讲学。）

南京狮子山阅江楼（王阳明曾登狮子山阅江楼，作《狮子山》《登阅江楼》诗。袁润泽拍摄）

江西省赣州市于都县罗田岩(王阳明在岩壁上书题"观善岩"三个大字和《观善岩小序》摩崖。)

杭州西湖边上的净慈禅寺前殿(正德十四年十月,王阳明押解宁王朱宸濠等到达杭州,交给太监张永后在西湖养病,作有《卧病静慈写怀》等诗。)

> 人心，无间于圣愚，天下古今之所同也。世之君子惟务致其良知，则自能公是非，同好恶，视人犹己，视国犹家，而以天地万物为一体，求天下无治，不可得矣。①（《卷二·语录二·传习录中·答聂文蔚》）

人们如果没有了"是非之心"，就不会知道自身的"疾痛"究竟是什么。面对这种状况，不用进行思虑，就能够明辨是非的这个"心体"，就称作是良知啊。良知之心，没有圣、愚的差异，从古至今都是一样的。君子们致力于良知之学，自然就能明辨是、非、好、恶，对待别人就如同对待自己一样，保护国家的安危就如同是保护自己的小家一样，天、地、万物、人，就会浑然成为一个整体，如果人人都持有这样平等的心态，天下怎么可能不会达到无为而治、天下太平、百姓安居乐业的理想状态？

第三节　良知与天下可得而治

后世人们对于良知之学不是很明了，普天下之人，用各自的私利和想法，互相较劲和倾轧，产生了很多"偏琐僻陋之见，狡伪阴邪之术"。

一、明良知之学与大本达道

有些人在外人面前竭力伪装自己假仁假义的虚名，现实生活中做着自私自利的各类丑陋事情。阿谀奉承、曲意迎合等一系列"妒贤忌能、恣情纵欲、相陵相贼"等恶言、恶行，让彼此之间就像是被"藩篱之形"互相妨碍，互相之间的隔阂变得牢不可破，天下大众，互相之间也不能平等对待、和平共处，随之产生的祸乱也就无穷无尽了。

王阳明在《答聂文蔚书》中讲到"良知之学"与"后世天下可得而治"，具体是：

> 后世良知之学不明，天下之人用其私智以相比轧，是以人各

---

① （明）王守仁著，吴光等编校：《王阳明全集》上册，上海古籍出版社，2011年，第89页。

有心，而偏琐僻陋之见，狡伪阴邪之术，至于不可胜说；外假仁义之名，而内以行其自私自利之实，诡辞以阿俗，矫行以干誉，掩人之善而袭以为己长，讦人之私而窃以为己直，忿以相胜而犹谓之徇义，险以相倾而犹谓之疾恶，妒贤忌能而犹自以为公是非，恣情纵欲而犹自以为同好恶，相陵相贼，自其一家骨肉之亲，已不能无尔我胜负之意，彼此藩篱之形，而况于天下之大，民物之众，又何能一体而视之？则无怪于纷纷籍籍，而祸乱相寻于无穷矣！

仆诚赖天之灵，偶有见于良知之学，以为必由此而后天下可得而治。是以每念斯民之陷溺，则为之戚然痛心，忘其身之不肖，而思以此救之，亦不自知其量者。天下之人见其若是，遂相与非笑而诋斥之，以为是病狂丧心之人耳。①（《卷二·语录二·传习录中·答聂文蔚》）

王阳明讲到：我依赖上天之灵的眷顾，偶然见识到有关良知学说，就以为依靠良知之学，就会达到"天下可得而治"的目标。每每想到天下百姓还深陷各种苦难之中，就会"戚然痛心"，忘记自己能力不逮，力量也不够强大，只是一心想着到底要怎么做，才能够救护他们。但是，天下之人看到怀有如此的悲悯之心的我，不但不理解，还要进行诋毁和排斥，并且反倒误认为我是一个"病狂丧心"之人。我是有过真实的切肤之痛，自己也没有时间去计较这些人的责难和讥笑。

圣人和贤者之间讨论学问，大多就事论事。虽然讨论的对象存在各自差异，但是涉及到的功夫、头脑却都是一致的。只因为这天地之间，性、理、良知，指向的都是同一件事。古代的读书人不管是做学问、下功夫，都不必要掺杂和混合其他无用的学说，自然就会把做真学问和下真功夫等融会贯通起来。如果掺杂着其他学说，那就说明做学问的功夫还是不够深入纯熟。

王阳明认为：人们认为"集义"的功夫要和良知搭配之后才能完备，但是这种观点是对集义功夫的理解并不深入彻底。如果人们集义功夫做得不彻底，就会变成致良知的负担。人们致良知的功夫如果不够纯熟，就会

---

① （明）王守仁著，吴光等编校：《王阳明全集》上册，上海古籍出版社，2011年，第90-91页。

成为勿忘勿助的一个负担。这些都是在文字表面意义上的一种解释,希望能够求得融汇贯通,由于人们还没有在实践功夫上进行一番体悟,即使是说得越细致,也会相差得越来越远。

> 圣贤论学,多是随时就事,虽言若人殊,而要其工夫头脑,若合符节。缘天地之间,原只有此性,只有此理,只有此良知,只有此一件事耳。故凡就古人论学处说工夫,更不必搀和兼搭而说,自然无不吻合贯通者。才须搀和兼搭而说,即是自己工夫未明彻也。
>
> 近时有谓集义之功,必须兼搭个致良知而后备者,则是集义之功尚未了彻也。集义之功尚未了彻,适足以为致良知之累而已矣。谓致良知之功,必须兼搭一个勿忘勿助而后明者,则是致良知之功尚未了彻也。致良知之功尚未了彻也,适足以为勿忘、勿助之累而已矣。若此者,皆是就文义上解释牵附,以求混融凑泊,而不曾就自己实工夫上体验,是以论之愈精,而去之愈远。文蔚之论,其于大本达道既已沛然无疑,至于致知、穷理及忘助等说,时亦有搀和兼搭处,却是区区所谓康庄大道之中,或时横斜迂曲者,到得工夫熟后,自将释然矣。①(《卷二·语录二·传习录中·答聂文蔚二》)

王阳明认为聂文蔚的观点,在"大本达道"上是没有问题的。对于致知、穷理、勿忘勿助等观点,虽然也有互相搭配之处,是像上面王阳明所讲的,是一种人们正行走在平坦大路上的时候,却出现了蜿蜒曲折的状况。人们的实践功夫若是做得炉火纯青之后,自然这种情况就不会出现了。

二、良知只是一个

人们各自的心体,随着良知的显现而发生作用,自然就有了重、轻、厚、薄等不同状态的一番判别,这是没有丝毫的增减,也正是所谓的"天然自有之中"。但良知的本体只是一个,并不是有多个良知本体存在。

---

① (明)王守仁著,吴光等编校:《王阳明全集》上册,上海古籍出版社,2011年,第95页。

> 良知只是一个，随他发见流行处，当下具足，更无去来，不须假借。然其发见流行处，却自有轻重厚薄，毫发不容增减者，所谓"天然自有之中"①也。虽则轻重厚薄毫发不容增减，而原又只是一个；虽则只是一个，而其间轻重厚薄又毫发不容增减，若可得增减，若须假借，即已非其真诚恻怛之本体矣。此良知之妙用，所以无方体，无穷尽，"语大天下莫能载，语小天下莫能破"②者也。③（《卷二·语录二·传习录中·答聂文蔚二》）

既然良知本体只有一个，伴随着良知的不同功用显现，其所在之处，当下就是完备无缺，没有去、来，也不需要假借什么才能显示。这就是良知的本体妙用，没有具体方向、体积大小、穷尽之分，这就是"语大天下莫能载，语小天下莫能破"的原因。

王阳明针对聂文蔚所认为的"尊德性而道问学"，应该是可以归在一处的，这是没有什么可怀疑的。

> 所谓④"尊德性而道问学"一节，至当归一，更无可疑。此便是文蔚曾著实用工，然后能为此言。此本不是险僻难见的道理，人或意见不同者，还是良知尚有纤翳潜伏。若除去此纤翳，即自无不洞然矣。⑤（《卷二·语录二·传习录中·答聂文蔚二》）

对此说法，王阳明认为：这是聂文蔚在踏踏实实下功夫实践之后做出的感悟。这也不是"险僻难见"的道理，如果有人对此持有不同的见解，就像是还有纤细的灰尘潜伏在良知里，导致认知有偏差，如果清除掉这些障碍，良知自然就会洞察一切事物了。

---

① 自有之中。朱子《大学或问》（页五十六下）曰："程子所谓天然自有之中。"《二程遗书》卷十七（页五下）伊川云："事事物物上皆天然有个中在那上，不待人安排也。"
② 语大天下莫能载，语小天下莫能破。语见《中庸》第十二章。
③ （明）王守仁著，吴光等编校：《王阳明全集》上册，上海古籍出版社，2011年，第96页。
④ 谓：南（南大吉）本、施本、俞本均作：论。
⑤ （明）王守仁著，吴光等编校：《王阳明全集》上册，上海古籍出版社，2011年，第98页。

阳明心学与多元文化的会通

王阳明在回复学生黄直①的信中，提出：我们的"致知"，要根据每个人能力的不同限度，进行不同程度的教育，只要不断地扩充自己，"明日良知又有开悟"，也就是要做到因材施教。

> 先生曰：我辈致知，只是各随分限所及。今日良知见在如此，只随今日所知扩充到底；明日良知又有开悟，便从明日所知扩充到底。如此方是精一功夫。与人论学，亦须随人分限所及。如树有这些萌芽，只把这些水去灌溉。萌芽再长，便又加水。自拱把以至合抱，灌溉之功皆是随其分限所及。若些小萌芽，有一桶水在，尽要倾上，便浸坏他了。②（《卷三·语录三·传习录下·门人黄直录》）

如果，今天的良知在这个层面上，那就在这个层面上把今天的知识"扩充到底"；明天如果又有了新的开悟，那就在明天新的知识层面上再进行"扩充到底"。这样才能称为"精一功夫"。人们在与其他人一起讨论学问的时候，也是要根据每个人之间能力的不同而进行深浅不同地讨论。比如：要根据树木萌发的枝丫的大小，进行大小不同水量的灌溉，树木才能更好地生长。如果对着幼小的树枝萌芽，直接倒入一桶水，毫无疑问，这些刚刚萌发的小芽会被直接淹死了。

王阳明在回复黄修易③的信中，讲到：我教导人们要想获得良知，就需要在"格物"上用功，这是做学问的根本之处。

> 先生曰：吾教人致良知，在格物上用功，却是有根本的学问。日长进一日，愈久愈觉精明。世儒教人事事物物上去寻讨，却是无根本的学问。方其壮时，虽暂能外面修饰，不见有过，老则精神衰迈，终须放倒。譬如无根之树，移栽水边，虽暂时鲜好，终久要憔悴。④（《卷三·语录三·传习录下·黄修易录》）

---

① 黄直：（1500-1579年），字以方，别号卓峰，江西金溪人。王阳明弟子，明中期学者、谏臣。
② （明）王守仁著，吴光等编校：《王阳明全集》上册，上海古籍出版社，2011年，第109页。
③ 黄修易：字勉叔，王阳明弟子。
④ （明）王守仁著，吴光等编校：《王阳明全集》上册，上海古籍出版社，2011年，第113页。

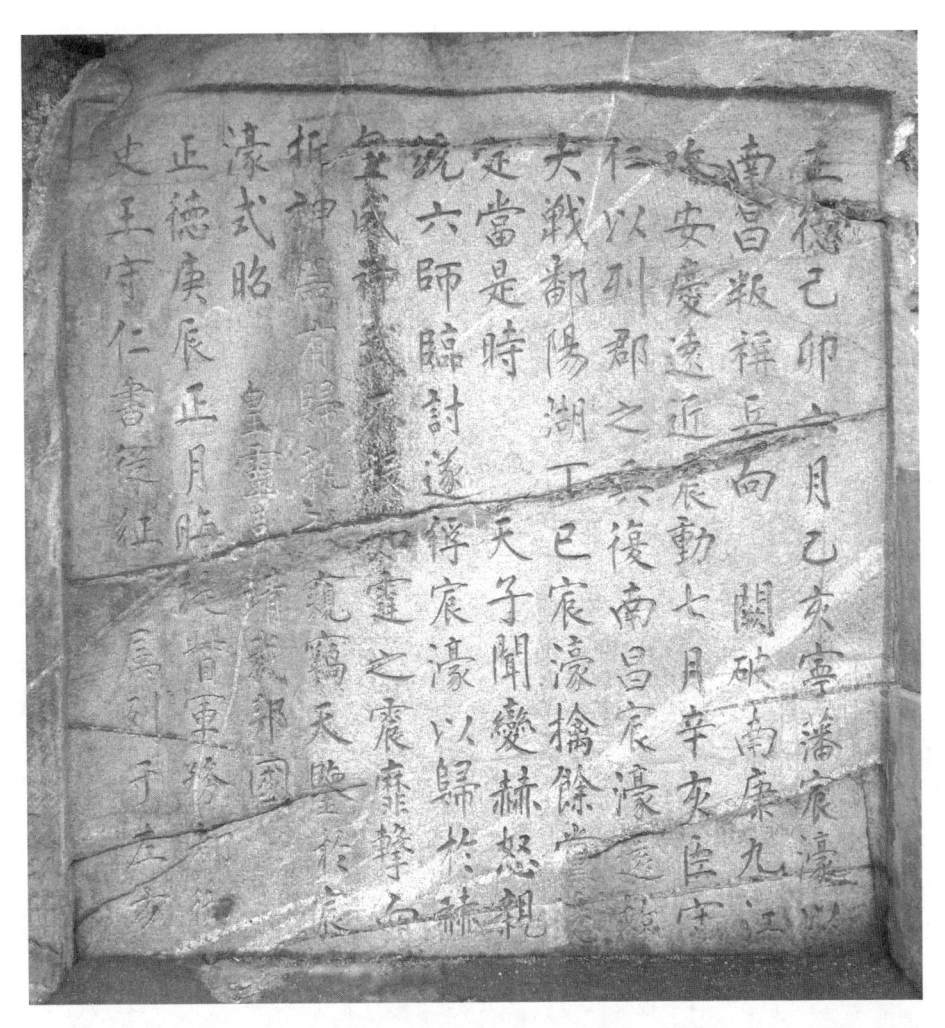

庐山开先寺（秀峰寺）王阳明书《纪功碑》摩崖（此碑上阳明把擒获宸濠功劳归于皇帝，是表明他对朝廷的忠诚。夏之奎拍摄）

王阳明曾游江苏省镇江市东北的焦山（作《焦山》《雨中登焦山有感》诗。陈寒鸣提供）

第四章　致良知与明心见性

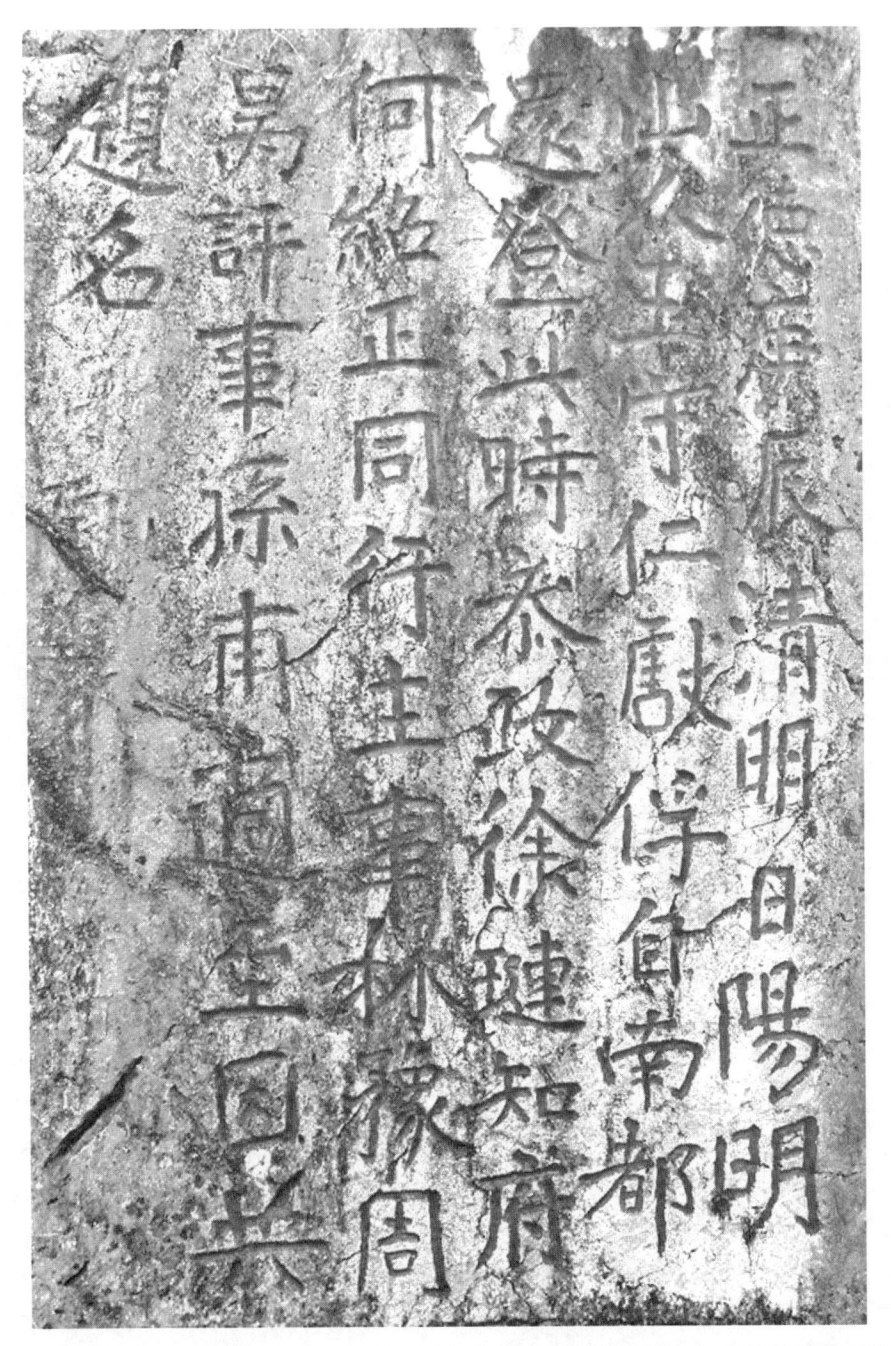

庐山开先寺（秀峰寺）王阳明书《纪功碑》摩崖（此碑上王阳明把擒获宸濠功劳归于皇帝，是表明他对朝廷的忠诚。夏之奎拍摄）

庐山秀峰寺石刻，秀峰寺原名开先寺。王阳明在庐山留有多处诗文与碑刻。

王阳明两次来庐山，1520年正月至二月，王阳明第一次到庐山，从南康（后星子县、今属庐山市）上岸，来到秀峰寺，即开先寺。这次他来庐山的目的就是要在这里刻写《纪功碑》。王阳明看了开先寺（今秀峰寺）后，再登上秀峰李璟读书台，在这里刻下一块数丈见方的石碑。目前秀峰寺石壁上留存有三处石刻：右边是明代徐岱的诗，中间是宋代黄庭坚书写的《七佛偈》，左边就是王阳明在此写的《纪功碑》；碑长242厘米，宽234厘米，碑文共136个字，字体庄重道劲，入石三分。碑文记载明王阳明率江西兵马平定宁王叛乱、生擒宁王一事。1520年三月，王阳明第二次到庐山，先到开先寺，留有《游开先寺》诗作，后到东林寺，留有《又次邵二泉韵》诗作。

第四章　致良知与明心见性

　　人们在学习的过程中，要一天比一天有所进步，时间越长，随着实践功夫的深入，就会越觉得精通和明白。后世的儒生们，教导人们在万事万物表面上进行寻求和探讨，那是没有根基的学问，没有在根本上做学问。人们在自己精力旺盛的壮年，虽然暂时能对其外表进行一番修饰，不让自己过失显现在众人面前，但是到了日渐衰弱的老年，就会觉得精力衰竭，轰然倒塌了，这些表面功夫就最终支撑不住了。例如：把没有树根的一棵大树，移栽到水边，虽然短时间内树木还会显得生机勃勃，保持一时的新鲜，但时间一久，会枯萎而死。

　　此处，也如同佛教经典《妙法莲华经》中讲到的"一云所雨，称其种性而得生长，花果敷实。虽一地所生，一雨所润，而诸草木各有差别"，即：

　　　　迦叶，譬如三千大千世界、山川溪谷土地，所生卉木丛林、及诸药草，种类若干，名色各异。密云弥布，遍覆三千大千世界，一时等澍，其泽普洽。卉木丛林、及诸药草，小根小茎、小枝小叶，中根中茎、中枝中叶，大根大茎、大枝大叶，诸树大小，随上中下、各有所受，一云所雨，称其种性而得生长，花果敷实。虽一地所生，一雨所润，而诸草木、各有差别。①

　　佛教经典中也常常用"天降甘露"之譬喻，根据人们根器的利顿和能力的大小，"随其分而取"。

第四节　日用功夫与良知

　　王阳明教导黄修易，下功夫，做学问，尤其注意不能拔苗助长。具备大智慧的人还是很少，普通人是不具备直接达到圣人境界的资质。

一、日用功夫与良知是个头脑

　　起、伏、进、退，这些都是下功夫和做学问必须经历的次序。不能因

---

① 《妙法莲华经》卷3《5 药草喻品》，《大正藏》第09册，第19页。

为之前我下了功夫，当前却不能起作用了，就认为现在的我就非要"做出一个没破绽的模样"。

这种助长的行为，会把之前所做的功夫也给破坏掉了。王阳明教导人们要怀抱这样的心胸："遁世无闷，不见是而无闷"，也就是：人们不管逃遁社会或者远离现实社会，还是处在不被认可的困境下，都要做到在自己心中尽量不产生烦恼，泰然处之。

王阳明对"日用得功夫"和"致良知的主宰不息"讲解道：

> 又曰：诸君功夫最不可助长。上智绝少，学者无超入圣人之理。一起一伏，一进一退，自是功夫节次。不可以我前日用得功夫了，今却不济，便要矫强，做出一个没破绽的模样，这便是助长，连前些子功夫都坏了。此非小过，譬如行路的人，遭一蹶跌，起来便走，不要欺人做那不曾跌倒的样子出来。诸君只要常常怀个"遁世无闷，不见是而无闷"之心，依此良知，忍耐做去，不管人非笑，不管人毁谤，不管人荣辱，任他功夫有进有退，我只是这致良知的主宰不息，久久自然有得力处，一切外事亦自能不动。"
>
> 又曰：人若着实用功，随人毁谤，随人欺慢，处处得益，处处是进德之资。若不用功，只是魔也，终被累倒。①（《卷三·语录三·传习录下·黄修易录》）

根据各自良知的指引、主宰，不管自己面对的是讥笑、毁谤，还是荣、辱，功夫的进、退，都不会让外界的这些歪风引起自己内心的动荡不安，也就是不被外界的风吹草动动摇了本心。反而，要让自己遭受的这些"毁谤、欺慢"，转换成促进我们道德增长、受益的动力。反之，如果不在自己良知上下功夫，这些"毁谤、欺慢"就会变成了摧垮我们身心的魔鬼。

黄省曾向王阳明请问《论语》中"无适也，无莫也，义之与此"，是肯定、否定，还是没有绝对的区分，只要符合本意就可以？是不是人们在面对每件事情的时候都是这样？即：

---

① （明）王守仁著，吴光等编校：《王阳明全集》上册，上海古籍出版社，2011年，第114-115页。

第四章 致良知与明心见性

黄勉之①问："无适也，无莫也，义之与比"，事事要如此否？

先生曰：固是事事要如此，须是识得个头脑乃可。义即是良知，晓得良知是个头脑，方无执著。且如受人馈送，也有今日当受的，他日不当受的；也有今日不当受的，他日当受的。你若执著了今日当受的，便一切受去，执著了今日不当受的，便一切不受去，便是"适"、"莫"，便不是良知的本体，如何唤得做义？②（《卷三·语录三·传习录下·黄修易录》）

王阳明认为是这样的。只是其中还是要以自己的良知为主宰，即"晓得良知是个头脑"，这样就不会被自我的固执己见所束缚住了。例如：他人馈赠礼物，是今天接受还是明天接受，是应该接受还是不该接受，如果自己被这些想法束缚住了，就不能称为"义"，也自然"不是良知的本体"了，要遵从自己的良知本体，遵从天道规律来做事，而不是自以为是，任意妄为地做事。

二、良知与造化的精灵

一位学生在独自静坐时，有所感悟，立刻跑去向王阳明请教。王阳明看到这位学生的状态，对他讲到自己当时还是在滁州的时候，见到很多学生执着于一些口耳相传的不同种类的知识，但是，这些并没有什么是可以让人受益的。针对这样的情况，王阳明才开始教他们静坐，短时间内是可以见效。

但是，时间一长，有些学生就陷入到喜欢静坐，厌恶运动的状态，有了"枯槁之病"，或者只是追求玄妙的感觉，就自己在大家面前好好炫耀一番。近年来，王阳明才开始只是讲"致良知"。人们把"良知"之说学习明白了，不管是"静处体悟"，还是"事上磨炼"，良知的本体原本就是没有动、静之分，这就是"学问头脑"。从滁州归来后，王阳明经过几番比较思考，认为"致良知"是没有任何过失的。就像是医生经历过自己胳膊骨折的事

---

① 黄省曾，字勉之，号五岳，苏州人。著有《会稽问道录》十卷，此篇可能录自《问录》。王阳明在浙江讲学时（1522–1527年），黄曾求学于门下，见《明儒学案》卷二十五。

② （明）王守仁著，吴光等编校：《王阳明全集》上册，上海古籍出版社，2011年，第116页。

171

故后，更加能体察到病人的病理一样。

  一友静坐有见，驰问先生。

  答曰：吾昔居滁时，见诸生多务知口耳异同，无益于得，姑教之静坐。一时窥见光景，颇收近效；久之，渐有喜静厌动，流入枯槁之病，或务为玄解妙觉，动人听闻，故迩来只说致良知。良知明白，随你去静处体悟也好，随你去事上磨炼也好，良知本体原是无动无静的，此便是学问头脑。我这个话头，自滁州到今，亦较过几番，只是致良知三字无病。医经折肱①，方能察人病理。

  先生曰：良知是造化的精灵。这些精灵，生天生地，成鬼成帝，皆从此出，真是与物无对。人若复得他完完全全，无少亏欠，自不觉手舞足蹈，不知天地间更有何乐可代。②（《卷三·语录三·传习录下·钱德洪录》）

王阳明认为：良知可以看做是"造化的精灵"，天、地、鬼、神都是从这个精灵中运化出来的，就会"与物无对"，没有什么事物是可以替代的。人们如果把自己的良知从种种世俗欲望蒙蔽中恢复出来，良知就没有什么缺陷了，就会高兴地"手舞足蹈"，这应该是天地之间最快乐的一件事情了。

  有学生问王阳明：良知的本体是中正平和，怎么还有"过不及"的说法呢？

  问：良知原是中和的，如何却有过不及？

  先生曰：知得过不及处，就是中和。"所恶于上"，是良知；"毋以使下"③，即是致知。④（《卷三·语录三·传习录下·钱德洪录》）

---

  ① 折肱：肱，手臂。折肱，比喻经过磨炼而经验丰富；折肱，也指接受法律制裁，（南朝梁）刘勰《文心雕龙·奏启》："然后逾垣者折肱，捷径者灭趾"；折肱，也指曲臂为礼，比喻来往结交，（唐）韩愈《送孟秀才序》：京师之进士以千数，其人靡所不有，吾常折肱焉，其要在详择而固交之。
  ② （明）王守仁著，吴光等编校：《王阳明全集》上册，上海古籍出版社，2011年，第119页。
  ③ 所恶于上，毋以使下：引自《大学》：所恶于上，毋以使下；所恶于下，毋以事上。
  ④ （明）王守仁著，吴光等编校：《王阳明全集》上册，上海古籍出版社，2011年，第130页。

第四章　致良知与明心见性

王阳明指出：如果自己知道这个"过不及"的地方，这就是中正平和。"所恶于上"。人们面对上一级采取憎恶的态度、行为对待自己，如果对这一言行和情况的具体出处，能够知晓明了，就是良知在产生作用。"毋以使下"，就是我们面对同样的状况时，自己不会再采用这种令人憎恶的行为方式去对待自己的下级，这就是"致知"。

又问：致良知之说，真是百世以俟圣人而不惑者。象山已于头脑上见得分明，如何于此尚有不同？

曰：致知格物，自来儒者皆相沿如此说，故象山亦遂相沿得来，不复致疑耳。然此毕竟亦是象山见得未精一处，不可掩也。①（《卷六·文录三·书三·答友人问》）

又曰：知之真切笃实处，便是行；行之明觉精察处，便是知。若知时，其心不能真切笃实，则其知便不能明觉精察；不是知之时只要明觉精察，更不要真切笃实也。行之时，其心不能明觉精察，则其行便不能真切笃实；不是行之时只要真切笃实，更不要明觉精察也。知天地之化育，心体原是如此。乾知大始，心体亦原是如此。②（《卷六·文录三·书三·答友人问》）

本来源自孟子的"良知"的概念，经过王阳明深入阐发，更加突出了"良知"内涵中个体的"自觉"意义，"其实良知二字，阳明早年已屡屡提及，不过50岁始专以此为教耳。"③

---

① （明）王守仁著，吴光等编校：《王阳明全集》上册，上海古籍出版社，2011年，第233-234页。
② （明）王守仁著，吴光等编校：《王阳明全集》上册，上海古籍出版社，2011年，第234页。
③ 梁漱溟：《此心不动随心而动：听大师讲阳明学》，新世界出版社，2017年，第29页。

阳明心学与多元文化的会通

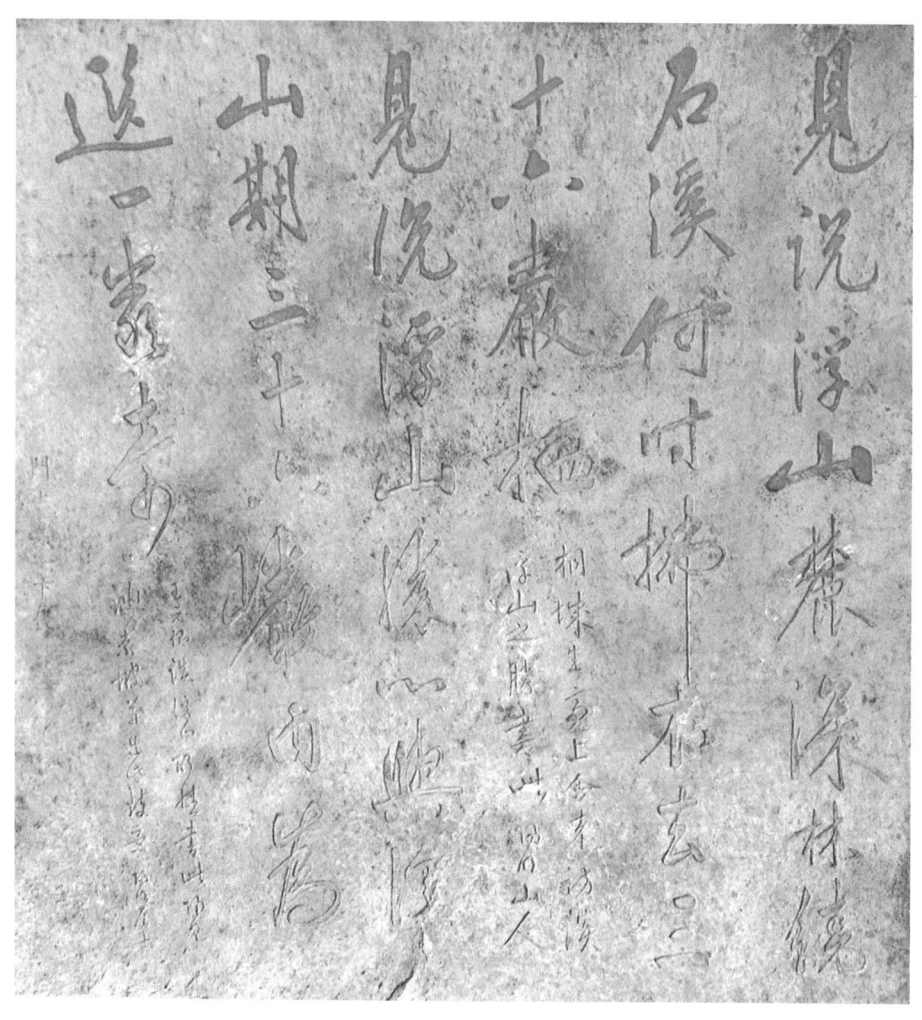

在安徽省西南部长江北岸枞阳县浮山朝阳洞内，还保存有王阳明题书摩崖《与商贡士二首》。

第四章 致良知与明心见性

贵州省贵阳市东山悬崖绝壁上的八仙洞，王阳明曾游此洞，作有诗。

第五节　不思善恶与磨炼净尽

前面王阳明在与学生们的书信往来中，多处涉及到佛教典籍中的一些名相和思想，为更好地理解王阳明的思想和事上磨炼、功夫等，下面列举几处。

一、狂性自歇，歇即菩提

王阳明在回复陆原静的书信中讲到"良知"是"无起无不起"，即使有各种妄念或是昏塞之事一时蒙蔽了良知，良知的本体依然是明了一切的，人们需要把存养的功夫做好。王阳明的"良知"与佛教中讲到的众生"菩提心"和"妙真如性"类似，"菩提心"和"妙真如性"是人人都自性具足，只是被各类妄想烦恼一时蒙蔽，如佛教经典中讲到的"狂性自歇"，"歇即菩提"，妄想烦恼只要停止了，菩提心自然就如明镜一般显现出来了。

佛教诸多经典中多处讲到"狂性自歇，歇即菩提"，用来开悟人们找到自己的菩提心，获得解脱，如《大佛顶如来密因修证了义诸菩萨万行首楞严经》第四卷中讲道：

> 世尊！现说杀盗淫业，三缘断故三因不生，心中达多狂性自歇，歇即菩提，不从人得。斯则因缘皎然明白，云何如来顿弃因缘？我从因缘心得开悟，世尊此义何独我等年少有学声闻，今此会中大目犍连及舍利弗、须菩提等，从老梵志闻佛因缘，发心开悟得成无漏。今说菩提不从因缘，则王舍城拘舍梨等所说自然成第一义。惟垂大悲，开发迷闷。[①]

人们如果彻底断除了攀缘外部世界的起心动念，自心产生魔障的起因也就断除了。自性本是没有任何污染的，也就是"无自相""境性本空"，只是依托外部的境界而显现出心体，即由攀缘之心，"根尘和合"而仿佛"似

---

① 《大佛顶如来密因修证了义诸菩萨万行首楞严经》卷4，《大正藏》第19册，第121页。

有缘心"出现，即《大方广圆觉修多罗了义经略疏》第一卷：

> 后、观心无我。夫心无自相，托境方生。境性本空，由心故现。根尘和合，似有缘心。内外推之，何是其体？长轮生死，由不了心，苟能了之，圆觉自现。故《首楞》云：狂性自歇，歇即菩提。胜净妙明，不从人得。①

《注大乘入楞伽经》第二卷中也有类似的讲述："是知离心之境，文理俱虚，即识之尘，诠量有据。狂心不歇，歇即菩提；垢净心明，本来是佛。"②

就像一个人的眼睛患了疾病，看到天空中有一些虚幻的影像，如果把眼病治好了，自然也就没有这些幻影出现了。自性本来也如同明镜一样清净明亮，只是因为种种妄想产生，如同明镜蒙上了尘垢。若是把妄想心升起的诸念头停止了，就会"性自开明"，"歇即菩提"了，即《大方广圆觉修多罗了义经略疏》第二卷讲道：

> 彼圆觉性非作得故，指体以破也。圆觉性非造作，造作如何契之？若了觉性本圆，不用兴心求益，不兴心处即合觉心，合觉心时自无诸妄，无诸妄已则所作相应，积土聚沙皆成佛道。即于上来诸行，遇缘力及便为，随病随治，不顺妄念。但得妄尽，性自开明，歇即菩提，岂从外得？③

《圆觉经夹颂集解讲义》第十二卷中讲得更为详细，因为"本妙觉明"是不增不减的，只是人的愚痴缘故，就从迷惘中重复生出迷惑，就像眼睛的疾病康复了，"空华"随之消失了，但是迷失本心的人还在瞪着虚空，期待本就没有的"空华"再次出现，这是一种颠倒的妄想。每个人遇到的障碍有轻有重，开悟的速度有快慢之分，也就有了顿悟、渐悟之分，也是对应每个人根器不同而显现出不同的修行方式，具体是：

---

① 《大方广圆觉修多罗了义经略疏》卷1，《大正藏》第39册，第540页。
② 《注大乘入楞伽经》卷2，《大正藏》第39册，第448页。
③ 《大方广圆觉修多罗了义经略疏》卷2，《大正藏》第39册，第569页。

> 四明聪讲师曰：此大乘教，本妙觉明。与如来心不增不减，无渐无顿。今云顿渐者，为修学人，根有利钝，障有重轻，虽精进，而开悟有迟速。立行有渐顿，非教体有迟速。迷悟有机缘，名顿教渐修。楞严云：佛告富楼那言：譬如迷人于一聚落，惑南为北，此迷为复因，迷而有因，悟所出。富楼那言：如是迷人，亦不因迷，又不因悟，何以故？迷本无根，云何因迷？悟非生迷，云何因悟？佛言：彼之迷人，正在迷时，倏（同：倏）有悟人，指示令悟。富楼那，于意云何？此人纵迷于此聚落，更生迷不？不也！世尊佛言：十方如来，亦复如是。此迷无本性，毕竟空。昔本无迷，似有迷觉。觉迷迷灭，觉不生迷。亦如翳人见空中华，翳病若除，华于空灭。忽有愚人，于彼空华所灭，空地待华，更生汝观，是人为愚为慧？富楼那言：空华无华，妄见生灭，见华灭空已，是颠倒。敕令更出斯实狂痴，今此圆觉，亦复如是。本无顿渐，但上机先悟，渐机次悟，若是圆觉之性，本无利钝渐顿。今云：亦摄渐修者，非小乘之渐。今修圆者，同缘实相。皆用止观寂照之法，机有利钝，悟有迟速。为渐也。①

自性像是明镜一样明了，就如《首楞严义疏注经》第四卷讲道：

> 佛告富楼那：譬如迷人于一聚落，惑南为北，此迷为复因迷而有？因悟而出？富楼那言：如是迷人亦不因迷、又不因悟。何以故？迷本无根，云何因迷？悟非生迷，云何因悟？
>
> 人聚可居，故云聚落。迷人，众生也。聚落，如来藏也。南，性明也。北，所明也。惑，无明也。南相不动，惑故见北，性明无变，迷故立所。此迷妄出，故今征之令知无生即见，无明本空也。②

因为人们的"性明无变"，产生迷惑的根源就没有立足之处，就会"觉迷迷灭"，不会再迷失本心了，也不会"惑南为北"。

---

① 《圆觉经夹颂集解讲义》卷12，《新编卍续藏经》，第10册，第373页。
② 《首楞严义疏注经》卷4，《大正藏》第39册，第878页。

二、不思善，不思恶

王阳明在与陆原静的书信中提到"佛氏于不思善、不思恶时认本来面目"，对于儒家而言，换一个说法，就是"随物而格"，佛教经典中多处讲到"不思善，不思恶"，如在《大佛顶如来密因修证了义诸菩萨万行首楞严经》中，有释迦佛的弟子阿难七处寻找自己"心"的典故，阿难分别从身内、身外、潜在根里、内外明暗之间、随所合处、根尘之中、在无所著（同：着）处，这七个地方，来寻找自己本就清净圆满的"本心"。在一问一答之中，通过把阿难不断建立种种妄想给破掉，是让人们彻底破除各自的虚妄之心和邪知邪见，能够明心见性，真心的究竟之处，是非有非空，即有即空；真心的真实之处是"不思善，不思恶"。如《楞严经如说》第一卷中：

> 阿难白佛言：世尊，我佛宠弟，心爱佛故，令我出家。我心何独供养如来，乃至遍历恒沙国土，承事诸佛，及善知识。发大勇猛，行诸一切难行法事，皆用此心。纵令谤法，永退善根，亦因此心。若此发明，不是心者，我乃无心，同诸土木，离此觉知，更无所有。云何如来说此非心？我实惊怖，兼此大众，无大疑惑，惟垂大悲，开示未悟。
>
> 此恋妄不舍而惊疑也！历叙平生作善作恶，许多功能，皆用此心。除此心外，更无有心。即成断灭，而同土木无知之物。殊不知作善作恶，是属发业无明。名曰：妄想。不思善，不思恶，是本来面目也。①

《六祖大师法宝坛经》中慧能对蒙山惠明②讲法时，为了让他觉悟到自己本心原本面貌，用"不思善，不思恶"的禅机来启发他思考：产生善恶的本心，是"不思善，不思恶"的，这样才能知善知恶，具体是：

---

① 《楞严经如说》卷1，《新编卍续藏经》，第13册，第391-392页。
② 惠明：鄱阳人（鄱阳县，位于江西省东北部），南北朝时期陈朝宣帝之孙，永昌寺出家之后，先后双峰山叩谒四祖道信，湖北黄梅求法于五祖弘忍，最终成为六祖慧能的首位弟子。

> 一僧俗姓陈，名惠明，先是四品将军，性行麤（同：粗）慥，极意参寻。为众人先，趁及惠能。惠能掷下衣钵于石上，云：此衣表信，可力争耶？能隐草莽中。惠明至，提掇不动，乃唤云：者！行者！我为法来，不为衣来。惠能遂出，坐盘石上。惠明作礼云：望行者为我说法。惠能云：汝既为法而来，可屏息诸缘，勿生一念。吾为汝说。明良久。惠能云：不思善，不思恶，正么么时，那个是明上座本来面目？惠明言下大悟。复问云：上来密语密意外，还更有密意否？惠能云：与汝说者，即非密也。汝若返照，密在汝边。明曰：惠明虽在黄梅，实未省自己面目。今蒙指示，如人饮水，冷暖自知。今行者即惠明师也。惠能曰：汝若如是，吾与汝同师黄梅，善自护持。明又问：惠明今后向甚处去？惠能曰：逢袁则止，遇蒙则居。明礼辞。①

吕澂《经论讲要（上）》第七卷中也有类似的阐释，具体是：

> 通途但就心言定，令之一事不着，空空荡荡，不思善，不思恶，而谓之无罣（同：挂）碍，是正禅宗一分病根所在。不知心离缘境，无所谓定；无罣（同：挂）碍之言，全在心与境之合泊。此所言境，即教证也（初学必以圣教为境；久久则涉离教之证境）。又法之实相，即就心力所能彻底辨别者而言。能于所缘彻底辨别，是即为慧；能令心力与境合泊以自然发挥力量，是即为定。所以颂言，定为智依也。②

《坛经》中，慧能对惠明的讲法，是让他在思考善恶之时，不要被善恶所产生的"知见"束缚住，而迷失了自己本心。要见到"善恶之相"，是不思善恶之本性所起的一种"用"，要明白"体""相""用"三者之间的差异和联系，也就是对"虚妄之相"没有执著、分别之心，不再刻意地进行取舍，不被外缘所牵挂、黏住，用清净之心放下万缘，这样就能深

---

① 《六祖大师法宝坛经》，《大正藏》第48册，第349页。
② 吕澂：《经论讲要》（上）卷7，《吕澂佛学著作集》第7册，台湾大千出版社，2012年，第161—162页。

明佛法的甚深之理，达到"明心见性"的顿悟境界。慧明经过慧能的"勿生一念"的指点，当下如同"如人饮水，冷暖自知"，而见到自己本性，获得开悟。

禅修功夫原本是佛教基本的修行方式，例如北方的僧稠等禅师，是用传统的小乘禅法"四念处"进行禅坐和禅观，"四念处"主要是观想：观身不净、观受是苦、观心无常、观法无我，此禅法注重苦行。《长阿含经》第五卷中有详细说明："时，梵童子又告忉利天曰：汝等谛听！善思念之，当更为汝说。如来、至真善能分别说四念处。何谓为四？一者内身观，精勤不懈，专念不忘，除世贪忧。外身观，精勤不懈，专念不忘，除世贪忧。受意法观，亦复如是，精勤不懈，专念不忘，除世贪忧。内身观已，生他身智；内观受已，生他受智；内观意已，生他意智；内观法已，生他法智，是为如来善能分别说四念处。"①

达摩祖师在少室山面壁后创立禅宗，并以四卷《楞伽经》中的如来藏思想指导禅修实践功夫，传至五祖弘忍及之后的祖师们多用《金刚经》等般若经典来印证弟子们是否开悟。六祖慧能的顿悟方便法门和神秀的渐悟方便法门，都提倡观察"无相""无住"，时时观照"无念"，对内外境界都不产生挂碍之心，也不执着空有等两边的境界，也是《楞伽经》中阐释的"离四句绝百非"之义。印顺法师在其《中国禅宗史》第八卷中借"卧轮禅师"公案，对此分析道：

明藏本《坛经》②，有评"卧轮"偈的传说：

> 有僧举卧轮禅师偈曰：卧轮有伎俩，能断百思想，对境心不起，菩提日日长。师闻之曰：此偈未明心地，若依而行之，是加系缚。因示一偈曰：慧能没伎俩，不断百思想。对境心数起，菩提作么长。

这一传说，也见于《传灯录》卷五③，思想是一贯的。然神会在遮遣方面，无念是"不作意"，是"起心即灭"，"心无有起"；主张"一切善恶，总莫思量"（不思善，不思恶，与此说相当）。

---

① 《长阿含经》卷5，《大正藏》第1册，第35—36页。
② 《六祖大师法宝坛经》（明藏本），《大正藏》第50册，第358页。
③ 《传灯录》卷5，《大正藏》第51册，第245页。

这与"除妄不起心"的禅法，不是有类似的意趣吗？"念者真如之用"，似乎与《坛经》相近。但在神会，这是般若、一行三昧、如来禅，诸佛真如身的作用。所以以"念"为动词，说"念者唯念真如"。这样的念，是悟见无住心的境地，而不是众生本性的作用。神会所传的禅法，不免有高推圣境，重于不起念（不作意）的倾向。①

卧轮禅师所悟道的"对境心不起，菩提日日长"，就如同神秀大师的"时时勤拂拭，勿使惹尘埃"，慧能大师则用"对境心数起，菩提作么长"，来破除卧轮禅师仿佛残存的贡高我慢、妄念纷飞的"禅病"。

三、犬唯逐块不知逐人

王阳明《答陆原静书》共有十六封信，钱德洪在后面写了一个跋，陆原静善于提问各类问题，王阳明回复得系统又细致，让读到这些书信的人都获益匪浅，但是王阳明认为陆原静的问题和见解，还是都停留在表面的一些肤浅认知上，并没有很好体悟良知本体和做到知行合一，并用了佛教中"扑人逐块"之譬喻，来说明陆原静的不足之处。

佛教诸多经典和禅宗语录中都有"犬唯逐块不知逐人"的典故，这则比喻旨在提醒人们，做事不要舍本求末，不要把主要精力放在追求细枝末节上，而放弃了事物的根本。比如一条狗见到人扔出石块，就立刻扑向石块，而没有扑向人，也就是忘记了原本要针对主要目标。如《大般若波罗蜜多经》第五百六十九卷中：

> 天王当知！邪见外道为求解脱，但欲断死不知断生，若法不生即无有灭。譬如有人块掷师（同：狮）子，师（同：狮）子逐人而块自息，菩萨亦尔，但断其生而死自灭；犬唯逐块不知逐人，块终不息，外道亦尔，不知断生终不离死。菩萨如是行深般若波

---

① 印顺法师：《中国禅宗史》卷8，《印顺法师佛学著作全集》第40册，中华书局，2009年，第368-369页。

罗蜜多，善知因缘诸法生灭。①

《大宝积经》中也讲道"如犬逐块"和"不如犬逐块"，修行者内心应该不随着外境界的变化而随之攀缘，要向内静观，要远离愦闹之处和"好色声香味触"，如果有所贪恋，清净心就会被五欲束缚住，就像是"如犬逐块"。相反，如果修行者挨骂被打了，不会被打骂这件事所影响和牵引，反观自心并反问自己："骂者为谁？受者为谁？打者害者、毁者瞋者亦复为谁？"这样身心就不会被束缚，因为不执着这些外缘，而获得自由和解脱。具体是：

> 又大迦叶！汝等当自观内，莫外驰骋。如是大迦叶！当来比丘如犬逐块。云何比丘如犬逐块？譬如有人以块掷犬，犬即舍人而往逐之。如是迦叶！有沙门婆罗门，怖畏好色声香味触故，住空闲处独无等侣，离众愦闹身离五欲而心不舍。是人有时或念好色声香味触，贪心乐着而不观内，不知云何当得离色声香味触。以不知故，有时来入城邑聚落在人众中，还为好色声香味触五欲所缚。以空闲处持俗戒故死得生天，又为天上五欲所缚，从天上没亦不得脱于四恶道地狱、饿鬼、畜生、阿修罗道，是名比丘如犬逐块。②

> 又大迦叶！云何比丘不如犬逐块？若有比丘为人所骂而不报骂，打害瞋毁亦不报毁，但自内观求伏其心，作如是念：骂者为谁？受者为谁？打者害者、毁者瞋者亦复为谁？是名比丘不如犬逐块。迦叶！譬如善调马师，随马龙悷实时能伏。行者亦尔，随心所向实时能摄不令放逸。迦叶！譬如咽塞病，即能断命。如是迦叶！一切见中唯有我见，实时能断于智慧命。譬如有人随所缚处而求解脱。如是迦叶！随心所著应当求解。③

"如犬逐块"之说，多次在诸多经典中出现，是警醒人们不要对一些充满诱惑的五欲之乐，一味追逐并乐不疲此，这就如同飞蛾扑火一般，如

---

① 《大般若波罗蜜多经》卷569，《大正藏》第7册，第939页。
② 《大宝积经》卷112，《大正藏》第11册，第635-636页。
③ 《大宝积经》卷112，《大正藏》第11册，第636页。

果在贪欲之心驱使之下，热衷于不断追求以满足自己的各种欲望，颠倒了是非、本末，是不会产生好的结果的。

四、磨炼净尽

王阳明在《传习录》中，多次为学生讲解本体功夫要不断地在事上磨炼，才能"致良知""知行合一"。王阳明在一封回答陆原静的论学书信中说，如果只是从文字上一味模仿和"牵文泥句"，那"心从《法华》转，非是转《法华》矣"，也就是被文字的表象给束缚住了，而没有去领悟文字表达的含义。

如《法华经授手》第三卷中讲道：

> 譬喻品第三
> 品节云：此品大意，由前品世尊直吐本怀。身子为智慧上首，故先领悟。因悟证佛知见，故始识前愚，悔过自责，遂蒙授成佛之记。夫声闻人，久滞权乘，今一闻便信，即得授记作佛者。由悟知一切法，即心自性，成就慧身，不由他悟也。既许作佛，又必应历多劫者，以无明未尽，直须久远。历事多佛，磨炼净尽，方取实证，授记之义，大都如此。至于四众，向以小乘执情深重，怀疑不信，各各自谓，决无成佛之分，亦无志愿。今见身子得记，而一众皆生欢喜，故解衣供佛，以表解脱之意。身子智慧增胜，已得信入，而大众尚多信不及者，故特请世尊，说其因缘，令离疑悔。然世尊说火宅喻，以叙三界生死之状，明如来悲救之心，先许三车，而后等赐。正显今日废权立实之意，诸声闻人，纵有执吝涅槃而不舍者，今闻其说，亦决定信向矣。故次以信解品名，譬者比呪（同：咒）也，喻者晓训也。借事比譬，以晓了法说之意，故云譬喻品。①

不管众生是有八万四千烦恼之中的哪一种烦恼，从佛法中总能找到对治的方法。如同《妙法莲华经》中的比喻声闻缘觉菩萨三乘的"三车"，虽然是"借事比譬"，都是为了让不同根器的人们"磨炼净尽"，获得最

---

① 《法华经授手》卷3，《新编卍续藏经》，第32册，第652页。

终的解脱。

五、各随分限所及

王阳明与学生黄直的书信中讲到良知的精一功夫，与人论学的时候，要看人们的接受能力，"各随分限所及"，譬如根据树木不同成长阶段和状况，浇水灌溉的水量相应有量的大小之分，如同佛教中常常把佛法比喻成天降甘露，众生随其分而取之。

甘露通常在佛教经典中指的是般若智慧，一般在一些佛教的吉祥的节日或者是重大的佛事活动等场景中会出现，如《众许摩诃帝经》第三卷中讲道菩萨降生之时，会出现"天降甘露"等祥瑞之相，即"复次，菩萨生时，有五百白象，有五百从人，同时而生，地中宝藏自然出现，天降甘露，诸小国王并来庆贺"[1]。

《清凉山志》第一卷中也讲道：号称智慧第一的文殊师利菩萨，在诞生之时会出现十种如"天降甘露"的"妙吉祥"的征兆，具体是：

> 问：菩萨何故名文殊师利？
>
> 答：至人无名，名所不能名也。今以无名之名，随德立称耳。文殊师利，或云曼殊室利，梵音"楚夏"也。此云"妙德"，亦云："妙吉祥"。以万德圆明，皆彻性源，故称妙德。生有十征，见闻获益，故称妙吉祥也。十征者，菩萨诞生时现十种征：一、天降甘露；二、地涌七珍；三、仓变金粟；四、庭生莲华；五、光明满室；六、鸡生凤子；七、马产祥麟；八、牛生白泽；九、猪诞龙豚；十、六牙象现，是也。[2]

在《众许摩诃帝经》第三卷中也讲到净饭王的儿子悉达多太子诞生之时，也是出现了"天降甘露"的瑞相，并且还伴随出现了"金轮宝"等七宝，即：

> 尔时净饭王告谕宫人：与我勤力养育太子，依时乳哺洗浴装

---

[1] 《众许摩诃帝经》卷3，《大正藏》第3册，第939页。
[2] 杜洁祥主编：《清凉山志》卷1，《中国佛寺史志汇刊》第79册，明文书局，1980年，第21页。

严，用心保爱不令失所。我子生时天降甘露，相师视之有三十二大丈夫相，若复在家作转轮王，乃有金轮宝、象宝、马宝、摩尼宝、玉女宝、主藏宝、主兵宝，如是七宝悉皆具足，千子围遶（同："绕"），甚为希有，勇猛无畏，能破他冤。①

佛教认为众生的根器有利有钝，各自的福报有深有浅，习气有厚有薄，佛法如同天降甘露，众生根据自己的能力随意取多或取少。佛法也如同大海一样，虽然可以分成诸多支流，却不会减少；即佛法中不论大乘小乘，顿悟渐悟，都可以受到佛法的熏修，获得智慧。如《圆觉经夹颂集解讲义》第十二卷："譬如大海不让小流，大海者，谕顿教大乘，不让小流者，论能摄一切渐证。"②

---

① 《众许摩诃帝经》卷3，《大正藏》第3册，第940页。
② 《圆觉经夹颂集解讲义》卷12，《新编卍续藏经》，第10册，第373页。

贵州省贵阳市修文县何陋轩，王阳明作《何陋轩记》一文。

第五章　圣人之学与日用功夫

儒家中的"圣人",不同于佛道经典中讲到的"圣",前者更加注重道德修养完善和能够成为万世师表的典范;后者则更加注重超凡入圣,注重脱离世俗性的神圣性。王阳明是把成为圣人的本源之体归结到"良知本体"和"性本善"。

第一节　圣人可学而至与性无不善

在儒者看来,圣人要到达"止于至善"的高尚品格,需要德才兼备,如司马光的《资治通鉴》中提出才德全尽谓之圣人。也如孟子所说,圣人要有恻隐、羞恶、辞让、是非,四端之心;要求"大而化之之谓圣"①;具体是:"可欲之谓善,有诸己之谓信。充实之谓美,充实而有光辉之谓大,大而化之之谓圣,圣而不可知之之谓神。"②

一、圣人可学而至

在王阳明看来,"圣人"是"可学而至",体现出来儒者修身和治国平天下的强烈使命感。王阳明在与其弟子希渊的问答中,认为:"圣人之所以为圣,只是其心纯乎天理,而无人欲之杂。"

> 希渊③问:圣人可学而至,然伯夷、伊尹于孔子才力终不同,其同谓之圣者安在?

---

① 杨伯峻译注:《孟子译注》,中华书局,2021年,第310页。
② 杨伯峻译注:《孟子译注》,中华书局,2021年,第310页。
③ 希渊:蔡宗兖,字希渊,正德十二年进士,王阳明最早弟子之一。

第五章 圣人之学与日用功夫

先生曰：圣人之所以为圣，只是其心纯乎天理，而无人欲之杂。犹精金之所以为精，但以其成色足而无铜铅之杂也。人到纯乎天理方是圣，金到足色方是精。然圣人之才力亦有大小不同，犹金之分两有轻重。尧、舜犹万镒①，文王、孔子九千镒，禹、汤、武王犹七八千镒，伯夷、伊尹犹四五千镒。才力不同而纯乎天理则同，皆可谓之圣人。犹分两虽不同，而足色则同，皆可谓之精金。以五千镒者而入于万镒之中，其足色同也；以夷、尹而厕②之尧、孔之间，其纯乎天理同也。盖所以为精金者，在足色而不在分两；所以为圣者，在纯乎天理而不在才力也。故虽凡人而肯为学，使此心纯乎天理，则亦可为圣人；犹一两之金比之万镒，分两虽悬绝，而其到足色处可以无愧。故曰：人皆可以为尧、舜者以此。

学者学圣人，不过是去人欲而存天理耳，犹炼金而求其足色。金之成色所争不多，则煅炼之工省而功易成，成色愈下则煅炼愈难。人之气质清浊粹驳③，有中人以上，中人以下，其于道有生知安行，学知利行，其下者必须人一己百，人十己千，及其成功则一。后世不知作圣之本是纯乎天理，却专去知识才能上求圣人。以为圣人无所不知，无所不能，我须是将圣人许多知识才能逐一理会始得。故不务去天理上着工夫，徒弊精竭力，从册子上钻研，名物上考索，形迹上比拟，知识愈广而人欲愈滋，才力愈多而天理愈蔽。正如见人有万镒精金，不务煅炼成色，求无愧于彼之精纯，而乃妄希分两，务同彼之万镒，锡、铅、铜、铁杂然而投，分两愈增而成色愈下，既其梢末，无复有金矣时曰仁在傍，曰：先生此喻足以破世儒支离之惑，大有功于后学。

先生又曰：吾辈用功只求日减，不求日增。减得一分人欲，便是复得一分天理。何等轻快脱洒！何等简易！④（《卷一·语

---

① 镒：古代的重量单位，二十两或二十四两为一镒。
② 厕：参与其间。
③ 驳：颜色不纯夹杂着别的颜色。
④ （明）王守仁著，吴光等编校：《王阳明全集》上册，上海古籍出版社，2011年，第31—32页。

录一·传习录上·与希渊的对话》）

王阳明弟子希渊对此心存疑惑，既然人人通过不断学习可达到圣人的境界，孟子把伯夷、伊尹、孔子都称为是圣人，但是这三人在才华和能力还是存在差异。

王阳明对此回应，譬如金子，既然从沙子中已经提炼出来，就不存在还掺杂着任何杂质，圣人也是这样，他们的心性纯净，没有各类私欲，因此才被称为圣人。王阳明又把尧、舜、文王、孔子、禹、汤、武王、伯夷、伊尹等圣人，自身所各自具有的不同才能，比喻为是不同分量的金子，人人通过加强自身的德才修养，都可以成为尧舜等这样的圣人。

王阳明受贵州宣慰使安君的邀请，对位于灵鹫山、博南山下，"象"的祠庙重新修缮而做的一篇《象祠记》，这篇记中，王阳明写道：凶暴乖戾的"象"能够改过向善，是受到其兄长"舜"的感化，因此"象"也像其兄长"舜"一样，德泽传世，受到当地苗族后裔世世代代供奉祭祀，王阳明在此文中提出了"天下无不可化之人也"的论断，即：

> 吾于是盖有以信人性之善，天下无不可化之人也。然则唐人之毁之也，据象之始也；今之诸夷之奉之也，承象之终也。斯义也，吾将以表于世，使知人之不善，虽若象焉，犹可以改；而君子之修德，及其至也，虽若象之不仁，而犹可以化之也。①（《卷二十三·外集五·传习录中·象祠记》）

王阳明此文中再次明确了人的本性是向善的，即使是像"象"一样残暴的恶人，也能被有德行的"舜"所感化，成为大家尊奉的偶像。

二、性无不善与无善无恶

人的先天气质固然有清、浊、杂等之分，人的能力和资质也有上、中、下之分，但是积极向圣人学习，以合乎天理作为努力的目标，也就行走在趋向圣道之路上了。徐爱也赞同王明的这个比喻，认为可以解答学生们的

---

① （明）王守仁著，吴光等编校：《王阳明全集》中册，上海古籍出版社，2011年，第983页。

困惑，对学生们学习圣人之德行很有帮助。王阳明还补充到：人们用功学习，还要注意尽量减少人的欲望，这样，就更加靠近天理。这是简单易学的一种方法，也是一个轻松愉快的学习过程。

（一）性无不善

孔子以仁为核心的思想建立之后，孟子又提出了性善论，《易经》中提出一阴一阳之谓道，继之者善也，成之者性也。荀子提出了与孔孟相反的性恶论，这就构成了儒家的基本善恶观念。秦汉之际《大学》开篇也指出为学、为人的三个纲领：大学之道，在明明德，在亲民，在止于至善。

孔子谈到人性问题时，讲到性相近，习相远。朱熹对此的释义为：气质之性，接近善的时候，就是善；接近恶的时候，就是恶，善恶就是截然不同。朱熹解读的孔子的"性"，认为它就像是一条道路中间有一个点，可以从这个点，走向善的方向，也可以走向相反的方向，这是走向了恶。对于本性而言，善与恶可以说是相伴而生，或者可以看做是一体两面。儒家从宇宙本体论的高度看待善和道德，善就会被绝对化，善被看做是先天的，恶就被认为是后天的。此处道德和善的秩序就等同于宇宙、天地之间的秩序，如同天理一般了。

孟子的四端之心：仁、义、礼、智，也是人的本心的自然显现，是道德本心的具体体现。荀子则是主张化性起伪，期望阻止人心向恶的方向发展，期望改变后天虚伪的礼制，这些外在虚礼会把人本性中的道德带坏。朱熹主张：论性不论气不备，论气不论明不明，以作区分和批判。孟子只注重理想的一面，缺少了对现实世界中恶的深入挖掘；荀子则是只看到了现实社会中的恶，没有看到人们本性中一直都存在的善。张载是用天地之性，指代普遍性的道德，即理和善；气质之性，具体指人的不同气质，有善有恶。二程，提出了气禀之说，程颢直接讲道：性即气，气即性。这些思想学说都是引导人们要充分发挥道德自律的作用。

从下面的王阳明与弟子薛侃的几个问题问答之中，我们可以看出王阳明对"性无不善""性即是理"等观点的论述。

1. 侃①去花间草，因曰：天地间何善难培，恶难去？

（王阳明）先生曰：未培未去耳。少间。

（王阳明）曰：此等看善恶，皆从躯壳起念，便会错。

侃未达。

（王阳明）曰：天地生意，花草一般，何曾有善恶之分？子欲观花，则以花为善，以草为恶；如欲用草时，复以草为善矣。此等善恶，皆由汝心好恶所生，故知是错。

2. （薛侃）曰：然则无善无恶乎？

（王阳明）曰：无善无恶者理之静，有善有恶者气之动。不动于气，即无善无恶，是谓至善。

3. （薛侃）曰：佛氏亦无善无恶，何以异？

（王阳明）曰：佛氏着在无善无恶上，便一切都不管，不可以治天下。圣人无善无恶，只是无有作好，无有作恶，不动于气。然遵王之道，会其有极，便自一循天理，便有个裁成辅相。

4. （薛侃）曰：草既非恶，即草不宜去矣。

（王阳明）曰：如此却是佛、老意见。草若有碍，何妨汝去？

5. （薛侃）曰：如此又是作好作恶。

（王阳明）曰：不作好恶，非是全无好恶，却是无知觉的人。谓之不作者，只是好恶一循于理，不去又着一分意思。如此，即是不曾好恶一般。

6. （薛侃）曰：去草如何是一循于理，不着意思？

（王阳明）曰：草有妨碍，理亦宜去，去之而已。偶未即去，亦不累心。若着了一分意思，即心体便有贻累，便有许多动气处。

7. （薛侃）曰：然则善恶全不在物？

（王阳明）曰：只在汝心。循理便是善，动气便是恶。

8. （薛侃）曰：毕竟物无善恶。

（王阳明）曰：在心如此，在物亦然。世儒惟不知此，舍心逐物，将格物之学错看了，终日驰求于外，只做得个义袭而取，终身行

---

① 薛侃：1486-1546，字尚谦，王阳明弟子，因曾讲学中离山，王阳明赠号中离先生。

不著，习不察。

9.（薛侃）曰：如好好色，如恶恶臭，则如何？

（王阳明）曰：此正是一循于理。是天理合如此，本无私意作好作恶。

10.（薛侃）曰：如好好色，如恶恶臭，安得非意？

（王阳明）曰：却是诚意，不是私意。诚意只是循天理。虽是循天理，亦着不得一分意，故有所忿懥好乐则不得其正，须是廓然大公，方是心之本体。知此即知未发之中。

11.伯生①曰：先生云：草有妨碍，理亦宜去。缘何又是躯壳起念？

（王阳明）曰：此须汝心自体当。汝要去草，是甚么心？周茂叔窗前草不除，是甚么心？②（《卷一·语录一·传习录上·与薛侃的对话》）

1.薛侃在清除杂草的时候，思索：为什么在天地之间培养善念和善行，怎么这么难呢，相反，恶却很难去除啊。

王阳明指出：那是因为没有积极地去培养善的言行，积极地发现恶的念头，并及时去除恶之行而导致的。如果是从自身的血肉之躯来考虑善恶，就会容易产生错误。比如天地间的花草，本身没有什么善恶之分，当你欣赏盛开的花朵时，花是美好的，代表着善，此时每一棵草在你的眼里就是坏的。阳明指出，像薛侃这样区分善恶的方式，完全是依据自己的喜好来区分，是不正确的。

2.薛侃对此又提出问题：天地之间，到底有没有善恶啊？

王阳明对此解答道：当天地之间的天理处在静止不动的状态时，称作是：无善无恶；当天地之间有气化运行之时，善与恶就出现了；当天地之间的本然之气保持静止不动时，就处在无善无恶的境界，这是至善的境界。

3.（薛侃）问：佛教中也讲道无善无恶，这两者有什么差异呢？

---

① 孟源：王阳明的弟子，字伯生，滁州人（今安徽滁县）人。
② （明）王守仁著，吴光等编校：《王阳明全集》上册，上海古籍出版社，2011年，第33-34页。

（王阳明）答：佛教对无善无恶是持执着的态度，并对社会中的人伦关系是忽视的，因此，佛教的理论学说并不适合治理社会。圣人所讲的无善无恶，是希望对善恶不要有人为的区分，而是要像气一样，静止不动，遵循天理和王道法则，天地之间的万事万物就会各自处在正确的位置上。其中王阳明的"无有作好，无有作恶"，是引用了《尚书》中的"无有作好，遵王之道；无有作恶，遵王之路"。教育人们不要凭借个人的私欲喜好来做事，而是要以天理为标准来约束好自己的言行。

4.（薛侃）问：杂草既然不属于恶的范畴，可以不锄草了吧？

（王阳明）答：你这样认为是佛道的理论，或提问，杂草生长不利于花木生长，锄草有什么妨碍啊？

5.（薛侃）问：这同样是根据人为的自以为是的喜好，把杂草认定是恶。

（王阳明）答：要求你不要刻意地去区分善恶，并不是要求人没有了善恶分别之心，如果这样，人就如同行尸走肉，没有任何知觉了。要求你们不要人为刻意地区分善恶，而是在为善为恶的言行中，不能掺杂个人私欲，严格遵循天理，这样做，就像是没有了善恶之分，但实际上是有善恶之分的。

6.（薛侃）问：那怎么才能做到遵循天理，没有个人喜好，用一种正确的态度来锄草。

（王阳明）答：杂草阻碍了花木的生长，应该锄去。没有及时锄去，也不用一直放在心上。总是用自己的私心念头来思考这件事，心就会被"气"动摇起来，反而本心就受到拖累。

7.（薛侃）问：善恶就与事物一点关系也没有了吗？

（王阳明）答：善恶一直存在心里，善，就是言行一直遵循天理，恶，就是被气牵引而乱动起来了。

8.（薛侃）问：对于事物的本身而言有没有善恶呢？

（王阳明）答：这对于心、事物，都是这样的。社会中儒者们不明白这个道理，舍本求末，一味地追逐外部世界的声色犬马，把格物之意理解错了。只是一味痴心妄想，希望不劳而获，不管做什么，都是糊里糊涂，任意妄为，也不知道其所以然。其中："行不著，习不察"，出自《孟子》：行之而不著焉，习矣不察焉，终身由之而不知其道者，众也。

9.（薛侃）问：喜欢美好的事物，厌恶丑陋的事物，怎么理解呢？"如好好色,如恶恶臭",引用自《大学》:所谓诚意,毋自欺也,如恶恶臭,如好好色。这里是讲:恶臭、好色,是人在生理上的一种自然反应。

(王阳明)答:辨别美丑,并随之产生喜欢和厌恶的心理反应,这是没有掺杂个人私欲、个人喜好的正常反应。

10.(薛侃)问:对美丑产生的喜好和厌恶的分别之心,这怎么不是个人产生的念头呢?

(王阳明)答:这是遵循天理的一种诚意,不是私欲。心里存有怒、恨、乐、喜等不同的感受,就很难保持一种公允中正的态度,心的本体必须具备宽阔公平的状态,这样才能明晰"未发之中"究竟是一种什么状态。

11.这时候,孟源(字伯生)问:杂草对花的生长有所妨碍,理当除去,怎么在自己的身体中升起了这些念头呢?

王阳明回答:这需要你自己从自己的心中去仔细体会。分辨自己是出于怎样的起心动念来锄草,而周敦颐又是用什么样的心,而不去锄掉自己窗前的草。

针对薛侃发现自己问题之后,不是及时纠正,却经常处在后悔的状态。

> 侃多悔。
> 先生曰:悔悟是去病之药,然以改之为贵。若留滞于中,则又因药发病。[1](《卷一·语录一·传习录上·与薛侃的对话》)

王阳明对此讲道:经常忏悔自己所做的错事,并有所领悟,这是解决自身毛病的良药,知错能改善莫大焉。但是如果一直停滞在这个悔悟状态,就成为一种病态了,只要改过自新,这种病自然就好了。

王阳明在讲解做学问和下功夫的方法时,提出:做学问必须要有个头脑来进行认真思考,要有个总规划和宗旨,这样在实践中做起功夫来才能做到有的放矢,不会漫无目的,不知所措。

> 先生谓学者曰:为学须得个头脑,工夫方有着落。纵未能无间,如舟之有舵,一提便醒。不然,虽从事于学,只做个义袭而取,

---

[1] (明)王守仁著,吴光等编校:《王阳明全集》上册,上海古籍出版社,2011年,第35页。

只是行不著，习不察，非大本达道也。

又曰：见得时，横说竖说皆是。若于此处通，彼处不通，只是未见得。①（《卷一·语录一·传习录上》）

比如大海中的船要依靠舵手来指挥方向，通过操纵船舵，就能准确行驶到指定的方向。如果不这样做，即使是刻苦用功，对于自身的习气和行为，就会觉察不到他们是为何而产生的，这不是天地之间遵循的根本大道。如果懂得了这个道理，不管从哪个方向来思考，就都会明白了。如果只是在这个地方明了，换一个地方又糊涂了，那还是没有通达和掌握做学问的正确方法。

《大学》也讲到：所谓修身在正其心者，身有所忿懥，则不得其正。程子也讲：身有之身当作心。张载是说：大其心，则能体天下之物；物有未体，则心为有外。这些哲学家都是希望人们能够从"正心"这个根本之处去认真体会做学问、修身、齐家、治国、平天下的人生目标和社会理想。

（二）无善无恶

王阳明认为佛教执着了"无善无恶"，这只是佛教中一部分讲解，佛教中也有不执着于"无善无恶"的说法。如《最胜问菩萨十住除垢断结经》第三卷：

菩萨于时见行善者非为不善，见行恶者非为不恶，若复有时亦不行善亦不行恶，当念分别不见无善亦复无恶，是谓，最胜！名曰为行。复当晓了何因有识？识非一相，眼耳鼻身意之法亦名为识，色声香味细滑之法亦名为识，达知更乐兴衰之法亦名为识，在思想中亦名为识，离思想者亦名为识，有善有恶亦名为识，无善无恶亦名为识，亦非有善亦非不善亦名为识。解知此识为从何生复从何灭，解知无生亦无起灭，达了此者是谓为识。②

---

① （明）王守仁著，吴光等编校：《王阳明全集》上册，上海古籍出版社，2011年，第34页。
② 《最胜问菩萨十住除垢断结经》卷3《8童真品》，《大正藏》第10册，第983页。

第五章　圣人之学与日用功夫

贵州省贵阳市黔西县五显台码头

贵州省贵阳市修文县六广（古称：陆广）河码头，又名阳明码头，王阳明曾游此地并留有诗作。

《法苑珠林》第七十九卷：

> 夫创入佛法，要须信心为首。譬如有人至于宝山，若无信，手空无所获。故经说：愚痴之人不识因果，妄起邪见谤无三宝四谛。无祸无福乃至无善无恶，亦无善恶业报，亦无今代后代众生受生。如是之人，破善恶法名断善根，决定当堕阿鼻地狱也。①

《发菩提心经论》第二卷：

> 往昔一时，佛在迦兰陀竹林，与诸大众无量集会。尔时，世尊班宣正法，告诸大众，如来所说，诸法无性空无所有，一切世间所难信解。何以故？色无缚无解，受想行识无缚无解，色无相离诸相，受想行识无相离诸相；色无念离诸念，受想行识无念离诸念，眼色耳声鼻香舌味身触意法，亦复如是！无取无舍无垢无净，无去无来无向无背，无闇（同：暗）无明无痴无慧，非此岸非彼岸非中流，是名无缚。无缚故空，空名无相，无相亦空，是名为空。空名无念，无念亦空，是名为空。空念亦空，是名为空。空中无善无恶，乃至亦无空相，是故名空。菩萨若如是知阴界入性，即不取着，是名法忍。菩萨如是忍故，得授记忍。②

在佛教看来："善""不善""有善有恶""无善无恶"，都是"识"的不同的显现；如果把"无善无恶"认为是"无善恶业报"，这也是断了善根的表现；"空"称名为"空"，是因为"空中无善无恶"，也没有"空相"，故名"空"，比如虚空并不能指代万物，但是万物只有处在虚空之中才会得以显现。

第二节　涵养识见与居敬穷理

王阳明与弟子们讨论是在德行涵养上用功还是在见闻知识上用功这个

---

① 《法苑珠林》卷79，《大正藏》第53册，第871页。
② 《发菩提心经论》卷2《11空无相品》，《大正藏》第32册，第516页。

问题时，王阳明认为：注重存养德性的弟子们，每天会找出自己德性上是否存在不足之处，并加以改正，德性也会日渐富足起来。

一、涵养识见

王阳明教育弟子们要注重培养自身学识，每天发现自己的知识是在不断储备和增长之中，但是自身的德性还是存在不足。

> 因论先生之门，某人在涵养上用功，某人在识见上用功。
> 先生曰：专涵养者，日见其不足；专识见者，日见其有余。日不足者，日有余矣；日有余者，日不足矣。① (《卷一·语录一·传习录上》)

梁日孚不知道"居敬与穷理"是可以看作是一件事，还是两件事。王阳明认为：根本没有两件事的说法，并且天地之间，在本位上看，只有这一件事，也就是说居敬与穷理，是本末一贯、不可分割、终始合一的，穷理就是居敬的工夫，也就是心即是理，是本末、内外贯通的显现。类似的见解还体现在《大学》中讲道：物有本末，事有终始，知所先后，则近道矣。②

梁日孚是把内、外、本、末，给割裂开了，《中庸》中也有讲到大自然宇宙中的万事万物与个体之间是生生不息，紧密相连的，即表现为"礼仪三百，威仪三千"。王阳明在此引用出自《中庸》中"若论万殊，礼仪三百，威仪三千，又何止两？"③这些相关内容来反问梁日孚，希望他能明白内外兼顾的道理。

> 梁日孚④问：居敬穷理是两事，先生以为一事，何如？
> 先生曰：天地间只有此一事，安有两事？若论万殊，礼仪

---

① （明）王守仁著，吴光等编校：《王阳明全集》上册，上海古籍出版社，2011年，第37页。
② （宋）朱熹：《四书章句集注》，中华书局，2018年，第3页。
③ （明）王守仁著，吴光等编校：《王阳明全集》上册，上海古籍出版社，2011年，第38页。
④ 梁日孚：名焯，字日孚，广东南海人，正德九年进士，王阳明弟子。梁日孚携家眷进京，过江西时来拜见王阳明，一番短暂交流便让梁日孚心生佩服，此后不顾随从"进京办正事（当是任职）"的劝告，执意逗留在江西，天天来向王阳明问学。

三百，威仪三千，又何止两？公且道居敬是如何？穷理是如何？

曰：居敬是存养工夫，穷理是穷事物之理。

曰：存养个甚？

曰：是存养此心之天理。

曰：如此亦只是穷理矣。

曰：且道如何穷事物之理？

曰：如事亲便要穷孝之理；事君，便要穷忠之理。

曰：忠与孝之理，在君亲身上？在自己心上？若在自己心上，亦只是穷此心之理矣。且道如何是敬？

曰：只是主一。如何是主一？

曰：如读书，便一心在读书上；接事，便一心在接事上。

曰：如此则饮酒，便一心在饮酒上；好色，便一心在好色上。却是逐物，成甚居敬功夫？

曰孚请问。曰：一者天理，主一是一心在天理上。若只知主一，不知一即是理，有事时便是逐物，无事时便是着空。惟其有事无事，一心皆在天理上用功，所以居敬亦即是穷理。就穷理专一处说，便谓之居敬；就居敬精密处说，便谓之穷理。却不是居敬了，别有个心穷理；穷理时，别有个心居敬：名虽不同，功夫只是一事。就如《易》言：敬以直内，义以方外，敬即是无事时义，义即是有事时敬，两句合说一件。如孔子言：修己以敬，即不须言义，孟子言：集义，即不须言敬，会得时，横说竖说工夫总是一般。若泥文逐句，不识本领，即支离决裂，工夫都无下落。

问：穷理何以即是尽性？

曰：心之体性也，性即理也。穷仁之理，真要仁极仁，穷义之理，真要义极义：仁义只是吾性，故穷理即是尽性。如孟子说：充其恻隐之心，至仁不可胜用，这便是穷理工夫。

曰孚曰：先儒谓：一草一木亦皆有理，不可不察，如何？

先生曰：夫我则不暇，公且先去理会自己性情，须能尽人之性，然后能尽物之性。

日孚悚然①有悟。②(《卷一·语录一·传习录上·与梁日孚的对话》)

梁日孚又对居敬、存养功夫、穷理、专一等问题进行询问。王阳明对此指出：一和专一，指向的就是天理，这一点必须知晓。如果不知道此处的"一"指的就是天理，那么，事情来临时，就会一味地追求外界的事物，无所事事的时候，就会心中失落，无处所依。无论有事或者无事，必须要在天理上一心用功。这样，居敬可以说就是穷理，从居敬专一之处下功夫，就是居敬；而在居敬的细密之处下功夫，就是穷理。居敬、穷理尽管名称不同，但都是同一个功夫，两者互相包含，不可能穷理在居敬之外，居敬在穷理之外。这与《易经》中"敬以直内，义以方外"，与孔子所言"修己以敬"，孟子的"集义"，都是讲的同一个道理。

不能拘泥于词语表面支离破碎的含义，天性就是人的本体，就是天理，仁和义，都是人的天性，穷理就是尽兴，如《孟子》"充其恻隐之心，至仁不可胜用"，《中庸》"能尽其性，则能尽人之性，能尽人之性，则能尽物之性"都是类似的含义，王阳明是在提倡，先去修养自己的性情，把人的本性探究清楚，再把事物的本性琢磨透彻。

二、居敬与穷理

居敬与穷理是宋代程朱学派所倡导的道德修养方法，是为了帮助孺子学生们能够成长为一名真正儒者。"居敬"出自《论语·雍也》"居敬而行简"③；"穷理"出自《周易·说卦》"穷理尽性以至于命"④。"居敬"，就是希望"心"能做到专一、并不被外界复杂的事物扰乱了自己的内心，以身心的清静修养来规避各种形形色色物欲的诱惑，以做到可以自作主宰的自由状态。

---

① 悚然：肃然恭敬的样子。
② （明）王守仁著，吴光等编校：《王阳明全集》上册，上海古籍出版社，2011年，第38页。
③ （宋）朱熹：《四书章句集注》，中华书局，2018年，第83页。
④ 黄寿祺、张善文：《周易译注》下册，中华书局，2022年，第697页。

程颐在《二程语录》第十八卷中说:"涵养须用敬,进学则在致知。"①朱熹在《语类》第九卷中也讲:"学者功夫唯在居敬穷理二事。此二事互相发。能穷理,则居敬工夫日益进;能居敬,则穷理工夫日益密。"②此二事互相发。能穷理,则居敬工夫日益进;能居敬,则穷理工夫日益密。

"居敬"的主要目标是能够做到明理,居敬、穷理,这两者之间是互相促进,共同进步的。但是此处的居敬,还不能完全认可:心能包含世间万物;穷理,是可以做到从尽心上下功夫,在居敬、穷理两者之间,还是以穷理为重要目标。

"穷理",就是要做到如朱熹(《朱子全书卷三·答或人》)提出的:"穷理者,欲知事物之所以然与其所当然者而已。知其所以然,故志不惑;知其所当然,故行不谬。非谓取彼之理,而归诸此也。"③就是在认识过程和实践当中,明白事物产生、出现、发展的原因和规律。也就是洞察其所以然,这样人们的认识、意志、思想才不会产生疑惑。通过致知明理,存天理,灭人欲,避免错误言行的出现,自觉地遵守合乎道德的基本准则和礼仪规范。

人的良知,本来就是人的本心中所固有的,穷理,不仅仅是要获得普遍性的各类知识,对未知的领域也要进行探索学习,这样的学习历程就不会出现割裂成为上下两截的现象。只有不断地上下求索,不断地学习,知识贮备和积累到一定程度,自然实现从量变到质变的飞跃,进入豁然开朗,柳暗花明又一村的新境界。

在儒家看来,人之所以不同于禽兽之类,是因为有道德约束,有立志成为贤士和圣人的人生目标。孟子才会说:"人之有道也;饱食、暖衣、逸居而无教,则近于禽兽。圣人有忧之,使契④为司徒,教以人伦,父子有亲,君臣有义,夫妇有别,长幼有叙,朋友有信。放勋⑤曰:劳之来之,匡之直之,

---

① (宋)程颢、程颐撰,陈京伟笺证:《河南程氏遗书·河南程氏外书》上册,卷十八,山东人民出版社,2020年,第414页。

② (宋)朱熹撰,(宋)黎靖德编:《朱子语类》第一册,崇文书局,2018年,第113-114页。

③ (宋)朱熹撰,郭齐、尹波点校:《朱熹集》第六册,四川教育出版社,1996年,第3391页。

④ 契:中商的始祖,曾任舜的司徒,掌管教化。

⑤ 勋:尧的称号。

辅之翼之，使自得之，又从而振德之。圣人之忧民如此，而暇耕乎？"①孟子是希望让人民先解决温饱问题，过上富足的生活，再进行教育。注重提升人们道德水平和个人修养的同时，社会经济和百姓的生活水平也要发展。王阳明在教育学生时，也提出了对道德、仁义、为学等具体要求和殷勤叮嘱，如他在《书中天阁勉诸生·乙酉》一文中写道：

"虽有天下易生之物，一日暴（同：曝）之，十日寒之，未有能生者也。"承诸君之不鄙，每予来归，咸集于此，以问学为事，甚盛意也。然不能旬日之留，而旬日之间，又不过三四会。一别之后，辄复离群索居，不相见者动经年岁。然则岂惟十日之寒而已乎？若是而求萌蘗之畅茂条达，不可得矣。故予切望诸君勿以予之去留为聚散。或五六日、八九日，虽有俗事相妨，亦须破冗一会于此。务在诱掖奖劝，砥砺切磋，使道德仁义之习日亲日近，则世利纷华之染亦日远日疏，所谓"相观而善，百工居肆以成其事"者也。相会之时，尤须虚心逊志，相亲相敬。大抵朋友之交以相下为益。或议论未合，要在从容涵育，相感以诚，不得动气求胜，长傲遂非。务在默而成之，不言而信。其或矜己之长，攻人之短，粗心浮气，矫以沽名，讦以为直，扶胜心而行愤嫉，以圮族败群为志，则虽日讲时习于此，亦无益矣。诸君念之念之！②（《卷八·文录五》）

《论语》中多处讲到君子应该是什么样子的形象和如何成为一名君子，如：君子上达，小人下达，③君子喻于义，小人喻于利④；君子坦荡荡，小人常戚戚⑤；子泰而不骄，小人骄而不泰；⑥君子以文会友，以友辅

---

① 杨伯峻译注：《孟子译注》，中华书局，2021年，第114页。
② （明）王守仁撰，明钱德洪原编，明谢廷杰汇集：《王文成公全书》（28卷），明隆庆六年（1572）刻本。
③ 杨伯峻译注：《孟子译注》，中华书局，2021年，第156页。
④ 杨伯峻译注：《孟子译注》，中华书局，2021年，第73页。
⑤ 杨伯峻译注：《孟子译注》，中华书局，2021年，第102页。
⑥ 杨伯峻译注：《孟子译注》，中华书局，2021年，第149页。

贵州省贵阳市修文县六广河沿岸风光

贵州省贵阳市修文县六广河峡谷

仁①；君子欲纳于言而敏于行②；君子要做到：仁者不忧，智者不惑，勇者不惧。③这些都对君子的言行提出了严格要求，君子应该注重道义、仁爱、礼仪等；君子要严以律己、正直坦荡；君子要勤奋求学、知识渊博、举止稳重、担当重任等；这些都是君子应该具备的基本品德和修养。

个人的道德修养以及人们所追求的"君子"品格，无疑是可以通过身心合一，知行合一，天人合一等学习和日用实践功夫实现的。

第三节　体用一源与知行并进

汤用彤在其《汉魏两晋南北朝佛教史》著作中写道："魏晋以迄南北朝，中华学术界异说繁兴，争论杂出，其表面上虽非常复杂，但其所争论实不离体用观念。"④

一、心静为体与心动为用

自魏晋玄学开始，中国传统哲学从两汉思想家们关注的宇宙论转至玄学的本体论。王弼吸收老庄哲学，提出"以无为体"。

程颐接着提出了"体用一源，显微无间"。朱熹认为体用虽有动静之相，先立"体"后行以"用"，但这"体用"两者并不是两回事。王阳明与薛侃在讨论此问题时，讲道：

> 侃问：先儒以心之静为体，心之动为用，如何？
> 先生曰：心不可以动静为体用。动静，时也。即体而言，言用在体，即用而言，体在用，是谓：体用一源。若说静可以见其体，动可以见其用，却不妨。⑤（《卷一·语录一·传习录上·与薛侃的对话》）

---

① 杨伯峻译注：《孟子译注》，中华书局，2021年，第141页。
② 杨伯峻译注：《孟子译注》，中华书局，2021年，第74页。
③ 杨伯峻译注：《孟子译注》，中华书局，2021年，第157页。
④ 汤用彤著：《汉魏两晋南北朝佛教史》，中华书局，1983年，第236页。
⑤ （明）王守仁著，吴光等编校：《王阳明全集》上册，上海古籍出版社，2011年，第36页。

薛侃问到：之前儒家的学者们，把动静这两种状态，分别对应的是心之用和本体。不知道是否正确。

王阳明对此认为：动静的呈现对应的是时间状况，"心"不能简单地用动静来区分。"体用一源"是针对本体来说，作用是含在本体之中；针对作用来说，本体在作用之中呈现出来。心在静止的状态之时，可以见到本体；事物处在运动的状态之时，可以看作是作用在发挥作用。王阳明在回答国英①问题时直接讲道："体用一源，体未立，用安从生！"具体是：

国英问：曾子三省虽切，恐是未闻一贯时功夫？
先生曰：一贯是夫子见曾子未得用功之要，故告之。学者果能忠恕上用功，岂不是一贯？一如树之根本，贯如树之枝叶。未种根，何枝叶之可得？体用一原（同：源），体未立，用安从生？谓"曾子于其用处，盖已随事精察而力行之，但未知其体之一，此恐未尽"。②（《卷一·语录一·传习录上·薛侃录》）

《论语·里仁》篇中，晚年的孔子对曾子讲道：吾道一以贯之；对子贡讲道：予一以贯之；这个时期，孔子一直赞赏的继承其道学传统的学生颜回已经去世，曾子是二十多岁的年轻人，就开始授徒讲学，难免做学问和"集义功夫"略欠一些厚度，是"未得用功之要"。

朱熹认为曾子在"用"之处，能够做到"精察"并身体力行，但是对"体"并没有体悟到全貌，与湛甘泉③主张的"随处体认天理"不同，有向外而求索的迹象。

王阳明对此是认为：曾子还是没有获得用功的要领，孔子才进行告诫。为学用功的要领还是王阳明一直讲的"须得个头脑工夫""须从本原上用力"等，《中庸》十三章中讲的"忠恕违道不远"，王阳明教育学习者如果能够在"忠恕上用功"，自然就到达"一贯"，也就是做学问的功夫积累到

---

① 国英：姓陈，名杰或桀，字国英，福建莆田人，王阳明的学生。王阳明作有《与陈国英》，称赞他天资笃厚。
② （明）王守仁著，吴光等编校：《王阳明全集》上册，上海古籍出版社，2011年，第37页。
③ 湛若水(1466-1560)：字元明，号甘泉，广东广州府增城县甘泉都(今广州市增城区新塘)人，明代著名的思想家、哲学家、政治家、教育家、书法家、大儒。

相应的程度，自然达到融会贯通、下学上达的境界。

王阳明也指出："谓曾子于其用处盖已随事精察而力行之，但未知其体之一，此恐未尽。"其中"随事精察而力行之"，已经有了明察之"知"，笃实之"行"，这已经是知行合一的实践功夫了，如果认为"未知其体之一"，这个评价就不客观了。

王阳明与周道通书信中，讨论日用功夫和立志的问题，即：

> 来书云：日用功夫只是立志，近来于先生诲言时时体验，愈益明白。然于朋友不能一时相离，若得朋友讲习，则此志才精健阔大，才有生意。若三五日不得朋友相讲，便觉微弱，遇事便会困，亦时会忘。乃今无朋友相讲之日，还只静坐，或看书，或游衍经行，凡寓目措身，悉取以培养此志，颇觉意思和适。然终不如朋友讲聚，精神流动，生意更多也。离群索居之人，当更有何法以处之？
>
> 此段足验道通日用工夫所得，工夫大略亦只是如此用，只要无间断，到得纯熟后，意思又自不同矣。大抵吾人为学紧要大头脑，只是立志，所谓困忘之病，亦只是志欠真切。今好色之人未尝病于困忘，只是一真切耳。自家痛痒，自家须会知得，自家须会搔摩得，既自知得痛痒，自家须不能不搔摩得。佛家谓之"方便法门"，须是自家调停斟酌，他人总难与力，亦更无别法可设也。①（《卷二·语录二·传习录中·启问道通书》）

周道通的信中讲到自己经常与一起学习的学友们一起思考和体察王阳明的教诲，和学友们在一起学习讨论时，觉得自己进步非常快，但是几天不和学友们在一起，就觉得自己在退步，自己独处的时候，时时想着存养"立志"，或是自己静坐、阅读书籍，但是不如与大家一起学习的时候思路开阔、思维敏捷，自己隐居独处之时有没有更好的方法进行学习和问道呢？

此处，王阳明认为周道通平时是在为学立志上下了一番功夫的，王阳明讲道：做学问就应该这样，只要每天都在用功，等为学立志的功夫纯熟了，自然就会大有收获。如果学习者的志向、功夫都欠缺，会产生一些如困惑、

---

① （明）王守仁著，吴光等编校：《王阳明全集》上册，上海古籍出版社，2011年，第64-65页。

遗忘等的缺点，改正这些毛病，需要自己约束言行，自己下功夫克服，别人没有办法替代或者帮忙解除，这也是如同佛教中常常讲的用不同"方便法门"进行对治。

王阳明与周道通在此信中接着讨论要把"圣人气象"作为做学问、下功夫的一个标准。

> 来书云：凡学者才晓得做工夫，便要识认得圣人气象。盖认得圣人气象，把做准的，乃就实地做工夫去，才不会差，才是作圣工夫。未知是否？
>
> "先认圣人气象"，昔人尝有是言矣，然亦欠有头脑。圣人气象自是圣人的，我从何处识认？若不就自己良知上真切体认，如以无星之称而权轻重，未开之镜而照妍媸①，真所谓以小人之腹而度君子之心矣。圣人气象何由认得？自己良知原与圣人一般，若体认得自己良知明白，即圣人气象不在圣人而在我矣。程子尝云："觑著尧学他行事，无他许多聪明睿智，安能如彼之动容周旋中礼？"
>
> 又云："心通于道，然后能辨是非。"今且说通于道在何处？聪明睿智从何处出来？②（《卷二·语录二·传习录中·启问道通书》）

王阳明认为如果只是"认圣人气象"，那还是"欠有头脑"，圣人的气象不是一般人随处可以看到全貌的，不如先从自己的良知本体上进行体悟，不能以小人之心度君子之腹，如同海水不可斗量，不是一般人所能测度的。"心"与"道"贯通起来了，自然也就能明辨是非了。

可以看出王阳明对易学、程朱理学和周敦颐太极之说的继承和发扬，他也讲道："易者，吾心之阴阳动静也；动静不失其时，易在我矣。（《卷三十二·传习录下·与道通书一》）"③

---

① 妍媸：美丑。
② （明）王守仁著，吴光等编校：《王阳明全集》上册，上海古籍出版社，2011年，第66页。
③ （明）王守仁著，吴光等编校：《王阳明全集》下册，上海古籍出版社，2011年，第1329页。

王阳明不是僵化地全部接受前人之学，他认为人们各自的性体是圆满自足的，不可向外去求，他把心之体用与良知之体用也贯通起来。

"用"和"体"本是一件事，人们如果悟透了良知本体本自具足，在日常生活实践中，就可以随处体认天理，王阳明契入并融合了儒释道的体用观，极大丰富了其心学思想内涵。

二、体用与知行并进

明嘉靖三年（1524）十月，王阳明的学生南大吉，与弟弟逢吉在浙江绍兴，校刻《续刻传习录》上、下册，上册即《初刻传习录》，下册是记录王阳明思想观点的九篇书信。《传习录》的序有多篇，最早的《传习录》序是徐爱所作，是《传习录》上卷序。后有钱德洪的《续刻传习录序》，董澐的《题传习录后》，南大吉的《传习录序》，朱衡的《重刻传习录序》，孙应奎的《刻阳明先生传习录序》，王宗沐的《刻传习录序》。

钱德洪在为《传习录》作的序中直接写出："朱、陆之辨明于天下久矣""知行之本体""一体同物之心"等王阳明思想中的主要观点。

> 德洪[①]曰：昔南元善刻《传习录》于越，凡二册。下册摘录先师手书，凡八篇。其答徐成之二书，吾师自谓"天下是朱非陆，论定既久，一旦反之为难"。二书姑为调停两可之说，使人自思得之。故元善录为下册之首者，意亦以是欤！今朱、陆之辨明于天下久矣。洪刻先师《文录》，置二书于外集者，示未全也，故今不复录。其余指知行之本体，莫详于答人论学与答周道通、陆清伯、欧阳崇一四书。而谓格物为学者用力日可见之地，莫详于答罗整庵一书。平生冒天下之非诋推陷，万死一生，遑遑然不忘讲学。惟恐吾人不闻斯道，流于功利机智以日堕于夷狄禽兽而不觉。其一体同物之心，终身，至于毙而后已。此孔孟以来贤圣苦心，虽门人子弟未足以慰其情也。是情也，莫见于答聂文蔚之第

[①] 德洪：钱德洪（1496-1574），初名宽，字洪甫，号绪山，浙江余姚人。嘉靖十一年进士，王阳明弟子，晚年致力编辑阳明的文集、年谱，著作存有《钱绪山遗文抄》。

一书。此皆仍元善所录之旧。而揭"必有事焉"即"致良知"功夫，明白简切，使人言下即得入手，此又莫详于答文蔚之第二书，故增录之。元善当时汹汹，乃能以身明斯道，卒至遭奸被斥，油油然惟以此生得闻斯学为庆，而绝无有纤芥愤郁不平之气。斯录之刻，人见其有功于同志甚大，而不知其处时之甚艰也。今所去取，裁之时义则然，非忍有所加损于其间也。① （《卷二·语录二·传习录中》）

钱德洪在此序中，对王阳明书信的内容、观点和往来书信件《传习录》中排列位置，做了说明。对书信中王阳明的调节朱陆之争、"格物"功夫、学习圣人之学、天地万物一体等观点进行了概述和阐释，为更好地理解王阳明思想提供了一个简明扼要的学习思路。此序中讲到了"知行并进，不宜分别前后"，具体是：

来书云：所喻知行并进，不宜分别前后，即《中庸》"尊德性而道问学"之功，交养互发，内外本末一以贯之之道。然工夫次第，不能无先后之差：如知食乃食，知汤乃饮，知衣乃服，知路乃行，未有不见是物先有是事。此亦毫厘倏忽之间，非谓有等，今日知之而明日乃行也。

既云："交养互发，内外本末一以贯之"，则知行并进之说无复可疑矣。又云"工夫次第，不能不无先后之差"，无乃自相矛盾已乎？"知食乃食"等说，此尤明白易见，但吾子为近闻障蔽，自不察耳。夫人必有欲食之心，然后知食，欲食之心即是意，即是行之始矣。食味之美恶，必待入口而后知，岂有不待入口而已先知食味之美恶者邪？必有欲行之心，然后知路，欲行之心即是意，即是行之始矣。路岐之险夷，必待身亲履历而后知，岂有不待身亲履历而已先知路岐之险夷者邪？"知汤乃饮，知衣乃服"，以此例之，皆无可疑。若如吾子之喻，是乃所谓不见是物而先有是事者矣。吾子又谓"此亦毫厘倏忽之间，非谓截然有等，今日

---

① （明）王守仁著，吴光等编校：《王阳明全集》上册，上海古籍出版社，2011年，第45页。

知之而明日乃行也"，是亦察之尚有未精。然就如吾子之说，则知行之为合一并进，亦自断无可疑矣。"①（《卷二·语录二·传习录中·答顾东桥书》）

王阳明在回答顾东桥的问题时，说明知、行两者要一起发动，与《中庸》中"尊德性而道问学"的实践功夫，是一以贯之、交养互发的。列举了四个例子："知食乃食，知汤乃饮，知衣乃服，知路乃行"，说明知、行的先后顺序，只是发生在一刹那间，两者实际上没有很大的差别。

"知行并进"与"工夫次第，不能不无先后之差"这两种说法看似矛盾，其实是有内在逻辑性的，例如：人们要起身行走，心中就要有意念来升起这个念头，这是行的开端，行走在道路上，感知道路是否平坦还是坎坷，只有自己真正行走在上面，才能有真实的感受。从实践中来看，这两种说法是不矛盾的，是符合现实逻辑的。王阳明认为顾东桥的做学问还有欠缺和不精通之处，但是认可他讲到的"知行之为合一并进"，这个观点是没有什么可以怀疑的。

王阳明认为知、行两者的工夫是不可分离的，更不能分成两截分别下功夫。要用"知"的仁义道德指导人们行动上的道德践履，要做到知中有行，行中有知；以知为行，知决定行。王阳明讲到"知行合一"时，具体是：

> 知之真切笃实处，即是行；行之明觉精察处，即是知：知行工夫本不可离。只为后世学者分作两截用功，失却知行本体，故有合一并进之说。
>
> "真知即所以为行，不行不足谓之知"，即如来书所云"知食乃食"等说可见，前已略言之矣。此虽吃紧救弊而发，然知行之体本来如是，非以己意抑扬其间，姑为是说以苟一时之效者也。"专求本心，遂遗物理"，此盖失其本心者也。夫物理不外于吾心，外吾心而求物理，无物理矣；遗物理而求吾心，吾心又何物邪？心之体，性也，性即理也。故有孝亲之心，即有孝之理，无孝亲

---

① （明）王守仁著，吴光等编校：《王阳明全集》上册，上海古籍出版社，2011年，第46–47页。

之心，即无孝之理矣。有忠君之心，即有忠之理，无忠君之心，即无忠之理矣。理岂外于吾心邪？①(《卷二·语录二·传习录中·答顾东桥书》)

王阳明批评顾东桥把"学问思辨"归于"知"，反对顾东桥过度强调"知"的作用。并举例：人们行于孝道、学习射箭、练习书法，通过"学"就会付诸落实在行动上。王阳明还讲到"知行并进之功"，即：

> 来书云："人之心体，本无不明。而气拘物蔽，鲜有不昏。非学问思辨以明天下之理，则善恶之机，真妄之辨，不能自觉，任情恣意，其害有不可胜言者矣。"此段大略，似是而非。盖承沿旧说之弊。不可以不辨也，夫学问思辨行，皆所以为学，未有学而不行者也。如言学孝，则必服劳奉养，躬行孝道，然后谓之学，岂徒悬空口耳讲说，而遂可以谓之学孝乎？学射则必张弓挟矢，引满中的②；学书则必伸纸执笔，操觚染翰③；尽天下之学无有不行而可以言学者，则学之始固已即是行矣。笃者，敦实笃厚之意，已行矣，而敦笃其行，不息其功之谓尔。盖学之不能以无疑，则有问，问即学也，即行也；又不能无疑，则有思，思即学也，即行也；又不能无疑，则有辨，辨即学也，即行也；辨既明矣，思既慎矣，问既审矣，学既能矣，又从而不息其功焉，斯之谓笃行，非谓学、问、思、辨之后而始措之于行也。是故以求能其事而言谓之学，以求解其惑而言谓之问，以求通其说而言谓之思，以求精其察而言谓之辨，以求履其实而言谓之行。盖析其功而言则有五，合其事而言则一而已。此区区心理合一之体，知行并进之功，所以异于后世之说者，正在于是。今吾子特举学问思辨以穷天下之理，而不及笃行。是专以学问思辨为知，而谓穷理为无行也已。

---

① (明)王守仁著，吴光等编校：《王阳明全集》上册，上海古籍出版社，2011年，第47-48页。
② 中的：指箭射中靶心。
③ 操觚染翰：觚，木简；翰，长而硬的鸟羽。指写作。

天下岂有不行而学者邪？岂有不挽而遂可谓之穷理者邪？①(《卷二·语录二·传习录中·答顾东桥书》)

"笃行"与"学、问、思、辨"是联系在一起的，是可以同时进行学习的，不是人们必须先进行"学问思辨"，之后再开始落实到行动上。"学问思辨"和"行"，这五个动作，合并一起就是一件事，不是割裂分开的。这就是"心"与"理"合一，"知"与"行"合一，如果不依照此理做学问，是不可能获得真才实学的。既要理论上"穷义之理""尽仁之性"，也要"笃行"实践行动上来检验人们各自所学的知识是否真正掌握，这就是"心理合一之体，知行并进之功"的真实之义。

王阳明的知行合一并进，是把道德修养的认识论与实践融合为一处，而这些都是建立在"体用一源"基础之上所形成的，换句话说"体用一源"是王阳明"知行合一"的思想基础。

"体用"关注的是宇宙本体论和人生论是一体同源，"体"这个真实的本体，指的即是宇宙本体之"心"，也是万事万物和个体之"心"，这样，本体与主体，宇宙本原和个体、本体与现象等都圆融统一起来。"体"和"用"两者相异，有所分别，但是终归于"体用一源"，或如熊十力在其《新唯识论》提及的"体用不二"②。同样，把中国传统文化中生生不息"天理""天道"和君子自强不息的个体之"本心""道"紧密融合在一起。

王阳明思想中心之体用的发用，是具体体现在他有关"知行合一""心即理""致良知"等论述中。

"体用"是中国哲学所固有的范畴，魏晋时期佛教学者开始将其引入到佛教经典及对教理的理解与诠释中，成为佛教哲学的重要范畴及思维方式，"体用概念充任了印度佛教思想与中国固有思想会通的桥梁。"③打通了中印两国思想的互鉴互行。作为佛学的体用观念，是说真如法身是本体，

---

① (明)王守仁著，吴光等编校：《王阳明全集》上册，上海古籍出版社，2011年，第51-52页。
② 熊十力：《新唯识论》，商务印书馆，2010年。
③ 唐忠毛：《从"空性"到"体用"——中国佛学心性本体论的建构与反思》，载于《西南民族大学学报》(人文社会科学版)，2018年第39卷第12期，第59-65页。

贵州省贵阳市修文县六广河峡谷

应身与化身是现象，本体的真如法身不变，但由此而生发的种种教化众生之妙用。尤其唐宋佛教宗派成熟之后，佛教又对儒道思想产生了深远影响。

第四节　华严与禅之体用

在佛教思想体系中，华严宗与禅宗的理论反映了较高的中国化思想，其中将中国哲学的"体用"范畴引入到中国佛教宗派思想之中。就学理而言，"体用"被作为基本范畴之一，对各宗派的哲学理论及修持理论建构起到过重要的作用。同时，在各派思想体系中，又凸显出不同的特色。

何为体用？简言之，即真如法身作为本体，现象应身作为应用，体用就是由代表本体的真如法身，所生发起的种种教化众生的种种妙用。

一、华严宗与体用

在汉传佛教各大宗派中，从修行前提来讲，华严宗和禅宗实际上都是根据"性起"观念，来各自展开自己的修行法门的，只是前者强调成佛只有在佛界方才实现，而禅宗更加强调即心即佛，当下成就。

华严宗来解释人生和宇宙发生的理论与核心思想是"法界缘起"的理论，崔正森先生也指出："法界缘起是《华严经》的中心思想，也是华严宗的特色。"[①] 而支撑"法界缘起"理论的构成是"四法界""六相圆融"和"十玄缘起"等思想。其中，"四法界"理论的"理事无碍"思想，可谓是华严思想的精髓所在，而"理事无碍"思想同样也涉及到体用的问题。

"法界缘起"中的法界，可以定义为"总相"（共性、一般）和诸法之"因"，具体而言，是指一切众生本有的"无二真心"或"如来藏自性清净心"。此处的如来藏自性清净心，即为体；此心体，随着染净诸缘而生起万法，即为心体之用。

华严宗认为，这种自性清净心，由于忽然起念而引发生起阿赖耶识，进而生起世界万有和善恶染净诸法；人之成佛或堕落也都依据这一真心而

---

① 崔正森：《五台山佛教史上》，山西人民出版社，2000年7月，第105页。

定,这是从"法界"作为诸法之"因"的本体论意义而言的。这种"心体"作为本体之因还贯彻在一切事物和一切行为当中,从而成为个别现象的共同本质,被称为"心性"或"法性",这是"法界"作为诸法"总相"的共性意义,所以"法界缘起"又叫"性起缘起",可以看出是体用的一种显现。

(一)法界缘起与心之体用

华严宗的"缘起"指"法界缘起",认为法界乃一大缘起,世间万物融通无碍而互为缘起,就像四方上下皆有镜子,中间安放一蜡烛,烛光辉映重重无尽,"法界缘起"亦被称为"无尽缘起"。《大方广佛华严经搜玄分齐通智方轨》中讲到如何"辩缘起"和"明缘起",具体是:"法界缘起乃有众多。今以要门略摄为二:一约凡夫染法以辨缘起,二约菩提净分以明缘起。约净门者要摄为四:一本有、二本有修生、三名修生、第四修生本有。"①

1.缘起

佛教中的"缘起"说有四种,即"业感缘起""阿赖耶缘起""真如缘起"及"法界缘起"。对此,崔正森先生指出:"华严经虽讲因缘,但不讲缘生,讲的是缘起。"②

四种"缘起"中,"业感缘起"是小乘佛教所主张的,小乘教认为众生由惑而作业,由业而生苦果,由苦果再起惑做业,轮回不断,所以众生身心世界皆由业力所记;"阿赖耶缘起"是大乘始教所主张的,大乘始教认为每一位有情都有"阿赖耶识",这种"阿赖耶识"是一种深细难知的"心识",其中含藏着能生起万法的无量种子,世间万物皆由这些种子遇缘而显现出来。

"真如缘起"是大乘终教所主张的,大乘终教认为众生具有如来藏自性清净心,这种如来藏自性清净心又被称作"真如","真如"随缘造作而产生万法,所以世间万物皆是真如的显现。吕澂先生也讲到:"《华严》

---

① 《大方广佛华严经搜玄分齐通智方轨》,《大正藏》第35册,第59页。
② 崔正森:《五台山佛教史·上》,山西人民出版社,2000年,第107页。

的缘起理论不单是解释自然的，而着重在分析社会的。"① 此处可以看到："体用"中的"用"的也涉及到了社会层面。

2. 法界观

华严宗的法界观包含三重内容：第一，真空观。依理法界而立，观察一切诸法的本性即空。第二，理事无碍观。依理事无碍法界而立，观察诸事法与真如理互相交融。第三，周遍含容观。依事事无碍法界而立，观察以同一真如理为本性的每一件事物，遍摄无碍。这法界观的三重内容宗密讲到："初明真空观，初约所被机以明设观因由，约能对法以显观门胜益；二明理事无碍观，初明所因，二显胜益；三明周遍含容观，初明所因，二显胜益。"② 华严宗的修行阶位主要有两种：一是次第修行，依据十信、十住、十行、十回向、十地、等觉、妙觉等次第由浅至深；二是圆融相摄，指得到一位就能前后诸位相即相入，圆融无碍。

华严宗的法界观是要说明世间一切事物均由"如来藏自性清净心"随缘造作而生起万法，亦即由体起用；正如净源比丘在《华严妄尽还原观疏钞补解》中关于五止观所说："为习止观方便，其第五门，入五止，第六门，起六观，方为造诣，正修由是随入一门，即全收法界矣。"③ "众流虽殊，同归于海，若合心源，如清凉谓随客尘则去，而莫归见本性，则还源反本。"④ 澄观也在《大方广佛华严经随疏演义钞》讲到五止观："言五止者，一照法清虚离缘止。二观人寂怕绝欲止。三性起繁兴法尔止。四锭光显现无念止。五事理玄通非相止。"⑤ 其中"性起繁兴法尔止"也就是依体起用而生起万法。

华严宗认为，宇宙万法、有为无为，色心缘起时互相依持，相即相入，圆融无碍，如因陀罗网重重无尽。正如张曼涛所言："华严宗是中国佛教中最突出的一个宗派，最契合中国人圆融无碍心态的莫过于华严。"⑥ 圆融无碍的思想是华严宗最为重要的理论创新，也是指导华严宗人修行的理

---

① 吕澂：《中国佛教源流略讲》，中华书局，2006年，第367-368页。
② 《注华严法界观科文》，《新编卍续藏经》，第58册，第448页。
③ 《华严妄尽还源观疏钞补解》，《新编卍续藏经》，第58册，第170页。
④ 《华严妄尽还源观疏钞补解》，《新编卍续藏经》，第58册，第170页。
⑤ 《大方广佛华严经随疏演义钞》，《大正藏》，第36册，第270页。
⑥ 张曼涛：《华严学概论》，台北大乘文化出版社，1980年第二版。

论依据，这种圆融思想，是在体用之中展现出来的。

(二）四法界、六相圆融与心之体用

华严宗的四法界包括理法界、事法界、理事无碍法界和事事无碍法界。"理"作为诸法之"体"，"事"则是一体之"用"，于是有了"体用"这对范畴的运用。

1.四法界

华严宗四祖澄观解释"四法界"时，在《大方广佛华严经疏》中讲道："当法受称，等何法界，此通四义：一等理法界故。二等事法界。三等理事无碍法界，四等事事无碍法界故。"① 澄观在此指出：四法界包括理、事、理事无碍、事事无碍四种，其中的"理法界"指诸法彼此之间存在着的平等的理性即真如；"事法界"是指宇宙万法彼此差别而各有分齐；"理事无碍法界"是说有差别的事法与平等的理性之间互相圆融无碍，亦即体（事物本质）与用（现象）的统一；"事事无碍法界"指彼此差别的事法之间由于理性同一，故能一一称性融通，一多相即而重重无尽。

因此，方立天先生讲道："华严宗正是依据概念的空义，来阐明遍于整个法界的缘起现象的事事无碍关系。"②

在这里，一即多，多即一；事物的体离不开用，用也离不开体；普遍性寓于特殊性之中，特殊性也离不开普遍性。在华严宗看来，一与多、体与用、普遍性与特殊性都离不开众生的心性，这些相互对立的概念在心性基础上，达到了最完美的和谐统一。

法藏在《华严发菩提心章》中阐述理与事的关系说："一、理遍于事门，谓能遍之理性无分限，所遍之事分位差别，一一事中理皆全遍，非是分遍。二、事遍于理门，谓能遍之事是有分限，所遍之理要无分限；此有分限之事，于无分限之理全同，非分同。"③ 这里是说，不可分割、无限的真理本体，通达于每一个部分的、有限的具体事物之中，而每一具体事物又都统摄于

---

① 《大方广佛华严经疏》，《大正藏》第35册，第723页。
② 方立天：《华严宗现象圆融论》，载于《文史哲》，1988年第5期，第68页。
③ 《华严发菩提心章》，《大正藏》第45册，第652-653页。

真如本质的理体；也就是说，事本相碍，大小等殊，自性各异，但理则包遍一切，如空无碍，以理融事，全事如理。由于诸事含容一理，万有之间也就构成了"相即相入"圆融无碍的关系。

四法界学说包含着显著的辩证法思想，其立足点在于对"一心"的阐发。宗密在注解杜顺《注华严法界观门》时说："统唯一真法界，谓总该万有，即是一心。然心融万有，便成四种法界。"① 也就是，世界一切事物统一于一心，心又统摄万物而成法界。这是对"一性圆通"就会"遍含一切法"的生动譬喻的体现。四法界归结为"一真法界"，所强调的就是如来藏清净心的本体性、根源性。也如同法藏在《华严经旨归》中说："一切法皆唯心现，无别自体。"②

2. 六相圆融

法藏在"六相圆融"理论中提出了"总相、别相"、"成相、坏相"和"同相、异相"等三对范畴。在理法界和事法界当中，"理"是事物的"总"，"事"则是"别相"；"总、别"在大多数情况下，被当作一般（共性）与个别（个性）来运用，有时也当作全体与部分看待。"理"在事曰"性"，"事"或曰"尘"，"性"与"尘"的关系相当于现象同本质、个别与一般的关系；"理"是全体或曰"一"，"事"是全体的组成部分或曰"多"或"一切"；"一"与"多"或曰"一"与"一切"可以完整地表述为整体与部分的关系。

《华严经》特别崇拜的数字是"十"，往往代表着"圆满"，成为"理"的象征。"一"是"十"的构成部分，又有"事"的含义。华严宗为了从多方面多层次说明"理事"的关系而创用了许多成对的概念，如同与异、成与坏、主和伴、全与分、正与依、摄与彻，以及相即相入、含容自在等概念，展现出华严宗重视矛盾对立面的和谐圆融的思想内涵。

法藏在《大乘起信论义记》里讲到："现今东流一切经论，通大小乘，宗途有四：一随相法执宗，即小乘诸部是也。二真空无相宗，即般若等经、中观等论所说是也。三唯识法相宗，即解深密等经，瑜伽等论所说是也。

---

① 《注华严法界观门》，《大正藏》第45册，第684页。
② 《华严经旨归》卷1，《大正藏》第45册，第595页。

四如来藏缘起宗，即楞伽密严等经、起信宝性等论所说是也。"① 在此，法藏把当作世界本体和事物本质的"如来藏"概括为"理"，把代表现象世界个别事物的"阿赖耶识"概括为"事"，然后用"理事"这一对范畴，阐发其华严圆融无碍的思想，使华严宗的思想既继承了地论师和《大乘起信论》的思想而又有新的超越，从而展现出法藏在华严宗理论上的创新与特色。

二、禅宗与体用

禅宗是最具有中国特色的佛教宗派。禅宗又名佛心宗，也是以阐发和演绎"心"的学说为特点。正如慧能大师所言"心生则种种法生，心灭则种种法灭"；"不是风动，不是幡动，仁者心动"。禅宗"五家七宗"中的曹洞宗和临济宗中的关于心的阐发颇具特色。曹洞宗的"五位君臣"的思想和临济宗的四料拣、四照用的思想从不同侧面反映了心之体用的关系，与华严宗的心之体用的旨趣非常吻合。

（一）曹洞宗与"体"正"用"偏

曹洞宗用君臣的关系来比喻心之"体用""理事"的位置和变化。曹洞宗是禅宗"五家"之一，开创人是洞山良价禅师和他的弟子曹山本寂禅师，它在"五家"中影响仅次于临济宗，并以其独特的思想风格而令人注目。

曹洞宗在教义和教法上最有特色的是"五位君臣"说。所谓"五位君臣"，是出自洞山良价的"五位君臣"颂，又得曹山本寂的奉和，从而成为曹洞宗风。《曹洞五位显诀》主要内容是："正中偏者，为主中主也。但不涉缘，宛转不相触，事上道得。如黑白未分时辨取，得主中主也，非宾中主也。宾中主为对缘无语中有语，是正中偏也，就偏辨得唤作主中主也，所以圆也皆是傍这物转。妙含其理，不相触也。"②

此处主要是讲，曹洞宗用"正"（体、空、真、理净）、"偏"（用、有、俗、事染）两个概念，用以分析佛教真如之"体"与其派生之世界万有之

---

① 《大乘起信论义记》，《大正藏》，第44册，第242页。
② 《（重编）曹洞五位显诀》，《新编卍续藏经》，第63册，第208页。

"用"的关系；也用作教授不同对象采用不同的方法。"正"与"偏"的关系共有五种：即正中偏，即是君位，指真如本体，"本来无物"；偏中正，即臣位，指万有事相；正中来，即"君视臣"，指唯见事相，不见真如，"背理就事"；兼中至，即"臣向君"，指唯真如，不见事相，"舍事入理"；兼中到，即"君臣合道"，指将体用、真俗、理事、净染等统一起来，不要偏于一边。其中的"兼中到"是比较理想的一种状态了，也就是达到了"理事无碍"的境界了。

从以上分析可见，在空有、理事、君臣等关系上，如果看成是各自孤立的两位，是固然不对，但说成是二者可以舍此入彼的关系，这也不正确。唯有体现"非正非偏""君臣道合"的"兼中到"才是达到了"混然无内外，和融上下平"的境界，亦即《五位君臣颂》里的"不落有无谁敢和，人人尽欲出常流，折合还归炭里坐"①的最圆满的状态。

曹山本寂曾有一段时间住洞山，专门弘扬"五位君臣"的思想。他说：君是"正"，臣是"偏"，臣向君是"偏中正"，君向臣是"正中偏"，君臣道合是"兼带"。因此，在《抚州曹山本寂禅师语录》中有这样的禅机对话："师因僧问五位君臣旨诀。师曰：正位即空界，本来无物。偏位即色界，有万象形。正中偏者，背理就事。偏中正者，舍事入理。兼带者，冥应众缘，不堕诸有，非染非净，非正非偏。"②

（二）临济宗之"照用"与"体用"

临济宗是以棒打、喝斥等方式手段来接引学人而闻名天下。不过，其接引门人的"四料拣""四照用""三玄三要""四宾主"的门庭施设方法，也与华严宗的"体用""理事"的思想颇相契合。

1. 四料拣

义玄有一天示众，就讲道："有时夺人不夺境，有时夺境不夺人，有时人境俱夺。有时人境俱不夺。"③

---

① 《瑞州洞山良价禅师语录》卷1，《大正藏》第47册，第525页。
② 《抚州曹山本寂禅师语录》，《大正藏》第47册，第53页。
③ 《镇州临济慧照禅师语录》，《大正藏》第47册，第497页。

这四句问答的主要是讲：先空其心、未空其境，其次是要：其境已空、其心未空，再次是：心境俱空，最后是由心境俱空到心境寂然。也就是妄想心歇、歇即菩提。这一段内容在禅宗史上称"四料拣"，其含义是说明如何处理主客体之间的关系，也就是：心与万物的关系；从先空其心到再空其境，最后达到心物两忘的最高境地。此外，与"四料拣"相应，类似的禅宗教育弟子开悟的方便法门还有"四照用"，两者通常同时运用，互为补充。

2. 四照用

有一次，义玄又示众曰："师一日示众云：我有时先照后用，有时先用后照，有时照用同时，有时照用不同时，先照后用有人在，先用后照有法在。"①

此处禅师"照"与"用"开示过程讲述了：先照后用—先用后照—照用同时—照用不同时，这四个渐次阶段。以上内容中"夺人"指放弃"我执"，"夺境"指放弃"法执"。"照"是"寂照"的"照"，指真如本体；"用"指真如妙用。其中，"夺人不夺境"是对"我执"严重的这一类人来说法的，即先破"我执"，暂时保留"外境"，也就是"先用后照"，即先否定"我执"，再否定"法执"。"夺境不夺人"与前句正好相反，是对"法执"严重的人说的，即先破其"法执"，暂时保留"我执"，也就是"先照后用"。"人境俱夺"是针对"我执"和"法执"都很严重的这一类人的开悟方式，也就是要"人我""外境"同时破除，即"照用同时"。"人境俱不夺"，是对既无"我执"，又无"法执"的人说的，也就是"照用不同时"。

"四料拣"与"四照用"主要目的是能够按照学人的不同"根器"和接受佛教教义的不同程度，为了破除"我""法"二执而采取不同的教授方法，反映了临济宗的灵活传授佛法的特点。在此，可以将人与境的关系姑且理解为人心之"体"与"用"的关系，"夺人不夺境"实际上是凸显了心之用的地位，也即强调了照用中的"用"的作用；"夺境不夺人"则是凸显了心之体的地位，也即强调了照用中的"照"的作用；"人境两俱夺"则是彰显了心之体用俱空的境地，也即"照用同时"的状态；"人境俱不

---

① 《人天眼目》，《大正藏》第48册，第304页。

夺"体现的是"性空"不碍"幻有","幻有"不碍"性空"的"触事皆真"或曰"即万物之自虚"的"照用不同时"的佛法的最高境界。

华严宗和禅宗都从众生之心入手,阐释了"心之体"与"心之用"的复杂微妙的关系,二者都强调体用一致、体用不二。但同时,我们也应该看到,二者之间对体用观的态度及重视已有所不同。

相较而言,华严宗更加强调依体起用,其更加浓墨重彩地彰显了心之体与用的关系。法藏在《大方广佛华严经随疏演义钞》中,用"一体、二用、三遍、四德、五止、六观"[①],来概括华严宗的基本思想要点,其中的"一体"指的是"自性清净圆明的心体";六观是指"摄境归心真空观""从心观境妙有观""心境秘密圆融观""智身影现众缘观"(如日轮照现,草木都得以滋长一般)、"多身入一镜像观"(讲事事无碍法界)、"主伴互现帝网观"(如同帝释天的天宫所悬的珠网),在这六观中的前三观,都是与众生心之体与用相关。华严宗智俨的"十玄门"中的第十门即为"唯心回转善成门",也是这样一种"依体起用"的具体说明,外界的善恶诸法本无差异,都可以看做是清净之心的一种变化,一念回转之后,则具足功德成就。

反观禅宗,其更加重视即体即用,以用来显体。禅宗虽然也在教学方法上采用了心之体用关系随机教化,但其侧重点还在阐发佛性的有无、开悟的顿渐和"平常心是道"思想。正如云门文偃禅师将禅宗的大意概括为"云门三句","函盖乾坤"是说佛性无处不在的思想;"截断众流"是指顿悟成佛的快速成功的方法;"随波逐浪"是希望人们在日常砍柴挑水的生活实践中获得开悟、从而迅速成就圆满菩提之道。

王阳明的心学是把本体建立在"心"上,把天地间的万事万物看做是"心"的在外的扩充和一番体认,这与佛教的"体用"运用还是不同。

---

① 《大方广佛华严经随疏演义钞》卷35《12贤首品》,《大正藏》第36册,第270页。

杭州市西湖区的永福禅寺

四川省峨眉山大佛禅院

贵州省贵阳市南明河南岸的南庵（翠微园），王阳明曾游此，作《南庵次韵二首》《徐都宪同游南庵次韵》诗。（杨德俊拍摄）

第六章　圣人之心与方便法门

佛道在解脱生死和儒家成圣的某些方面是存在相似之处的，但是佛道往往太过于注重"度一切苦厄"和追求解脱的超然境界，导致失去了儒家的"下达"和"下一截"的实践功夫，导致圣人之学被分割开来。

后世的儒家学习者，只是注重在"记诵词章，功利训诂"等方面做一些表面的学问功夫，而成为了异端之说。致力于"记诵词章，功利训诂"的读书人，虽然穷其一生在孜孜不倦地治学，但是对于自己的身心修养来说却是没有真正受益，从这方面来看，反倒是不如佛道教的弟子们心性自在、洒脱。

第一节　大中至正与彻上彻下

王阳明的学生王嘉秀认为，佛教理论思想是教导人们思考和解决几个终极问题：人从哪里来，到哪里去；以解脱生老病死等为其终极目标。道教是以强身健体、长生不死、羽化升仙等为目标。儒家与佛道不同，注重修身齐家和家国天下，注重自身的修养和国家社会秩序的治理。

一、上下截与一贯

王嘉秀向王阳明请问自己的学习心得：佛教和道教分别用脱离生死苦海和修道获得长生来吸引信众。从各自的本质上来看，也是教导人们不要造作种种恶业，指引人民积极向善而行。

但是，佛道两家是践行圣人教化中的"上达"和"上一截"的实践功夫，这并不是成为圣人的正确方法。例如：走向仕途和为官的道路可以有多条不同的道路，通过科考、举荐、继承等不同的途径，都可以获得职位，成为一名朝廷官员。但是,圣人君子都是通过坦坦荡荡、日日为学的方式,通过为官之路上的各项考核而达到高位的,如果有违君子的道德标准去获得官职,君子对此是不屑于违背自己的良知去做的。

王嘉秀在此提出,儒家的弟子们可以先不用着急对佛道之学进行抨击和排斥,可以认真地脚踏实地学习圣人的学问,把圣人之学不断发扬光大。这样,佛道教自然对人们失去了吸引力。佛道教的拥护者对儒家学说是看不上的,此时让佛道的弟子们来向儒家门生学习,是件非常困难的事情。

> 王嘉秀①问:佛以出离生死诱人入道,仙以长生久视诱人入道,其心亦不是要人做不好,究其极至,亦是见得圣人上一截,然非入道正路。如今仕者有由科②,有由贡③,有由传奉④,一般做到大官,毕竟非入仕正路,君子不由也。仙、佛到极处,与儒者略同,但有了上一截,遗了下一截⑤,终不似圣人之全;然其上一截同者,不可诬也。后世儒者,又只得圣人下一截,分裂失真,流而为记诵词章,功利训诂,亦卒⑥不免为异端。是四家者终身劳苦,于身心无分毫益。视彼仙、佛之徒,清心寡欲,超然于世累之外者,反若有所不及矣。今学者不必先排仙、佛,且当笃志为圣人之学。圣人之学明,则仙、佛自泯。不然,则此之所学,恐彼或有不屑,而反欲其俯就,不亦难乎?鄙见如此,先生以为何如?
>
> 先生曰:所论大略亦是。但谓上一截、下一截,亦是人见偏了如此。若论圣人大中至正之道,彻上彻下,只是一贯,更有甚上一截、下一截?"一阴一阳之谓道",但仁者见之便谓之仁,知者见之便谓之智,百姓又日用而不知,故君子之道鲜矣。仁、

---

① 王嘉秀:字实夫,沅陵人,王阳明的弟子,先是修佛的,后修道,再后来学习心学。
② 科:分科考选文武官吏后备人员的制度。
③ 贡:向朝廷荐举人才。
④ 传奉:不由吏部铨选,而由太监视进呈珍异的多寡直接任命官吏的做法。
⑤ 上一截:指本体。下一截:指工夫。
⑥ 卒:最后,完毕,终了。

智岂可不谓之道？但见得偏了，便有弊病。①（《卷一·语录一·传习录上·与王嘉秀的对话》）

王阳明对此回复王嘉秀，你能够分辨出上、下两截的学问，你所理解的大致是正确的，但这也只是常人的一般见识。圣人所行的大道，是"大中至正"，是"彻上彻下"，是一以贯之，而不是分裂成一段一段的。对于"一阴一阳之谓道"，若是仁者见了，见到的就是"仁"，若是有智慧的人见了，见到的就是"智"。而普通的黎民百姓与成圣的大道虽然是日日相处，却视而不见，听而不闻，导致君子的大道很难被普通人接受和理解，这就是偏见导致的弊端和毛病。

二、道教三元

陆澄向王阳明请问道家思想中的元气、元神、元精的具体内容。道家思想中，这先天三元的巧妙运用，具体体现在道家的炼丹修行实践功夫中，其中元神是气之用，元气是气之行，元精是气之聚。这三元不是普通的精气神，是人的先天精华，与元性、元情聚集在一起的，又统称为道教的五元。

王阳明认为，道家中的这三元，也可以看做是一件事，只是表现出来的具体方式不同，气、精、神分别体现在行、聚、用之中。王阳明在与弟子的讨论中，是有一部分对道教的思想和义理进行讨论的。

王阳明认为，人的喜怒哀乐，七情六欲，在未发之时和已发之时，应该都是处在中和的状态，但是如果刻意夹杂了个人的知见，就会过犹不及，就是一种自私行为的表现了。儒家在日常生活实践中，要求人们在待人接物的言谈举止中，要求做到不亢不卑，不偏不倚，行于中庸之道，以行动实践致中和的功夫。

陆澄又问王阳明《论语》中"哭则不歌"的情景，也就是，如果有一天，孔子参加了丧礼，为亡者痛哭过，那么在这一天，他就不会再快乐地歌唱了。这是对逝去者的尊重，是恻隐之心的体现，也是"圣人心体"的原本面目。人们要想进行"克己"和修身养性的实践，必须要彻底地铲除自己的私心

---

① （明）王守仁著，吴光等编校：《王阳明全集》上册，上海古籍出版社，2011年，第20-21页。

杂念，心中一点恶念也不能残留，防止千里之堤毁于蚁穴，要做到防微杜渐，诸恶莫做。

> 问：仙家元气、元神、元精。
>
> 先生曰：只是一件：流行为气，凝聚为精，妙用为神。喜怒哀乐本体自是中和的。才自家着些意思，便过不及，便是私。喜怒哀乐本体自是中和的。才自家着些意思，便过不及，便是私。
>
> 问：哭则不歌①。
>
> 先生曰：圣人心体自然如此。
>
> 克己须要扫除廓清、一毫不存方是。有一毫在，则众恶相引而来。②（《卷一·语录一·传习录上·与陆澄的对话》）

王阳明认为学习从"格物""致知""平天下"这一过程，是一个逐渐"明明德"的过程，也就是人们要遵从自己本心的道德，自己的言行要向仁爱而行。程颢对此称作是"仁者以天地万物为一体"，即天地和万物，在仁者看来都是一个不可分割的整体。如果我们的仁爱还有缺失的地方，对应感知到的世界万物也一定会存在某些缺失的地方，就会不得其所。

> 自"格物""致知"至"平天下"③，只是一个"明明德"。虽"亲民"亦明德事也。明德是此心之德，即是仁。仁者以天地万物为一体④，使有一物失所，便是吾仁有未尽处。⑤（《卷一·语录一·传习录上》）
>
> 只说"明明德"而不说"亲民"，便似老、佛。
>
> 至善者性也，性元⑥无一毫之恶，故曰"至善"。止之，是复其本然而已。

---

① 引自《论语》：子食于有丧者之侧，未尝饱也。子于是日哭，则不歌。
② （明）王守仁著，吴光等编校：《王阳明全集》上册，上海古籍出版社，2011年，第22页。
③ 格物致知：引自《大学》中三纲八目。三纲：明明德、亲民、止于至善；八目：格物、致知、诚意、正心、修身、齐家、治国、平天下。
④ 仁者以天地万物为一体：引自《二程遗书》中程颢所言。
⑤ （明）王守仁著，吴光等编校：《王阳明全集》上册，上海古籍出版社，2011年，第28-29页。
⑥ 元：初始。

问：知至善即吾性，吾性具吾心，吾心乃至善所止之地，则不为向时之纷然外求，而志定矣。定则不扰扰而静，静而不妄动则安，安则一心一意只在此处，千思万想，务求必得此至善，是能虑而得矣。如此说是否？

先生曰：大略亦是。①（《卷一·语录一·传习录上》）

儒家和佛道的根本区别在于，儒家是强调要"明明德"，也不忽略"亲民"；佛道教通常追求超然解脱的彼岸世界，佛教认为四大皆空，个体和世界都是不能长久存在的；道家认为圣人不死，大盗不止，佛道一般都不重视"亲民"。

儒家讲的至善，是纯粹的善，是人的天性的原本面貌，不掺杂丝毫的恶念和恶行，至善也是各自良知本体的显现。

陆澄对此理解的是：至善是人们的本性，本性指的就是人人都有的各自心体，这个心体就是至善所归之处。明了这个道理，就不会一味地向外寻求，自己的求学志向不再随意变化，也就随之安定下来了。一旦有了安定之心，也就不会被外界纷扰扰乱身心，随时可以安静下来进行思考和学习，不再妄想和妄动，减少了恐惧、焦虑、不安等负面情绪，心也就彻底安定了。即使是面对自己心中涌出千头万绪和各种思虑，心如果是安在至善之处，处在一直实践的为学功夫中，就会到达至善的境界。这与《大学》中"知止而后有定，定而后能静，静而后能安，安而后能虑，虑而后能得"，显示的道理是一样的。

朱熹对此也注释到：止者，所当止之地，即至善之所在也。知之，则志有定向。静，谓心不妄动。安，谓所处而安。虑，谓虑事精详。得，谓得其所止。都是教导人们怎么在实践中达到至善的目标，王阳明对这些方法是认同的，也认为是"大略亦是"。

王阳明受佛教影响很深，尤其受禅宗影响最大，比如其心学中常用心外无理、心即理、正眼法藏、种性、著相、话头等这些禅宗专业术语。

但是王阳明更看重人性和孝道，即使他用了三十多年的时间认真参学

---

① （明）王守仁著，吴光等编校：《王阳明全集》上册，上海古籍出版社，2011年，第29页。

1994年培修的王阳明埋葬客死旅途三人的"三人坟",因为《瘗旅文》而闻名。

佛道，还是重新再次回到发扬儒家学说之路上，并对佛道思想展开批判。

第二节 死生之道与常提念头

王阳明在回复陆澄的问题时，对佛教"于世间一切情欲之私都不染着"超然出世的解脱思想是持批判立场，并对萧惠所问"死生之道"，站在儒家的立场给予回复，与佛道教中对"生死"观念的解读有所不同。

一、死生之道与方便法门

陆澄问王阳明：佛家"外弃人伦，却似未当理"的问题，具体是：

> 又问：释氏于世间一切情欲之私都不染着，似无私心。但外弃人伦，却似未"当理"。
>
> 曰：亦只是一统事，都只是成就他一个私己的心。①(《卷一·语录一·传习录上》)

此处，王阳明直接批判佛道是追求虚无缥缈之境，抛弃了世间的人伦纲常，这都是自私自利的表现。

（一）死生之道

萧惠向王阳明求教，什么是生死之道？王阳明回复他，如果知晓了白天与黑夜转换的道理，也就了知人的生死了。具体是：

> 萧惠问死生之道。
> 先生曰：知昼夜即知死生。
> 问昼夜之道。
> 曰：知昼则知夜。
> 曰：昼亦有所不知乎？
> 先生曰：汝能知昼？懵懵而兴，蠢蠢而食，行不著，习不察，

---

① （明）王守仁著，吴光等编校：《王阳明全集》上册，上海古籍出版社，2011年，第30页。

终日昏昏，只是梦昼。惟"息有养，瞬有存"，此心惺惺明明，天理无一息间断，才是能知昼。这便是天德，便是通乎昼夜之道而知，更有甚么死生？①（《卷一·语录一·传习录上·与萧惠的对话》）

王阳明指出：白天与黑夜是相对的自然状态，知道白日，就知道黑夜，这是不变的自然规律。从昼夜之道，进而就能通达天地之化育的运行规律。王阳明这里讲到的白天，不是人们一般认知里的白天，是指在"息有养，瞬有存"的状态下，存心养性，对"天理""天德"有清醒的认识，如同白天一般神志清醒、明了，保持内心光明，对生死问题自然也就知道是怎么回事了。

如果人们此心是光明的，就像是人们在白日可以自由地行动，如果此心幽暗起来，就像是在黑夜之中行动，就会受到阻碍了。

王阳明在《答顾东桥书》中，针对"功利之习愈趋愈下"的现象，提出"佛、老之说卒亦未能有以胜其功利之心"，具体是：

圣人之学日远日晦，而功利之习愈趋愈下。其间虽尝瞽惑②于佛、老，而佛、老之说卒亦未能有以胜其功利之心；虽又尝折衷于群儒，而群儒之论终亦未能有以破其功利之见。盖至于今，功利之毒沦浃于人之心髓而习以成性也几千年矣，相矜以知，相轧以势，相争以利，相高以技能，相取以声誉。③（《卷二·语录二·传习录中·答顾东桥书》）

圣人所做的学问，在现实社会中对人们的影响是越来越暗淡了，相反，人们热衷于追求世俗功利的欲望，是越来越严重了。此时，有些人就会被佛道的思想学说所吸引，而想对自己现状能够有所改变，但是，佛道超然的解脱方法并没有使人们喜欢利欲熏心的状况有所减轻。也有人在调和儒家内部各家各派的学说，但是依然无法阻止人们对功名利禄的积极追求。

---

① （明）王守仁著，吴光等编校：《王阳明全集》上册，上海古籍出版社，2011年，第42页。
② 瞽惑：迷乱，蛊惑。
③ （明）王守仁著，吴光等编校：《王阳明全集》上册，上海古籍出版社，2011年，第63页。

时至今日，追逐功利已经成为一些人司空见惯的习性，已经深入骨髓，这类状况在持续发展中也已逾千年之久。人们对于仁、义、礼、智等道德品性的坚守，已经流失殆尽了。对此，儒家提出了要人们节制自己内心不必要的过多欲望，要尽量做到清心寡欲，这样才能让人们在世俗浸染之下浮躁杂乱的心，慢慢沉淀和清净下来。

（二）方便法门

王阳明在《答周道通书》中，针对道通所问的问题：当人们没有住在闹市之中，居住偏远之地时，怎么用正确的方法来实践心学的功夫，培养做学问的志向？具体是：

> 此段足验道通日用工夫所得，工夫大略亦只是如此用，只要无间断，到得纯熟后，意思又自不同矣。大抵吾人为学紧要大头脑，只是立志，所谓困忘之病，亦只是志欠真切。今好色之人未尝病于困忘，只是一真切耳。自家痛痒，自家须会知得，自家须会搔摩得，既自知得痛痒，自家须不能不搔摩得。佛家谓之"方便法门"，须是自家调停斟酌，他人总难与力，亦更无别法可设也。[1]（《卷二·语录二·传习录中·启问道通书》）

王阳明对此回复：这样的过程正好可以验证人们在平时功夫做得究竟如何，治学的功夫是不能中断的，功夫运用熟练之后，心中的体悟就会有所不同。认真立志求学之人，关键在于要树立正确的志向。"困"与"忘"，这两个毛病，都是人们在志向方面还是有所欠缺。

例如："好色之人"不会因为遗忘了自己的这个特点而不再好色了，恰恰是一种"真切"的好色啊！就像人们感知自己的身体哪里痛、哪里痒，只有自己是最清楚的，自己也会准确地找到位置或抓或挠。佛教的这般随机应对的方式，就称为是"方便法门"，这是需要自己随时调整并积极应对的具体方法，其他人是无法参与其中进行处理和解决问题的，他人也就不可能直接给出对自己有效的方法来脱离困境，只能依靠自己的力量来克

---

[1] （明）王守仁著，吴光等编校：《王阳明全集》上册，上海古籍出版社，2011年，第65页。

服不同的治学之"病"。

二、常提念头与戒惧克治

陆原静写信问王阳明：佛教中的"常提念头"与孟子"必有事"，与"致良知"是一样的吗？这是"常惺惺、常记得、常知得、常存得"吗？

> 来书云：佛氏又有"常提念头"之说，其犹孟子所谓"必有事"，夫子所谓"致良知"之说乎？其即"常惺惺，常记得，常知得，常存得"者乎？于此念头提在之时，而事至物来，应之必有其道。但恐此念头提起时少，放下时多，则工夫间断耳。且念头放失，多因私欲客气之动而始，忽然惊醒而后提。其放而未提之间，心之昏杂多不自觉。今欲日精日明，常提不放，以何道乎？只此常提不放，即全功乎？抑于常提不放之中，更宜加省克之功乎？虽曰常提不放，而不加戒惧克治之功，恐私欲不去；若加戒惧克治之功焉，又为"思善"之事，而于"本来面目"又未达一间也。如之何则可？
>
> "戒惧克治"，即是"常提不放"之功，即是"必有事焉"，岂有两事邪？此节所问，前一段已自说得分晓；末后却是自生迷惑，说得支离，及有"本来面目，未达一间"之疑，都是自私自利将迎意必之为病。去此病，自无此疑矣。[①]（《卷二·语录二·传习录中·答陆原静书》）

当人们各自能够提起这个念头的时候，面对不同的事情，应该就有相应的应对方法。但是往往人们提起各自念头的时候很少，放下念头的时候却很多，这样治学的功夫就会从中途断开。人们心中的私欲杂念升起的时候，导致产生的念头不能及时提起，这样心中的各类杂念就不会被自己及时觉察。

随着人们治学的功夫日益增进，对自己心中升起的念头也要时时提醒自己不能放松，这能称为是功夫的全部吗？还是要更加注意"省克之功"呢？

[①] （明）王守仁著，吴光等编校：《王阳明全集》上册，上海古籍出版社，2011年，第76-77页。

北京西城区万寿兴隆寺遗址。正德五年冬,王阳明到北京觐见皇上,后在大兴隆寺与黄绾、湛甘泉订终身共学之盟。(刘胜光拍摄)

如果人们不用这个省察和克制的功夫，私欲就不好去除，如果用了这个"省克之功"，又变成了"思善"这件事了，离"本来面目"又远了，这应该怎么办呢？

王阳明对此问题直接指出："常提不放"的功夫就是"戒惧克治"，即"必有事焉"不是两件事，是一件事。人们不应该前半截是明白的，后面却又产生迷惑，并把一件事分割和支离破碎起来了，而产生与"本来面目""未达一间"的状况，也就生出了这两者不一致的疑问。

这些都是因为人们内心产生了自私自利、"将迎意必"等毛病，把这些毛病及时去除了，也就没有这些疑惑了。其中"将迎意必"中，"将迎"，是说"送于事之往，迎于事之来"；"意必"①，是主观的悬空臆测和绝对肯定。

第三节　圣人致知之功与佛家心印

王阳明与陆原静的书信中讲到"出儒入佛""圣人致知之功至诚无息"，并引用《金刚经》中"无所住而生其心"来回应陆原静的问题。

一、圣人致知之功与至诚无息

陆原静在给王阳明的信中，问到："《大学》以心有好乐、忿懥、忧患、恐惧为不得其正"，程颢也讲"圣人情顺万事而无情"，那么圣人的情感是产生于事物，还是产生于本心？王阳明在此讲到了"圣人致知之功至诚无""良知之体皦如明镜"，具体是：

> 来书云：《大学》以心有好乐、忿懥、忧患、恐惧为不得其正，而程子亦谓"圣人情顺万事而无情"。所谓有者，《传习录》中以病疟譬之，极精切矣。若程子之言，则是圣人之情不生于心而生于物也，何谓耶？且事感而情应，则是非非可以就格。事或未感时，谓之有，则未形也；谓之无，则病根在有无之间，何

---

① 引自《论语·子罕》：子绝四：毋意、毋必、毋固、毋我。

以致吾知乎？学务无情，累虽轻，而出儒入佛矣，可乎？

圣人致知之功至诚无息，其良知之体皦①如明镜，略无纤翳。妍媸之来，随物见形，而明镜曾无留染。所谓"情顺万事而无情"也。"无所住而生其心"，佛氏曾有是言，未为非也。明镜之应物，妍者妍，媸者媸，一照而皆真，即是生其心处。妍者妍，媸者媸，一过而不留，即是无所住处。病疟之喻，既已见其精切，则此节所问可以释然。病疟之人，疟虽未发，而病根自在，则亦安可以其疟之未发而遂忘其服药调理之功乎？若必待疟发而后服药调理，则既晚矣。致知之功无间于有事无事，而岂论于病之已发、未发邪？大抵原静所疑，前后虽若不一，然皆起于自私自利，将迎意必之为祟。此根一去，则前后所疑自将冰消雾释，有不待于问辨者矣。②（《卷二·语录二·传习录中·答陆原静书》）

就像《传习录》中，用人们得了疟疾这种疾病，虽然时好时坏，但如果不是处在一直发病的状态，就不能把没处在发病状态的人们看做是无病之人，因为产生疾病的病根还在病人的身体中。如同世俗之人，不能因为没有表现出来好色、好名利，就认为是圣人，其实好色、好名利的习性还是潜伏在人们的心里，只是没有在众人面前表现出来，没有被人发现而已，但是不能当做没有这些恶习了。

面对形形色色不同的事物，人们的内心会对应升起不同的情感反应，这样的状态下，是非之事就可以"格物致知"了。人们面对事物没有产生情感时，说是有，是因为人们的情感还没有表现出来，因此不能说是无；反之亦然，人们面对事物产生情感的时候，说是无，是相对内心而言，情感已经从内心流露到了表面上来了。只要有和无这个病根还在，表现出来就是或有、或无。如果认为到了无情的状态才可以实践良知的功夫，看似人们减轻了拖累，却又"出儒入佛"，从儒家转投到佛教门下了，陆原静对此不解，困惑中不知道这样做是否可以？

---

① 皦：皎。
② （明）王守仁著，吴光等编校：《王阳明全集》上册，上海古籍出版社，2011年，第79-80页。

第六章 圣人之心与方便法门

王阳明对此回复：圣人践行的致知功夫是"至诚无息"的功夫，圣人本体的良知，就像明镜一般一尘不染，美丽和丑陋的事物，在明镜中一照就会立刻显现出来，但是明镜却不会沾染或美或丑，还能明鉴不同的事物。这是或来或去都不会留痕迹的"情随万事而无情"之含义。佛家《金刚经》中的"无所住而生其心"，无有挂碍，是同样的意指。

所列举的人们患有疟疾的比喻，在人们还没有发病的时候，就应该及时用药来治疗，不能等到疾病发作了，才开始治疗，这样就有些晚了。致知的实践功夫，就如同治病的良药，不能有所间断。不能被这个"自私自利，将迎意必"病给束缚住了，导致前后不一致而产生困惑，人们如果把这个束缚自己的病根去除了，只要坚持笃行致知的功夫，产生这些问题的疑惑，也就随之烟消云散了，也就没有了"待于问辨者"的困惑了。

钱德洪在跋中，也讲到陆原静善于思考和善于提出一些问题，这有利于启发后学。但是，陆原静所提的问题常常停在认知和浅层理解的层面打转转，如同"盲人摸象"，王阳明教育他不能用一知半解来当做事情的全貌，要常常反求诸己，在致良知和知行合一的学习中认真下功夫，这样自己才能彻底醒悟。

王阳明在《答罗整庵少宰书》中，引用韩愈的观点，即"佛、老之害，甚于杨、墨"。孟子批评杨朱、墨子"无父、无君"，也就是没有社会中的人伦纲常。但是，杨朱、墨子假如和孟子出生在同一个时期，也是属于贤士之类。墨子提倡"兼爱"，杨朱认为"无我"，并非要人们抛弃社会中的纲常和天理，以此思想来迷惑天下的百姓，只是把"行义"这一思想做过头了。孟子对此把杨朱、墨子比附于"禽兽、夷狄"，也称为是"以学术杀天下后世"，面对今天社会上学术上产生的弊端，不能说是行于仁、义太过分了，如果把他们和"洪水猛兽"作一番比较，不知结果会怎样？孟子对此才会说"予岂好辨哉？予不得已也"。不是喜好争辩，而是不得已而为之。具体是：

> 孟子辟杨、墨，至于"无父，无君"。二子亦当时之贤者，使与孟子并世而生，未必不以之为贤。墨子"兼爱"，行仁而过耳；杨子"为我"，行义而过耳。此其为说，亦岂灭理乱常之甚而足

以眩天下哉？而其流之弊，孟子至比于禽兽夷狄，所谓"以学术杀天下后世"也。今世学术之弊，其谓之学仁而过者乎？谓之学义而过者乎？抑谓之学不仁不义而过者乎？吾不知其于洪水猛兽何如也！孟子云："予岂好辩哉？予不得已也！"

杨、墨之道塞天下，孟子之时，天下之尊信杨、墨，当不下于今日之崇尚朱说，而孟子独以一人呶呶于其间，噫，可哀矣！韩氏云："佛、老之害甚于杨、墨。"韩愈之贤不及孟子，孟子不能救之于未坏之先，而韩愈乃欲全之于已坏之后，其亦不量其力，且见其身之危，莫之救以死也矣！呜呼！若某者其尤不量其力，果见其身之危，莫之救以死也矣！夫众方嘻嘻之中，而独出涕嗟若，举世恬然以趋，而独疾首蹙额以为忧，此其非病狂丧心，殆必诚有大苦者隐于其中，而非天下之至仁，其孰能察之？①（《卷二·语录二·传习录中·答罗整庵少宰书》）

孟子的时代，杨朱、墨子的学说，天下之人都推崇备至，就像当前的人们都崇敬朱熹，孟子只是一个人不厌其烦地不断与这些人反复争论，这是令人感到悲伤的事情！韩愈等这样的圣贤，是不如孟子贤明的。孟子也做不到在天下仁义没有破坏之前可以进行拯救，韩愈就更不用说了，在仁义已经完全被破坏了，再进行救治，就已经是不自量力了。

王阳明讲到：当一个人意识到自己面临的危险，却无力挽回和救治，众人高兴地欢呼追随这些危险之时，我却独自皱眉并痛心疾首。这种情况，如果不是我丧失理智，就是在默默承受巨大的痛苦。如果不是普天之下的"至仁"之人对此有所觉察，其他人是不会体察到这种痛苦的。

王阳明也再次强调：良知蒙尘矣，圣人之仁义，正大光明。就像是出自《诗经》中东周都城洛邑周边地区（河南洛阳）的民歌《国风·王风·黍离》：知我者谓我心忧，不知我者谓我何求。悠悠苍天，此何人哉？孟子和王阳明面对人们对仁义、良知等丧失，所发出的一番感慨，也是表达出同样的忧虑和哀伤。

---

① （明）王守仁著，吴光等编校：《王阳明全集》上册，上海古籍出版社，2011年，第87–88页。

二、佛家心印与试金石

王阳明前面讲道:"人胸中各有个圣人,只自信不及,都自埋倒了。""良知在人,随你如何,不能泯灭。"人们要是把圣人为学和实践的功夫等道理都融会贯通了,那么不管怎么解释,不管事情或是非或真伪,在良知面前,就会立刻清楚明了。

人们可以用是否合乎良知来判别事情的是与非,这与佛教的"心印"是一样的道理,我们可以把"良知"看成是一块试金石,一个指南针,就像是大海航行靠舵手,舵手用舵盘把正确方向确定好了,不管遇到多大的惊涛骇浪,都能安全平稳地到达目的地。

> 先生曰:这些子看得透彻,随他千言万语,是非诚伪,到前便明。合得的便是,合不得的便非。如佛家说心印相似,真是个试金石、指南针。

> 先生曰:人若知这良知诀窍,随他多少邪思枉念,这里一觉,都自消融。真个是灵丹一粒,点铁成金。[1](《卷三·语录三·传习录下·陈九川录》)

"良知"就是人们治学成功的诀窍,不管面对多少"邪思枉念",只要用"良知"来进行提点觉醒,人们的"邪思枉念"就会立刻烟消云散。可见,"良知"就是灵丹妙药,也能点石成金。王阳明批评欧阳崇不要把"良知"看的太简单了,其实人们想彻底领悟和实践起来并不是一件容易的事情。

佛教中有讲到修行者需要"初中后夜常行精进",王阳明的学生黄以方[2]请问他,儒生们在半夜三更时分,洗涤清理心胸中的各种念头,感受到内心空空荡荡和安安静静,这种"静"和佛教里"静"是相同的,都是在儒家和佛教还没有"应事接物"的状态下产生的,这种情况下,怎么才能来辨别这种"静"是儒家的,还是佛教的呢?

---

[1] (明)王守仁著,吴光等编校:《王阳明全集》上册,上海古籍出版社,2011年,第106页。
[2] 黄直:生卒年不详,字以方,江西金溪人,明中期学者、诤臣,阳明弟子。嘉靖二年(1523)进士,任漳州府推官,因抗疏论救而下诏狱。后赦还,甚贫,妻纺织以给朝夕,直读书谈道自如。久之,卒。隆庆元年(1567),赠光禄少卿。

> 问：儒者到三更时分，扫荡胸中思虑，空空静静，与释氏之静只一般，两下皆不用，此时何所分别？
>
> 先生曰：动静只是一个。那三更时分，空空静静的，只是存天理，即是如今应事接物的心。如今应事接物的心，亦是循此天理，便是那三更时分空空静静的心。故动静只是一个，分别不得。知得动静合一，释氏毫厘差处亦自莫揜①矣。②（《卷三·语录三·传习录下·门人黄直录》）

王阳明对此认为，动和静本来就是一件事。人们在半夜三更时分"空空静静地存天理"的心，与白天接应处理各类事物的心是一致的，这两者都是在遵循天理的状态下处理事务。这样，动静也就不会被割裂分开，把动静合一的道理思考清楚明白了，也就明了儒佛之间的毫厘差距。

在王阳明看来，致良知的实践功夫，并没有动静之分，在"静"的状态上，佛教和儒家看似类似，却还是差异较大。王阳明强调，动和静对于良知的功夫而言，是不可分割的，而佛教的"静"的功夫，是把动静割裂开来，一般是用"断"和"灭"的手段来进入禅定的"静"的状态之中。儒家是把"循理"贯穿在动静之中，并没有深陷在"静"的状态里。《传习录》上卷《陆澄录》中，王阳明也讲到：以循理为主，何尝不宁静？以宁静为主，未必能循理。儒家的"静"，并没有彻底脱离人们的日常运用，佛教的"静"是为了脱离世俗社会的烦恼，进入一种寂灭的"静"的境界。

三、不着相与着了相

佛教经典中一直教导人们不要执着于世界中人与事物的"相"，按照成住坏灭的规律，具有实体"相"的人或者事物，终归是要归于空相的。在王阳明看来，佛教一直强调"不着相"，其实是执着了这个"不着相"的相；儒家注重修身、齐家、治国、平天下的实践功夫，以达到人与社会的和谐共处，各阶层处在一个伦理有序的理想状态，这些看似是"着相"，

---

① 同：掩。
② （明）王守仁著，吴光等编校：《王阳明全集》上册，上海古籍出版社，2011年，第111页。

其实是为国为民而舍弃了自我的"相"。

王阳明经常给学生们讲到：佛教不愿意受到君臣之义，父子、夫妻等亲情的束缚，就舍弃了这些亲情和"相"，其实是执着了这些社会关系和亲属关系，才想方设法地舍掉。

> 先生尝言：佛氏不着相，其实着了相。吾儒着相，其实不着相。
> 请问。曰：佛怕父子累，却逃了父子；怕君臣累，却逃了君臣；怕夫妇累，却逃了夫妇：都是为个君臣、父子、夫妇着了相，便须逃避。如吾儒有个父子，还他以仁；有个君臣，还他以义；有个夫妇，还他以别：何曾着父子、君臣、夫妇的相？①（《卷三·语录三·传习录下·门人黄直录》）

相反，儒家思想学说是重视这些关系的，并用仁、义等礼制进行巩固和完善这些社会关系，达到和谐共处的理想状态。可见，儒释道三家在义理思想和实践功夫上，差距还是比较大。

道教思想讲到的虚无，大多是人们为了养生和强身健体的目的。佛教讲到"无"，也并不是完全的空无所有，为空而空，只是为了方便众生不执着于种种人世间的烦恼，希望人们从中解脱出来，脱离苦海，用"无"的观想方法来对治各种心病。

> 先生曰：仙家说到虚，圣人岂能虚上加得一毫实？佛氏说到无，圣人岂能无上加得一毫有？但仙家说虚，从养生上来；佛氏说无，从出离生死苦海上来：却于本体上加却这些子意思在，便不是他虚无的本色了，便于本体有障碍。圣人只是还他良知的本色，更不着些子意在。良知之虚，便是天之太虚；良知之无，便是太虚之无形。日、月、风、雷、山、川、民、物，凡有貌象形色，皆在太虚无形中发用流行，未尝作得天的障碍。圣人只是顺其良知之发用，天地万物，俱在我良知的发用流行中，何尝又有一物

---

① （明）王守仁著，吴光等编校：《王阳明全集》上册，上海古籍出版社，2011年，第112页。

王阳明曾在鸡鸣寺（凭虚阁）讲学，作《登凭虚阁和石少宰韵》诗。（杨德俊拍摄）

超于良知之外，能作得障碍？①（《卷三·语录三·传习录下·门人黄省曾录》）

儒家看来，人的良知不能说是一个"虚无"，良知是本体之学和圣人之学，不是彻底的什么都没有。王阳明认为，圣人在对"虚无"的认识上，是没有或增或减一分一毫的，而佛教道教，在人的本体"虚无"上是有所增减的，这已经不是"虚无"的本来面貌了，这对人们正确认识自己的本体良知，是会产生一定的阻碍作用。

自然万物中"日、月、风、雷、山、川、民、物"等，都是在"太虚"中得以"流行"，圣人就是顺应自己的"良知"和在"太虚之无形"的世界中发挥自己的作用，而不是破坏这种作用或是超出了天地万物在良知中正常运行的范围。圣人是通晓世间规则，明了"天有华文，地有事理"，就不会逾越各种法度和礼仪；圣人之行，和乎天道，顺应良知，就不会遇到有什么障碍的事情。

第四节　制心一处与圣人之心

佛教更着眼于解脱人的生死问题，以脱离老、病等身心痛苦，禅宗也主张"明心见性"以"顿悟成佛"；儒家是崇尚孔、颜的快乐，主张格物致知，王阳明提出"此心光明""人人都可以成圣"，让人们本体之性的良知之光能够充分显现出来。

一、释氏养心

有弟子请教王阳明，佛教也关注于"制心一处，无事不办"，重视"心"的修行功夫实践，但是却忽视了世俗社会天下的治理。这其中的原因是什么？

> 或问：释氏亦务养心，然要之不可以治天下，何也？

---

① （明）王守仁著，吴光等编校：《王阳明全集》上册，上海古籍出版社，2011年，第121页。

先生曰：吾儒养心，未尝离却事物，只顺其天则自然，就是功夫。释氏却要尽绝事物，把心看做幻相，渐入虚寂去了。与世间若无些子交涉，所以不可治天下。

或问异端。

先生曰：与愚夫愚妇同的，是谓同德。与愚夫愚妇异的，是谓异端。①（《卷三·语录三·传习录下·以下钱德洪录》）

王阳明对此回复：儒家修养"心"的性情，并没有脱离事物，而且所行是"顺其天"，这种顺其自然是属于儒家的功夫。佛教主张的是彻底地脱离现实世界和事物，"心"也是虚幻之相，这样佛教的"修心"功夫，就会逐渐进入一种虚幻的寂灭中，因此与现实社会脱节，也就谈不上治理天下了。

有弟子请教王阳明有关"异端"的问题，一般在人们的普遍认知里，顺从并合乎大众的普遍观点和立场的认知可以看做是正常的认知，是可以获得大众肯定和认可的。如果提出了自己独特的见解，但是与大众普遍认可的观点截然不同，就会被视作"异端"。此处王阳明是认为：如果与"愚夫愚妇"的观点一致和相同，就是"同德"；如果是完全"相反"的，就是"异端"。

朱本思请教王阳明，人们只有具有"虚灵"之后，才会有良知，那么大自然中事物，如草、木、瓦、石等，是否也有良知呢？具体是：

朱本思②问：人有虚灵，方有良知。若草、木、瓦、石之类，亦有良知否？

先生曰：人的良知，就是草、木、瓦、石的良知。若草、木、瓦、石无人的良知，不可以为草、木、瓦、石矣。岂惟草、木、瓦、石为然，天地无人的良知，亦不可为天地矣。盖天地万物与人原是一体，其发窍之最精处，是人心一点灵明。风、雨、露、雷、日、月、星、辰，禽、兽、草、木、山、川、土、石，与人原只一体。故

---

① （明）王守仁著，吴光等编校：《王阳明全集》上册，上海古籍出版社，2011年，第121页。
② 朱本思：名得之，字本思，号近斋，靖江（今属江苏）人，王阳明弟子，曾入仕，学主道家。

五谷禽兽之类，皆可以养人；药石之类，皆可以疗疾：只为同此一气，故能相通耳。①(《卷三·语录三·传习录下·以下钱德洪录》)

王阳明认为：人与草、木、瓦、石等的良知是同一个，没有什么分别，这个良知存在于人们心中，存在于草、木、瓦、石等中，存在于天地之中，这个良知贯穿在大自然的万事万物之中，并与人是融为一体的，"发窍之最精处"，就是指人们心中的那一个"灵明"之处在发生作用。人与天地自然"同此一气"，人们食用"五谷禽兽"才可以让人的身心获得足够养分，"药石"等对人们的各类疾病进行治疗。在此，王阳明提出的良知，就与日月之光、珠玉之无暇一样具有了无限光明，良知教导人们依据人伦礼义、天理进行日常生活，此时人们所格之物，就是用良知主宰着人们言行，何愁不能成仁和成圣呢？

二、一悟本体与功夫

王阳明将要出征思恩和田州之前，钱德洪与王汝中陪同王阳明在天泉桥上讨论"心体善恶""人的本体""未发之中""道的本体"等问题。王汝中认为阳明的四句教中，心体根本之处是没有善恶的；钱德洪认为心体作为先天的本性而言，是没有善恶之分的，但是因为后天不良习气的污染，就有了善恶之分，才有了人们要用修身等实践功夫来复原先天的无染的本性。

> 先生曰：我今将行，正要你们来讲破此意。二君之见正好相资为用，不可各执一边。我这里接人原有此二种：利根之人，直从本源上悟入。人心本体原是明莹无滞的，原是个未发之中。利根之人一悟本体，即是功夫，人己内外，一齐俱透了。其次不免有习心在，本体受蔽，故且教在意念上实落为善去恶。功夫熟后，渣滓去得尽时，本体亦明尽了。汝中之见，是我这里接利根人的；德洪之见，是我这里为其次立法的。二君相取为用，则中人上下皆可引入于道。若各执一边，眼前便有失人，便于道体各有未尽。

---

① （明）王守仁著，吴光等编校：《王阳明全集》上册，上海古籍出版社，2011年，第122页。

阳明心学与多元文化的会通

  既而曰：已后与朋友讲学，切不可失了我的宗旨：无善无恶是心之体，有善有恶是意之动，知善知恶的是良知，为善去恶是格物，只依我这话头随人指点，自没病痛。此原是彻上彻下功夫。利根之人，世亦难遇，本体功夫，一悟尽透。此颜子①、明道②所不敢承当，岂可轻易望人？人有习心，不教他在良知上实用为善去恶功夫，只去悬空想个本体。一切事为俱不着实，不过养成一个虚寂。此个病痛，不是小小，不可不早说破。

  是日德洪、汝中俱有省。③（《卷三·语录三·传习录下·以下钱德洪录》）

  王阳明认为这两位弟子都是在各执自己的见解，但是这两者的主张正好可以互相补充。王阳明指出：人的心之本体，原本是"明莹无滞"，是处在"未发之中"。利根之人，也就是佛教中讲到的具有上上根器的人，不管是从内观察，还是从外观察，都已经透彻明了，因此，一旦觉悟到本体，这就是功夫。即"利根之人一悟本体，即是功夫"。

  对于不是"利根之人"，本体之心受到自己后天习气蒙蔽污染之后，就需要用自己的意念引导去恶行善，等人们修养身心的功夫纯熟之后，把自己身心中先前存在的污染和渣滓彻底清理干净后，明镜一般的本体也就显现出来了，就像禅宗中常用的垢尽明现的譬喻。

  王阳明认为王汝中的主张，是用来教育"利根人"，钱德洪的见解，是用来教育"资性次一等之人"，这两者各取所长，就可以用来教育各个层次的学生了。如果人们是各执己见，对"道体"的认识都会有所偏颇，对学生们教导上也会出现种种失误。

  王阳明教导弟子们，以后讲学，千万不能丢失了这个宗旨，阳明四句教的主要内容是：无善无恶是心之体，有善有恶是意之动，知善知恶是良知，为善去恶是格物。这是修身和治学的真功夫，是根据人们不同的根性而进行不同的开导和教诲。只要人们在本体的根本之处觉悟之后，就会彻底明

---

① 颜子：即颜渊。
② 明道：明道先生，是指程颢，字伯淳。
③ （明）王守仁著，吴光等编校：《王阳明全集》上册，上海古籍出版社，2011年，第133页。

白觉悟的功夫如何去实践，颜回和程颢也不敢承认自己已经完全可以做到了，也就不能指望他人能够做到了。人们在成长的过程中，伴随着后天世俗社会的污染，要在良知本体上实践"为善去恶"的功夫，如果仅仅依靠凭空想象和自己苦思冥想出来一个本体，这"为善去恶"的功夫是不能落在实处，只会滋养出一个"虚寂"的弊端，这是一个大毛病，需要尽早说破和制止。听到王阳明这一番剖析，钱德洪与王汝中都大有收获和醒悟。

禅宗修行法门也有顿渐之分，顿悟的修行方式可以指导修行者快速获得智慧，实践修行的功夫也是需要在事上进行磨练，这样就会避免磨砖成镜的错误认知。顿悟与渐修不相违背，本体与功夫也不可偏颇。王阳明是用良知来指导"知善知恶""为善去恶"，用"格物"对身心进行修正。

三、以手指显出与实相幻想

有人问王阳明，讲到"声色货利"，良知在发用时，也不可能没有这些分别吧？王阳明对此认为，良知与"声色货利"的往来，也是天理在发生作用，但是却不会被"声色货利"蒙蔽了。

（一）人之本体与寂然不动

王阳明接着指出：人的本体是"寂然不动"，良知，也是"寂然不动"，在此状态下，才能进行"致良知"的践履功夫，到达"感而遂通"，"理"是原本就存在的，因此，事情没有发生的时候，不能说这个没发生的状态是"先"；反之，事情已经发生了，也不能认为这个状态是"后"，事情的未发和事情的已经发生的两个状态，都是"理"在事物上的具体显现，在这个节点上，不能说"理"这个本体有先后之分。

> 先生曰：人之本体常常是寂然不动的，常常是感而遂通的。未应不是先，已应不是后。
>
> 一友举：佛家以手指显出，问曰："众曾见否？"众曰："见之。"复以手指入袖，问曰："众还见否？"众曰："不见。"佛说还未见性。此义未明。
>
> 先生曰：手指有见有不见，尔之见性常在。人之心神只在有

睹有闻上驰骛①，不在不睹不闻上着实用功。盖不睹不闻是良知本体。戒慎恐惧是致良知的功夫。学者时时刻刻常睹其所不睹，常闻其所不闻，工夫方有个实落处。久久成熟后，则不须著力，不待防检，而真性自不息矣。岂以在外者之闻见为累哉？②（《卷三·语录三·传习录下·此后黄以方录》）

有人问王阳明佛教中"以手指显出"教化弟子的典故，《圆觉经》中也有类似"以手指月"的教化方法，人们不去看月，反而本末倒置，误认为指向月亮的手指就是月亮。

王阳明对此指出：对于在众人面前显示出指月的手指，人们可以看见这个手指，也可以看不见，但是这个"见性"确实不会因为人们"见"，还是"不见"手指，就或有或无，这个"见性"是"常在"。这些方面的论述在佛教经典，如《大佛顶如来密因修证了义诸菩萨万行首楞严经》等中有更为细致的剖析。

人们随着外面的所见所闻，心神不定，随之变化，却没有在不见不闻上认真下功夫。这个"不睹不闻"，保持不变的本体，就是"良知本体"，"戒慎恐惧"也是"致良知"的实践功夫。人们还是需要在本体上下功夫，要透过见闻的表面现象，探究其根本之性，这样把功夫做到实处。日日用功，功夫熟练之后，不需要特意去做什么，不需要特意去防范什么，自己的"真性"就不会被外面的见闻拖累了，人们的"真性"也就一直生生不息、活泼泼地在发生作用。也就是不能只做表面功夫，而是要在根本之处下足真实的功夫，才能在治学中真正有所收获，达到成仁、成圣的崇高目标。

（二）有心俱是实与无心俱是幻

王阳明就任两广总督之时，钱德洪与王汝中（王畿）在严滩这个地方送别王阳明，王畿用佛教中"实相幻想"请问王阳明。王阳明对此解释：有心、无心，与实体、幻化是相对的。这番对话又称为是"严滩之辩"，

---

① 驰骛：奔驰走纵。
② （明）王守仁著，吴光等编校：《王阳明全集》上册，上海古籍出版社，2011年，第139页。

具体是：

> 先生起行征思、田，德洪与汝中追送严滩，汝中举佛家实相幻想之说。先生曰：有心俱是实，无心俱是幻；无心俱是实，有心俱是幻。①
>
> 汝中曰："有心俱是实，无心俱是幻，是本体上说工夫。无心俱是实，有心俱是幻，是工夫上说本体。"先生然其言。洪于是时尚未了达，数年用功，始信本体工夫合一。但先生是时因问偶谈，若吾儒指点人处，不必借此立言耳！②（《卷三·语录三·传习录下·此后黄以方录》）

王畿说又问：在本体说功夫，有心是实，无心是幻；在功夫上谈论本体，无心是实，有心是幻。王阳明认可王畿的这个说法。

钱德洪一时没有明白，经过多年的实践和下功夫之后，才领悟到本体与功夫是不可分割的，王阳明当时只是针对不同的人所提出的不同的问题，而做出的不同的对应解答。钱德洪认为，儒者如果在现实中指导学生，可以不用这种讲法来建立理论，以避免儒家的理论体系与佛教的理论体系互相混淆了。

王阳明提出的"良知""致良知"，是本体与功夫之间的联系，从本体上进行的致知过程，才是从本体上说功夫，功夫是把本体作为出发点，在实践的过程中，功夫也是把本体作为行为的规范、准则。

（三）圣人之心

王阳明在为学生讲解"圣人之心，纤翳自无所容"，讲道：

> 昨晚言似太多，然遇二君亦不得不多耳。其间以造诣未熟，言之未莹则有之，然却自是吾侪一段的实工夫。思之未合，请勿轻放过，当有豁然处也。

---

① 这句话是王阳明晚年定论。意思是从本体上说，心是主宰，心即是理；从工夫上说，要做到无心，不牵制于外物。

② （明）王守仁著，吴光等编校：《王阳明全集》上册，上海古籍出版社，2011年，第141页。

圣人之心，纤翳①自无所容，自不消磨刮。若常人之心，如斑垢驳杂之镜，须痛加刮磨一番，尽去其驳蚀，然后纤尘即见，才拂便去，亦自不消费力。到此已是识得仁体矣。若驳杂未去，其间固自有一点明处，尘埃之落，固亦见得，亦才拂便去。至于堆积于驳蚀之上，终弗之能见也。此学利困勉之所由异，幸弗以为烦难而疑之也。凡人情好易而恶难，其间亦自有私意气习缠蔽②，在识破后，自然不见其难矣。古之人至有出万死而乐为之者，亦见得耳。向时未见得向里面意思，此工夫自无可讲处。今已见此一层，却恐好易恶难，便流入禅释去也。昨论儒释之异，明道所谓"敬以直内"则有之，"义以方外"则未③。毕竟连"敬以直内"亦不是者，已说到八九分矣。④（《卷四·文录一·答黄宗贤应原忠》）

此处，王阳明讲到：昨天晚上好像说的太多了，不过遇到两位朋友真是情不自禁啊。在这当中因为造诣不精，有很多话没有说透彻，但这也是我实际做的功夫的体会。如果未能想通，请不要轻易放过去，多去在心上体会思考，必定会有豁然开朗的时候。

圣人之心，对自己微小的毛病也不能容忍出现，自然不用特意去改正。而普通人的心，如有污渍的镜子，必须用力擦一遍，把污渍都去除，然后细微的尘埃就能被看见了，才好随手掸掉，不用费什么力。

能做到这样就已经是能看清仁的本体了。如果污渍没有去除，当中也会有一些是干净的地方，尘埃落过去的时候，也是能够看到的，也是随手就能够掸掉的。至于那些落在污渍之上，则想看也看不到了。这个学说最适合人们在困境中学习，希望人们不要因为艰难就开始怀疑。普通人好易恶难，这当中也有自私的毛病在里面，在看清楚后，自然就不会觉得难了。古时候，有人出生入死也依然能够乐于去实践，他们也正是看清楚这点。如果人们碰到事情不能从自身开始思考，那么这个功夫确实也没什么可讲

---

① 翳：阴影。
② 私意：自私之意。气习：日常养成的不良习气。缠蔽：缠绕、遮蔽。
③ 敬以直内，义以方外：语出《周易》，以敬的工夫修养自身，以义的原则对待人事物。
④ （明）王守仁著，吴光等编校：《王阳明全集》上册，上海古籍出版社，2011年，第164页。

的地方。今天我已经见到这层了,但又害怕自己有好易恶难的问题,这反而像佛教清静无为的状况了。

(四)释老与百姓日用

昨天谈到儒家和释家的区别,明道所说的"以敬心矫正内在的思想"是有的,但是"以义德规范外在的行为"却未见得有。毕竟连"以敬心矫正内在的思想"都做不到的人,在十个人里面也有八九个了。

> 释氏之所以为释,老氏之所以为老,百姓日用而不知,皆是道也,宁有二乎?今古学术之诚伪邪正,何啻碔砆[①]美玉!然有眩惑终身而不能辨者,正以此道之无二,而其变动不拘,充塞无间,纵横颠倒,皆可推之而通。世之儒者,各就其一偏之见,而又饰之以比拟仿像之功,文之以章句假借之训,其为习熟既足以自信,而条目又足以自安,此其所以诳己诳人,终身没溺而不悟焉耳!然其毫厘之差,而乃致千里之谬。非诚有求为圣人之志而从事于惟精惟一之学者,莫能得其受病之源而发其神奸之所由伏也。[②]
> (《卷六·文录三·寄邹谦之四》)

道家说道,释家说释,与老百姓平日里常用到却没有去深究的都是同一个道,有什么不同?

今天与古代学问法术的真诚虚伪、邪恶正直,何止是顽石与美玉的区别,有人昏眩迷惑一生而不能辨析,正是因为大道独一无二,而大道变化运动没有拘束,充塞时空没有间隙,纵行横列颠来倒去,都可以推导而通达。

世上的儒家学者,各自都有自己一些偏颇的见识,而又用比如模拟、仿照、抽象等功夫来装饰这些虚伪的见识,用华丽辞藻描绘它们,以章句假托借用的手法对人们进行训示。他们已经习惯和熟悉了这样的行为,既能满足自己的自信心,而这些虚伪学说的条款细目又能让自己安心并获得满足,这就是他们诳骗自己、诳骗他人的原因,他们的一生就此湮没陷溺,

---

[①] 碔砆:似玉之石。

[②] (明)王守仁著,吴光等编校:《王阳明全集》上册,上海古籍出版社,2011年,第229页。

1995年恢复阳明洞王文成公祠正殿的匾额抱对，重塑阳明先生铜像。

而不能觉悟了。

然而，他们这些人的学说虽然只是毫厘之差别，但是却误导了人们并产生了千里之谬误。不是真正具有追求成为圣人的志向的人们，不是依从"惟有精深、惟有专一"求学的人，是不能发现这些误人学说和应该遭受人们病诟的源头在哪里，也不能发现他们神奇奸诈的言行所潜伏的场所和途径。

第五节　心、理与幻、实

王阳明重视"心"和"理"，提出"心外无理""心即理"等思想，"心"，王阳明指的是本体之心，"理"王阳明指的是天理和客观之理，王阳明的"心""理"思想阐发，主要是区别于朱熹"心""理"二分。佛教思想中也不乏对"心""理"的阐释。

一、"心"与"理"

有关"心"与"理"之间的关系时，唐代慧光集释的问答体《大乘开心显性顿悟真宗论》中，讲到"真心""妄心""分别心""不分别心""心"与"理"等之间的联系和区别，即"心是道，心是理，则是心心外无理，理外无心"，具体是：

> 问曰：云何真性？
> 答曰：不起心常无相清净。
> 问曰：云何自性？
> 答曰：见闻觉知四大及一切法等各有自性。
> 问曰：自性从何而生？
> 答曰：从妄心生。
> 又问曰：云何离自性？
> 答曰：心不起即离。
> 问曰：云何是道？云何是理？云何是心？
> 答曰：心是道，心是理，则是心心外无理，理外无心，心能平等名之为理，理照能明名之心，心理平等名之佛心，得此理者

不见生死。凡圣无异,境智无二。理事俱融,染净一如。如理真照,无非是道。自他俱离,一切行一时行,亦无前后亦无中间。缚解自在,称之道。

问曰:云何顺正理人?

答曰:心不起常无相顺。

问曰:云何顺道?

答曰:直心不着一切即顺。

问曰:云何是妄?

答曰:不识自心是妄。

问曰:云何是颠倒?

答曰:若起种种境界是颠倒。

问曰:何者是自心?何者是妄心?

答曰:若行分别是妄心,不分别是自心。

问曰:分别心及不分别心从何而生?

答:分别心从颠倒生,不分别心从正智生。

问曰:分别心及与不别心俱从何生?

答曰:无我生处。

问曰:既生处云何称有颠倒称有正智?

答:若不识自心即行种种颠倒,若识自心即是正智。

问曰:今言识与不识俱从何而生?

答:若识从悟生,若不识从妄想生。

问曰:一切众生总在妄想?为复亦在正智?

答曰:一切众生无在正智,实无妄想。

问曰:我今现在妄相云何称有正智?

答曰:汝本来实无妄想,今称妄想。即如人食莨荡子[①]于空中觅针,如此虚空实无有针。

---

① 莨荡子:又名:莨菪子或天仙子。西汉史学家刘向(公元前77–前6年)著《别录》记载:莨荡子,生海滨川谷及雍州,今所在皆有之。叶似菘蓝,茎叶皆有细白毛,四月开花紫色,或白色,五月结实有壳,作罂子,状如小石榴,房中子至细,青白色,如粟米粒。

第六章 圣人之心与方便法门

> 问曰：本来既无妄，今一切行人断何物而求道乎？
> 答曰：不断一物亦无道可求。①

这部自唐代就已盛行的禅宗经典，在此处的一问一答之间，从"真性""自性""心""理"等论述中，开显出生死、凡圣、境智等真实之义，"心""性""理"这三者是平等的。

《法华经会义》第七卷和《贤首五教仪》第五卷中也讲到"此心"和"此理"，具体是：

> 无等等者，无上菩提，无与等者，得此理已，等一切法，皆成无上。如世仙丹，无与等者，能点他物，亦成仙丹，此约开显之圆横收一切，皆归一实也！又究竟佛果，无与等者，初发心时，即便等之，如转轮王，无与等者。太子初生，即便等之，此约实相之体竖谈因果，初后宛然也！又心即理，理即心，心外无理，理外无心，心之与理，但有名字，名字性空，俱不可说，将何物等，何物而云，无等等耶？不可说而说，说此心等，此理是故。言无等等，此约双遮、双照，非横、非竖，而横、而竖也！发心有三，一观行发心，二相似发心，三分证发心，今必是分证也！约化他劝，流通中二，勉受法弟子竟。②

华严法界有三止和三观之说，真空止、无碍止、周遍止；三观是真空观、无碍观（理事观）、周遍观，这些都是佛教中"宗通"和"说通"中的善巧方便，佛教中的心性本就清净而无诸般杂染，此心性圆明透彻，具含万法；此心性同具凡圣，在凡不会有所减少，在圣不会有所减少。《贤首五教仪》第五卷中，也讲到"心""性""理"，华严中的这三者更趋向了圆融无碍的境界，都是妙明心性的一番方便显现，阳明心学同样也受到其影响，具体是：

> 修此止观然有二，时，一者静坐，一心复有入住出三初入时，

---

① 《大乘开心显性顿悟真宗论》，《大正藏》第85册，第1278页。
② 《法华经会义》卷7，《新编卍续藏经》，第32册，第215-216页。

心则从麤（同：粗）至细，境则自动及静，当麤（同：粗）动间应修三止，以破除之修真空。止心无心，相境无境，相心境相，无麤（同：粗）动缘息。初止不破，进无碍止，心境无性，依理成立。离真理外，无心境得，次止不破，进周遍止。一一心境，如性融通，遂令圆遍，无妄麤（同：粗）动。止若不破，即应修观，修真空观，麤（同：粗）动心境，悉因缘生，因缘无性，相即寂灭。初观不除，进无碍观，心境空无，生性之理，即是真如，平等法界。次观不除，进周遍观，全法界理，为心境事，法界无碍，心境亦融，修此三止观后，麤（同：粗）动心境，自然销灭矣。①

陆九渊提出的"人皆有是心，心皆具是理""心即理"之说，王阳明的"心外无理""心外无物"等理论的提出，都可以看出他们深受禅宗等佛教思想影响的很多痕迹。

陆澄请问王阳明怎么立志的问题，王阳明回复"只念念要存天理，即是立志"，慧能在《六祖大师法宝坛经》中也讲："念念若行，是为真性"，念念之间，王阳明是为了"立志"，慧能是为了"真性"显现，都是让一念之间时时"存天理"，或者是行在菩提之路上。

慧能在为韦使君讲解菩提般若智慧之时，讲到"般若"是每个人的心性中本来都具备的智慧，只是原本清净的心被各种愚痴所迷惑了，在不自觉和不觉悟的时候，就需要有智慧的人来引导，才能"明心见性"，如：

善知识！何名般若？般若者，唐言智慧也。一切处所，一切时中，念念不愚，常行智慧，即是般若行。一念愚即般若绝，一念智即般若生。世人愚迷，不见般若，口说般若，心中常愚。常自言："我修般若。"念念说空，不识真空。般若无形相，智慧心即是。若作如是解，即名般若智。何名波罗蜜？此是西国语，唐言到彼岸，解义离生灭。着境生灭起，如水有波浪，即名为此岸；离境无生灭，如水常通流，即名为彼岸，故号波罗蜜。善知识！迷人口念，当念之时，有妄有非。念念若行，是名真性。悟此法者，

---

① 《贤首五教仪》卷5，《新编卍续藏经》，第58册，第669页。

是般若法；修此行者，是般若行。不修即凡；一念修行，自身等佛。善知识！凡夫即佛，烦恼即菩提。前念迷即凡夫，后念悟即佛。前念着境即烦恼，后念离境即菩提。①

慧能讲到：不管是愚痴还是有智慧的人，他们的佛性都是平等的，并没有什么差别，只是人们在迷悟之间或者迷失本心的程度有深有浅，导致呈现出不同的个体差异性。世人的清净本性本就像虚空一样包罗万象，也就是无所不包容，但又不会被万物所障碍，是无阻无滞的。人们在起心动念中，要用智慧时时观照本性，不能有愚蠢的念头升起，也不能只是流于口头上，而是要"念念若行，是名真性"，要落实在实际行动上。这样才不会被外缘的景象所迷惑，失去了本性。

在《般若心经概论》中也讲到类似的大意，即：

> 坛经曰：念念若行，是名真性。悟此法者，是般若法。修此行者，是般若行。又曰：用自真如性，以智慧观照于一切法，不取不舍，即是见性成佛道。又曰：但于自心常起正见，烦恼尘劳，常不能染，即是见性。又曰：故知万法，尽在自心，何不从自心中，顿见真如本性。又曰：若不自悟，须觅大善知识，解最上乘法者，直示正路。其曰：行，曰：修，曰：法，曰：智慧观照，曰：常起正见，皆所以教人以见性成佛也！若非有大善知识，解最上乘法者，其谁能示人以正路，见性而成佛耶！②

如果人们能够理解了慧能所讲的"念念若行，是名真性"，也就获得了智慧，获得了"般若法"，实际行动也就是行于"般若行"了。通过行、修、智慧关照等方式，困住人们的八万四千种烦恼就会被打破，烦恼转变成菩提；贪嗔痴三毒，通过智慧修行也转变成戒定慧。不执着于种种内外、染净等分别知见，因为众生固执地持有各类妄想念头，沾染世俗的各类烦恼，才有大小乘等不同经典来针对众生的不同偏见、邪见进行对治、教导，

---

① 《六祖大师法宝坛经》，《大正藏》第48册，第350页。
② 《般若心经概论》，《新编卍续藏经》，第26册，第840页。

以正确认识自己的本性，通达无碍，获得菩提智慧，达到顿悟解脱的境界。

二、正眼法藏与所参话头

王阳明晚年对自己一生的思想总结为"吾平生讲学，只是致良知三字"，此说，可以看做是王阳明思想中的正眼法藏。

（一）正眼法藏

正眼也就是正心，以区别于邪见、邪心。是讲人的心和眼睛要像明镜一样清净，看透世间一切万物，能够觉悟各自的真心和本性。"正眼法藏"在禅师的语录中常常出现，如《天界觉浪盛禅师语录》第一卷中：

> 师于万历己未，住福州莲山国欢寺，受林宗伯请开堂。升座拈香云：此一瓣香，诸佛顶上透出，正眼法藏中拈来，祝延今上皇帝，一人有庆，天下太平；此一瓣香，同胞共乳灶里生莲，一气连枝各自横出，今特拈来供养堂上曹山本寂、国欢文矩二老祖，藉此穿过天下人鼻孔，撩出大地人眼睛；此一瓣香，烈如鸩毒、猛似灵丹，劫火光中夺得、黄龙颔下探来，供养中兴洞宗寿昌先祖无明老和尚、东苑本师晦台大和尚，用酬法乳之恩。①

正眼法藏，一般指的是三藏十二部佛教正法的统称，也是佛教经典中常讲到的涅槃妙心，实相无相，种种微妙法门。

王汝中②与钱德洪讨论王阳明的四句教"无善无恶是心之体，有善有恶是意之动，知善知恶是良知，为善去恶是格物"。王汝中认为"此恐未是究竟话头"，钱德洪认为"心体是天生的性质，原本是无善无恶的"。王汝中的观点像是六祖惠能的顿悟法门，钱德洪的观点像是北宗神秀的渐修法门，王阳明认为两个人的观点可以互相补充，四句教不能空谈，要落实在道德实践中。

---

① 《天界觉浪盛禅师语录》卷1，《嘉兴大藏经》，第25册，第685页。
② 王龙溪：王畿，字汝中，号龙溪，浙江绍兴人，王阳明弟子，明代思想家。

（二）话头

禅宗最初创立，达摩是以四卷《楞伽经》印证后人是否开悟，但是这部经典不是一般人所能快速领悟的，即使后来五祖弘忍禅师通过讲解《金刚经》，使得六祖慧能大师获得开悟，但是这些经典理解起来，都不是一件很容易的事情。

后世的禅师们为了教导弟子方便觉悟，常常根据当下的具体状况，信手拈来一些灵活多变的"话头"方式，方便弟子们进行参悟。如《大乘本生心地观经浅注》第五卷中："故云：免八难身，然佛教作观，即是禅师家与个话头，令其疑着。然竖观三世莫知来去，横观方所亦无着落。咦？若是伶俐汉，直下猛省，则三世四方不离当处，本来不动，住个甚么？"①之后，禅宗引导众人开悟的"参话头"方法，在宋代以后的禅堂中更是常用，如《摩诃阿弥陀经衷论》所讲："禅宗以彻见本性为究竟，以参究话头为修持之法。"②

不管是参话头、参公案，还是机锋、棒喝，禅师们都是为了快速让人们在一问一答之间，如桶底脱落一般，快速地在电光石火一刹那之间就获得佛教义理上的开悟。就"参话头"的内容，也分为：针对义理、借景说法、针对提问所做的回答等等具体的不同方法，与此相关的禅宗公案在禅师语录中常常出现。"话头"运用在具体的参禅问道中，主要有如下几种情况。

1. 记得话头么

《宗统编年》卷20：禅师义青于浮山悟道。

青在浮山经三载，远一日问曰：汝记得话头么？试举看。青拟对，远掩其口，青了然开悟，遂礼拜。远曰：汝妙悟玄机耶？青曰：设有也须吐却，时资侍者在旁曰：青华严今日如病得汗。青回顾曰：合取狗口，若更叨叨，我即便欧。③

《景德传灯录》卷13：还记得话头么。试举看。陂拟开口。师又打一拂子。牧主云：信知佛法与王法一般。师云：见什么道理？牧主云：当断

---

① 《大乘本生心地观经浅注》卷5，《新编卍续藏经》，第21册，第31页。
② 《摩诃阿弥陀经衷论》卷1，《新编卍续藏经》，第22册，第154页。
③ 《宗统编年》卷20，《新编卍续藏经》，第86册，第213页。

不断返招其乱,师便下座。上堂僧问:师唱谁家曲宗风嗣阿谁。师曰:超然迥出威音外,翘足徒劳赞底沙。①

2. 好个话头

《筠州洞山悟本禅师语录》:曹山行脚时问乌石灵观禅师:如何是毘卢师法身主?石曰:我若向汝道即别有也。山举似师,师曰:好个话头秖(同:祇)欠进语。何不问为甚么不道?山却来进前语,石曰:若言我不道,即痖(同:哑)却我口,若言我道,即謇却我舌。山归举似师,师曰:古佛。②

3. 还我话头来

《云门匡真禅师广录》卷1:上堂云:诸和尚子莫妄想,天是天地是地,山是山水是水,僧是僧俗是俗。良久云:与我拈案山来看。便有僧问:学人见山是山见水是水时如何?师云:三门为什么从这里过。进云:与么则不妄想去也。师云:还我话头来。③

4. 善知识话头

《汾阳无德禅师语录》卷2:三圣问雪峰:透网金鳞,以何为食?峰云:待汝出网来,即向汝道。圣云:一千五百人,善知识话头,也不识。峰云:老僧住持事繁,透网之鱼不识钩,贪游浪水认浮头,高滩坐钓垂慈者,回棹收纶却上舟。④

5. 话头也不识

《法演禅师语录》卷3:唐提举耕到院上堂。举三圣问雪峯(同:峰),透网金鳞以何为食?峯(同:峰)云:待汝出网来即向汝道。圣云:一千五百人善知识,话头也不识。峯(同:峰)云:老僧住持事烦。众中或谓:雪峯与三圣宗派不同,故言不相契。或谓:三圣作家,雪峯(同:峰)不能达其意,如斯话会有何交涉。忽有人问五祖:透网金鳞以何为食?老僧向伊道:好个问头。复云大众且道:与雪峯(同:峰)是同是别,不能为尔说得,听取一颂:洞里无云别有天,桃花似锦柳如烟,仙家不会论春夏,

---

① 《景德传灯录》卷13,《大正藏》第51册,第302页。
② 《筠州洞山悟本禅师语录》,《大正藏》第47册,第513页。
③ 《云门匡真禅师广录》卷1,《大正藏》第47册,第547页。
④ 《汾阳无德禅师语录》卷2,《大正藏》第47册,第610页。

石烂松枯是一年。①

6. 问东答西裂转话头

《圆悟佛果禅师语录》卷17：举：昔有秀才问长沙，某甲曾看千佛名经，百千诸佛但见其名，未审居何国土。长沙召秀才，才应诺。沙云：黄鹤楼崔颢题后，秀才还曾题否？才云：不曾题。沙云：得闲题取一篇好。师拈云：蓦刀劈面。解辨者何人？劈箭当胸，承当者有几？若能向奔流度刃疾焰过风处，见长沙横身为物去不消一捏（同：捏），其或随言诠入露布，便谓问东答西裂转话头，且作么生是长沙端的处，还委悉么？杀人刀活人剑。②

7. 话头也不照顾

《续传灯录》卷3：蕲州黄梅龙华寺晓愚禅师，到五祖戒和尚处。祖问曰：不落唇吻一句作么生道？师曰：老老大大话头也不照顾。祖便喝，师亦喝。祖拈棒，师拍手便出。祖召曰：阇黎且住话在，师将坐具搭在肩上更不回首。上堂，摩腾入汉已涉繁词，达磨西来不守己分，山僧今日与么道，也是为他闲事长无明。③

8. 参念佛是谁话头

《无量寿经会译》：即心即佛者，何可同年而语。又斥参究之人，曰：纤儿得些活计，急须吐弃无余，此谓参念佛是谁话头，难起疑情，故有是词。若其他话头公案，多可逆流而入，直彻真源者，上品上生，即契无生法忍，上品中生，亦必契第一义谛。云栖师禅关策（同：策）进，以制心一处，无事不办，为参究之要，其疏钞中言言归性。昔有人问云栖师者曰：参禅与念佛二事，还可通融否？师应声曰：若言是两事，用得通融着，请举之以告持诵是经者。④

9. 存所参话头而又谓不可固执

《宝王三昧念佛直指》第一卷：辟断空邪说第六

释迦如来一代圣教，一本于善恶果报因缘诸法，为始终不易之正教也。

---

① 《法演禅师语录》卷3，《大正藏》第47册，第665–666页。
② 《圆悟佛果禅师语录》卷17，《大正藏》第47册，第794页。
③ 《续传灯录》卷3，《大正藏》第51册，第486页。
④ 《无量寿经会译》，《新编卍续藏经》，第01册，第77–78页。

虽有百非超脱之句，岂必离乎因缘法哉？奈何今时有一等断人善根极恶阐提之辈，不识佛祖为人破执除疑解粘去缚之谈，随他脚后跟转，妄谓除此心外诸行皆空，无佛无法，非善非恶，错认妄识是真，谓此心外无法可得。遂即拨无因果排斥罪福，言一切菩萨诸佛形像祇是个金银铜铁土块木头，一大藏教亦祇是个树皮，揩不净底故纸，本非真实，何足依凭？于一切善行功德，无不一一扫除谓言着相，一路谈他之短，显己之长。或存所参话头而又谓不可固执，索性使人内外空索索溪达地了，即乃潜行诸恶及淫怒痴等。反谓于道无碍，自赚赚他，内心腐烂殆不可闻。譬如师（同：狮子）子身中虫，自食师（同：狮子）子身中肉，此等见解其类甚多。必是天魔波旬昔恨未消所遣来者，令同我形服坏我道法而无遗余，呜呼痛哉！①

三、还丹一粒与点铁成金

王阳明与陈九川②的对话中，讲到人们时时用良知觉察的重要性，即"人若知这良知诀窍，随他多少邪思枉念，这里一觉，都自消融。真个是灵丹一粒，点铁成金"。

佛教经典中运用铁变成金的典故，旨在用来说明修行之人发现自己的本心本性之后，并及时抓住这一契机开悟之后，就会"点凡成圣"，也就是从平凡之人转换成圣人。在经典和禅师语录中常常出现一番教化之后，让前来求学者能够"点凡成圣"和"转凡成圣"。如：

1. 点凡成圣

《大方广圆觉修多罗了义经略疏》卷1：无生死之法也。既知万法如空华，岂更见有轮转？还丹一粒点铁成金，真理一言点凡成圣，亦释因不异果，如斯因地方谓真修。③

《景德传灯录》卷18：问：还丹一粒点铁成金，至理一言点凡成圣，请师一点。师曰：还知齐云点金成铁么？曰：点金成铁未之前闻，至理一

---

① 《宝王三昧念佛直指》卷1，《大正藏》第47册，第362-363页。
② 陈九川：字惟浚（1494-1562），号竹亭，又号明水，江西临川县人，明中期理学家。
③ 《大方广圆觉修多罗了义经略疏》卷1，《大正藏》第39册，第534页。

言敢希垂示。师曰：句下不荐后悔难追。①

2. 转凡成圣

《万松老人评唱天童觉和尚颂古从容庵录》卷 3：示众云：还丹一粒，点铁成金。至理一言，转凡成圣。若知金铁无二，凡圣本同。果然一点，也用不着。且道：是那一点。②

《林泉老人评唱丹霞淳禅师颂古虗③堂集》卷 5：可谓佛法中迷却多少人，世法中悟却多少人。端的还丹一粒点铁成金，至理一言转凡成圣。若能怎么直截会得？何必咬文嚼字究妙穷玄，合璧联珠攒花簇锦。所以道众生被解碍，菩萨未离觉。这僧大似卖弄，孤危不立，道方高，殊不知坐着白云宗不妙。故云居答处优游平易，殊无艰难险阻之态，真所谓诗到平常处，方知格调高。④

《销释金刚经科仪》：

化无所化分第二十五同宗同族的人

无我无人，众生自成正觉；不生不灭，如来说非凡夫。虽然个事分明，争奈当机蹉过。昔有僧问翠岩云：还丹一粒，点铁成金；至理一言，转凡成圣。学人上来，请师一点。师云：不点。僧云：为什么不点？师云：恐汝落凡圣。且道：不落凡圣底人，具什么眼？直饶圣解凡情尽，开眼依前在梦中。⑤

四、顿渐与根器

王阳明与王汝中、钱德洪等弟子们在天泉桥上讨论时，讲到"利根之人，直从本源上悟入"；"利根之人一悟本体，即是功夫"，也就是佛教中讲到众生的根器有上中下之分，相应的开悟速度也就有顿渐快慢之分，此外，也与众生所具有的不同种姓有关，佛教经典中对这些阐释的都非常细致。

---

① 《景德传灯录》卷 18，《大正藏》第 51 册，第 352 页。
② 《万松老人评唱天童觉和尚颂古从容庵录》卷 3，《大正藏》第 48 册，第 254 页。
③ 同：虛。
④ 《林泉老人评唱丹霞淳禅师颂古虚堂集》卷 5，《新编卍续藏经》，第 67 册，第 360 页。
⑤ 《销释金刚经科仪》，《藏外佛教文献》，第 6 册，第 346 页。

（一）顿渐

顿渐，是指禅宗中六祖慧能的顿悟法门和神秀的渐修法门，又称为：南顿北渐。因为人们各自修行根器不同，才有利顿之分别。个体在实践中运用的修行方法和最后获得境界不同，具体在佛法教化中，就呈现出顿渐两种方式。

顿渐，这两者有时是互相融合在修行过程中的，例如，在理论上，人们可以迅速一刹那地明了深奥义理和即刻获得佛法上开悟，但是在面对日常琐碎的生活经历中，却需要在一点一滴的事情上对自己心性进行一番彻骨磨炼，这个历练的过程不可能一下跳跃而过，而是一个层层深入、循序渐进的过程，是念念不断的渐修过程。有关顿渐之分的阐释，在《六祖大师法宝坛经》等中都有一番论述。如：

1. 法无顿渐，人有利钝

《六祖大师法宝坛经》：时，祖师居曹溪宝林，神秀大师在荆南玉泉寺。于时两宗盛化，人皆称南能北秀，故有南北二宗顿渐之分，而学者莫知宗趣。师谓众曰：法本一宗，人有南北。法即一种，见有迟疾。何名顿渐？法无顿渐，人有利钝，故名顿渐。①

2. 三乘权实顿渐与众生根器大小

《佛说巨力长者所问大乘经》卷1：若诸众生，于声闻乘善根成熟，闻佛说于四圣谛法，随有所解，知苦断集证灭修道，四向四果证于无学，如是三乘权实顿渐，各随众生根器大小，爱乐修学，远离生死解脱安乐。②

3. 因地法行和修习顿渐

《大方广圆觉修多罗了义经》：一切众生皆证圆觉，逢善知识依彼所作因地法行，尔时修习便有顿渐；若遇如来无上菩提正修行路，根无大小皆成佛果；若诸众生虽求善友遇邪见者，未得正悟，是则名为外道种性，邪师过谬，非众生咎。是名众生五性差别。③

---

① 《六祖大师法宝坛经》，《大正藏》第48册，第358页。
② 《佛说巨力长者所问大乘经》卷1，《大正藏》第14册，第830页。
③ 《大方广圆觉修多罗了义经》，《大正藏》第17册，第916页。

4. 顿渐偏圆空有

《金刚经纂要刊定记》卷4：解脱者，证也！即：三乘圣果。禅定者，行也，即漏无漏大小乘事理等定也。多闻者，解也！即：顿渐偏圆空有等。解此上三者，前必具后，后未必具前。①

5. 顿渐差别

《仁王经疏》卷3：释曰：自下第三诸位相对辨差别相。文别有五：一伏断差别、二信见差别、三顿渐差别、四常无常异、五等无等异。此即第一伏断差别。文别有二：先伏、后断。此即伏也。谓从习忍至顶三昧，皆名为伏一切烦恼者。伏义宽故，通名为伏。依《本记》云：皆名伏者，从十信至金刚末，断阿赖耶识一刹那在，故说为伏一切烦恼。广说如彼。②

（二）根器

正德三年（1508年），王阳明被贬贵州期间，受贵州宣慰司宣慰使安贵荣之邀请，在其《象祠记》文章中写下了："天下无不可化之人"佳句，在王阳明看来，人人都有良知之自性本体，只是在"发"与"未发"之间。

这与佛教教义中的"根无大小，皆成佛果"类同，在佛教思想中，不管是上中下哪种根器，只要修行正法，最终都会获得解脱。如《仁王护国般若波罗蜜多经疏》第二卷中讲到"根"和"行"，具体是："言根行者，根有三种：上中下根。行有顿渐利钝等异。言无量者，通上四类：一者有情、二者品类、三根、四行，从宽向狭悉皆无量，标其多也。法门为一为无量者，发二问也。如来所说般若之法，为如真性法门是一、为如有情法门无量耶？从此第二如来总答。"③

临济宗在讲到针对上中下三种根器不同的人，面对"动"和不"动"的境界时，要采取不同的教法，如在《镇州临济慧照禅师语录》中："动与不动是二种境，还是无依，道人用动、用不动。如诸方学人来，山僧此间作三种根器断：如中下根器来，我便夺其境，而不除其法；或中上根器来，

---

① 《金刚经纂要刊定记》卷4，《大正藏》第33册，第202页。
② 《仁王经疏》卷3，《大正藏》第33册，第422页。
③ 《仁王护国般若波罗蜜多经疏》卷2，《大正藏》第33册，第486页。

我便境法俱夺；如上上根器来，我便境法人俱不夺；如有出格见解人来，山僧此间便全体作用不历根器。"①

还有禅师的语录经典中也多有对不同根器的阐释，如《人天眼目》第一卷也讲道：

> 师示众云：如诸方学人来，山僧此问，作三种根器断。如中下根器来，我便夺其境，而不除其法。或中上根器来，我便境法俱夺。如上上根器来，我便境法人俱不夺。如有出格见解人来，山僧此间，便全体作用，不历根器。大德到这里，学人着力处不通风，石火电光即蹉过了也，学人若眼目定动，即没交涉。②

《圆悟佛果禅师语录》第十五卷：

> 示诸禅人：道本无言，法本不生，以无言言显不生法，更无第二头，才拟追捕，已蹉过也！是故祖师西来特唱此事，只贵言外体取机外荐取，自非上上根器。何能蓦尔承当得？然有志于是者，岂计程限？要须立处孤危，办得一刀两段，猛利身心放下，复子靠着个似咬猪狗恶手段底，尽情将从前学解露布粘皮贴肉知见。一倒打撇，却使胸次空劳劳地，己思不露一物不为，便能彻底契证，与从上来不移易一毫发许。③

《宗镜录》第一百卷：

> 问：此宗镜门，还受习学不？
>
> 答：学则不无，略有二义。一者，若论大宗，根本正智，不从心学，非在意思，圆明了知，不因心念。故台教云：手不执卷，常读是经。口无言音，遍诵众典。佛不说法，恒闻梵音。心不思惟，普照法界。此论上上根器，闻而顿悟。亲自证时，二者，若未省达，亦有助发之力，印可之功。或机思迟回，乃至中根下品，

---

① 《镇州临济慧照禅师语录》，《大正藏》第47册，第501页。
② 《人天眼目》卷1，《大正藏》第48册，第300页。
③ 《圆悟佛果禅师语录》卷15，《大正藏》第47册，第784页。

及学差别门，须依明师以辩邪正。先以闻解信入，后以无思契同。须得物物圆通，事事无滞，方乃逢缘。对，不失旨迷宗。故云：会万物为自己者，其唯圣人乎？又若约大纲，应须自省。设有相助，亦指自知。①

（三）种性

印度早期的吠陀，到婆罗门教、印度教，严格遵守四姓制度，即婆罗门、刹帝利、吠舍、首陀罗，把人们分成这四种种姓，其中婆罗门阶层处在至上的地位，并重视祭祀。

印度的种姓与中国传统的宗族类似。"种姓"在印度教经典中叙述为：verna，种姓制度（vernas）是用来指导和规范印度早期日常生活的。

宗族②的建立基础，是宗法制度。一般指：同宗同族的人，一般是同一父系的家族，或是不包括女性的其他同一父系家族的成员们，即以父亲为血源纽带划定的家族。宗族表现形式，常常冠以一个姓氏，以几个或多个家族群集居住于一起。

佛教创立的宗旨是主张众生平等，人人都具有佛性，皆可成佛。东晋道安用释姓统一了僧团大众，对中国佛教乃至世界佛教都产生了深远影响。

因为个体因缘和习气的差异，众生对观察分别的各类善恶、断舍烦恼、闻思修慧等对应的外缘境界也会不同。佛教经典和教法中的种姓，是指在修行实践过程中，因其所获得的果位不同而显现出来不同的种姓差异。如以下几处经典中的记载：

1.大乘三种性类

《菩萨本生鬘论》卷8：是处菩萨随顺有力，聚落城邑净妙教诲，有情无不机器相应，调伏众类有情贤善，修十善法运动依止，无贪欲行意地清净，希求安住运载三乘。声闻、缘觉、大乘三种性类，寂静之处色相边际，荷负生灵誓求寂默，清净教诲达解空相，寂静秘密种族具足，根本趣求三

---

① 《宗镜录》卷100，《大正藏》第48册，第954页。
② 宗族：《周礼·春官·大宗伯》：以饮食之礼，亲宗族兄弟。《尔雅·释亲》：父之党为宗族。

乘圣果。①

2. 菩萨四种性行

主要有：一自性行，二愿性行，三顺性行，四转性行，这四种菩萨种性。

《佛本行集经》卷1：目犍连！诸菩萨等，凡有四种微妙性行。何等为四？一自性行；二愿性行；三顺性行；四转性行。目犍连！云何名为自性行？若诸菩萨本性已来，贤良质直，顺父母教，信敬沙门及婆罗门，善知家内尊卑亲疏，知已恭敬，承事无失，具足十善，复更广行其余善业，是名菩萨自性行。云何名为愿性行？若诸菩萨发如是愿：我于何时当得作佛阿罗诃三藐三佛陀十号具足。是名菩萨愿性行。云何名为顺性行？若诸菩萨成就具足六波罗蜜。何等为六？所谓檀波罗蜜，乃至般若波罗蜜，是名菩萨顺性行。云何名为转性行？如我供养然灯世尊，依彼因缘，读诵则知，是名菩萨转性行。目犍连！是名菩萨四种性行。②

3. 声闻、独觉、菩萨种性

《大般若波罗蜜多经》卷130：声闻种性补特伽罗，亦依如是甚深般若波罗蜜多精勤修学，证得预流、一来、不还、阿罗汉果；独觉种性补特伽罗，亦依如是甚深般若波罗蜜多精勤修学，渐次证得独觉菩提；菩萨种性补特伽罗，亦依如是甚深般若波罗蜜多精勤修学，超诸声闻及独觉地，证入菩萨正性离生，复渐修行证得无上正等菩提。③

4. 信心等养成习所成之种性，境行果与三祇五位

佛学通说境行果三，为得离系果之次第。境即能诠之教与所诠理，研教明理，照达现实事理；此即为所观境，亦为闻、思慧悟解之境也。于境能正解而正信，要先历修十信心位——十信心者：信心、念心、精进心、慧心、定心、不退心、回向心、护法心、戒心、愿心是也——养成习所成之种性。于是正信成立，发求无上菩提之坚固大心，乃入三祇、五位。初阿僧祇劫有三位：一、资粮位，分十住、十行、十回向之三十位……④

---

① 《菩萨本生鬘论》卷8，《大正藏》第03册，第354页。
② 《佛本行集经》卷1，《大正藏》第03册，第656页。
③ 《大般若波罗蜜多经》卷130，《大正藏》第05册，第709页。
④ 《太虚大师全书第19册》，《第十一编 宗依论（中、下）》卷4，宗教文化出版社，2004年，第358页。

五、如标月指

有学生请问王阳明"佛家以手指显出"或者"复以手指入袖",以让人们见或者不见,在佛看来,人们的心性随着手指的见或不见而辗转了,并没有觉察到自己的本性是常住的,见性是常在的,因此,王阳明对此回复"手指有见有不见,尔之见性常在"。佛教经典中也讲"以指指月示人,而指非月也""如标月指"。

"月"代指人们的真如自性,"标"即表示和表达之意,"标月指"指佛教中指引人们解脱生死的八万四千法门,或代表佛法的经律藏等诸法。如《大方广圆觉修多罗了义经》中:"善男子!有照有觉俱名障碍,是故菩萨常觉不住,照与照者同时寂灭,譬如有人自断其首,首已断故无能断者;则以碍心自灭诸碍,碍已断灭无灭碍者。修多罗教如标月指,若复见月,了知所标毕竟非月;一切如来种种言说开示菩萨亦复如是。此名菩萨已入地者随顺觉性。"①

《圆觉经直解》第一卷和《金光明经玄义拾遗记》第一卷中对此解释道:"如指指月"是假借"种种言教"对众生的教导和开示,一旦"了悟自心",那"见月知指",就明白"指"不是"月"。如果非要执着"执指为月","月"和指就同时都迷失了,即:

> 此显地上菩萨之实证也,谓菩萨修行。未悟自性故,佛假种种言教开示,为悟心之方故,如指指月。今既了悟自心,则一切言说皆剩法矣。故如见月知指,非月也。以凡有修断观智能所之说,皆标月之指耳。今既证一心,则能所双忘,观照俱泯同时寂灭矣。②

> 体居次者,名是能诠,如标月指;体是所诠,如所标月。若失意者,执指为月,不唯迷月亦失于指;若得意者,忘名得体,不唯识体亦不昧名。③

---

① 《大方广圆觉修多罗了义经》,《大正藏》第17册,第917页。
② 《圆觉经直解》卷1,《新编卍续藏经》,第10册,第493页。
③ 《金光明经玄义拾遗记》卷1,《大正藏》第39册,第15页。

嘉靖六年（1527年），王阳明前往广西征讨思恩①、田州②两地之乱，钱德洪与王汝中送至严滩之地，王汝中以佛家的"有心俱是实，无心俱是幻"请问王阳明，王阳明回复到"有心均为实，无心均为幻。无心均为实，有心均为幻"。有关"实相""幻想"等名相之意，佛教认为"实相"相对的是"幻象"，"实相"是指清净本体自性中显现的真实不虚之相。

《妙法莲华经玄义》第二卷中有讲到"实有""幻有""俗""真""空""不空"，具体是：

> 所言七种二谛者，一者、实有为俗；实有灭为真。二者、幻有为俗；即幻有空为真。三者、幻有为俗；即幻有空不空共为真。四者、幻有为俗；幻有即空不空，一切法趣空不空为真。五者、幻有、幻有即空，皆名为俗；不有不空为真。六者、幻有、幻有即空，皆名为俗；不有不空一切法趣不有不空为真。七者、幻有、幻有即空，皆为俗；一切法趣有、趣空、趣不有不空为真。③

如果自性清净心被烦恼无知障碍和蒙蔽了，就会错认种种颠倒幻想中的幻象为实相，即认妄为实，与执着"执指为月"一样，本末倒置了。

王阳明思想的探索和最终成型，是在反复和进退之中逐渐形成的。

从几次登安徽九华山、陕西茅山寻找佛道之路，后来又来到山东泰山寻找儒家之路，在佛道和程朱理学之中，最终选择回到孔孟圣贤之路上。王阳明一生波澜壮阔、跌宕起伏，在为学之路上多次有所感悟，束景南先生认为王阳明一生比较重要的思想转折点是："心学之悟"（弘治十八年）、"龙场之悟"（正德四年）、"良知之悟"（正德十四年）、"天泉之悟"（嘉靖六年），他在这几个重要的转折点，体认出了自己对"天理"等认知，在本体论和工夫论上，把心性道德和实践功夫用知行合一圆融起来，创立了自己的"致良知"之心学。

王阳明的心学不仅仅超越了传统儒家治国平天下的境界，也展示出他

---

① 思恩：今广西省北部。
② 田州：今广西省田阳县。
③ 《妙法莲华经玄义》卷2，《大正藏》第33册，第702页。

对个体的人、心性、道统的终极人文关怀。

《传习录》中主要涉及的佛教名相

《传习录》中相关内容	主要涉及的佛教名相
古人许多诚身的工夫，精神命脉全体只在此处。真是莫见莫显，无时无处，无终无始，只是此个工夫。今若又分戒惧为己所不知，即工夫便支离，亦有间断。既戒惧即是知，己若不知，是谁戒惧？如此见解，便要流入断灭禅定。	断灭禅定
汝若真为那个躯壳的己，必须用着这个真己，便须常常保守着这个真己的本体，戒慎不睹，恐惧不闻，惟恐损了他一些，才有一毫非礼萌动，便如刀割，如针刺，忍耐不过，必须去了刀，拔了针，这才是有为己之心，方能克己。汝今正是认贼作子，缘何却说有为己之心，不能克己？	认贼作子
曰仁云：犹镜也。圣人心如明镜，常人心如昏镜。近世格物之说，如以镜照物，照上用功，不知镜尚昏在，何能照？先生之格物，如磨镜而使之明，磨上用功，明了后亦未尝废照。	垢尽明显，垢尽心净
先生曰：诸公近见时，少疑问，何也？人不用功，莫不自以为已知为学，只循而行之是矣。殊不知私欲日生，如地上尘，一日不扫，便又有一层。着实用功，便见道无终穷，愈探愈深，必使精白无一毫不彻方可。	扫尘
（薛侃）曰：佛氏亦无善无恶，何以异？ （王阳明）曰：佛氏着在无善无恶上，便一切都不管，不可以治天下。圣人无善无恶，只是无有作好，无有作恶，不动于气。然遵王之道，会其有极，便自一循天理，便有个裁成辅相。	无善无恶
此区区心理合一之体，知行并进之功，所以异于后世之说者，正在于是。今吾子特举学问思辨以穷天下之理，而不及笃行。是专以学问思辨为知，而谓穷理为无行也已。	佛教体用（如华严禅之体用）
所谓动静无端，阴阳无始，在知道者默而识之，非可以言语穷也。若只牵文泥句，此拟仿像，则所谓心从《法华》转，非是转《法华》矣。	觉迷迷灭，磨炼净尽
《答原静书》出，读者皆喜。澄善问，师善答，皆得闻所未闻。师曰：原静所问，只是知解上转，不得已与之逐节分疏。若信得良知，只在良知上用功，虽千经万典，无不吻合，异端曲学，一勘尽破矣，何必如此节节分解？佛家有"扑人逐块"之喻，见块扑人则得人矣，见块逐块，于块奚得哉？"	佛教"犬唯逐块不知逐人"之喻
先生曰：我辈致知，只是各随分限所及。今日良知见在如此，只随今日所知扩充到底；明日良知又有开悟，便从明日所知扩充到底。如此方是精一功夫。与人论学，亦须随人分限所及。如树有这些萌芽，只把这些水去灌溉。萌芽再长，便又加水。自拱把以至合抱，灌溉之功皆是随其分限所及。若些小萌芽，有一桶水在，尽要倾上，便浸坏他了。	《妙法莲华经》第三卷《5药草喻品》：一云所雨，称其种性而得生长，花果敷实。虽一地所生，一雨所润，而诸草木、各有差别。各随分限所及。
良知明白，随你去静处体悟也好，随你去事上磨炼也好，良知本体原是无动无静的，此便是学问头脑。我这个话头，自滁州到今，亦较过几番，只是致良知三字无病。医经折肱，方能察人病理。	话头

273

来书云：佛氏于"不思善、不思恶时认本来面目"，于吾儒"随物而格"之功不同。吾若于不思善、不思恶时用致知之功，则已涉于思善矣。欲善恶不思而心之良知清静自在，惟有寐而方醒之时耳，斯正孟子"夜气"之说。	不思善，不思恶
佛家谓之"方便法门"，须是自家调停斟酌，他人总难与力，亦更无别法可设也。	方便法门
来书云：佛氏又有"常提念头"之说，其犹孟子所谓"必有事"，夫子所谓"致良知"之说乎？其即"常惺惺，常记得，常知得，常存得"者乎？于此念头提在之时，而事至物来，应之必有其道。	常提念头
圣人致知之功至诚无息，其良知之体皦如明镜，略无纤翳。妍媸之来，随物见形，而明镜曾无留染。所谓"情顺万事而无情"也。"无所住而生其心"，佛氏曾有是言，未为非也。明镜之应物，妍者妍，媸者媸，一照而皆真，即是生其心处。妍者妍，媸者媸，一过而不留，即是无所住处。	《金刚经》：无所住而生其心
先生曰：这些子看得透彻，随他千言万语，是非诚伪，到前便明。合得的便是，合不得的便非。如佛家说心印相似，真是个试金石、指南针。	心印
先生尝言：佛氏不着相，其实着了相。吾儒着相，其实不着相。	着相、不着相
一友举：佛家以手指显出，问曰：众曾见否？众曰：见之。复以手指入袖，问曰：众还见否？众曰：不见。佛说还未见性。此义未明。 先生曰：手指有见有不见，尔之见性常在。人之心神只在有睹闻上驰骛，不在不睹不闻上着实用功。盖不睹不闻是良知本体。	《圆觉经》：如标月指
先生起行征思、田，德洪与汝中追送严滩，汝中举佛家实相幻想之说。先生曰：有心俱是实，无心俱是幻；无心俱是实，有心俱是幻。	《妙法莲华经玄义》第二卷：实有、幻有、俗、真、空、不空
王阳明：只念念要存天理，即是立志。	《六祖大师法宝坛经》：念念若行，是为真性。
王阳明：人若知这良知诀窍，随他多少邪思枉念，这里一觉，都自消融。真个是灵丹一粒，点铁成金。	还丹一粒，点铁成金，点凡成圣
先生曰：我今将行，正要你们来讲破此意。二君之见，正好相资为用，不可各执一边。我这里接人，原有此二种。利根之人，直从本原上悟入，人心本体原是明莹无滞的，原是个未发之中。利根之人，一悟本体即是功夫。人己内外，一齐俱透了。	顿渐、根器、种姓

根据杨德俊主编《王阳明行踪遗迹》[1]一书整理王阳明与道教、佛教相关的主要行迹，如下表：

王阳明与道教行迹

时间	道教行迹
成化八年（1472）	王阳明出生时，他的祖母夜梦道神仙送子。
成化十六年（1480）	王阳明8岁时，自己表达出对道家仙术的喜爱。
成化十九年（1483）	王阳明11岁时，一位道教相士告知王阳明：须拂领，其时入圣境，须至上丹台，其时结圣胎，须至下丹田，其时圣果圆。
弘治二年（1489）	王阳明17岁时，王阳明偶闲行入铁柱宫，遇道士趺坐一榻，即而叩之，因闻养生之说，遂相与对坐忘归。诸公遣人追之，次早始还。
弘治十二年（1499）	王阳明27岁时，偶闻道士说养生，遂有遗世入山之意。
弘治十五年（1502）	王阳明30岁时，来到江北地区奉命办案，访九华山，拜见道长蔡蓬头，以礼请问。蔡曰：尚未。有顷，屏左右，引至后亭，再拜请问。蔡曰：尚未。问至再三，蔡曰：汝后堂后亭礼虽隆，终不忘官相。一笑而别。闻地藏洞有异人，坐卧松毛，不火食，历岩险访之。正熟睡，先生坐傍抚其足。有顷醒，惊曰：路险何得至此！因论最上乘曰：周濂溪、程明道是儒家两个好秀才。后再至，其人已他移，故后有会心人远之叹。
弘治十六年（1503）	王阳明31岁时，"告病归越，筑室阳明洞中，行导引术。久之，遂先知。一日坐洞中，友人王思舆等四人来访，方出五云门，先生即命仆迎之，且历语其来迹。仆遇诸途，与语良合。众惊异，以为得道。久之悟曰：此簸弄精神，非道也。又屏去。已而静久，思离世远去，惟祖母岑与龙山公在念，因循未决。久之，又忽悟曰：此念生于孩提。此念可去，是断灭种性矣。明年遂移疾钱塘西湖，复思用世。"
正德四年（1509）	王阳明37岁时，王阳明在贵州修文县的龙场"日夜端居澄默，以求静一，久之胸中洒洒"。
正德四年（1509）	王阳明37岁时，王阳明在贵阳文明书院讲学时，曾游东山仙人洞、南霁云祠、南庵（翠微园）。

王阳明与佛教行迹

时间	佛教行迹
成化十七年（1481）	王阳明10岁时，跟随祖父王伦从余姚到京师父亲王华处寓居学习，赴京途经江苏镇江金山寺，并在此作诗《金山寺》与《蔽月山房》。
弘治十二年（1499）七月	王阳明27岁，奉朝廷之命，护送威宁伯王越的灵柩到河南浚县，葬于大伾山西侧，并监督修建坟墓。
弘治十四年（1501）	王阳明29岁时，到凤阳后曾登谯楼（钟鼓楼），并作《登谯楼》诗感怀。

---

[1] 杨德俊主编：《王阳明行踪遗迹》，贵州大学出版社，2021年，第1版。

弘治十五年（1502）正月	王阳明30岁时，第一次游池州的齐山，作有诗《游齐山赋并序》与《云岩》，其后又游历青阳九华山的无相寺、化城寺、地藏寺、东崖禅寺等。先到山下住无相寺，作诗《夜宿无相寺》与《无相寺金沙女次韵》，后上九华山，作《游九华》《九华山赋》《登莲花峰》等诗。他在九华山游览时，他常出入于佛道之间，在黄昏的夕照中与和尚们讨论佛教的宗派，寂静的月夜里听和尚参禅念佛。这时他逐渐领悟到道教、佛教的许多不足之处。
正德二年（1507）夏初始	王阳明35岁时，被贬谪贵州龙场驿，经湖南，先过醴陵靖兴寺、泗洲寺，并作有诗。到长沙游岳麓书院，与长沙知府赵维藩、提学佥事陈凤梧、按察司佥事徐守诚、广左参议吴世忠交往。
正德五年（1510）	王阳明38岁时，到辰州府治所沅陵时，曾到"龙岗书院"听讲的弟子蒋信、冀元亨、刘观时等听说后，到沅陵县城南的辰阳驿迎接，他们迎接王阳明在城西虎溪山"龙兴讲寺"外凭虚楼住宿，阳明题楼名为"松云轩"。他在"龙兴讲寺"里讲学数天，以徐爱和湛甘泉所记，阳明在湖南的亲传弟子，有姓名记载者24人。
正德八年（1513）十月下旬	王阳明41岁时，王阳明到滁州太仆寺任南京太仆少卿，督查马政，滁州期间在琅琊山让泉、太仆寺栖云楼及龙潭讲学，弟子很多，围坐而听讲者数百人。
正德十年（1515）正月	王阳明43岁时，在今南京玄武区鸡笼山东麓的鸡鸣寺中凭虚阁为弟子们讲学，和石少宰等登上凭虚阁，作诗《登凭虚阁和石少宰韵》。
正德十年（1515）三月	王阳明43岁时，游位于今江宁区的牛首山，称赞此山风光，作诗《游牛首山》。
正德十年（1515）四月	王阳明43岁时，游位于今鼓楼区的清凉寺，作《游清凉寺三首》。
正德十年（1515）六月	王阳明43岁时，游位于今秦淮区瞻园（现太平天国历史博物馆），在岁寒亭与弟子汪尚和等人游玩，作诗《题岁寒亭赠汪尚和》。
正德十年（1515）七月	王阳明43岁时，王阳明与弟子们游玄武湖，边游边讲学，在此作诗《书扇面寄馆宾》。
正德十年（1515）九月	王阳明43岁时，游位于今鼓楼区下关西北部的狮子山，登阅江楼，作诗《狮子山》与《登阅江楼》。
正德十一年（1516）	王阳明44岁时，在于都县游罗田岩，在岩壁上书题"观善岩"三大字摩崖，有作诗《游罗田岩怀濂溪先生遗咏》。
正德十四年（1519）九月	王阳明47岁时，押解朱宸濠等俘到达杭州，交给太监张永，然后在杭州西湖边上的净慈寺休养，期间作《宿净寺四首》《卧病静慈写怀》《移居胜果寺二首》等诗。
正德十四年（1519）十月	王阳明47岁时，从杭州到镇江（京口），到金山寺住宿，作诗《泊金山寺二首》《舟夜》与《泊金山寺》。游镇江东北的焦山，作《焦山》《游焦山次邃庵韵》《雨中登焦山有感》诗。
正德十五年（1520）正月	王阳明48岁时，平定宁王朱宸濠反叛，俘获朱宸濠，于杭州献于太监张永，后返回南昌。正月三十日，再访庐山开先寺，曾作诗《游庐山开先寺》。
正德十五年（1520）三月初	王阳明48岁时，再游九华山，这是他第二次到九华山，先住在山下弟子秀才柯乔家；柯乔陪他游九华山宿化城寺，王阳明在东崖云舫处与周金和尚论禅；化城寺主持实庵和尚曾陪王阳明游览九华诸景。在九华山期间王阳明作诗《九华山下柯秀才家》《双峰遗柯生乔》《赠周金和尚诗序》《东崖巅》《无相寺三首》《江上望游九华二首》《游九华道中》《重游化城寺二首》等诗。
正德十五年（1520）三月初十	王阳明48岁时，在回到池州时再游齐山，有参政徐琏、知府何绍正、主事林瑺、周昱和评事孙甫同行，王阳明作诗《游寄隐岩》《春日游齐山寺用杜牧之韵二首》与《又次壁间杜牧韵》。
正德十五年（1520）三月	王阳明48岁时，王阳明游览齐山附近的枞阳县浮山，在朝阳洞还保存有王阳明题书摩崖《与商贡士二首》。

第六章　圣人之心与方便法门

安徽省九华山化城寺西阳明书院内的"阳明王先生小像"拓片，为明天启三年刻。

第七章　宋明理学与阳明心学

王阳明之前的宋明理学，是周敦颐、邵雍、张载、二程兄弟（程颢，程颐）等创立，"周、张、二程，则学问途辙，大抵相同"①，最后由南宋朱熹集大成，理学始成为完整的体系。王阳明治学继承宋明理学，以阐发自己的"心外无物""致良知"等思想。心学的创立者一般认为是陆九渊，但是"阳明则是心学最雄辩、最有影响的发言人"②。限于篇幅，下面仅对周敦颐、张载、二程、朱熹、陆九渊的主要思想特点做一些简述。

第一节　无极而太极与诚

周敦颐（1017-1073），本名惇实，字茂叔。因生于"道州营道县（今湖南道县）濂溪之上"，后又在濂溪之上又建了濂溪书堂，后世尊称"濂溪先生"。周敦颐在为学上，以学识渊博著称，融合了儒释道三家之长。周敦颐曾居润州，与名僧释寿涯在润州鹤林寺修行、学习，并且参悟释寿涯所说的一个偈子。偈子所讲："有物先天地，无形本寂寥。能为万象主，不逐四时凋。"释寿涯的偈子与周敦颐"无极而太极"思想内涵趋同，可见周敦颐的思想受到佛学的影响是毋庸置疑的。周敦颐天性喜好自然，有着超凡出世的精神。他曾作诗而抒发道："闻有山岩即去寻，亦跻方外入松阴。虽然未是洞中境，且异人间名利心。"周敦颐作有名篇《爱莲说》，将自己比作莲花。文中说："菊，花之隐逸者也；牡丹，花之富贵者也；莲，花之君子者也。"可见他所崇尚的是一种具有"君子"品格的精神，是"出

---

①　吕思勉：《从宋明理学到阳明心学》，新世界出版社，2017年，第82页。
②　[美]杜维明：《青年王阳明》，生活·读书·新知三联书店，2019年，第202页。

淤泥而不染"的道德品质。他的精神世界不仅具有"君子"品格的儒家理想，更有道家的隐逸和脱然于世的人生理想。

周敦颐的道学被称为宋明理学的开端，虽然留下来的典籍不多，但是周敦颐的思想却影响后世千载有余。宋明理学或称宋明道学，以"濂"而指周敦颐、"洛"指二程、"关"是为张载与"闽"为朱熹，这是公认的宋明理学的四大主要流派，而周敦颐就是其理学的开端者。《太极图》《太极图说》《通书》是周敦颐的主要著作。

一、无极而太极

《太极图》的首句就是"无极而太极"，而《通书》中最重要的一个范畴就是"诚"。《通书》开篇即讲："诚者，圣人之本。"[①] 在周敦颐的思想中"诚"和"太极"都有本体论的意味，即是万物的本源，太极图中，构成了一个无极、太极、阴阳、五行、男女、万物之间相互关联的世界图式，而在其中的基本哲学逻辑机构的基本范畴就是"无极"，对于"无极"与"太极"的关系一直都是历代学者争论的焦点。

"无极"原本是道家的一个概念，出自于《老子》第二十八章，此章讲到"复归于无极"。而"太极"最早就源于《易传》，这两个概念被周敦颐所引用，其中又有什么联系。《太极图说》中开篇就说"无极而太极"，后至南宋有学者认为应该是"自无极而为太极"。其中多了一个"自"，多了一个"为"，这句无疑将先有的"无极"而后才有"无极"的时间上的先后表现了出来，这样的话就不能作为一个本体而存在；并且，若是真为"自无极而为太极"，显然与道家的"有生于无"思想无多大区别。

周敦颐道学逻辑结构上最是基本而且属于最高范畴的是"无极"，这是宇宙万物本原。但是"无极"并不是一个实体的存在，甚至连具体的内涵都没有，能够描述"无极"的，只有开篇"无极而太极"，因此，"无极"与"太极"的关系就显得尤为重要。这个"无极"的"无"，朱熹认为是无声无臭、无所方、无形在，而他认为"太极"应是"万物之根"之意。劳思光先生认为朱熹所说的"无极"与"太极"的关系，若从本体论的角

[①] （宋）周敦颐著，陈克明点校：《周敦颐集》，中华书局，2009年，第13页。

度去看,分别具有本体的两面性。即说:"'无极'表'超越义'(即本体'超越'现象界),而太极则表'创生义'(即本体又'创生'现象界)。如此,则'无极而太极'一语,实并举'超越性'与'创生性',而此二词在语义上皆不能等于'存有'或'本体',反是对'存有'或'本体'之两面描述而已。"①

劳思光将朱熹所言的"无极"与"太极"从本体的向度去看,两者是同一个本原,只是在不同的方面呈现的不同的性质。既将"无极"与"太极"相联系,又将两者的关系和差异表现了出来。朱熹所说的"同于一物"就是如果不谈"无极",则"太极"就和万事万物没有差别,即是失去了"本体"所具有的"超越性",就不足以成为"本体"而创生万物。如果不谈"太极",则"无极"就失去了与万事万物相互联系的作用,即失去了"本体"所具有的"创造性",则会沦为空寂虚灵,就不能作为"本体"而创生万物。这个"本体"我们可以称之为"无极",也可以称之为"太极","太极"本就是"无极"。

太极图的第二层就是"太极"当中包含"阴阳",白色为阳,黑色为阴。而"太极"与"阴阳"的关系在《图说》中是以"动静"来进行关联阐释。"太极动而生阳,动极而静,静而生阴,静极复动。"这句话包含了两层含义,其一是"太极"具有动静的发生义,通过"动"然后能生"阳","动极"然后转"静","经"然后生"阴","静极"然后又能转"动"。其二是"太极"本身就有动静,因为正是"太极"具有的动静而催生了"阴阳"。"无极""太极""阴阳""五行"是周敦颐构成宇宙论的图式存在,而在这个宇宙发生的体系当中,无疑"无极"与"太极"是这个宇宙建构当中的核心范畴,太极生阴生阳,"二五之精妙合而凝"催生"男女"二气,而"二气交感"则"化生万物"。

周敦颐有讲:"阳变阴合,而生水、火、木、金、土。五气顺布,四时行焉。"在阴阳二气的相互作用下,"太极"衍生了五行之气,生出五行之气,而这五行之气的顺序并不是五行之相生相克次序,而是此数次序,主要为了说明"阳变阴合"而生出五行的先后过程。因此,周敦颐就说:"五殊二实,二本则一,是万为一,一实万分。"可见五行是阴阳的展开,而

---

① 劳思光:《新编中国哲学史》,生活·读书·新知三联书店,2015年,第75页。.

阴阳的本质则是太极，太极的本质就是无极。并且，周敦颐还提出了"一"与"万"的关系，即事物各种各样的变化的本质实际上是不变的"一"，而这个"一"经过拓展和扩充，又形成事物无穷的变化。

太极图的第三层生出五行后，继而到第四、五层，这两层与第一层的圆相同，但是第四层左右的文字配上了"乾道成男，坤道成女"。《太极图说》又说："无极之真，二五之精，妙合而凝。乾道成男，坤道成女，二气交感，化生万物，万物生生，而变化无穷焉。"① 文章开言直说"无极之真"，而后再言"二五之精"，其中却没有提到太极，可见无极即太极也。其中所说的男女，泛指为所有生命体中的雄雌之别。周敦颐这样强调："形既生矣，神发知矣，五行感动而善恶分，万事出矣。圣人定之以中正仁义而主静，立人极焉。"② 这里所说之"形"与"神"皆是指人而言，周敦颐认为人是万物之最灵，是得"二五之精华"的最神妙的物种。此处以男女来划算雄雌，也体现了周敦颐对于人对于社会及世界的重要观念。

二、诚

在周敦颐的道学体系中还有另一个重要的观念——诚，《文言》中虽有"诚"字，但是并未上升到本体的地位，并且就《易传》而言，"诚"不算一个重要的观念；直到《中庸》才将"诚"提炼出来作为重要的观念来描述。

《中庸》中的"诚"有"本体义"与"工夫义"两个方面的含义。《通书》首句就是"诚者，圣人之本"③；该书第一章在讲"诚"，第二章在讲"诚"，而第三章在讲"诚几德"，第四章在讲"诚神几"，可见在周敦颐哲学体系中"诚"占有很重要的地位。一方面"诚"可作为是圣人所能做到的最高的工夫境界，另一方面，"诚"又能作为一个形上的概念，既是本体又是工夫。

"诚"首先是作为一个实理而存在，是由天所赋予给人的，如《通书》

---

① （宋）周敦颐著，陈克明点校：《周敦颐集》，中华书局，2009年，第5页。
② （宋）周敦颐著，陈克明点校：《周敦颐集》，中华书局，2009年，第6页。
③ 洪修平主编：《儒佛道哲学名著选编》，南京大学出版社，2006年，第148页。

第一章提出："诚者，圣人之本。诚者，至实而无妄之谓，天所赋、物所受之正理也。人皆有之，而圣人之所以圣者无他焉，以其独能全此而已。"[①]在此，周敦颐所说的"诚"就是从天道的层面而言的，天将"诚"所赋予人为命，物将"诚"内化为性。故"诚"是圣人之德，是为圣最根本的标准。周敦颐认为"诚"是人人所具有的，但是圣人之所以为圣人，正是因为圣人能将"诚"发挥出本有的状态，而平常人虽然也具有此诚，但是却被物欲昏蔽，无法将"诚"发挥出来。

周敦颐还将"诚"与"太极"联系起来，即有讲："诚即所谓太极也。'大哉乾元，万物资始'，诚之源也。此上二句，引易以明之。乾者，纯阳之卦，其义为健，乃天德之别名也。元，始也。资，取也。"[②]周敦颐用"太极"与"乾元"来形容"诚"，上面我们分析了"太极"的概念，"太极"与"无极"既不是有也不是无，既不是有形之物，也不是无形之物。而万物之创始就是由"无极"与"无极"开始，故所谓"诚之源也"。周敦颐引《周易》而言，"太极"就是"乾"，"元"即是"始"，"乾元"即是"无极"。而"万物资始"即是从乾元中资取以成物，即说明是万物创生的本源。

《通书》第二节，周敦颐引了《易传》的一句"乾道变化，各正性命"。这句话如果从字面去解释，即在乾道变化的过程当中，万物各自所正其性命。对于这句话，牟宗三先生认为这里所说的"乾道变化"即是指乾道之元亨利贞。如《易传乾文言》所说："乾元者始而亨者也。利贞者性情也。"[③]他认为需要从"利贞"处去见个体之成，即是见性情之实，也即是性命之正。

周敦颐在其后加一句"诚斯立焉"，即是说由"各正性命"，可见诚体之所以立。对于这里所说的"性命"，牟宗三先生讨论的是以理言的性命还是以气言的性命，如若从周敦颐处去看，以诚体而言，明显是一种正面的、超越的、以理而言的性命；是一种由"太极"之实体(诚体)，流注至个体当中，然后个体得之而成"性"，而"命"亦即是此"性"之命。周敦颐对于"诚"的总结为"纯粹至善者"，是一种超然于善恶的实体才

[①] （宋）周敦颐著，陈克明点校：《周敦颐集》，中华书局，2009年，第13页。
[②] （宋）周敦颐著，陈克明点校：《周敦颐集》，中华书局，2009年，第14页。
[③] 牟宗三：《心体与性体》上册，吉林出版集团有限责任公司，2013年，第31页。

具有的性质，没有丝毫不善参杂。

"诚"不仅具有本体层面的意义，而且还是从天道这一层面来论述的"诚"，《通书诚下第二》是以人道这一层面予以论述的"诚"。圣人根本即就是"诚"，是圣人所以为圣人的关隘所在，所以在周敦颐就是以此作为"五常之本，百行之源"。"诚"成为了成圣的根本途径，能彰显圣人之道。"诚"是一种道德的自觉心，即周敦颐所说的"诚明"，如果不遵守内心自觉的道德，就算能遵循五常与百行，也不能真正达到"诚"的境界，即无法成为圣人。《太极图说》中有说"圣人定之以中正仁义而主静，立人极焉"①，显然周敦颐定义圣人品德是以中正仁义而提出来的，中正仁义即太极，太极有动有静，周流变化。

而太极在动静之中，以主静为根本，圣人唯以"太极"而效法，动静相续，并以"静"为主。朱熹有注，即讲："然静者诚之复而性之贞也，苟非此心寂然无欲而静，则亦何以酬酢事物之变而一天下之动哉！"② 在这里可以看出，"主静"是"诚之复"的前提，并且此心正因能"寂然无欲"，故能"主静"。因此，"主静""无欲"就成为了周敦颐思想中"诚"的具体内容，并且在整个"诚"的道德修养过程中，"诚"既是道德修养方面的起点，也是最后所要实现的最终目标。

周敦颐虽认为太极中一动一静，但是提倡"主静"之说，初看仍有"喜静厌动"之意。但是他所说的"动静"是指两种不同的情态，如"动"不仅是指事物运动的形式，还有一方面即是指行为，实践活动等，这些行为都会在"诚"的指导下活动。而"静"自然也不仅是指绝对静止的形式，还指"无欲"，专指此心宁静虚明，故此《中庸》中言"诚则明矣"。这种"动"需要"静"的涵养，"静"也需要"动"来体现。"诚"的实现需要"主静"，但是也不可以回避"动"。但是周敦颐所谓的"主静"与佛、老之无为、无执之说不同，他所说的"静"并不是消极避世、只知清虚守静的"静"，而是通过"主静"的工夫，来复其"诚"之本体，以此达到生生不息之活动。

---

① （宋）周敦颐：《周敦颐集》，岳麓书社，2007年，第7页。
② （宋）周敦颐：《周敦颐集》，岳麓书社，2007年，第7页。

第二节 太虚即气与穷理尽心

张载（1020-1077），字子厚，今河南开封的大梁是他的祖居地，由于为官涪州的父亲在任上去世，张载、张戬兄弟二人移居陕西凤翔府眉县横渠镇，"横渠先生"的称呼由此而来。作为理学开创者之一的张载，他所建立的气学思想对理学体系的建立有着重大的影响。

张载年少时就酷爱学习，尤喜谈兵。当时正是西北部的西夏国势力逐渐强盛之时，而且宋王朝与北方少数民族矛盾十分严重，北部边患一直都是张载所关注的重点。朝廷为了抵御西夏国的侵扰，于康定元年（1040）派遣范仲淹任陕西经略安抚副使。张载在21岁时就上书范仲淹，向其陈述关于用兵所需制定的谋略。范仲淹第一次见到他时，就非常喜欢他，认定张载未来可期，能成大器，赠予他《中庸》一部。

范仲淹点醒他而言："儒者自有名教可乐，何事于兵？"张载本身就是一个很刻苦的人，在研习完《中庸》之后仍觉得没有吃透，于是又去研习佛、道二教经典。但是经过好多年的研习，张载却是醒悟过来——"知无所得"，就又重回儒家六经之上。经过了多次出入儒释道的经验，终于确立了他自己的气本论的哲学思想体系。

张载与程颐程颢之间是表叔侄的血亲，并且在学问上张载非常崇拜二程。当时人们对张载的评价是说"以命世之宏才，旷古之绝识，参之以博闻强记之学，质之以稽天穷地之思"。这个评价是相当高的。但是张载自己非常谦虚，认为自己是一个鲁钝的思想家，张载在学习方面是非常用功。张载的弟子吕大临在《行状》中记载了张载的学习态度，即说："终日危坐一室，左右简编，俯而读，仰而思，有得则识之。或中夜起坐，取烛以书。其志道精思，亦未始须臾忘也。"[1]

---

[1] （宋）吕大临：《横渠先生行状》，《张载集》，中华书局，1978年，第381页。

一、太虚即气

张载的哲学思想体系当中包含着宇宙论和心性论，但是最为著名的还是张载的气本论思想；并且气本论思想不仅是张载哲学的基础，也是整个儒家思想发展史上重要的转折点。我们如果要弄明白"气本论"真正的内涵，就要先清楚什么是"太虚"和"气"，以及两者之间是什么样的关系。张载本体论，"气"是作为宇宙本体，是基本观点。"气"的概念据张载解释是在《周易》经义中体会出来的，可是在《系辞上》中并没有提到"气"，其中所论的是"幽明""死生"等问题而已。对此，张载予以解释而讲："天文地理，皆因明而知之，非明而皆幽也，此所以知幽明之故。万物相见乎离，非离不相见也。见者由明，而不见者非无物也，乃是天之至处。"①

这里所说的"离"应是指《周易》当中的"离卦"之"离"，意思为看得见之物就是"明"，看不见之物就是"幽"，这个"幽"看不见并不代表不存在，而是以另外一种形式存在，是在天之极致处。根据这两种不同存在形式的"物"，张载于是引入了"气"的概念。"气聚则离明得施而有形，气不聚则离明不得施而无形。方其聚也，安得不谓之客？方其散也，安得遽谓之无？故圣人仰观俯察，但云'知幽明之故'，不云'知有无之故'。"②

张载认为气有聚散两种形式，聚就是"离明"就能使人看见，散就没有"离明"则人不得而见，我们所看到的一切都是气的聚散形成，而不能称为有无。但是世界又不是只有"气"一种存在形态，另一种形态是张载提出来的"太虚"。张载讲："太虚无形，气之本体，其聚其散，变化之客形尔。"③ "太虚无形"是指不可见的意思，而非所指的是没有形即是太虚。"气之本体"即是本有的、初始的状态存在的"气"，也就是"太虚"。而"其聚其散"就是指气的聚和散。这个世界中一切的有形物体以及无形虚空，全都属于"气"这个范畴，而且是"气"在不同表现形式上的存在。如张载所说的有"气之为物，散入无形，适得吾体，聚为有象，不失吾常"与"太虚不能无气，

---

① （宋）张载著，章锡琛点校：《张载集》，中华书局，2006年，第21页。
② （宋）张载著，章锡琛点校：《张载集》，中华书局，2006年，第8页。
③ （宋）张载著，章锡琛点校：《张载集》，中华书局，2006年，第7页。

气不能不聚而为万物，万物不能不散而为太虚"①。

张载所说的"气"有两种不同的存在形态：一种是形成万物有形的气；另一种是包括了太虚无形不可见的气。陈来认为太虚、气与万物是相互转化的关系，"太虚之气聚而为气，气聚而为物；万物散而为气，气散而为太虚"②。陈来认为张载所说的气、太虚以及万物，不过就是一种实体而有的不同状态，并且在时空上的"气"是永恒的存在，而且每一个状态都是暂时的，不是永久的，从这个角度也反驳了道教所追求的"长生之术"。而且，既然万物都存在实体"气"，那么就没有真正意义上的"空"，也反驳了佛教中"空"与"虚"的教义。

张载又说："气之聚散于太虚，尤冰凝释于水，知太虚即气，则无无。"③而对于"太虚即气"中的"即"字有很多学者见解不一，主要分为两派，一是以牟宗三先生为代表认为"即"应是"相即不离"的意思，也就是指太虚和气是相即不离的；二是以张岱年先生为代表认为"即"就是"是"的意思，也就是指太虚就是气。如果是按照"相即不离"的意思去理解的话，也就是说气离不开太虚，而太虚也离不开气。从这个角度出发，就代表太虚是不能离却具体事物而单独存在，这显然是违背了张载本意的；如若对太虚的理解即就是气，则就可以把太虚与气理解为是实体性的气以之为存在形态的两种形式。正如张载所说"知太虚即气则无无"，所以太虚与气就相当于昼夜两种不同的状态——无形之气为太虚而且是在未聚集之际的原有状态，万物是有形的气，是气聚的实体状态。

张载驳斥了佛老的观点，这是从宇宙论来论述的。张载说："若谓虚能生气，则虚无穷，气有限，体用殊绝，入老氏'有生于无'自然之论，不识所谓有无混一之常。若谓万象为太虚中所见之物，则物与虚不相资，形自形，性自性，形性、天人不相待，而有陷于浮屠以山河大地为见病之说。"④张载认为如果是"虚无穷"而"气有限"，就会导致体和用的割裂，

---

① （宋）张载著，章锡琛点校：《张载集》，中华书局，2006年，第7页。
② 陈来：《宋明理学》，华东师范大学出版社，2004年，第46页。
③ （宋）张载著，章锡琛点校：《张载集》，中华书局，2006年，第8页。
④ （宋）张载著，章锡琛点校：《张载集》，中华书局，2006年，第8页。

也就是佛老所说的"有生于无"的观点,这个观点在哲学上错误的根本就在于"物与虚不相资",从而会有形自形、性为自性的问题存在,最后就会陷于佛老"以山河大地为见病"——这是错误的思想。

张载的气本论宇宙观就是虚和气是一体的,不是割裂的,在本质上是要破佛老所说的无,他认为有无是合一的,即不存在绝对的无。张载认为天地万物都是有形的气,并且最终散去归为太虚。这并不是消亡,而是经过太虚重新聚为有形的实体,这是一个轮回。但是这和佛教意义上的轮回是不一样的。

张载对佛教"彼语寂灭者往而不反"提出批评,他认为佛教所说的"寂灭"是不存在的,主张"死而不亡"的生死观。所以张载说:"散入无形,适得吾体;聚为有象,不失吾常。"① 这里说的聚散就是气的聚散,气散入无形,就会形成我们的身体。而这个"聚而有象"的"象"与张载在乾称篇中所说的"凡可状,皆有也;凡有,皆象也;凡象,皆气也"②,其实是不一样的。张载认为凡是有象,皆都是气,那么象就包括了有形的气和无形的气即太虚,所以气在聚散的过程中始终都是有象的,而聚散改变的就是有形和无形。"聚而有象"中的"象"显然就是和"散入无形"中的"形"是互相对应的。

张载的宇宙观所包括的是气、太虚、万物与阴阳二气,以及同时也包括了神、天理、天性与天道等,全都以完整性而展现出来一个宇宙框架,而且是有机存在。而对于这个由气的聚散所呈现出来的缤纷多彩的世界,张载将其称之为"太和"。"太和"一词最早来源于《易经》"保合太和",原意是指阴阳糅合、冲和的元气。张载在《正蒙》的首篇所讲的就是"太和"。他说:"散殊而可象为气,清通不可象为神。不如野马、絪缊,不足谓之太和。"③ 此句当中的"野马""絪缊"都指的是阴阳二气交感时的状态,而"太和"就是太虚与万物并存的整体,阴阳二气就是整体当中相互感应、相互联系的枢纽,使之成为一个有机的统一整体。

---

① (宋)张载著,章锡琛点校:《张载集》,中华书局,2006年,第7页。
② (宋)张载著,章锡琛点校:《张载集》,中华书局,2006年,第63页。
③ (宋)张载著,章锡琛点校:《张载集》,中华书局,2006年,第7页。

二、穷神知化

张载的哲学中是非常强调"参两"也就是"叁两",这和张载的宇宙观有着直接的关系。他反对一成不变的世界,虽然都是由气的聚散而形成万物,但是还有阴阳的分别,这个分别就是万物之所以生生不息的根源。张载说:"若一则有两,有两亦一在,无两亦一在。然无两则安用一?"① 在这句话当中张载是肯定了"一"的本体地位的;但是"两"是"一"的发用,没有了"两"则"一"也就失去了现实意义和价值,"两"不能是对立僵化的,如阴阳、动静、虚实、昼夜都是相互转化、相互联系的。

贯通两体的就是这个"一",就是张载在开篇所说的"清通不可象"之神。而"中涵浮沈升降"就和运动相关,张载曾说"由气化有道之名",他用"气化"的概念来表示运动的形式。而气化主要有两种,即"变"和"化"。对于这两者的关系,张载曾解释,"变言其著,化言其渐""变则化,由粗入精也。化而裁之谓之变,以著显微也"。此处,"著"与"变"即就是说事物有着变化上的显著,而"渐"与"变"所说的就是变化的事物处于渐次性的、缓慢性的。变与化都是运动最重要的形式,张载说"变则化"也可以说是著变引起的渐变,"化而裁之谓之变",渐变的中断就是著变。张载进一步提出这些变化的对象就是源自于事物的内部,他指出"虚实动静之机"就是气不断运动变化的根本原因,这当中的"机",所指的是事物在变化中的内在动力,运动也自然是在"机"的指导下完成的。张载还说:"动必有机,既谓之机,则动非自外也。"② 张载所要表达的是事物运动变化上根源性问题只在于事物的本身,而不是事物的外在。

张载对于"神"与"化"的内在联系也进行过阐释,即说:"神,天德;化,天道。德,其体;道,其用。一于气而已。③ 这里所讲的"神"实际上就是指事物运动的内在本性与根源,他这个概念也是源自于《易经》中"神也者,妙万物而为言者也"的思想。在变化的过程中"神"因其内在性所以是体,"化"指气的运动过程所以是用。张载用"天德"与"天道"

---

① (宋)张载著,章锡琛点校:《张载集》,中华书局,2006年,第233页。
② (宋)张载著,章锡琛点校:《张载集》,中华书局,2006年,第11页。
③ (宋)张载著,章锡琛点校:《张载集》,中华书局,2006年,第15页。

来阐释"神""化",就说明神是宇宙万物的一种性质,这种性质是否呈现就取决于化的运行,也就是天道的运行,道在这里显然是一种过程规律。张载还强调说:"气之性本虚而神,则神与性乃气所固有。"① 从此中可以看出张载所说的"神"就是宇宙事物运动变化的根源,是气所固有的。

张载通过"两一"与"神化"两个概念揭示了世界变化的规律和动力,这两者其实都是从"一物两体"的方面去讲。"神"即是"一","化"即是"两",也就是指从"神"这个内在本性与根源处,产生阴阳二气的两种"化"。这种对立统一的观念就是张载最原始的宇宙观,他认为"两一"就是双方不仅是对立的相互作用,更是相互联系,相互统一的。他说:"两体者,虚实也,动静也,聚散也,清浊也,其究一而已。"② 即"两"是"一"的表现,"一"是"两"的目的。再者,张载以"两一"与"感合"二者关系而予以强调对立的两个方面相互之间存在的作用关系,"无无阴阳者,以是知天地变化,二端而已"③。这里的"二端"显然就是"两"。他说:"天包载万物于内,所感所性,乾坤,阴阳二端而已。"④ 他认为天地万物应该都只是阴阳二端,可见阴阳在天地万物的生成上是具有普遍的本体地位的。

而且,从此张载推出阴阳的对立统一实际上就是宇宙事物运动的普遍规律,而阴阳二气本身就不是纯粹对立僵化的,也是通过"感合"的作用产生联系。张载说:"感即合也,咸也。以万物本一,故一能合异。以其能合异,故谓之感。若非有异,即无合。天性、乾坤、阴阳也,二端故有感,本一故能合。天地生万物,所受虽不同,皆无须臾之不感。"⑤ 张载在这里设定了几个前提条件,首先是有异即能合,无异则无合,这里就强调了"两"的对立性差异性;其次是本一故能合,这里强调了"一"的本体性。

---

① (宋)张载著,章锡琛点校:《张载集》,中华书局,2006年,第63页。
② (宋)张载著,章锡琛点校:《张载集》,中华书局,2006年,第63页。
③ (宋)张载著,章锡琛点校:《张载集》,中华书局,2006年,第10页。
④ (宋)张载著,章锡琛点校:《张载集》,中华书局,2006年,第63页。
⑤ (宋)张载著,章锡琛点校:《张载集》,中华书局,2006年,第63页。

三、穷理尽心

张载不仅主张"穷神知化",还主张"穷理尽性"与"穷理尽心"。"穷理尽性"来自于《易》,是《易传》最早所提出的"穷理尽性以至于命"的衍化,这句话不仅张载对其进行了很大的发挥,很多理学家都对此感兴趣。张载曾说:"万物皆有理,若不知穷理,如梦过一生。"[1] 张载强调在认识阶段必须先"穷理"而后"尽性","穷理"即是说所要穷尽的是体现在万事万物当中一切"天理"。在张载看来,理是具有客观性的,他说"理不在人皆在物"[2],"天理"是蕴含在万事万物当中,人们必须通过万事万物这个媒介来体验"天理"。而认识"天理"并不能一蹴而就,是一个逐渐认识的过程。他说:"穷理亦当有渐,见物多,穷理多,从此就约,尽人之性,尽物之性。"[3]

穷理是个逐渐认识的过程,只有通过广泛的认识事物,才能认识事物之理,才能尽其性。尽人之性就是指认识到人的本性,而尽物之性就是通明万事万物的本性,了解真正蕴含其中"天理"。对"穷理"的认识,张载认为学习与读书是主要的方式。他说:"穷理即是学也,所观所求皆学也。长而学固谓之学,其幼时岂可不谓之学?直自在胞胎保母之教,己虽不知谓之学,然人作之而已变以化于其教,则岂可不谓之学。"[4] 为学的目的是穷理,而穷理的目的是尽性。"为学大益在自求变化气质"与"强学以胜其气习"是张载提出来的又一种认知,气质是先天的,而气习是后天的;张载认为尽性不能只是穷理,还要学会改变自己的气质和气习。

"穷理尽性"的认识观在次序上也有着不同,区别就在于张载所讲的"自明诚,由穷理而尽性也;自诚明,由尽性而穷理也"[5]。自明到诚,就是自穷理而尽性的结果;而自诚到明,就是自尽性而穷理的结果。可知张载认为"穷理"的目的就是"明",而"尽性"的目的就是"诚"。

---

[1] (宋)张载著,章锡琛点校:《张载集》,中华书局,2006年,第321页。
[2] (宋)张载著,章锡琛点校:《张载集》,中华书局,2006年,第313页。
[3] (宋)张载著,章锡琛点校:《张载集》,中华书局,2006年,第235页。
[4] (宋)张载著,章锡琛点校:《张载集》,中华书局,2006年,第308页。
[5] (宋)张载著,章锡琛点校:《张载集》,中华书局,2006年,第21页。

这两者虽然都是"穷理"与"尽性",但是由明至诚,与由诚至明在路径去目标是有明显差异的。一方面是对万事万物进行研究最后达到"天人合一"的道德境界,而另一方面则是从"天性"出发,去体会万事万物皆由"天性"而成。而不论是这两者何种路径,其根本目的就是"以至于命","至于命"并不等于"知命"。张载予以解释道:"知与至为道殊远,尽性然后至于命,不可谓一;不穷理尽性即是戕贼,不可至于命。然至于命者止能保全天之所禀赋。本分者,且不可以有加也。即言穷理尽性以至于命,则不容有不知。"① 可知"穷理尽性"并不是最后一步,只有"至于命"方才能够予以"天"所禀赋的得以保全,"至"即是"极"的含义。

张载认为,"穷理"是为了"尽性",而"穷理"的前提就是需要"尽物"。但是若只从闻见处去"尽物",不可能去穷尽天下之物,张载还主张要"尽心","尽心"也称为"大心"。他说:"言尽物者,据其大总也。今言尽物且未说到穷理,但恐以闻见为心则不足以尽心。人本无心,因物为心,若只以闻见为心,但恐小却心。"② 张载的看法是:假如是以眼耳鼻目等感官触及来进行事物的认识,只是"闻见之知"。这种"闻见之知"认识事物有时间和空间上的限制,不可能穷尽天下之物,更不可能去认识到"天理"。

张载主张"大心",他说:"大其心,则能体天下之物,物有未体,则心为有外。世人之心,止于闻见之狭;圣人尽性,不以见闻梏其心,其视天下,无一物非我,孟子谓尽心则知性知天以此。"③ "大心"即是扩充自己内心的主观思维,能体察天下之物,非是受到耳目感官限制的闻见之知,而是"视天下,无一物非我"的德性之知。德性之知的来源不是依靠感官接触事物来获取的,而是通过认识自我之本心,从而从内心中获取关于"天理"的德性之知;而认识自我之本心就必须依靠学习来达到。张载指出"天地之性"即就是太虚"湛一之性",而"气质之性"却是气所积聚而成形质之后其所能够具备的属性所在。

---

① (宋)张载著,章锡琛点校:《张载集》,中华书局,2006年,第234页。
② (宋)张载著,章锡琛点校:《张载集》,中华书局,2006年,第333页。
③ (宋)张载著,章锡琛点校:《张载集》,中华书局,2006年,第24页。

一旦"天地之性"驾驭了"气质之性"之际，就是道德意识驾驭了欲望和脾性，张载将其称为"性命于德"。而当"气质之性"驾驭了"天地之性"时——欲望与脾性对道德意识予以统帅，即就是"性命于气"。"德性之知"即是"性命于德"的具体体现，要发挥"德性之知"就必须要看轻嗜欲，克己修身，张载主张应"立有教，动有法，昼有为，宵有得，息有养，瞬有存"[①]。

第三节　天理、人性与格物

程颢、程颐创建的"洛学"为理学奠定了基础，并且如果从整个宋明理学的思想体系来看，都必须从"洛学"中回溯。"洛学"在北宋年间也是最受重视且影响最大的理学学派。二程所留下来的著作有：《遗书》《外书》《粹言》《易传》《文集》《经说》等，经后人辑录为《二程全书》。

程颢（1032-1085），字伯淳。程颢在儒学的派别中具有重要的地位，也就是所谓的"道统"，文彦博在为程颢题写墓志时，即称为"明道先生"，以此来提示后人程颢在儒学中的道统地位。年少时的程颢曾与弟弟程颐一起随周敦颐学习儒家之道，周敦颐曾经着令他们兄弟二人去寻找孔颜乐处，探究所乐何事。对此举，后来程颢有说："再见周茂叔，吟风弄月以归，有'吾与点也'之意。"[②] 而程颢在朝廷中所主张以仁理政，与王安石对神宗言变法必及功利的主张恰好相反，因触及变法的根本，被贬回洛阳后，程颢虽仍在州县中任职，但是主要还是与程颐一起聚徒讲学，而后二程兄弟就共同创建了独树一帜的"洛学"。

程颐（1033-1107），字正叔，人称"伊川先生"。程颐自年少就随父亲程珦学习，在宋仁宗嘉祐元年间，程颐随父亲进国子监读书。国子监的直讲胡瑗出了一个题目《颜子所好何学论》，程颐所作一文令众人大为惊异。——后来程颐的弟子所称这是程颐闻道较早，也正是因为此文引发。

---

① （宋）张载著，章锡琛点校：《张载集》，中华书局，2006年，第44页。
② 祁宽：《通书后跋》，见《周敦颐集》，中华书局，2009年，第119页。

程颐认为在求圣求贤之路上，不仅要以传圣人之道为己任，更要自身不断追求为圣之道。在哲宗年间，吕公著及司马光等人向哲宗推荐程颐为侍讲经书，而在这讲授期间，程颐就多次向哲宗讲述"圣贤之道"，并且希望哲宗能够推行"仁政"。程颐此时名声大盛，并且他常言及天下、言论无所顾避，因此遭到朝廷中不少官僚的不满与嫉妒，程颐主动上免官归田状，开始讲学授徒。在隐退后，程颐的门生不仅有早期的谢良佐、杨时、游酢外，还有后来进入的尹焞等新一批的弟子。至元祐八年（1093），哲宗重新启用新党，清除旧党，程颐亦被视作奸党贬至"涪州编管"。而在涪州期间，程颐完成了重要著作《伊川易传》。

一、天理

程颢程颐都认为世界最高实体是"理"。程颢最早提出"天者理也，神者妙万物而为言者也"这一思想，对"天理"的看法既是宇宙最高存在也是万物存在根源。"理"在周敦颐及张载的学说当中就已经出现过了，但是他们所说的"理"并没有上升到本体的范畴，也没有具备最高实体的概念。真正将"理"最初引入到宇宙实体概念当中的就是程颢，程颐的天理观虽是接续程颢而论，但是他们在理学观念也存在着不同。但是，因为二程的语录都是以二程共同的名义来记录的，我们很难将其分开来讲。"洛学"独树一帜的主要特色也就是来源于二程的天理观，并且为后来的宋明理学及心学奠定了基础。

"理"是具有客观实在性的，又是至高的精神实体。程颢程颐所认为的"天理"是世界万物本原，而且对于万物而言此"天理"是唯一性，也就是说"天理"是产生和支配着万物并且超越万物的存在，形成了本体所具有的客观性、绝对性、自然性与大易流行的运动性。二程所提出："天理云者，这一个道理，更有甚穷已？不为尧存，不为桀亡。人得之者，故大行不加，穷居不损。这上头来，更怎生说得存亡加减？是它元无少欠，百理具备。"[①]"天理"不仅是客观实在的，而且是圆满自足、统驭万物的。这是一种抽象的、不需要依赖万物而可以单独存在的实体。这就与佛教、

[①] （宋）程颢、程颐：《二程集》，中华书局，2004年，第31页。

道教的"无"与"空"的本质不同,二程主要强调了"天理"的实在性、客观性。二程在这个角度去论"天理",实则是为了在宇宙本原处去论证客观世界的实在性,意在探寻宇宙的共同本质。

天地万物的存在与运行有着普遍规律与准则——"理"。"理"不仅主导自然界万物中发展变化,更是人类社会当中指导人们行为的普遍伦理原则。比如程颢就说:"万物皆有理,顺之则易,逆之则难,各循其理,何劳于己力哉!"[1]万事万物都有其自身的理,任何事物的变化发展都要遵循其自身的"理",不需要任何强加的意思在其中。"理"还是事物的"所以然"。程颐说:"凡眼前无非是物,物物皆有理。如火之所以热,水之所以寒,至于君臣父子间皆是理。"[2]"理"不仅产生万物,也是产生事事物物的原因,阴阳本身并不是道或理,阴阳产生的原因才是道或理。那么,在这个角度来说,决定事物本身的不是自身内部的原因,而是独立与事物之外的抽象的"理",因而二程是将万物与理相互割裂,相互独立了起来。就如程颢程颐所讲:"离了阴阳更无道,所以阴阳者是道也。阴阳,气也。气是形而下者,道是形而上者。形而上者则是密也。"[3]因此,他们所说的"万物只是一天理",也既是离了万物,更无天理,并不能说万物等于天理,而是万物自身存在的原因。

二程将"天理"与"天命"也相互联系了起来。"天道"是就自然而言,"天命"是就万物而言,故说:"言天之自然者,谓之天道。言天之付与万物者,谓之天命。"[4]"天命"的本质就是"天道","天命"是一种无法抗拒的超自然力量,它可以支配万物的命运,二程教导人们应该顺应天命,遵循天道。程颐说:"水之清,则性善之谓也。故不是善与恶在性中为两物相对。各自出来。此理,天命也。顺而循之,则道也。循此而修之,各得其分,则教也。"[5]这是程颐就《孟子》中的"生之谓性"所作的解释。孟子"性善"说是如水流顺下,向下而流是水之本性,而人之性就是善。

---

[1] (宋)程颢、程颐:《二程集》,中华书局,2004年,第123页。
[2] (宋)程颢、程颐:《二程集》,中华书局,2004年,第247页。
[3] (宋)程颢、程颐:《二程集》,中华书局,2004年,第162页。
[4] (宋)程颢、程颐:《二程集》,中华书局,2004年,第125页。
[5] (宋)程颢、程颐:《二程集》,中华书局,2004年,第10页。

不论水之清浊,水之性尚在,水之清彻则能出而甚远,水之渐浊就有流而未远;流而未远,则水的向下之性就会被遮蔽,就如人需要加以澄治之功,恢复本身所具有的善性。人性至善即如向下的流水本性,至善是绝对的,人们的善恶是相对的,就如水之清浊,也是相对的。"天命"即是万物的天之所赋,即本身具有的本性,顺此本性而循,则是"天道"。

程颐提出"理一分殊"的命题。杨时在和程颐讨论关于张载《西铭》中"民吾同胞,物吾与也",杨时认为这是只说了体而未说到用,因而造成偏向于墨家"兼爱"。而程颐之回答《西铭》"理一而分殊"说,即讲墨氏所说的只有爱而没有分的部分。儒家的这种爱有差等观念而且是惯常的强调,就有了孟子"仁者爱人"之说,但是儒家的爱,首要之爱是爱亲人,继而由此再爱他人,是不同于墨家无差等的爱。程颐认为墨氏的兼爱没有分殊,这是无君无父的表现,是不符合义的。程颐认为人的认识就是通过具体的"分殊"之理,来掌握这个"理一"。从认识论的角度来看,就是通过局部可以认识整体,通过具体的事物可以掌握抽象的规律。这是从本体论角度的主要观点,也是对世界观的概括性认识。

二、人性论

在本体论方面,二程提出天理论的观点,即万物的天理是唯一的主张,并且天理产生于支配万物。而通过天理论的发展,二程又系统地提出了关于人性论的理论。既将人性论上升到了本体论的高度,又为"天人合一"与"万物一体"思想奠定了基础。

二程是主张孟子所提出的"性善论",但是如果人性是至善的,那么世界罪恶都是怎么产生的呢?程颐程颢对张载把性一分为"天地之性"与"气质之性"持赞成态度。而张载却是将二者对立起来,认为"天地之性"的发现就是通过"气质之性"的过渡来完成的。《正蒙》当中,张载如此说:"形而后有气质之性。善反之,则天地之性与存焉。"[1] 而人所做的善恶就是"气质之性"的体现,就如前面所说水有清浊、气也有清浊;气清则为贤,而气浊则为愚。程颐说:"孟子所以独出诸儒者,以能明性也。性无不善,

---

[1] (宋)张载著,章锡琛点校:《张载集》,中华书局,2006年,第23页。

而有不善者，才也。性既是理，理则自尧舜至于涂人，一也。才禀于气，气有清浊。禀其清者为贤，禀其浊者为愚。"[1]程颐此说是指人性本质上即是至善，而有不善则是因"才"的缘故；而此处之"才"却是"气质之性"。

程颐认为人性当中先天就具有善恶，包括封建的道德观念及等级制度也是由先天所决定的；但是却也认为人性的恶也可以有可移之理，下愚之所以不可移也只是因为其"自暴自弃，不肯去学"，所以才不能去改，只要愿意去学，下愚也可以将恶改变为善。二程又说："气有善不善，性则无不善也。人之所以不知善者，气昏而塞之耳。孟子所以养气者，养之至则清明纯全，而昏塞之患去矣。"[2]人之所以会有恶的一面，都是因为气的昏塞所导致，二程认同孟子所说：必须通过养气或养心来达到内心清明纯全，从而真正体会到至善的本性。

二程认为"天地之性"就是指"天理"在人身上所体现出来的"性"。程颢程颐即说："天之付与之谓命，禀之在我谓之性，见于事业之谓理。"[3]本质上来讲，天、性、理、命都是一个，没有差别。性是天理在人身上的体现，也就是说，"天理"在天为命、在人为性、在事为理。这些虽然具有不同的名称，但是仍然是同一个东西。

"天地之性"是天所赋予人的，二程还认为性应当具有不同的内涵：仁、义、礼、智、信。这五个内涵都是"天地之性"在不同方面的不同表现，分开来说，都是道的体现，合起来说，也都是道；但是，其中也各有分别，仁、义、礼、智、信这五常实际上就是一个相同的东西的不同方面。这五常性作为道德品性是具有"天理"的意义，二程的人性论实际上就是本体论与认识论相结合在心性之上的观点。"万物皆有性，此五常性也"是二程又提出的观点，性不仅是人所具有，物也有物性，这是超越孟子只谈人性而不谈物性的一些局限。

程颢程颐指出孟子言"性"是属于"先天之性"；可是告子"生之谓性"说却是"气质之性"。他们指出孟子"性"之说就是"先天之性"，

---

[1] （宋）程颢、程颐：《二程集》，中华书局，2004年，第204页。
[2] （宋）程颢、程颐：《二程集》，中华书局，2004年，第274页。
[3] （宋）程颢、程颐：《二程集》，中华书局，2004年，第91页。

指出告子"生之谓性"之说便是"气质之性"——此"性"并非穷根极源。孟子所说的"先天之性"是纯粹至善,没有不善的,不过告子却说"生之谓性"中的"性"存在着不善,即是程颢程颐"气质之性"说。二程说:"人生气禀,理有善恶,然不是性中元有,此两物相对而生也。有自幼而善,有自幼而恶,是气禀而然也。善固性也,然恶亦不可不谓性也。"①

二程在这里区分了孟子和告子之间的区别,孟子言性是从性之根源处,性中元无善恶;但是也不能因此说告子所说的不是性,恶不是性中元有,应是"气禀"而生,如孔子所说的"性相近"是就性急性缓而言,也不是根本的性,但这些"气禀而然",也自然属于性。对"天理"的禀受程度也就是"气禀"的程度,"气禀"的程度直接影响了自身的气质善恶,"禀其至清之气生者为圣人,禀得至浊之气生者为愚人",在二程看来,在气的禀受程度方面,圣人、愚人二者却是早已注定的了,是生来如此,这即是"生之谓性",这种通过禀受的"气质之性"可以通过"变化气质"来改恶从善。

三、格物致知论

格物致知是"洛学"重要的理论之一,它最初源于《大学》。《大学》有"明明德""亲民""止于至善"三纲领与"格物""致知""诚意""正心""修身""齐家""治国""平天下"八条目。在八条目中最基本的就是格物与致知,这是修身齐家的第一步。二程以《大学》为君子的"入德之门",二程说:"治身齐家以至平天下者,治之道也。建立纲纪,分正百职,顺天揆事,创制立度,以尽天下之务,治之法也。法者,道之用也。"②

二程认为《大学》是具有治理国家的作用,八条目是治国之道,创立制度则是大学之道的运用。二程借用《大学》的思想与自身的本体论相结合,发挥出了一套认识论方法,即"格物致知"论。

在二程看来,"格物"中的"格"训为"至"或"穷","物"为"事"。但是从字面上去认为"格物"是通过研究事物之理来获得知识,这显然是

---

① (宋)程颢、程颐:《二程集》,中华书局,2004年,第10页。
② (宋)程颢、程颐:《二程集》,中华书局,2004年,第1183页。

违背二程原意的。二程所谓的"格物"是指"穷理以至于物",这里的"物"不仅是指客观上的物质实体,还包括人伦日用之事。

二程对于"格物"解释有一套完整的思想体系。二程即说:"学莫大于知本末终始。致知格物,所谓本也,始也;治天下国家,所谓末也,终也。治天下国家,必本诸身。其身不正而能治天下国家者,无之。格犹穷也,物犹理也,若曰穷其理云尔。穷理然后足以致知,不穷则不能致也。"①

格物穷理是学习的起点,只有通过学习格物穷理才能致知。"自格物而充之,然后可以至于圣人;不知格物而欲意诚心正而后身修者,未有能中于理也。"并且二程强调"诚意正心"可以通过学习来获得,但是"格物"只能通过意会而不可言传,"格物致知"也是在强调主体的主观能动性,认识事物应采用主动认知,并且内化成自身体会。二程讲:"凡眼前无非是物,物物皆有理。如火之所以热,水之所以寒,至于君臣父子间皆是理。又问:只穷一物,见此一物,还便见得诸理否?"②

事物所以然也为理,是二程所认为的,而且事物产生及其发展之因也是理。若要"穷理"就需要通过遍求事物之理,但不是要穷尽万事万物之理,而是通过"穷理"这个过程能"达理",最后才能"亿万亦可通"。"格物"的最终目的并不是去追求事物的知识,应是通过"格物"去恢复自己内心的"天理",去除人欲。如二程所说:"致知在格物,非由外铄我也,我固有之也。因物有迁,迷而不知,则天理灭矣,故圣人欲格之。"③"格物"是恢复"天理"的过程,也是认识"天理"的方法,如同火之所以热、水之所以寒一样这些都是天理,而君君、臣臣、父父、子子,这些也是天理。

二程所谓"格物"的最终目的不是要人去求得万事万物之理,而是要去求得万理皆出于一理。二程认为"人要明理,若止一物上明之,亦未济事。须是集众理,然后脱然自有悟处。然于物上理会也得,不理会也得"④。具体上的物理,实际上是不重要的,能理会可以,不能理会也可以;但是

---

① (宋)程颢、程颐:《二程集》,中华书局,2004年,第316页。
② (宋)程颢、程颐:《二程集》,中华书局,2004年,第247页。
③ (宋)程颢、程颐:《二程集》,中华书局,2004年,第316页。
④ (宋)程颢、程颐:《二程集》,中华书局,2004年,第175页。

必须要集众理，然后悟出"一理"，即"天理"。

而关于"格物"的具体方法，二程也有论述。即说："格物穷理，非是要穷尽天下之物，但于一事上穷尽，其他可以类推。至如言孝，其所以为孝者如何，如一事上穷不得，且别穷一事，或先其易者，或先其难者，各随人深浅。"①

"格物"主要就是通过类推的方法，这个"类推"并不像当代依据已知事物来推出未知事物的方法。这种"类推"是通过一个已知事物来推出万理所共同具有的最终指向——"天理"。从这个角度来看，二程的认识论和本体论实际上是相互联系并相互印证的。关于具体"格物穷理"的用功方法，"格物穷理"的具体方法有很多：诵诗书、考古今、察物情、揆人事，这些方法的最终目的都是"求止于至善"。"止于至善"的标准就是要通过心来印证，二程说认为"心要在腔子里体道，少能体即贤，尽能体即圣"②，因此，"求止于至善"主要是通过"心"这个主体，来体会"天理"，能"达理"后自然就能做到"止于至善"。

二程的认识论中不仅有格物致知说，还有一直受儒者所关注的知行命题。"知行统一"思想是二程所提倡，即有讲："须以知为本。知之深，则行之必至，无有知之而不能行者。知而不能行，只是知得浅。"③虽然二程提倡知行统一，没有行就没有知，并且他们将知分为"深知"与"浅知"。"深知"是指知而能行者，"浅知"却是指的"知而不能行者"。知行统一观，对于二程而言所强调的重知并且是行"以知为本"。关于"知"的理解，实际上就是二程对感性认识和理性认识的区分。他们更多地侧重于理性认识的"深知"，这也说明二程在认识论上有明显的理性主义思想。

第四节　心统性情与主敬涵养

朱熹（1130-1200），字元晦，又作仲晦，号晦庵先生。祖籍江西婺源

---

① （宋）程颢、程颐：《二程集》，中华书局，2004年，第157页。
② （宋）程颢、程颐：《二程集》，中华书局，2004年，第96-97页。
③ （宋）程颢、程颐：《二程集》，中华书局，2004年，第164页。

县（古代徽州）的朱熹，出生于福建南平（古代南剑）。《朱子行状》中，门人黄榦有对朱熹家世的记载，"婺源著姓，以儒名家"。虽然家族以"著姓"称，但是到朱熹出生时，他的父亲朱松就已去官，后至尤溪教书，家境已不算充裕。由于家境清贫导致他的祖父朱森去世了却无法扶柩故里落葬，而葬在福建建州政和县。朱熹在14岁时，其父朱松病逝，只有依傍其父好友刘子羽过日子，此时朱熹也跟随当时的知名学者胡原仲、刘致中等学习。绍兴十八年（1148），朱熹19岁考中进士。起初爱好佛、老之学的朱熹，后受学于李侗，拜师李侗后才真正认识到"佛道之说皆非"，从此便专心致志于研究儒学。因为李桐受业于杨时，而杨时又是二程正传的高足，朱熹即就是二程的徒孙。朱熹在传道之路上从"洛学"向"闽学"发展又迈进了一步。

一、"理"的主要内涵

"理"是朱熹哲学体系中的基本范畴与逻辑结构，而且是最重要的。朱熹哲学的"理"这一思想，主要是继承佛教华严宗和二程的思想，通过他的总结论证，使"理"的内容更加充实、完善，建立了更缜密的理学逻辑结构。朱熹的"理"具有以下三个特点。

（一）"理"主宰一切

"理"在朱熹的哲学思想中是一种先于一切存在的绝对观念，所谓"月印万川"，所有的事物都在"理"的控制之下。朱熹的学生陈淳有相关记载："徐问：'天地未判时，下面许多都已有否？'曰：'只是都有此理。'"[①]

他认为在天地未分之前，"理"还是存在的，而且是优先于一切而存在，是形而上的。朱熹讲："未有天地之先，毕竟也只是理。有此理，便有天地；若无此理，便亦无天地，无人无物，都无该载了！有理，便有气流行，发育万物。"[②]

[①] （宋）黎靖德编：《朱子语类》第1卷，岳麓书社，1997年，第3页。
[②] （宋）黎靖德编：《朱子语类》第1卷，岳麓书社，1997年，第1页。

（二）"理"与"道""太极"

即说"理"是根本——主宰一切事物的，那么"理"又是从何而来呢？朱熹曾对《易传》的一句话进行了阐述，说："形而上为道，形而下为器，说着形而下之器之中，便有那形而上之道，若便将形而下之器，作形而上之道，则不可。"[1]进一步对"理"和"道"进行了阐述，"器"中有"道"，但是不能以"器"叫作"道"。

有人问朱熹"盖衣食作息，视听举履，皆物也；其所以如此之义理，准则，乃道也"这句话的意思。朱熹予以解答而说："衣食动作，只是物；物之理，乃道也。将物便唤作道，则不可。"[2]可知朱熹将"理"和"道"是等同的。"太极"最早见于《周易·系辞上》，即说："易有太极。"朱熹认为之前人们都把"太极"认为是在道之先，但是朱熹认为"太极"不是别有一物，更不是"形气"，而就是"道"、就是"理"。朱熹说："盖太极是理，形而上者；阴阳是气，形而下者。"[3]可见"太极""道"和"理"同样是朱熹哲学当中的基本范畴和逻辑结构，属于异名同实的概念。

（三）"理"的实在性

朱熹的"理"学思想虽然借鉴于佛、道，但是也有很大差异。佛教所讲："天地为幻妄，以四大为假合，则是全无。"[4]而道家犹言："说半截有，半截无。已前都是无，如今眼下却是有。"[5]他认为佛教太重视"空""无"，而道家则将"有"和"无"分裂开来，使人无法捉摸，而这都是忽略了"理"的实在性的结果，"理"不能独立于事物之外。

朱熹在形而上的"理"概念形成以后，就在考虑"理"如何从形而上走入形而下。朱熹认为"理"是万物之"理"，是不能脱离事物的，具有实在性的。

---

[1] （宋）黎靖德编：《朱子语类》第2卷，岳麓书社，1997年，第2561页。
[2] （宋）黎靖德编：《朱子语类》第2卷，岳麓书社，1997年，第2572页。
[3] （宋）黎靖德编：《朱子语类》第1卷，岳麓书社，1997年，第87页。
[4] （宋）黎靖德编：《朱子语类》第4卷，岳麓书社，1997年，第2714页。
[5] （宋）黎靖德编：《朱子语类》第4卷，岳麓书社，1997年，第2719页。

(四)理气关系

在朱熹的思想体系当中,"理"是宇宙的本体,但是"理"如果要作为"大化流行"的本体,就必须要有一个能承载"理"的东西。朱熹继承了张载的"气体论"思想,将"气"作为"形而下者"融入了自己以"天理论"为核心的哲学体系当中。因此,"天理"就具有了"气化流行"的特点。朱熹说:"理非别是一物,即存乎是气之中。无是气,则是理亦无挂搭处。"[1] 理是存乎气当中,不离于气,理不能单独存在。

朱熹认为但凡人物之生,都必须具有"理"与"气",有"理"才有性,有"气"才有"形"。从形上形下的角度来看,"理"和"气"分别代表本然和具然,"理"作为本体与事物的原因而存在,"气"构成万物的存在意义与方法。而若要说清"理"与"气"的关系,就必须先厘清"性"与"理",以及"心"与"气"的关系。朱熹说:"所觉者,心之理也;能觉者,气之灵也。"又,"问'灵处是心,抑是性?'曰:'灵处只是心,不是性,性只是理。'"[2]

这里的"气之灵",很明显朱子的回答指的就是"心"而不是"性"。所觉者是"理",能觉者是"心",所以本然还是"理",而"心"则还是气之所生。朱子所说"性只是理",说明"性"并不是其他,不是"心"也不是"气",也只是"理"。心具有知觉、动静的作用,而心所具有知觉、动静的所以然之理则是"性"。在朱熹的哲学中,心不能说成性,心也不能说成理。

朱熹在论理气关系中,一般从"理同气异"的角度去阐发,从"性即理"去说"枯槁有性",或从"理先气后"去说"理生气",再或者就是从"理一分殊"去说"一理而多相"。朱熹说"生之谓气,生之理谓性",生是指气,而生之理就是指性。朱熹在探讨孟子与告子所言的"生之谓性",他说:"告子只说那生来底便是性,手足运行,耳目视听,与夫心有知觉之类。他却

---

[1] (宋)朱熹撰,朱杰人等主编:《朱子语类》卷一,《朱子全书》,上海古籍出版社,安徽教育出版社,2010年,第115页。

[2] (宋)朱熹撰,朱杰人等主编:《朱子语类》卷五,《朱子全书》,上海古籍出版社,安徽教育出版社,2010年,第219页。

不知生便属气禀，自气禀而言，人物便有不同处。若说'理之谓性'，则可。然理之在人在物，亦不可做一等说。"①

朱子所说的和二程本意相同，都是以告子的"生之谓性"与"气禀"作为自身认识，认为这是与生俱来的。而且"生"就是指气，就已经不能说是"理"或是"性"了。但是，如果说"理之谓性"才可以，那么理在人和理在物又不能混说。如朱熹说："犬、牛、人，谓其得于天者未尝不同。惟人得是理之全，至于物，止得其偏。"②他认为物得的性或称为理是存在缺陷的，而人所得的性或理是全的，这样人才有仁义礼智，而物则没有。

朱熹的理与事的体用关系的思想也是继承了二程的思想，并且作了进一步的阐述。他说："自理而观，则理为体、象为用，而理中有象，是一源也。显微无间者，自象而观，则象为显、理为微，而象中有理，是无间也。"③

从理的角度来看，理是微妙且没有形迹的，理包含在事物当中，是事物的本质。这个理是所有事物发展的核心推动力，按照朱子所说，事物存在的原因即是因为理的存在，从这个角度论证，则能推出理是先于事物而存在的，万物则是根据各自的理而发展和消亡。关于理事孰先孰后的问题，朱熹认为："若在理上看，则虽未有物，而已有物之理，然亦但有其理而已，未尝实有是物也。"④朱熹又说："未有这事，先有这理，如未有君臣，已先有君臣之理；未有父子，已先有父子之理。不成元无此理，直待有君臣父子，却旋将道理入在里面。"⑤

事物的产生，之前事物的产生条件、规律、法则都早已产生，万物之

---

① （宋）朱熹撰，朱杰人等主编：《朱子语类》卷五十九，《朱子全书》，上海古籍出版社，安徽教育出版社，2010年，第1875页。

② （宋）朱熹撰，朱杰人等主编：《朱子语类》卷五十九，《朱子全书》，上海古籍出版社，安徽教育出版社，2010年，第1876页。

③ （宋）朱熹撰，朱杰人等主编：《答何叔京》，《朱文公文集》卷四十，《朱子全书》，上海古籍出版社，安徽教育出版社，2010年，第1841页。

④ （宋）朱熹撰，朱杰人等主编：《答刘叔文》，《朱文公文集》卷四十六，《朱子全书》（修订本），上海古籍出版社，安徽教育出版社，2010年，第1841页。

⑤ （宋）朱熹撰，朱杰人等主编：《朱子语类》卷九十五，《朱子全书》，上海古籍出版社，安徽教育出版社，2010年，第3203–3204页。

理早就具足；还有很多理已具有，但是还没有此物，如飞马、金山等，这都是理先于事的证明。朱熹作了说明，即说："或问：'理在先气在后？'曰：'理与气本无先后之可言，但推上去时，却如理在先气在后相似。'"①这种先后并不是时间上的先后，而是如要从根本上推上去，在逻辑上就是"理先气后"。

关于"理一分殊"，程颐为杨时解答相关《西铭》的问题，即以"理一分殊"作答，从含义上是将张载"万物一体"说与墨家"兼爱"说作了区分，强调儒家的有差等的"仁"。朱熹在这个命题上继承和发展了程颐的思想，他认为"理一分殊"有两个重要的含义：其一是指理物关系。朱熹说："只是此一个理，万物分之以为体。"他说的这个分，不是剖分的分，而是各自禀受此理，通过一般性的理来作为本体形成各具特性的理。这个一般性的"理"即是指"理一"，而这个"个理"即是指"分殊"。朱熹常用"月印万川""随器取量"等语词来形容"理一分殊"，如随器取量的水虽分量不同，但是其性质同属于水，这即是"理一"；而其在容器中呈现的形状，清浊各有不同，这就是"分殊"。其二是指理事关系。"理一分殊"中的"分"还有"份"的一种读法，意指所事与施事，都是与人所相关的。这里所说的"理一"即是在道德原则上呈现出统一，而在具体的人事上又有各自的差别，如亲亲、仁爱等。这是从孔孟以来就有的儒家的思想观念。

二、心统性情

"心统性情"是张载所提出的，朱熹非常认可张载所提的"心统性情"，认为它对于后代是有大功的。朱熹早年对于心性论的认识，是与未发、已发之中气象的体认密切相关的。李侗与杨时二人都对"未发"予以强调，然而胡宏却是在"已发"上强调用功。

受胡宏的影响，朱熹认为每位拥有鲜活的生命个体，每时每刻都须受到心的作用。从这个角度去看，心处已发状态是一种常态，则"未发"就不可能是心，那就应该是心之体，是指的寂然不动的性。根据这个逻辑就

---

① （宋）朱熹撰，朱杰人等主编：《朱子语类》卷一，《朱子全书》，上海古籍出版社，安徽教育出版社，2010年，第115-116页。

得出"以性为体"与"以心为用"的结论。而在朱熹经历了"己丑之悟"后，他改变了原有的观点。"未发"与"已发"，朱熹所认为的是所指的心处于不同的状态，并且就是以心之思虑作为分界，处于未萌状态的心的思虑即为"未发"、处于已萌状态者即是"已发"，"未发"和"已发"实际上都是心的作用。

朱熹又有观点提出——"未发"即性、"已发"是情。即说："性情一物，其所以分，只为未发已发之不同耳。若不以未发已发分之，则何者为性，何者为情耶？"① 性与情实际上是属于同一种东西，但是就心的发用状态不同而作了区分。当心处于幽微不发的状态时，就是未发，即是性。而当心处于思虑萌动、意识活跃的状态，就是已发，亦即是情。

关于"性"的认识，对二程的观点朱熹予以沿用，"理在人心，是之谓性"，把"性"以"天理"看待是出于"天理"于人心上的具体体现。而关于"性"的内涵朱熹认为："性者，人之所受乎天者，其体则不过仁、义、礼、智而已。""仁、义、礼、智"是孟子所说的"四德"，由此发出"恻隐、羞恶、辞让、是非"这"四端"。朱熹的观点是"四德"乃是"性"的未发状态，"四端"即为"情"之已发。朱熹认为，"性"作为"天理"就是至善的，可是既然如此，世界上的恶又是从何处而来。为了解释这个问题，朱熹引入了张载和二程所说的"天地之性"与"气质之性"，这两者是统一在人物之性当中的。

从本然、从形而上之处来说"天地之性"；以统摄理气而言"气质之性"，是从形而下处说。这是单就"天理"所赋予人而言，人在禀受"天地之性"的同时，还会受到"气禀"的影响，从而会有"性善"与"性恶"之说。这些都是将"性"等同于了"气质之性"，从告子性论上进一步迷失了下去。

朱熹曾将心性情作了区分，他认为性是理，心是气之灵，情是气之发，这就是"心性情三分"。而最早将心性情分开来说的，是源自于程颐。朱熹说："问心性情之辨，曰：'程子云，心譬如谷种，其中具生之理是性，

---

① （宋）朱熹撰，朱杰人等主编：《答何叔京》，《朱文公文集》卷四十，《朱子全书》，上海古籍出版社，安徽教育出版社，2010年，第1830页。

阳明心学与多元文化的会通

阳气发动是情。推而论之,物物皆然。'"①

程子之"譬如榖种"说心,正是说心具有实然性,是涵盖所有已发的原因及意义的心。这不是应然的道德原则的心,而是完整意义上实然的心气之心。情是心气发动的结果,心具有的生之理便是性,性则是心之所以发动之理。对于"心性情"的关系朱熹认为"性是未动,情是已动,心包得已动未动。蓋心之未动则是性,已动则为情,所以心统性情者也"②。

以上论述皆言"心统性情",性是未动、未发,而已动、已发的是情,心则统摄两者,但是心统性情又不可混为一谈。心统性是在思虑未萌之时用功,强调的是在未发之际涵养,从而达到"心静",而"理明"。心统情则是在思虑已萌之时用功,强调的是在已发之际察识,从而达到发用皆得其正,情之所发皆中节合理。

三、主敬涵养

"主敬涵养"是朱熹所倡导的修养方法。朱熹主要吸收了二程"涵养须用敬"的思想,并对其作了进一步的发展和完善。朱熹哲学主要目的是"求得夫此理",可概括为"存天理,灭人欲"。朱熹称"人欲",又为"私欲",也是通常所说的"恶"。朱熹认为"欲"并不是一概而论的,要分为符合天理的"欲"和一般性的"人欲"。符合天理的"欲"是指人们在生活中正常的物质要求和欲望,如"饥而欲食"与"渴而欲饮"。不过,"人欲"所指的一般是过分要求抑或欲望的不节制,比如日常饮食要求吃美味佳肴。

朱熹所说的"存天理,灭人欲"即是去除自己内心超过节制的欲望,而对于符合道德规范的正当要求是允许的。朱熹针对去除内心过度的欲望,提出要"克己复礼"与"主敬涵养"。他认为"克己"就是克制内心不正当的"私欲","复礼"就是使自己的行为举止都符合礼节。这个"礼"在当时就是封建礼仪准则,朱熹强调对自身阶级性质的把握,不能超越封

---

① (宋)朱熹撰,朱杰人等主编:《朱子语类》卷五,《朱子全书》,上海古籍出版社,安徽教育出版社,2010年,第230-231页。
② (宋)朱熹撰,朱杰人等主编:《朱子语类》卷五,《朱子全书》,上海古籍出版社,安徽教育出版社,2010年,第229页。

建主义和阶级制度的界限。

朱熹还强调"主敬涵养"。"敬"是朱熹道德修养的重要途径。《易传》中提出"敬以直内",说明"敬"是从本心出发,使此心湛然专一,整肃自家之精神。可见修养身心所存在的"敬",即是为己之学,目的在于涵养性、明澈心的一种捷径。程颐曾与弟子讨论"敬",程子言"主一之谓敬"。程颐说"敬"就是"主一无适",即使此心湛然专一,而不会游移于外。其意为通过外在的庄严肃穆,来使内心达到"操存"的阶段,存即存养本心,存心而不放逸。朱熹认为,持敬需要做到使此心常惺惺,并非是"放"的状态,而是一个"收"的状态。他说:"心,只是一个心。非是以一个心治一个心。所谓'存',所谓'收',只是唤醒。"[1]持敬是在心中立一个规矩,让此心纯是光明,则举手投足,自然一切皆合天理。

朱熹的"主敬涵养"说除前面所说的"主一"义之外,还有"畏谨"的涵义。例如:

> 因说敬,曰:圣人言语,当初未曾关聚。如说"出门如见大宾,使民如承大祭"等类,皆是敬之目。到程子始关聚说出一个"敬"来教人。然敬有甚物?只如"畏"字相似。[2]

> 敬非是块然兀坐,耳无所闻,目无所见,心无所思,而后谓之敬。只是有所畏谨,不敢放纵。如此则身心收敛,如有所畏。常常如此,气象自别。存得此心,乃可以为学。[3]

"敬",并非就是冥然兀坐而耳无闻、眼无见、心无思,不过就是敬畏谨言而已,并不敢于放纵;如此一来则能够收敛身心,如果有所敬畏,而且恒常如斯,则气象上可以自别了然,如果有此心留存,那么可以当作是为学之道。

---

[1] (宋)朱熹撰,朱杰人等主编:《朱子语类》卷十二,《朱子全书》,上海古籍出版社,安徽教育出版社,2010年,第360页。

[2] (宋)朱熹撰,朱杰人等主编:《朱子语类》卷十二,《朱子全书》,上海古籍出版社,安徽教育出版社,2010年,第372页。

[3] (宋)朱熹撰,朱杰人等主编:《朱子语类》卷十二,《朱子全书》,上海古籍出版社,安徽教育出版社,2010年,第372页。

在这里朱熹把"敬"和"畏"联系起来,"如见大宾""如承大祭"都有"畏"的涵义。心中有"畏"才不敢放纵,才能身心收敛,真正做到"敬"。而在这个涵义当中,都含有虔诚的意思。如朱熹认为商汤之"圣敬日跻"与周文王之"小心翼翼,昭事上帝"。

持敬不仅只是指一种精神状态,而是作为一种道德的修养工夫去实践。如朱熹讲道:

> 若事至前,而自家却要主静,顽然不应,便是心都死了。无事时敬在里面,有事时敬在事上。有事无事,吾之敬未尝间断也。且如应接宾客,敬便在应接上;宾客去后,敬又在这里。若厌苦宾客,而为之心烦,此却是自挠乱,非所谓敬也。[1]
>
> 问:人于诚敬有作辍。
>
> 曰:只是在人,人须自责。如"为仁由己",作与辍都不干别人事,须是自家肯做。
>
> 又问:如此时须是勉强?
>
> 曰:然。[2]

朱熹主张"敬"也要应物而言,如果在事上,全然不应,就是心死。在无事的时候"敬在里面"即是敬在心中,在有事的时候敬则在事上。故"敬"贯彻动静,遍及于日用常行之中。持敬过程中不能有间断之处,持敬就必须"贯乎动静语默之间,而无一息之间断"。朱熹认为持敬的静坐是与佛教修行入定有所不同,并不是要断绝思虑。他认为持敬就是"只收敛此心,莫令走作闲思虑,则此心湛然无事,自然专一。及其有事,则随事而应"[3]。

朱熹将持敬分为两个方面:其一是无事,即守静的状态。所谓"静者,养动之根",在静中涵养才能以静养动,保持思想与情绪上的平和,在遇

---

[1] (宋)朱熹撰,朱杰人等主编:《朱子语类》卷十二,《朱子全书》,上海古籍出版社,安徽教育出版社,2010年,第374页。

[2] (宋)朱熹撰,朱杰人等主编:《朱子语类》卷十二,《朱子全书》,上海古籍出版社,安徽教育出版社,2010年,第374页。

[3] (宋)朱熹撰,朱杰人等主编:《朱子语类》卷十二,《朱子全书》,上海古籍出版社,安徽教育出版社,2010年,第379页。

事时才能真正做到贯彻动静；其二是有事，即养动。即在临事接物时下工夫，在动中仍能保持居敬涵养。动中涵养仍要以静时工夫为根本。朱熹说："心于未遇事时须是静，及至临事方用，便有气力。如当静时不静，思虑散乱，及至临事，已先倦了。"①

朱熹认为"主敬"的根本在于"守静"，而"主敬"的目标在于临事时的发用。他主张敬贯动静，要贯穿在知与行当中，有事与无事之中。

四、格物穷理

"格物"二字出自《大学》一书，朱熹认为"格物"是八纲领中最为重要的一个范畴。朱熹讲："只是推及我所知，须要就那事物上理会。致知是自我而言，格物是就物而言，若不格物，何缘得知？"②

朱熹所谓"致知在格物"在于从主体自身推及客体当中，将客观的事物纳入到主体的意义世界当中。"致知"是主体获得理性认识的过程，"格物"就是在事物上穷究其理，从而达到致知的目的。

朱熹在《大学章句》中有注，即讲："格，至也。物，犹事也。穷至事物之理，欲其极处无不到也。"③ 又有注而讲："致，推极也。知，犹识也。推极吾之知识，欲其所知无不尽也。"④ 朱熹认为之所以"格物"，不但在于对事物有认识的终极目的，还要通过对事物的认识去发现此物之理；就如康德所谓的"物自体"，不仅是要认识事物的现象，还要认识现象背后真正的"物自体"或"物之理"。

朱熹"穷理"说，不但穷尽事物"所当然之则"，也穷尽"所以然之故"，两者分别是应当如此和所以然如此之理。朱熹有说："如事亲当亲，事兄当兄之类，便是当然之则。然事亲如何却须要孝，从兄如何却须要弟，

---

① （宋）朱熹撰，朱杰人等主编：《朱子语类》卷十二，《朱子全书》，上海古籍出版社，安徽教育出版社，2010年，第381页。
② （宋）朱熹撰，朱杰人等主编：《朱子语类》卷十五，《朱子全书》，上海古籍出版社，安徽教育出版社，2010年，第473页。
③ （宋）朱熹：《大学章句》，《四书章句集注》，中华书局，1983年，第4页。
④ （宋）朱熹：《大学章句》，《四书章句集注》，中华书局，1983年，第4页。

此即所以然之故。"① 这是从伦理的角度上去说两者的关系，也是通过性命之理方面而论"所当然之则"与"所以然之故"二者区别何在，这是朱熹在论格物、穷理中，基本上都是从这两个角度求索。

朱熹认为"格物"以至于"致知"的方法分为两种。

其一是自下向上去。自下面做上去的方法和我们现在所说的归纳法相似。朱熹说："'积习既多，自当脱然有贯通处'，乃是零零碎碎凑合将来，不知不觉，自然醒悟。"②

他主张从近处先格，慢慢格到远处，从少处积到多处，那么豁然贯通之处随之而至。他将这种"格物"方法分为"穷尽的"和"不穷尽的"两种形式。"穷尽的"方法即是格尽所有事物，"格物者，格尽也。须是穷尽事物之理，若是穷得二、三分，便未是格物；须是穷尽得到十分方是格物"③。

这就是"穷尽的"格物方式，即完全的归纳法。这就是说，如要得到一个完整的正确认识，最好的方法就是将天下之物格尽，将天下之理穷尽。当然，朱熹也清晰地认识到"天下之物不可胜穷"，相应的朱熹提出了另一种不用穷尽的格物方法。朱熹说："所谓不必尽穷天下之物者，如十事已穷得八、九，则其一、二虽未穷得，将来凑会都自见得；又如四旁已穷得，中央虽未穷得，毕竟是在中间了，将来贯通自能见得。"④ 这相当于不完全的归纳法，程颢也是如此认为，穷理不是穷尽天下之理，但是也不是只穷一理就停止，应该是先慢慢积累，到一定的时候自然会有悟处。这种"不必穷尽"的格物方法，就是通过观察一部分有规律的事物，来推测出普遍性的道理，但是他自己也承认，"不必穷尽"的格物方法得出的只能是"大概如此"的结论。

其二是自上向下来。自上面做下来的方法就相当于我们所说的演绎法。

---

① （宋）朱熹撰，朱杰人等主编：《朱子语类》卷十八，《朱子全书》，上海古籍出版社，安徽教育出版社，2010年，第625页。

② （宋）朱熹撰，朱杰人等主编：《朱子语类》卷十八，《朱子全书》，上海古籍出版社，安徽教育出版社，2010年，第601页。

③ （宋）黎靖德编，杨绳其，周娴君点校：《朱子语类》第1卷，岳麓书社，1997年，第253页。

④ （宋）黎靖德编，杨绳其，周娴君点校：《朱子语类》第1卷，岳麓书社，1997年，第355页。

朱熹说："自上面做下来者，先见得个大体，却自此而观事物，见其莫不有个当然之理，此所谓自大本而推之达道也。"①

也就是说，须先有个"大体"的了解，再从"大体"往下去认识具体事物之理，先由一个关于事物共性的认识，然后再由此推知每个事物都具有"共性"的当然之理。这种格物方法必须是"以类而推"，若要"致知"就须要以"类"作为依据。朱熹说："只要以类而推，理固是一理，然其间曲折甚多，须是把这个做样子，却从这里推去始得。"②

而这个"做样子"的理，就是自下面做上去得出的"大概如此"的"理"。由此看出，朱熹清楚地认识到了，演绎法的前提实际上就是来自于归纳法的结论。

第五节　心即理与格物致知

陆九渊（1139-1193），字子静，号存斋。陆九渊是江西抚州金溪人，经常在贵溪象山（应天山）讲学，自称为"象山翁"，而学界习惯称呼他"象山先生"。

宋明理学中最为重要的两个流派是理学与心学，二程创发理学而由朱熹集其大成，而心学就是由陆九渊所开创。陆九渊思想成熟较早，他十几岁年纪的读书笔记就有"宇宙便是吾心，吾心便是宇宙"之说。而这成了陆九渊一生思想宗旨，并称为其成学的晚年定论。

陆九渊不善著书，在中年以后，主要投身于讲学、游学活动，他的"心学"思想与"心学"流派就是在此时确立起来的。陆九渊中进士后在家候职期间，辟"槐堂"讲学，就创立了最为重要的"本心"学说和理论方向。他认为四端皆是本心，陆九渊讲学主旨主要是《孟子》，主张"存心""养心""求放心"，而批评程朱派所主张的"格物致知"方法为"支离"。陆九渊在崇安县任主簿期间，曾经两次会访朱熹，二人就道德修养方法与

---

① （宋）黎靖德编，杨绳其、周娴君点校：《朱子语类》第1卷，岳麓书社，1997年，第355页。
② （宋）黎靖德编，杨绳其、周娴君点校：《朱子语类》第1卷，岳麓书社，1997年，第357页。

治学方法展开了激烈的讨论。在讲学、交游过程中陆九渊也在不断完善"心学"的思想内涵和理论体系,并且提出了他心学思想中最基本的命题——"心即理"。

陆九渊49岁登应天山讲学,五年间前往求学者达二三千人,是为讲学的盛极之期,而他的心学也发展到一个完整的体系。陆九渊不断思索的是心学理论,他以整个宇宙作为背景,并且是以跨越社会伦理的范围为目的。他将宇宙观、人性论、方法论相互融合,提出了心学的主旨在于明理、立心、做人。陆九渊在54岁时,因为血疾而卒于荆门任官衙。

一、心即理

陆九渊心学体系中,不常说"性",因为他认为心性不二,心即是性,这是孟子原意,是所有宋明学者所通认的。陆九渊曾以继孟子道统自诩,他的思想也继承了孟子"心"的内涵。

陆九渊所说的"心"扩充了孟子的"心"具有的宇宙本体义,直接将"心"指为宇宙本体;并且将"心"的内涵和二程所说的"理"内涵相互结合,将程颢"心是理"命题予以发挥,并且建立起来"心学"思想体系——以"心即理"为核心。陆九渊说:"此心此理,我固有之,所谓万物皆备于我,昔之圣贤先得我心之所同然者耳。"①

陆九渊说的所固有的心不是指肉体的心,而是指人所具有的"本心"。对于他所说的"本心",他解释为:"孟子曰:'所不虑而知者,其良知也;所不学而能者,其良能也。此天之所与我者,我固有之,非由外铄我也。'故曰:'万物皆备于我矣,反身而诚,乐莫大焉。'此吾之本心也。"②

"道塞宇宙,非有所隐遁,在天曰阴阳,在地曰刚柔,在人曰仁义。故仁义者,人之本心也。愚不肖者不及焉,则蔽于物欲而失其本心;贤者智者过之,则蔽于意见而失其本心。道本自若,岂如以手取物,必有得于外而后为得哉?"③陆九渊"本心"说是指每一个人都有的道德理性,是

---

① (宋)陆九渊著,钟哲点校:《与任孙濬》,《陆九渊集》卷一,中华书局,2008年,第13页。
② (宋)陆九渊著,钟哲点校:《与曾宅之》,《陆九渊集》卷一,中华书局,2008年,第5页。
③ (宋)陆九渊著,钟哲点校:《与赵监》,《陆九渊集》卷一,中华书局,2008年,第9页。

仁义之心，而本心也即是道德法则。

虽然每个人先天性具有本心，但是会因物欲的蒙蔽而失其本心，为学应该围绕着先天性的"本心"来下工夫。陆九渊说："人孰无心，道不外索，患在戕贼之耳、放失之耳。古人教人不过存心、养心、求放心。此心之明人所固有，人惟不知保养而反戕贼放失耳。"[①]

这里所说任何人都具有本心，道不在外，只患此心被放失。此心放失并不是丢失，而是此心被蒙蔽的意思，本心一直都在，人人具足，但是若被物欲蒙蔽，此心就是指被放失。其次，陆九渊又指出心的涵义上还涵盖了万物根源性实体。陆九渊指出人之心是充塞着宇宙万物之理，故而说："万物森然于方寸之间，满心而发，充塞宇宙无非此理而已。"[②]

由此可见，陆九渊所言的"心"，并非仅仅指某一种道德伦理法则，还指万物存在之根源。"心"不仅是主观所具有的一种知觉作用，更是一种客观的精神实体。从这个角度看，可以推出心即理。陆九渊讲："心，一心也；理，一理也。至当归一，精义无二。此心此理，实不容有二。"[③]

陆九渊主张"明心"是根本的为学工夫，而最重要的就是"先立乎其大"，先确立一个根本，再不断补充其他枝叶。他说："此天之所以予我者，非由外铄我也。思则得之，得此者也；先立乎其大者，立此者也；积善者，积此者也；集义者，集此者也；知德者，知此也；进德者，进此者也。"[④]这里说的"天之所予我者"就是人人所具有的"本心"，不论是思、积善、集义等所有为学修身都是围绕此心。

"心即理"命题的成立，在于如何统一心与理的关系。关于心与理如何合一有两个方面的论证。其一是从本原上看。陆九渊说："且如：'天命之谓性'，天之所以命我者，不殊乎天。"他正是主张"人乃天之所生"，在这个意义上可以推出"心皆具是理"。理是天理，圣人之所以为圣，也正是因为能顺此天理，顺其本心。故而陆九渊说："此道充塞宇宙，天地

---

① （宋）陆九渊著，钟哲点校：《与舒西美》，《陆九渊集》卷五，中华书局，2008年，第63页。
② （宋）陆九渊著，钟哲点校：《语录》，《陆九渊集》卷三十四，中华书局，2008年，第423页。
③ （宋）陆九渊著，钟哲点校：《与曾宅之》，《陆九渊集》卷一，中华书局，2008年，第4-5页。
④ （宋）陆九渊著，钟哲点校：《与邵叔谊》，《陆九渊集》卷一，中华书局，2008年，第1页。

顺此而动，故日月不过，四时不忒；圣人顺此而动，故刑罚清而民服。"①

陆九渊指出天地顺而动、圣人顺而动，这都是从"天之所赋"的意义而言。其二是从实践生活来看。陆九渊有讲："理乃天下之公理，心乃天下之同心，圣贤之所以为圣贤者，不容私而已。"②这也就是理和心通过普遍性来实现合一，只要不断去除私欲，从而将此心达到同心、此理达到公理，自然就能实现心与理合一。

如果能达到"天下公理""天下同心"的境界，就能"耳自聪，目自明，事父自能孝，事兄自能弟"，这就是说，只要此心克服私欲，则天理自明，一切实践生活中的事物皆能做到应当如此。

二、格物致知

陆九渊虽然与程朱派主张的核心不同，但是同样重视"格物致知"。他说："欲明明德于天下，是入大学的标的。格物致知是下手处。《中庸》言博学、审问、慎思、明辨，是格物之方。"③

陆九渊讲到"欲明明德"，是《大学》中所说的最后目标，而实现这个目标的方法，就是格物致知。《中庸》中所说的"博学""审问""慎思""明辨"就是"格物致知"的方法。"博学""审问"是属于感性的经验范畴；"慎思""明辨"则是属于理性的知识范畴。所谓"博学"，即是指学识丰富、多闻博识，但是都是仅限于闻见之知，即通过耳目等感官所获得的知识。所谓"审问"，意指请教师友，依靠他人来增加自己的知识。陆九渊说道："自古圣人亦因往哲之言，师友之言，乃能有进。况非圣人，岂有自任私知而能进学者？然往哲之言，因时乘理，其指不一。欲取其一而从之，则又安知非私意偏说？"④

陆九渊教导：就算是圣贤也要听取先哲的言论、建议，才能有所精进，何况未能达到圣贤的人。另外，先哲的言论记录在文字中，他们也是根据

---

① （宋）陆九渊著，钟哲点校：《与黄康年》，《陆九渊集》卷十，中华书局，2008年，第132页。
② （宋）陆九渊著，钟哲点校：《与唐司法》，《陆九渊集》卷十五，中华书局，2008年，第196页。
③ （宋）陆九渊著，钟哲点校：《学说》，《陆九渊集》卷二十一，中华书局，2008年，第262-263页。
④ （宋）陆九渊著，钟哲点校：《学说》，《陆九渊集》卷二十一，中华书局，2008年，第263页。

当时的具体情势而作出的言论，这并不能作为一成不变的真理去看待，师友的言论更需要自己去辨别是非，而非是盲目跟从。陆九渊所说的"博学""审问"都是属于感性体认的方式，也是作为"格物之方"的一个基础环节，其目的还是在于"求放心""明理"。所谓"慎思""明辨"，是指谨慎地思考，而思维的主体就在于"本心"，只有"见心明理"，自然能做到"慎思""明辨"。陆九渊的格物致知论是从"本心"出发去格物，最后还是回到"吾之本心"。这与程朱的格物致知论的路子不同，虽然都是从"研究物理"出发，但是"下手处"却有很大不同。

"格物致知"论是陆九渊基于个人修养论的基础上而延伸发展起来的，是以"切己自反"工夫而能够臻达自心自见，是一种省察状态的存在，而且读书涵养方面也有一定的方法，包括在讲学中进行的交流思辨活动。在陆九渊的思想体系中，"心"是一种具有思想思维主体性的作用，是"天之所以予我者，非由外铄我也"的"本心"；"切己自反"的工夫就是通过省察来体认自己内心的过程。因此，陆九渊的格物致知论是具有"向内求"的特色，这与朱熹"向外求""格物"是有着较大区别的，可见他非常重视伦理道德的养成，外在事物的知识对于内在道德修养而言就显得是次要的。

"切己自反"，即是说日常生活里，自己用省察、体认的方式深入反思，以臻达改过自新、止恶扬善及至本心自清明。陆九渊认为为学的入手处即是从"不过切己自反，改过迁善"之处着力。陆九渊即说："义理之在人心，实天之所与，诚能反而思之，则是非取舍盖有隐然而动，判然而明，决然而无疑者矣。"①

陆九渊认为：人之所以要反而思之，所要"思"的就是心中的理，而心中的理是天之所赋，是永存在心中不能被去除的。而之所以会做出违背义理的事情，正是因为心受到物欲的蒙蔽，"反而思之"正是往内心中去反思、省察，如此才能去除蒙蔽本心的物欲，才能"判然而明"。而这个格物致知论也是在陆九渊的"心即理"学说为前提下所建构出的认识论命题，

---

① （宋）陆九渊著，钟哲点校：《思则得之》，《陆九渊集》卷三十二，中华书局，2008年，第376页。

因为陆九渊所说的"格物致知"实际上是"反向格物",通过外在的事物去反省本心,使本心来达到去除物欲,尽存天理的状态。虽说陆九渊主张个人道德的修养,但是也不排斥认识外界事物。

比如他认为学习读书、应接事物都必须以完成道德修养为前提,如果内心没有自省的能力,就会走入"异端"之中,陆九渊主张先要学会个人道德修养,再来做学问功夫。陆九渊在这里讨论的不是何者是、何者非的问题,而是何者为主,何者为辅的问题。他说:"主于道则欲消艺进,主于艺则欲炽道亡,艺亦不进。"显然,陆九渊格物致知论就是一种内省的道德修养的方法,主张围绕内心去做功夫,从而以心为基础再发散到事事物物当中。

朱熹的"格物"主张体现在起先渐渐累积,进而顺然贯通的出现,持续在整个过程当中;然而,这也是陆九渊予以反对的所在。陆九渊认为这是学问支离的重要原因;人对于外部事物的认识,普遍是从个别到一般,从局部到整体。因为一个体认过程是整体性贯通的,是自身的"本心",并非外界存在的客观事物存在,并不是部分的逐渐聚集起来。"本心"属于精神实体而且还是一种根源性所具的存在,在认识"本心"的同时,就也认识了所有事物全体,如"一是即皆是,一明即皆明"。

在认识的对象来看,陆九渊主张以"本心"为认识对象,只有认识了根源性的"本心"自然就能明白天理。陆九渊说:"近来论学者言:'扩而充之,须于四端上逐一充。'焉有此理!孟子当来只是发出人有四端,以明人性之善,不可自暴自弃。苟此心之存,则此理自明,当恻隐处自恻隐,当羞恶,当辞让,是非在前自能辨之。"[①]

这就是说,四端的发出并不是逐一扩充的,四端也只是明善之用,只能被整体性地感知和体认。而这个整体性体认的就是"本心",而"致知"也自然是致本心之知,是一种彻悟的境界。而"本心"与"物"的关系就是依靠"本心"而外现的"物"再返回到"本心",这就是陆九渊格物致知论的逻辑结构。

从修养之法来看,陆九渊是以两个方面予以列明的。一是"简易工夫",

---

① (宋)陆九渊著,钟哲点校:《语录》,《陆九渊集》卷三十四,中华书局,2008年,第396页。

亦说"发明本心"。这等"发明本心"工夫，也属于存心、养心以及求放心方面的工夫所在，是在自我反省、自我认知上的一个现实过程。陆九渊所要强调的就是"先立其大"——先作大心的树立，就是立其本心，再则通过日常行为规范予以对自己的本心进行扩充，也即是他说的"圣人教人只是就人日用处开端"。二是"剥落工夫"。"剥落"的所指，那就是修养方法上的以"人心蔽"。陆九渊讲："愚不肖者之蔽在于物欲，贤者智者之蔽在于意见，高下汙洁虽不同，其为蔽理溺心，不得其正则一也。"[①]

陆九渊此说，在于"愚不肖者"抑或贤智者，心的蒙蔽同样都不可避免而产生，但是"心蔽"之源却是迥然不同，物欲促使愚者心蔽、意见催生贤者心蔽。"剥落"工夫一说，实则上就是因为"物欲"的格除与"邪见"扫清而采取的针对性措施。"心蔽"的产生原由，陆九渊提出来两种存在，即说："人之所以病道者，一资禀，二渐习。"因此，这种"心蔽"是有先天、后天的区别而产生先后的，有鉴于此，更需要"心蔽"地解除，这是发明本心至善性之所在。

三、朱陆异同

陆九渊与朱熹作为南宋重要的两个儒家思想家，在当时受到颇多学者推崇，他们不仅思想上有各自差异，在某些具体问题上甚至是截然相反的观念。宋孝宗淳熙二年(1175)，朱熹与陆九龄、陆九渊兄弟二人受吕祖谦的邀请，聚会鹅湖寺，吕祖谦本意原想调和朱、陆，然而，也显现出两者之间的某种不可融合的矛盾冲突，这就是被学界称颂的"鹅湖之会"。

此次鹅湖会中，陆九龄赋诗表达自身观点，即说"孩提知爱长知钦，古圣相传只此心。大抵有基方筑室，未闻无址忽成岑。留情传注翻蓁塞，著意精微转陆沉。珍重友朋相切琢，须知至乐在于今"[②]。陆九龄才吟出一半的诗作，朱熹便对吕祖谦言说，指出陆九龄早已经踏落陆九渊"心学"之船。不过，陆九渊却认为他兄长的诗作甚佳，一并作诗相助。诗道："墟

[①] （宋）陆九渊著，钟哲点校：《与邓文范》之一，《陆九渊集》卷一，中华书局，2008年，第11页。
[②] （宋）陆九渊著，钟哲点校：《语录》上册，《陆九渊集》卷三十四，中华书局，2008年，第427页。

墓兴哀宗庙钦,斯人千古不磨心。涓流滴到沧溟水,拳石崇成泰华岑。易简工夫终久大,支离事业竟浮沉。欲知自下升高处,真伪先须辨只今。"① 只是朱熹却不认同陆九渊的诗作,引发双方进行三天的大讨论,到最后还是吕祖谦功亏一篑,陆、朱双方矛盾激化。

至三年后,朱熹也作诗相和,即说:"德业流风夙所钦,别离三载更关心。偶携藜杖出寒谷,又枉篮舆度远岑。旧学商量加邃密,新知培养转深沉。只愁说到无言处,不信人间有古今。"②

陆九渊与朱熹所争论的焦点主要体现在"心性论"和"方法论"之上,他们两者关于"心性论"的观念一直被分为两派。一为"以心即性"与"以性即心",心性合一;二为以性为形而上之理,以心为形而下之气,心性二分。陆九渊所主张的心性合一,是继承了孔孟的"仁心",孟子所说的"仁"是恻隐之心,是人所固有的。又说,尽心可以知性,知性可以知天,在这个角度上说,孟子认为"心、性、天"是属于合而为一的。

"本心"这种精神实体就是一种伦理性存在,这是陆九渊所认为,并且以"本心"为道德形而上学。陆九渊这个发明本心的思想体系,是一种简易直接的道德实践工夫,因为只要其本心正确发用,就不用去太刻意追求外在物理,这无疑突出了主观层面道德实践价值。诚如《大学》中提出的修齐治平,只要本心发用,自然一切是恰当,莫不皆然。孔子所说的"为仁",孟子所说的"存心养性,扩充四端",到陆九渊所说"发明本心"再到后来王阳明说的"致良知",都是以"心性合一"为宗旨。朱熹所主张的"心性二分",主要是指性为理,是形而上的部分,心为气,是形而下的部分。朱熹认为心是虚静的,是气之灵明、气之精爽,而性是心之所以发动之理,是性体,并且认为心具有实然性,是统摄未发之性与已发之情为一体的。朱熹与陆九渊不同的地方还在于对"仁"的看法,他认为仁是性、是理也是道,但是仁并不能称为心;朱熹的修养进路就在于察识、涵养,通过外界事物来摄理归心,从而达到明心知理。

---

① (宋)陆九渊著,钟哲点校:《语录》上册,《陆九渊集》卷三十四,中华书局,2008年,第427页。

② (宋)陆九渊著,钟哲点校:《年谱》,《陆九渊集》卷三十六,中华书局,2008年,第490页。

关于修养工夫的方法上面，朱熹、陆九渊二者产生的分歧是比较严重的——即是道问学与尊德性、穷理与尽性，是在于哪一方为主、哪一方产生矛盾的对立，从道问学方面而论必然是以"知识"为主，所导致的就是道德践履被忽略，抑或知识沦为书本的固有形态；而从尊德性方面就会以道德践履为主，"知识"必然被疏忽，也会出现唯求"本心"而把书本束之高阁。这样的结果都不是客观存在，那么，二者是会面临一个不可避免的问题，就是二者该怎么样统一。

道问学与尊德性，二者在《中庸》之中，却是统一存在的状态，后至张载就发挥出自诚而明与自明而诚。朱熹在"鹅湖之会"的第八年，曾经写书答项平甫，朱熹认为他看清了两端之蔽与两者之长，欲取长而补短。但是，陆九渊听闻后，他说："朱元晦欲去两短合两长，然吾以为不可。既不知尊德性，焉有所谓道问学？"陆九渊认为同作两边是不可为的，因为尊德性就是道问学的基础，必须先从尊德性出发，才有所谓道问学。

如《中庸》所说"溥博渊泉，而时出之"，正是讲的这个尊德性。陆九渊提出的"先立其大"，也是立这尊德性的大。陆九渊认为道问学也即都是尊德性的分内事，是直接从尊德性一贯下来，只有先尊德性，才能前后相接，本末贯通。心学又称为陆王心学，陆九渊和王阳明无疑是心学其中的杰出者。

广西省南宁市"敷文书院"旧址。20世纪50年代后期被毁。现为广西储备局宿舍。（杨德俊拍摄）

湖南省怀化市沅陵县龙兴讲寺后面的虎溪精舍，后改名为虎溪书院、阳明书院。（杨德俊拍摄）

第八章　阳明心学与阳明后学

阳明后学，是王阳明去世后，在不同地域和弟子们传承和发扬的"阳明之学"。"黄梨洲的《明儒学案》里，泰半皆王门流裔，他分别列为浙中王门、江右王门、南中王门、楚中王门、北方王门、闽粤王门及泰州各派。"①

第一节　平民文化与淮南格物

王艮（1483-1541），字汝止，号心斋，家庭是身份低微的灶户人家，江苏泰州安丰场人。年幼就入私塾，后因家境清贫而辍学，随父亲在山东经商。

王艮与王阳明相识于江西。当时王阳明在江西讲学，王艮听其学问大概后，深受启发，于是身着古代冠服，觐见王阳明。"始入，先生据上座。辩难久之，稍心折，移其座于侧。论毕，乃叹曰：'简易直截，艮不及也。'下拜自称弟子。退而绎所闻，间有不合，悔曰：'吾轻易矣。'明日入见，且告之悔。阳明曰：'善哉，子不轻信从也。'先生复上座，辩难久之，始大服，遂为弟子如初。阳明谓门人曰：'向者吾擒宸濠，一无所动，今却为斯人动矣。'"②

王阳明擒朱宸濠后归家讲学，王艮相随至越州；一般求学者都先由王艮所教授，进一步再来问学于王阳明。后来王艮学成之后，归家讲学，自成一派。

---

① 钱穆：《阳明学述要》，九州出版社，2016年，第112页。
② （清）黄宗羲著，沈芝盈点校：《明儒学案》卷三十一，中华书局，2008年，第709页。

一、良知现成说

王艮跟随王阳明就是从其"致良知"学说开始,并在以后将"良知"说融入了自己思想体系,使其成为泰州学派最为重要的组成部分。王艮对于"良知"与"致良知"解释道:"治天下有本,身之谓也。本必端,端本,诚其心而已矣。诚心,复其不善之动而已矣。不善之动,妄也。妄复,则无妄矣。无妄,则诚矣。诚则无事矣。故诚者圣人之本。圣,诚而已矣。是学至圣人,只复其不善之动而已矣。知不善之动者,良知也;知不善之动而复之,乃所谓致良知以复其初也。"[1]

王艮认为人人都有"不善之动",也称为"妄"。"诚心"就是"复其不善之动",而"知不善之动者"是为"良知","知不善之动而复之"却是"致良知"。但是王艮对于王阳明的"致良知"中的"致"存有质疑,《周易文言》中有"知至至之",意为所认识的地方就要去实践。王阳明认为"知至"即是"良知","至之"即是"致","近世格物致知之说,只一知字,尚未有下落,若致字工夫不曾道着。"[2]

王阳明所说的"致"是有扩充、推广、运用之义。而在这一方面,王艮与王阳明的见解不同,他认为"致良知"是强调了"良知"的扩充、推广,而忽略了"良知"的实践主体意味。"良知"本自具足,不需要去扩充和推广,将"致"放在"良知"的后面就突出了"良知"的实践意义,需要按照"良知"而行。

王艮在从学于王阳明时,王阳明已揭致良知之旨,王艮通过王阳明面授其晚年的成熟心学思想,已形成了一套自身关于良知学说的体系。他说:"只心有所向,便是欲;有所见,便是妄。既无所向,又无所见,便是无极而太极。良知一点,分分明明,停停当当,不用安排思索。圣神之所以经纶变化而位育参赞者,皆本诸此也。"[3]

---

[1] (明)王艮撰,陈祝生等点校:《语录》,《王心斋全集》卷一,江苏教育出版社,2001年,第28页。

[2] (明)王守仁著,吴光等编校:《王阳明全集》上册,上海古籍出版社,2011年,第187页。

[3] (明)王艮撰,陈祝生等点校:《杂著》,《王心斋全集》卷二,江苏教育出版社,2001年,第43页。

王艮在这里将良知说成是太极，无极则是空虚寂静。"分分明明"，则是指良知的现成和明显的，不是模糊难懂的，不需要刻意去寻觅。"停停当当"，则是指良知的当下具足，不假外求的特性。

"良知天性，往古来今，人人俱足，人伦日用之间，举而措之耳。所谓大行不加，穷居不损，分定故也。"① 由此可知，王艮认为良知的本质就是自自然然的，不需要任何外在因素所附加；也即是他所主张的"天理良知"说。他用"天理"来说"良知"，但是王艮所说的"天理"并不是伦理道德秩序，而是"天然自有之理"，这与"不学而能""不虑而知"的良知良能相呼应，认为它们是同一的。

王艮认为，能觉察此良知者为圣贤，"日用而不知"状态而处者百姓，这是圣贤和百姓区别所在，需待先觉觉后觉，这种教化即是建立在圣贤与百姓具有同样良知基础上而言的。王艮"天理良知"说在于体的一面，而"日用良知"却是用的一面。

如《答徐子直·又》说："体用一原。知体而不知用，其流必至喜静厌动，入于狂简，日用而不知，不能一切精微，便是有碍。"② "良知之体"，即是"天理良知"，所指的主要是人的生理本能与天然之"理"并合。"良知之用"，又说"日用良知"，所指的主要是日常生活当中人的生理本能体现。

王艮对于"日用良知"的阐释，有两个方面的含义：其一是强调百姓在日用常行当中是自自然然、不假思索地体现出良知的。这不需要刻意的安排，最简易、直接的就是良知的大用。其二是圣人与愚人"同"。这个思想王阳明也有论述，他说："与愚夫愚妇同的，是谓同德；与愚夫愚妇异的，是谓异端。"③

在日用常行中，圣人与百姓并无不同，只不过差别就在于圣人安于良知，而百姓日用不知，圣贤的良知和愚夫愚妇的良知在本质上是相同的。王艮认为，所谓的天、道、性、理无非就是百姓日用常行，他强调良知当下即是，

---

① （明）王艮撰，陈祝生等点校：《杂著》，《王心斋全集》卷二，江苏教育出版社，2001年，第47页。
② （明）王艮撰，陈祝生等点校：《杂著》，《王心斋全集》卷二，江苏教育出版社，2001年，第43—44页。
③ （明）王守仁著，吴光等编校：《王阳明全集》上册，上海古籍出版社，2011年，第21页。

不需要刻意追求。从另一个方面来看，王艮从良知出发，以教化俗，真正将精英文化做了下移，转向了平民文化。

二、平民文化

百姓日用即道是王艮所提倡的核心思想，圣人之道不再只是学者的专有物，百姓的日常生活当中照样存在着儒家临终关怀，天、道、性、命等都有对应的体现。王艮说："圣人之道无异于百姓日用，凡有异者皆谓之异端。"①

对圣人之道、百姓日用二者，给予相互关系，并且以百姓日用作为评判是否实行圣人之道的标准。这不仅对于追求圣贤之道的普通学者或普通百姓有极大的激励作用，而且真正是以百姓为主体，并非一味地模仿先贤。"百姓日用条理处，即是圣人之条理处。"这就是王艮所强调的，也就是说圣人也不能离开百姓的"家常事"，离开了也就不是圣人之道了。

王艮主张将儒家以士君子修身诚意为主的精英文化，推及至平民，使平民也能自觉履行修身诚意等要求。王艮常以教导下层民众为己任，他这种强烈的社会使命感、责任感在整个宋明理学家中都是独树一帜的。王艮说："夫仁者以天地万物为一体，一物不获其所，即己之不获其所也，务使获所而后已。是故人人君子、比屋可封，天地位而万物育，此予之志也。"②

王艮相比于其他理学家，更多一份"狂"者之气，如王艮在王阳明门下时，有着"千载绝学，天启吾师，可使天下有不及闻者乎"的志愿；并且还学习孔子辙环车制（制蒲轮）和招摇于道路（以古冠服招摇于道路）的做法，但是遭到同门师兄弟及王阳明本人的反对。王阳明对其评价"意气太高，行事太奇"。王阳明并不反对王艮教化民众、以道化俗，但是反对其只从形式上模仿孔子。

王艮幼年家境并不宽裕，从小就参与劳作，他在学习儒家经典时更偏

---

① （明）王艮撰，陈祝生等点校：《语录》，《王心斋全集》卷一，江苏教育出版社，2001年，第10页。

② （明）王艮撰，陈祝生等点校：《语录》，《王心斋全集》卷一，江苏教育出版社，2001年，第30页。

向于道学的实用性，而非仅仅停留在形而上的角度。这也表明他与参加科举的寻常士子有着重大区别。他从《论语》《大学》《孝经》等较浅显易懂的儒家启蒙经典入手，并与自身的生活实践经历相结合，走出了一条更趋向于平民化的儒家道路。

王艮还作《鳅鳝赋》，很好地体现了他的这一方面："道人闲行于市，偶见肆前育鳝一缸，复压缠绕，奄奄然若死之状。忽见一鳅，从中而出，或上或下，或左或右，或前或后，周流不息，变动不居，若神龙然。其鳝因鳅得以转身通气而有生意。是转鳝之身、通鳝之气、存鳝之生者，皆鳅之功也。虽然，亦鳅之乐也。"①

王艮的志向是将自己比作鳅，将百姓比作鳝。鳅从缸中跃出，先通过转身通气使奄奄一息之鳝而有生气，这种做法并非是对鳝具有同情之心，也非是期望有所回报，而是率性而行。这是王艮"万物一体"思想的重要方面，也正因这种"万物一体"精神，故而他自己从困难中挣脱出来后，还要拯救万民于水火。他曾说："出则必为帝者师，处则必为万世师。"他的"万物一体"和"百姓日用即道"思想是儒家思想的切实表现。

王艮在授徒讲学中也体现了"百姓日用即道"思想，在教育方面就体现为有教无类。他的门人当中各行各业的都有，其中就有朱恕这样的樵夫，也有林春这样的佣工；包括他的儿子王襞所收的学生也是如此，其中就有陶匠韩贞。作为平民文化传播、倡导的得力者，韩贞有讲："久之，觉有所得，遂以化俗为任，随机指点，农工商贾，从之游者千余。秋成农隙，则聚徒讲学，一村即毕，又之一村，前歌后答，弦诵之声洋洋然也。"②

王艮是以圣道化俗，传播平民文化为己任，并且着重于教育实践和亲身体会，这在当时的文化潮流之中产生了巨大的影响，对于儒家文化从精英文化转向平民文化有着重要的意义。

王艮主张的平民文化真正将儒家修齐治平落实到了实处。中国文化形态历来主要以极端精英化为特点，通常读书人都是以科举及第为目标，而

---

① （明）王艮撰，陈祝生等点校：《杂著》，《王心斋全集》卷二，江苏教育出版社，2001年，第55页。

② （清）黄宗羲著，沈芝盈点校：《明儒学案》卷三十一，中华书局，2008年，第720页。

平民百姓是无法接触到文化修养等方面的知识。这使得精英文化与普通民众产生了严重的脱节，真正的文化修养无法落到实处，只能依靠民间宗教来承担教民化俗的任务，但是在某方面民间宗教有其自身的局限性与不可避免的弊端。王艮将教化民众为己任，积极地把儒家文化推向于下层的百姓之中；他放弃了得君行道的路线，真正将儒家文化推至百姓，以救世教民的实际行动重新诠释了儒家思想。

三、淮南格物

"格物"一词自古就有众多解释，朱熹以"即物而穷其理"来解释格物，王阳明则训"格"为"正"，"正其不正以归于正"，将"格物"解释为"正念头"。王艮认为，要了解格物就必须先清楚何为物。他说："身与天下国家一物也。惟一物而有本末之谓。格，絜度也，絜度于本末之间，而知本乱而末治者否矣。此格物也。物格，知本也；知本，知之至也。故曰：'自天子以至于庶人，一是皆以修身为本也。'修身，立本也。立本，安身也。"①

由此可知，王艮将人自身融入于整个宇宙社会当中，并且将人作为治理天下的根本。他解释格为衡量尺度的一种方法，按照王艮的观念就可以推出，必须从涵养人的自身开始，再到天下国家，都是属于格物的范畴。

王艮与弟子的问答中也曾提到："问'格'字之义。曰：'格'如格式之格，即絜矩之谓。吾身是个矩，天下国家是个方，絜矩则知方之不正由矩之不正也，是以只去正矩，却不在方上求。矩正则方正矣，方正则成格矣，故曰格物。吾身对上下前后左右是物，絜矩是格也。其本乱而末治者否矣，便见絜度，格字之义。格物，知本也；立本，安身也。"②

王艮"格物"说与朱熹的观点并不等同，朱熹旨在强调每日所格之物都不同，而王艮是通过以自身为尺度，去衡量天下国家是否是正。他以人为本，以天下国家为末，如果天下国家乱，其根源不是治理天下国家，必

---

① （明）王艮撰，陈祝生等校点：《语录》，《王心斋全集》卷一，江苏教育出版社，2001年，第34页。
② （明）王艮撰，陈祝生等校点：《语录》，《王心斋全集》卷一，江苏教育出版社，2001年，第34页。

须从自身做起。在王艮的格物思想当中，我们可以发现并没有多少理论知识的说明，更没有义理、境界的探究，他所谓的"格物"就是视自身、天下与国家都是一物，而且是"物有本末"之区分，修身者是"本"，则"末"者就是天下与国家。

圣人之道就是以修己而安百姓，以正己来正人。若见到善未尽时，就是己之善未尽，王艮得出结论，"一正百正，一了百了"。王艮认为格物之物就是《大学》中的"物有本末"，而这个物是天地宇宙浑然一物之物，格物的目的并非针对物之理或知识而言，而是从物之本末出发；知本，即是"知之至也"，也就是格物。王艮认为格物即是《大学》的最基本范畴，也是最重要的内容，格物为通向儒家君子品格修养的途径，也是切实实践圣人之道的具体方法，只有通过格物才能明白"万物一体"，明白物之本末、事之先后，才能近道。

王艮认为格物为知本、安身以立本，所有一切圣人之道都应先从格物知本开始，知本之后才会有诚意正心修身等安身立本的环节。如王艮与弟子讨论中有提到："问：'反己是格物否？'先生曰：'物格知至'，知本也；诚意正心修身，立本也；本末一贯，是故爱人治人礼人也，格物也。不亲、不治、不答，是谓行有不得于心，然后反己也。格物然后知反己，反己是格物的功夫。反之如何？正己而已矣。反其仁治敬，正己也。"[①]

在这里王艮的弟子问反己是否是格物，王艮回答说格物知本与修身立本实际上是本末贯通的。当能爱人、治人、礼人时自然就是格物，若不亲、不治、不答时就是行有不得于心，这时就需要用到反己的功夫，使其能亲、能治、能答。王艮说"格物然后知反己，反己是格物的功夫"，而反己实际上就是正己，只有先通过正己才能物正。只有先正己，然后身安，这是一个本末。知明明德然后才能亲民，这也是本末。王艮强调在本末关系中，只有"叩其两端而执其中"，不能遗末也不能失本，只有知其本然后通过反己修身等实践功夫来立本，才能具有真正万物一体之德。

王艮对于格物致知较为重要的一点，就是《大学》中为学次第的关系。

---

① （明）王艮撰，陈祝生等校点：《语录》，《王心斋全集》卷一，江苏教育出版社，2001年，第35页。

江西省吉安市青原区阳明书院前五贤群塑像。为王阳明、邹守益、罗洪先、聂豹、欧阳德。（青原区文物局提供）

《大学》有讲"齐家在修其身""修身在正其心"等言,但是唯独没说正心在诚其意、诚意在致其知,而是说"所谓诚其意者""致知在格物"。对于这其中的原因,王艮说:"此亦是吃紧去处,先儒皆不曾细看。夫所谓平天下在治其国者,言国治了而天下之仪形在是矣。所谓治国在齐其家者,家齐了而国之仪形在是矣。所谓齐家在修其身,修身在正其心者皆然也。至于正心,却不在诚意,诚意不在致知。诚意而后可以正心,知至而后可以诚意。"①

对于《大学》中"平天下在治其国者"的观点,王艮指出这即是在讲国家治理,而且天下得平也见有端倪所在。治国在齐其家,就是说家齐了,国的端倪就能体现出来。所谓齐家在修身,修身在正其心都是如此。但是正心却没有说在诚意,诚意也不在致知。

《大学》中所说"知至而后意诚,意诚而后心正",也就是说如果按照为学次第来说,就是先要致知才能诚意,才能做正心工夫。而不同于修身齐家治国平天下,诚意并不能等同于正心,因为心之本体是不着纤毫意思的,是廓然大公的,如果以诚意为正心,就势必会有意思染着。只有扫荡杂染而见清宁,既无意也无必以及不忘不助,才是正心工夫。王艮认为正心不在诚意之内外,这句话的意思就是正心不等同于诚意,但是又不离于诚意,两者是相即不离的关系。

第二节 四无说与三教一源

王畿(1498-1583),字汝中,龙溪为别号,是绍兴府山阴县人(今浙江省绍兴市)。其父王经,任贵州按察副使;母陆氏,王畿的兄长是王邦。明武宗正德十年(1515),王畿18岁即与张氏结婚。正德十四年22岁的王畿中举。正德十六年(1521)九月,王畿24岁,恰逢王阳明长期居绍兴讲学,讲习"致良知"之说。此时的青年王畿是一位不拘礼法的侠士,自然

---

① (明)王艮撰,陈祝生等校点:《语录》,《王心斋全集》卷一,江苏教育出版社,2001年,第36页。

对程朱学派的科举充满了蔑视。王阳明却以新奇的方式诱王畿入王门。"每见方巾中衣往来讲学者窃骂之,居与阳明邻,不见也。先生(魏良器)多方诱之。一日,先生与同门友投壶雅歌,王畿过而见之曰:'腐儒亦为是耶!'先生答曰:'吾等为学,未尝担板,汝自不知耳。'龙溪于是稍相昵就,已而有味乎其言,遂北面阳明。"①之后,王畿很快便在阳明门下初露头角。

一、四无说与先天正心

嘉靖六年(1527),王畿偕同钱德洪拜访张元冲,行舟途中,他们讨论起王阳明"四句教"来。钱德洪对于王阳明所说的"无善无恶心之体,有善有恶意之动,知善知恶是良知,为善去恶是格物",持以支持的态度。而王畿则认为:"心体既是无善无恶,意亦是无善无恶,知亦是无善无恶,物亦是无善无恶。"当时二人在舟上争持不下,便在当晚去寻找王阳明寻求解答。于是,王阳明就选择了天泉桥上作为解答场所,是为闻名遐迩的"天泉证道"。

在王畿看来,既然是没有善恶的心体,那么意为心之所发,则意也就是没有善恶之意;而知就是没有善恶的知,物也就是没有善恶的物了。要是说在意这里存在善恶,自然而然心体仍是存在着善恶。这就是王畿所主张的"四无说"。而钱德洪一方的看法是:从本性上心体没有善恶,只不过由于人有习心在,必然驱使意念产生了善恶,由是儒家的格、致、诚、正、修,就是所提倡的要恢复心的本体,如若说都无善恶,那么就修身的工夫就没有存在的必要了。

王畿主要是以首句来推出后三句,他认为"四句教"只是一个用以过渡的权益之法,不能久定,其根本就在于"四无"说上。他说:"正心,先天之学也;诚意,后天之学也;吾人一切世情嗜欲,皆从意生。心本至善,动于意始有不善。若能在先天心体上立根,则意所动自无不善,世情嗜欲自无所容,致知功夫自然易简省力。所谓'后天而奉天时'。若在后天动意上立根,未免有世情嗜欲之杂,才落牵缠,便费斩截,致知功夫转觉繁

---

① (清)黄宗羲著,沈芝盈点校:《明儒学案》卷十九,中华书局,2008年,第464页。

难。"①

王畿认为为学首先要"立根",这个"根"就是他学术思想的根基和起点,也是其全部学术思想的统摄和归纳。这个"根"就是建立在心体之上的,是无善无恶的,自然意、知、物也是无善无恶,没有世情嗜欲的。他在这里同样还说明了钱德洪在后天动意之上予以立根的主张,存在着世情嗜欲参杂是不可避免的,如此有所牵累,致知功夫就会由简转繁。但是钱德洪所说的后天诚意,主要通过后天的格致诚正等修养工夫来莹彻心体,以此来强调后天功夫的重要性和实在性。王阳明也对两者进行了点评,二者需相资为用。

王畿之说主要用以接利根之人,直接从本原悟入。钱德洪之说主要为其次之人立法,这种人本体被遮蔽,习心仍在,正需要从诚意、修身等为善去恶的功夫上入手,方能使本体明了。王畿既要在先天心体上立根,又要使先天心体流行,则必须要从心体的规定及流行发用中入手。我们通过上面可以看出王畿将功夫分为正心、诚意和先天、后天。这一点也是承接于王阳明。

王畿认为先天之心为未发,后天之意为已发,而心之本体则是先天中正的。只要以心体为根本,使至善纯乎本心,则所发之意,念念皆善,恶无法杂入,则事事物物都能做到纯乎天理之极。王畿还将王阳明"良知人人现在""满街都是圣人"的思想,吸收并推至极致,这都是其"先天正心"思想的理论基础。

二、三教一源

王畿处于中晚明三教高度融合的思想背景下,其思想与佛道二教有着密切的联系。王畿对于三教的看法主要承自于王阳明。

嘉靖二年(1523),王阳明渡钱塘至萧山,在途中时张元冲与其讨论佛道二教之异同,对于佛道二教"有得于性命""有功于吾身",体现出来儒学以"兼取"态度对待佛道二教。但是这种看法,王阳明认为还是不够彻底,其将三教关系用"三间屋舍"来比喻,儒学是一厅,其中包含了

---

① 吴震编校整理:《王畿集》卷一,凤凰出版社,2007年,第10页。

三间屋舍，而佛老正是三间屋舍当中的两间；个中虽有异处，但是三间共为一厅，显然王阳明认为儒家对于佛道之用是包含关系，并非是吸收兼取的意义。

王阳明对于佛老二氏采取一种兼容并包的态度，这种兼容并包并不是在同一维度的吸收融合，而是从更高的起点上将三教包容为一家，即所谓的"道大无外"。圣人之道是能将儒、佛、老、庄之用皆成为吾之用，这是王阳明所谓的"大道"。虽然三教也存有差异，但是这种差异是子孙分居而产生的藩篱之异；若能去其藩篱之异，则能恢复其本来面目，三教还是共同为一家。

王畿受王阳明的影响，他的三教观的核心思想，也是儒家本位的三教一源论。在《三教堂记》这篇文字中有集中体现："佛氏始入中国，主持世教，思易五浊而还之淳。圆修三德，六度万行，摄诸一念。空性常显，一切圣凡差别，特其权乘耳。洎其末也，尽欲弃去礼法，荡然沦于虚无寂灭，谓之沉空，乃不善学者之过，非其始教使然也。人受天地之中以生，均有恒性，初未尝以某为儒、某为老、某为佛而分授也。良知者，性之灵，以天地万物为一体，范围三教之枢。"[1]

王畿的这篇文字主要讲的是关于三教关系。他认为三教同源，若能以道观之，则在本质上并无儒释道之分，而"万物一体"是良知的依着，是三教之枢纽。实际上，虚和寂并不是佛、老二氏的专利，儒家自然也有虚、寂。但是世人没有看到其根本，就认为佛、老是异端。

在这里王畿还举了老子和孔子的例子，并且认为使礼法尽去，荡然沦于虚无寂灭的根结就在于不善学者，而非是始教然。异端并不是专指佛、老二氏，而是"不循本绪，求籍于外者"。但是王畿所主张的三教一源并不是指三教的产生为一源，而是佛、老二氏所涉及之内容在于儒家圣学当中皆有论及，可是后世学者却以异学为见，将此排出于儒学之内。

嘉靖三十六年（1557），王畿与王慎中的三山石"云第之会"中，就有人问王畿关于佛氏之偏的问题，所谓"佛氏虽不免有偏，然论心性甚精妙，乃是形而上一截理；吾人叙正人伦，未免连形而下发挥。然心性之学沉埋

---

[1] 吴震编校整理：《王畿集》，凤凰出版社，2007年，第486页。

既久，一时难为超脱，借路悟人，未必非此学之助"，但是王畿却驳斥了这种看法。他说："此说似是而非。本无上下两截之分。吾儒未尝不说虚，不说寂，不说微、不说密。此是千圣相传之密藏，从此悟入，乃是范围三教之宗。自圣学不明，后儒反将千圣精义让与佛氏，才涉空寂，便以为异学，不肯承当。不知佛氏所说，本是吾儒大路，反欲借路而入，亦可哀也。夫仙佛二氏，皆是出世之学。"①

王畿认为仙佛二氏之说不仅无有不妥，并且还是儒学千圣相传的密藏，若能从此悟入，才能真正明白三教之宗。王畿这个说法与王阳明的"三间屋舍"的比喻相同，他认为巢许②之辈都是守舍之人，但是到了后世，却不能守住本有家当，仅能守其一间。再至佛氏日盛而儒学日衰，就连仅剩的一间屋舍都欲假借存贷。王畿认为所谓的豪侠之士见此情形，不忍其家业自失，便打出排斥"二氏"的主张，但是这些都是仅以气魄胜之，不能真正还原其儒学千圣之绝学。王畿认为只有究源入微，务于内修，就如其师王阳明所谓良知。即说："先师良知之学，乃三教之灵枢，于此悟入，不以一毫知识参乎其间，彼将帖然归化，所谓经正而邪慝自无，非可以口舌争也。"③

王畿所谓的仙佛二氏主要是从良知的角度悟入，在这个意义上三教并无不同，并且许多精义之处在仙佛二氏中得到了重视，而在自家儒学中却在逐步抛弃，这是王畿的三教一源论的根本态度。

三、寂与感

王畿认为仙佛二氏说虚寂，吾儒亦说虚寂，而"虚寂感通"就是良知学宗旨。除了"虚寂"，王畿常用"无""感通"这样的词语，并且他认为无虚则不生，无无则不通。王畿说："良知者，千圣之绝学，道德性命之灵枢也。致知之学，原本虚寂，而未尝离于伦物之感应。"④

---

① 吴震编校整理：《王畿集》卷一，凤凰出版社，2007年，第10页。
② 巢许：巢父和许由的并称，代指隐士。
③ 吴震编校整理：《王畿集》卷一，凤凰出版社，2007年，第10页。
④ 吴震编校整理：《王畿集》卷一，凤凰出版社，2007年，第14页。

佛教于儒家也只是毫厘之差,未像佛教"究心虚寂,始失于诞",意为沉溺虚寂,而忽略了外在的感通。而在王畿见友人曾见台就对其大加赞赏:"自幼有志圣学,杰然以千古经纶为己任,深信阳明先师良知之旨,虚明寂感,为千圣直截根源,以为舍此更无从入之路。"①

在宋明理学中,对于"虚"这个概念最初是由张载提出"太虚无形,气之本体",他将"太虚"与"气"作为世界的本体,后来宋明理学当中对于"太虚"与"气"都有涉及。王阳明对于"虚"也有讨论,但是未像王畿一语道破,他说:"良知之虚,便是天之太虚;良知之无,便是太虚之无形。"②

王阳明认为良知本体便是虚,王畿予以承继而有见地言说:"良知之本体本虚,而万物皆备"③,"虚即是道体,虚故神,有物便实而不化"④。王畿不但继承了王阳明所说的良知本虚,还将其进一步地发展。而对于张载"太虚即本体"说这一思想,二程是持反对态度的,他们的观点是"立清虚一大为万物之源,恐未安,须兼清浊虚实乃可言神"⑤,同时批评本体论之"太虚"一说,但是他们并不否定人心之虚明,因为只有人心是虚,才能有我之实。

而对于这个虚与实,二程提到:"人心不能不交感万物,亦难为使之不思虑。若欲免此,唯是心有主。如何为主?敬而已矣。有主则虚,虚谓邪不能入。无主则实,实谓物来夺之。今夫瓶罋,有水实内,则虽江海之侵,无所能入,安得不虚?无水于内,则停注之水,不可胜注,安得不实?"⑥

二程认为虚实是就外境而言,有主则虚,二程给虚定义为邪不能入,是一种内心充盈,不被外界所扰的状态;无主则实,实即是指物来夺之,如瓶中无水,则受江海之侵。从这个角度去理解二程关于"虚"的思想,主要是以内心充满天理,这即是"虚"。反之,内心充满人欲,则是实。

---

① 吴震编校整理:《王畿集》卷十六,凤凰出版社,2007年,第463页。
② (明)王守仁著,吴光等编校:《王阳明全集》卷三,上海古籍出版社,2011年,第121页。
③ 吴震编校整理:《王畿集》卷十,凤凰出版社,2007年,第235页。
④ 吴震编校整理:《王畿集》卷三,凤凰出版社,2007年,第63页。
⑤ (宋)程颢、程颐:《河南程氏遗书》,《二程集》,中华书局,2004年,第21页。
⑥ (宋)程颢、程颐:《河南程氏遗书》,《二程集》,中华书局,2004年,第168页。

第八章 阳明心学与阳明后学

安徽省滁州市醉翁亭下的让泉。王阳明曾与弟子游琅琊、让泉间，在让泉边上讲学。（张祥林拍摄）

而王畿所说的"虚""无"也主要是指心体本然的状态,是一种"虚灵明觉""虚灵不昧"的境界。

在"四句教"当中的"无善无恶心之体",王畿提出而言:"良知知是知非,原是无是无非,正发真是真非之义。"① 这句话看起来似有矛盾之处,这就是王畿在描述良知体用不同方面的表述,良知是至善的,至善自然是虚灵明觉,无善无恶便是至善的最高状态。

"无"并不是指存在意义上的没有,而是指内心的纯明状态,因而,《周易·系辞》即说:"无思也,无为也。寂然不动,感而遂通天下之故。"王畿提出"无思无为,故其心常寂,常寂故常感"②,无思并不是不思,而是使内心存乎天理之思,是良知本体不受外在的思扰乱,内心存户天理之极的状态。这种状态就是寂的状态,因此,本体寂然不动即就是良知本体。"虚寂者心之本体,良知知是知非,原只无是无非。无即虚寂之谓也,即明而虚存焉,虚而明也;即感而寂存焉,寂而感也。"③

王畿在这里说明了虚明与寂感的关系,他认为明是虚的表现,通过虚的状态然后才能达到明的状态。寂与感的关系也是如此,虚寂当是无,亦说良知本然之态就是寂,感是外在的感通,是寂的表现形式,感因寂而存,寂因感而显。

第三节 良知本寂与善恶之辩

聂豹(1487-1563),字文蔚,号双江,江西省吉安市永丰县人。明代正德十二年(1517)高中进士,授华亭知县。聂豹在任期间勤勤恳恳,兴学校,修水利,减赋税,革积弊,在当地声誉颇佳。继而获得升迁,时为山西的平阳知府,勤政爱民。故而获升陕西按察副使,但是由于犯事而下诏狱,过了一年复出为官。而后,入朝是为兵部尚书。聂豹与王阳明的关系,实质上不过就是生前的一面之缘,而且并非王阳明学生。在王阳明故去之后,

---

① 吴震编校整理:《王畿集》卷十,凤凰出版社,2007年,第242页。
② 吴震编校整理:《王畿集》卷四,凤凰出版社,2007年,第85页。
③ 吴震编校整理:《王畿集》卷十六,凤凰出版社,2007年,第463页。

由王阳明弟子钱绪山、王畿两人为证，聂豹这才拜入阳明门下。聂豹所留著作有《双江聂先生文集》十四卷和《困辩录》。

一、良知本寂

欧阳南野的弟子尹台指出聂豹思想宗旨以归寂为宗，并以"致虚守静"为功夫之极。"致虚守静"一词源自老子。聂豹指出："老子深于《易》者，故其言曰：'致虚极，守静笃，万物并作，予以观其复。'夫万物之作，不作于作而作于虚与静焉，则复之为复，将求之于震乎？"[1]

聂豹对于吸收道家内涵并无忌讳，但是他所说之"寂"与佛道之"寂灭"之意仍有不同，即寂为良知的存在状态，应有其本然之特质。聂豹说："寂者，生命之源，神应之枢，原无一物，而无物不备；一无所知，而无所不知。譬之鉴平衡空，而妍媸轻重，若其中之所素具者，可类而推也。"[2]"寂是未发之中，君子时中，言无时而不寂也。无时不寂，则万象森然，而天下之能事毕矣。尚何感有不通，而遗弃事物之疑哉？"[3]

聂豹思想中的"寂"是存有本体论概念的，并且他将此称为"寂体"，认为这是王阳明所说的第一义。在这一点上聂豹与王畿是一致的，都认为良知本寂，这其实在另一个程度说明在王阳明的思想中是含有这一点的，并且他们关于"虚寂"的思想就是来源于王阳明——王门中许多弟子对此都表赞同。比如欧阳南野的观点即是说："良知本虚，致知即是致虚，真实而无一毫邪妄者，本虚之体也。"[4]

聂豹也认为良知之寂是良知本体为寂，而不是别有个寂来形容良知。聂豹又说："窃谓良知本寂，感于物而后有知。知其发也，不可遂以知为良知而忘其发之所自也。心主乎内，应于外而后有外，外其影也。不可以其外应者为心，而遂求心于外也。故学者求道，自其主乎内之寂然者求之，使之寂而常定。"[5]

---

[1] 吴可为编校整理：《答东廓邹司成四首》，《聂豹集》卷八，凤凰出版社，2007年，第262页。
[2] 吴可为编校整理：《答唐荆川太史二首》，《聂豹集》卷八，凤凰出版社，2007年，第273页。
[3] 吴可为编校整理：《答邹西渠二首》，《聂豹集》卷九，凤凰出版社，2007年，第305页。
[4] 陈永革校整理：《答贺龙岗》，《欧阳德集》卷五，凤凰出版社，2007年，第197页。
[5] 吴可为编校整理：《答戴伯常》，《聂豹集》卷十，凤凰出版社，2007年，第349页。

"寂"就是良知本体,知是在于知是非而且需要经过感通于物再产生,这里所说的知是知非之知,不同于良知,但又是源自于良知。实际上这就是未发之寂,与已发之感通融合。感通是寂体所发挥出来的作用,而不能以感通为心体,并且以此来忽略能产生感通之用的寂体之良知。聂豹认为寂体不仅是就本体而言,在寂体中也存在功夫的路径。寂体上用功,就是宋明理学家们所说的"涵养本原"之学。如果只知在心之所发的层面用功,没有关照到本原之心体,只会将工夫变得日益繁难。

因此,聂豹说:"本原之地,要不外乎不睹不闻之寂体也。不睹不闻之寂体,若因感应变化而后有,即感应变化而致之可也。寂体不胜其憧憧,而后忿则奋矣,欲则流矣,善日以泯,过日以长,即使惩之窒之,迁之改之,已不免义袭于外,其于涵养本原之功,疑若无与也。"①

由此可见,聂豹的寂体本原是不予见闻,而且其末是来自于感应变化。由于本寂心体主宰而有感应变化,如果是在感应变化之知觉上用功就是义袭于外,应该在本寂之心体上用功,即是"涵养本原"之功。

聂豹归寂思想中不仅含有本体论,还有包含其功夫论的思想,他认为良知本寂,致良知就是归于虚寂。他说:"知者,心之体,虚灵不昧,即明德也。致者,充满其虚灵之本体,致知即致中也。'寂然不动,先天而天弗违'者也。格物者,致知之功用,物各付物,感而遂通天下之故,'何思何虑,后天而奉天时'也。"②

聂豹所说的良知寂体与王阳明所说的良知是在寂然不动本体,两者存在着区别,聂豹所讲的是良知本来寂体——"无",而王阳明提出"推致吾心良知之善于事事物物,则事事物物皆得其理"。

从这个角度来说,王阳明的良知并不是本来寂体,而是能应用在事事物物当中,是一个"有";并且聂豹所说的良知为寂体,致良知也即是归寂,格物是致知之功用,归寂在于通感,格物即是通感,而聂豹所说的物各付物,即是通过格物工夫来使先天本寂的心体归于本然虚寂的状态。

---

① 吴可为编校整理:《答欧阳南野太史三首》,《聂豹集》卷八,凤凰出版社,2007年,第242页。
② 吴可为编校整理:《答亢子益问学》,《聂豹集》卷八,凤凰出版社,2007年,第256页。

二、善恶之辩

在聂豹思想中，"寂"是他的思想核心，在本体上与王畿是有着相似之处。王畿有讲："虚寂者，心之本体。良知知是知非，原只是无是无非。无即虚寂之谓也。"①

在本体上说良知本寂，王畿是和聂豹一致的，但是就修道而言，王畿与聂豹又有一定的差异；聂豹以"归寂"为功夫路向，而王畿则以"寂感"为中心。而在心体上二人都认同"四句教"中所说"无善无恶心之体"，而对于王畿点评"四句教"，在聂豹的文中也有记载。

> （龙溪云）先师教人尝言："至善无恶是心之体，有善有恶是意之动，知善知恶是良知，为善去恶是格物。"盖缘学者根器不同，故用功有难易。有从心体上立基者，有从意根上立基者。从心体上立基者，心便是个至善无恶的心，意便是个至善无恶的意，便是致了至善无恶的知，格了至善无恶的物。从意根上立基，意是个有善有恶的意，知便是有善有恶的知，物便是有善有恶的物，而心亦不能无不善之杂矣。②

王畿着重来说此"四句教"，聂豹却未予以回应，只是就大学的用功处展开了讨论。对此确实是有疑问的，但是对此不提无非是有两种情况。一是有所忽略而未提及；二是此问题对其来说已不成一个问题，自然也不用来讨论了。可能第二种情况可信性更大。在聂豹答戴伯常一文中曾有简短评论："盖恐学者堕于解悟闻见之末，故就地设法，令人合下有用力处。"③聂豹认为"四句教"是一种就地设法之句，无法成为一个恒常讨论的话题。

虽然"四句教"没有成为争论的话题，对于善恶观聂豹所持的主张与王畿是颇有相似的。聂豹认为就本体而言，自然是无善无恶的，但是就"感"而言，会产生善恶之形。他说："夫善与不善，皆由于动而后有，则知未动之前，即来谕'浑浑噩噩'之体也。尚何善恶之可言哉？故心也、意也、

---

① 吴震编校整理：《别曾见台漫语摘略》，《王畿集》卷十六，凤凰出版社，2007年，第463页。
② 吴可为编校整理：《答王龙溪》，《聂豹集》卷十一，凤凰出版社，2007年，第405页。
③ 吴可为编校整理：《答戴伯常》，《聂豹集》卷十，凤凰出版社，2007年，第318页。

知也、物也，自其本体而言之，皆无善无恶也。感于物而动也，而后有善恶形焉。"①

从这段话来看，聂豹的观点和王畿所说的"四无说"是非常相似的，他认为就本体来说，心意知物都是无善无恶的，但是感于物后才有善恶之形，这是"寂体"与"感通"而言，在"寂体"而言是无善无恶的，就"感通"而言是有善有恶的。这与王阳明调和钱德洪与王畿在天泉桥上的争论是相似的，二者不能偏执一边，是相取为用的；并且聂豹引用了告子和孟子之言，肯定了告子所说的性无善无不善之说，对于孟子之"性善"说，他认为孟子是基于性之欲而说，并非本体层面的问题。这一点无非是符合聂豹的"寂体"之说，在钱德洪所记聂豹之言善恶方面，即讲："先师曰：'无善无恶心之体。'双江即谓：'良知本无善恶，未发寂然之体也。养此，则物自格矣。今随其感物之际，而后加格物之功，是迷其体以索用，浊其源以澄流，工夫已落第二义。'"②

聂豹所认为的良知并无善恶之分，实则是寂然本体的未发状态，应该在本体上用功，则物自然而然能格；如果在已发上的感物发用处而用，则只会使本体迷失而工夫且无着落。

于本体上下工夫，这是聂豹"归寂"思想的一个特点。可是王畿却认为本体上是无法用功，应"因用求体"着重在用上，以此来保持良知之自然流行。聂豹说："知止者，知至善而止之。知至善而止之，正是无动无静境界，岂待虑而后察善恶乎？虑而后察善恶，则前此已是无善无恶矣，何故虑时又有善恶出来待察耶？只从一路做去，久当冰解冻释。善恶属气，止无善恶。"③

王畿明确提出"无善无恶"即是"至善"，是一种超越意义上的规定，而聂豹亦是反对虑事之后再察善恶，即在至善境界时，已是无动无静、无善无恶。聂豹还首次提出"善恶属气"之说，止无善恶即是在无善无恶处知止，即是良知纯然于天理，是不同于善恶之气的。

---

① 吴可为编校整理：《答董明建》，《聂豹集》卷十一，凤凰出版社，2007年，第415-416页。
② （清）黄宗羲著，沈芝盈点校：《明儒学案》卷十一，中华书局，2008年，第236页。
③ 吴可为编校整理：《答戴伯常》，《聂豹集》卷十，凤凰出版社，2007年，第326页。

故而聂豹说:"纵令良知念念精明,亦只于发处理会得一个善恶,而去取之,其于未发之中,纯粹至善之体,更无归复之期。"[①] 也就是说在已发处用功,就会使纯粹至善之心体无归复之期,应该于未发之本体处用功,不论善恶,才能恢复纯粹至善之本体。

三、格物无功夫

宋明理学以来便强调心性之学,尤其到了二程及朱子将《大学》作为重要经典依据。格物致知作为《大学》最核心的范畴之一,被宋明儒者不断引用诠释。对于王阳明在《大学》上更是提升到了即本体即功夫的层面,而王阳明的"格物致知"论主要认为:"致"是扩充、推广,"知"是良知,即将本体之良知扩充推广,使纯乎天理之极。王阳明训格为正,正其不正以归正,若要致良知,就需要在事事物物上去下功夫,这也体现了良知及天理的普遍性。王阳明所认为的格物并非是如朱子所说的"即物穷理",在外事外物上求得天理。而是通过致吾心之良知,来通达事事物物之天理。

在王阳明看来,天理及事事物物不是外在的,都是从吾心之良知的落着点,在自己本心处用功,但是又不能离却事物,在这个意义上来说,致知是功夫,而格物不是手段,而是致知后所达到的结果。

聂双江所提出的"归寂"之说,认为其良知本体是"虚寂"的,反对以"知觉"为良知,聂双江重视的不是外在的知觉效果,而是涵养本体,执体而用的功夫。他认为只有在未发之中处用功,已发自然能和,所以他将"致知"也称为"致中"。如聂双江说:"致知之功,要在于意欲之不动,非以'周乎物而不过'之为致也。镜悬于此,而物来自照,则所照者广。若执镜随物,以鉴其形,所照几何?延平此喻未为无见。致知如磨镜,格物如镜之照。谬谓'格物无工夫者',以此。"[②]

聂双江以致知为功夫,而说格物无工夫,这种说法确实令人感到诧异。聂双江的格物论与王阳明格物论相似,但是并没有弥补阳明学中的缺陷,聂双江将"致知"理解为"致虚守寂",而"格物"为"感而遂通之故"。

[①] 吴可为编校整理:《被逮稿引》,《聂豹集》卷七,凤凰出版社,2007年,第232页。
[②] 吴震编校整理:《王畿集》,凤凰出版社,2007年,第139页。

他说:"致知者,充满其虚灵本体之量;格物者,感而遂通天下之故。致以复其心之体;格以达其心之用。均之谓求心也。"①

聂双江认为致知是复其心体的功夫,而格物是心体之用所得到的结果,在这里可以明显得出"格物无工夫"之说。这与王阳明所说的"格物致知"论,是有差异的。聂双江将"事事物物"与"格物致知"两者相互分离开了,并且将"格物"与"致知"分作两截,不能一贯而论。

此外,聂双江反对以知觉论良知,以本体为工夫的归宿,如此才能祛除逐物之弊。这与其主张本体"归寂"的思想有关,只有恢复其虚寂本体才能真正使内心纯乎天理之极。具体是:

> 三代以后,只是从知能闻见上钻研,流而为考索诂训,误了天下多少好资质的人,而圣学荒芜,非一日也。故先生提出"良知"二字,将谓人性中万物具备,无所不知,无所不能,惟反而求之,以充满其虚灵本体之量,则天下之能事毕矣。非徒矫弊,亦真实话。而今日之误,则又以知觉为良知,其与知能闻见上钻研者,何以异?②

可见,聂双江认为从闻见上钻研是荒废圣学,是义袭而取的工夫,王阳明提出"良知"之说,很多学者又将其解释为知觉,他认为这是和闻见之学如出一辙,都是在外事外物上用功。只有反身而求,恢复虚灵本体,才是成圣之道。王畿也曾对此进行讨论:"公见吾人为格致之学者,认知识为良知,不能入微,致其自然之觉,终日在应迹上执泥有象、安排凑泊,以求其当是。故苦口拈出虚寂话头,已救学者之弊。固非欲求异于师门也。"③

王畿这个说法也是非常客观的,聂双江所提出"归寂"之说,目的并不是欲求异于师门,而是针对当时以知觉解良知之弊而提出的,在不断强调未发之中的本体重要性的同时,自然也会落到重"致知"而轻"格物"的地步。虽然王畿对聂双江所说"格物无工夫"表示理解,但是却也不表

---

① 吴可为编校整理:《聂豹集》,凤凰出版社,2007年,第318-319页。
② 吴可为编校整理:《聂豹集》,凤凰出版社,2007年,第340页。
③ 吴可为编校整理:《聂豹集》,凤凰出版社,2007年,第396页。

示支持。他说:"然因此遂斩然谓'格物无工夫',虽以不肖'随在致此良知,周乎物而不过'之说,亦以为全属人为,终日与物作对,牵己而从之,恐亦不免于惩羹吹荠之过耳。"①

对于王畿与欧阳南野等同门的反对,聂双江也有自己的依据。他认为其师王阳明曾说:"良知是未发之中、寂然大公的本体,便自能感而遂通。"其中良知"便自能感而遂通"的"自能"二字就体现了良知自身就是即本体即功夫,功夫就不在外求,只在良知本身就能下功夫。

依据聂双江的致知格物之说,引发了王门较大的争论:即本体上是否能着工夫,若本体上能着工夫,则格物自然是无工夫的。若本体不能着工夫,格物自然是有工夫的。

王畿说:"格物者,《大学》到头实下手处,故曰'致知在格物'。若'格物无工夫',则《大学》为赘词,师门为劝说,求之于心,实所未解。"②可见他对聂双江所说的"格物无工夫"是反对的。并且,他还批评说道:"良知者,性之灵根,所谓本体也。知之曰致,翕聚缉熙,以完无欲之一,所谓功夫也。良知在人,不学不虑,爽然由于固有;神感神应,益然由于天成,本来面目,故不待修证而后全。"③

王畿主张寂感不分内外,若将寂感割裂为二,则不能避免会堕入逐物泥虚的弊病。王畿还反对聂双江在先天之处用功。他说:"先天是心,后天是意,至善是心之本体。心体本正,才正心便有正心之病,才要正心,便是属意。"④

王畿所主张寂感一物,无时不感,无时不归于寂,在感之前别有归寂工夫,这是对两者分裂为二的弊病。聂双江则反驳说:"记得先师云:'正心只是诚意工夫里面体当自家心体,常要监空衡平,这便是未发之中。'又云:'正心修身,各有用功处。'正心属未发边。心正则中,身修则和。是圣学,致正心焉尽之矣。"聂双江如果将阳明学中的"致良知"作为圣学第一义,

---

① 吴震编校整理:《王畿集》,凤凰出版社,2007年,第472页。
② 吴可为编校整理:《聂豹集》,凤凰出版社,2007年,第396页。
③ 吴震编校整理:《王畿集》,凤凰出版社,2007年,第123页。
④ (清)黄宗羲,沈芝盈点校:《明儒学案》,中华书局,2020年,第262页。

湖南省常德市小西门码头右岸上的潮音阁旧址。王阳明曾在此讲学，作《阁中坐雨》诗。（杨德俊拍摄）

那么是存在以致知为本，格物为末的可能。并且沿袭王阳明的主张来说，致知即本体即功夫的路径来看，也能推出"格物无工夫"的结论。

第四节　主静去欲与收摄保聚

罗念庵（1504-1564），名洪先，字达夫，号念庵，江西吉水人。其思想被划为与聂双江同样的"归寂派"，因其自称与聂双江"如一手足"，并且与聂双江的思想是"不谋而诺"。若按地域划分，罗念庵又属江右王门中重要一员，他的思想在明代中后叶有着广泛影响。罗念庵少时便有志于学，后闻王阳明在赣州讲学，欲前往听学拜师，可是被其父所阻拦。罗念庵读到《传习录》时，感受颇深，读之已然达废寝忘食的地步。罗念庵在嘉靖十九年因上书言储贰事，忤上意，被贬黜为平民；后一直着力讲学，直至60岁卒于家中。留下著作《罗念庵集》。

一、主静去欲

罗念庵的思想形成有一个演变过程，胡庐山在《念庵罗先生文集序》中写到其学"凡三变"，即15岁开始有志于圣学；"既仕之后，其学主无欲，所举主静归寂辨答数千言，要皆不逾其旨，力践之二十余年；然后廓然大悟，沛然真得，始自信于不惑之地"[1]。

唐鹤征[2]对罗念庵思想亦持三变说，他将此总结为三句话——"始致力于践履，中归摄于寂静，晚彻悟于仁体"。罗念庵在各阶段主旨各不相同，在中年时便以主静为主。"主静无欲"的思想最早来源于周敦颐，罗念庵对于周子是极为推崇的。他说："诸儒之所宗者，濂溪也。濂溪学圣，主于无欲。此何尝有支离葛藤其间乎？夫欲之有无，独知之地，随发随觉，顾未有主静之功以察之耳。"[3]可知"主静"是达到"无欲"的工夫手段，

---

[1] 徐儒宗编校整理：《罗洪先集》，凤凰出版社，2007年，第1407页。

[2] 唐鹤征（1538-1619年）：字元卿，号凝庵。明武进（今属江苏常州）人，隆庆进士，历任礼部主事等，后在无锡东林书院讲学。

[3] 徐儒宗编校整理：《罗洪先集》，凤凰出版社，2007年，第330页。

而"无欲"是最后所要达到的目标;并且罗念庵认为只有无欲最后才能成圣。故他说:"故尝以为欲希圣,必自无欲始,求无欲必自静始。"①"主静"是"无欲"的工夫,"无欲"是"主静"的境界。

罗念庵所说的"静"并非是闲情雅致,而是一种依靠修养而成的状态。他解释说:"周子所谓主静者,乃无极以来真脉络。其自注云'无欲故静',是一切染不得,一切动不得,庄生所言混沌者近之,故能为立极种子。"②罗念庵认为周子所说之"主静"为无极以来真脉络,评价是非常高的。罗念庵将"主静"指为"立极处",并将闲情雅致之"静"作了区分,对此他斥为野狐禅。具体是:

> 指其立极处,与天地合德则发育不穷,与日月合明则照应不遗,与四时合序则错行不忒,与鬼神合吉凶则感应不爽。修此而忘安排,故谓之吉;悖此而费劳攘,故谓之凶。若识认幽闲暇逸,以为主静,便与野狐禅相似。便是有欲。一切享用玩弄,安顿便宜,厌忽纵驰,隐忍狼狈之弊,纷然潜入而不自觉。即使孤介清洁,自守一隅,亦不免于偏听独任,不足以倡率防检,以济天下之务,其与未知学者何异也。③

罗念庵主张以静悟入,以主静来达到成圣的目标。他也在其著作中,描绘其通过"主静"工夫所悟得的境界,如:

> 当极静时,恍然觉吾此心中虚无物,旁通无穷,有如长空云气流行,无有止极;有如大海鱼龙变化,无有间隔。无内外可指,无动静可分,上下四方,往古来今,浑成一片,所谓无在而无不在。吾之一身,乃其发窍,固非形质所能限也。是故纵吾之目而天地不满于吾视,倾吾之耳而大地不出于吾听,冥吾之心而天地不逃于吾思。古人往矣,其精神所极,即吾之精神,未尝往也。④

---

① 徐儒宗编校整理:《罗洪先集》,凤凰出版社,2007年,第330页。
② 徐儒宗编校整理:《罗洪先集》,凤凰出版社,2007年,第403页。
③ 徐儒宗编校整理:《罗洪先集》,凤凰出版社,2007年,第403页。
④ 徐儒宗编校整理:《罗洪先集》,凤凰出版社,2007年,第298页。

这里所说的一些体验与道教、佛教修行的一些神通有相似之处，不过这种神秘景象也能描绘出一种生生不息、绵延不穷、变化莫测、浑成一体的道体世界。这种境界也是程颢所说"仁者浑然与物同体"的至高境界。

罗念庵认为"虚寂"是宇宙的本然存在的状态，通过静坐来收拾此心，以达到与宇宙合为一体。如：

> 未感之前，寂未尝增，非因无念无知而后有寂也。既感之后，寂未尝减，非因有念有知而遂无寂也。此虚灵不昧之体，所谓至善；善恶对待者，不足以名之。知者，触于感者也；念者，妙于应者也。知与念有断续，而此无寂无断续，所谓感有万殊，而寂者惟一是也。①

寂是良知之本体，是至善，不会因有念有知而增一分、少一分。寂和感是体用关系，所谓感有万殊，而寂是惟一者，即寂是体，感是用。从动静上看，寂无动静，而感有动静。从内外看，寂无内外，而感有内外。罗念庵认为具体的回复心体的虚寂，就需要通过静坐来识得本心。他说："静坐收拾此心，此千古圣学成始成终句。但此种有辨，在静坐识得本心后，根底作用俱不作疑，即动静出入，皆有着落，分寸不迷，始为知方。然须从静中安贴得下，气机敛寂后，方有所识。不然，即属浮妄中去矣。念之有无多寡，识心后，应不作如此见解也。"②

可以看出，主静实际上是其识心的一个工夫，只有在处静的状态下才能识心，通过"识心"才能"收心"。这也是罗念庵思想逐渐趋于成熟的一个阶段，已将关注点转向至"识心"这一点，罗念庵认为"识心"不过是"从自心静中寻求自家境界"，这是一个为学进路中的重要方子。通过从"静"中悟入，从而把握"自家境界"，则自然能做到在应接事物中应变不穷。

---

① 徐儒宗编校整理：《罗洪先集》，凤凰出版社，2007年，第260页。
② 徐儒宗编校整理：《罗洪先集》，凤凰出版社，2007年，第230页。

二、对"见在良知"的否定

"良知见在"一直是罗念庵与王畿之间争论的焦点话题,实际上对于良知的存有义(先天的,人人本有)与活动的义(后天的,随时是呈现)来说,罗念庵与王畿的观点并无差别,皆是以先天虚寂本体,以来活动后天之工夫。

罗念庵在早年对现成良知是持认可态度,但之后在实践中往往无所得,曾叹道:"往年见谈学者皆曰'知善知恶即是良知。依次行之即是致知'予尝从此用力,竟无所入,盖久而后悔之。"①"见在良知"的话题二人反复争论数十年,直至罗念庵逝世二人都未有论出结果。对于王畿与罗念庵之间主要的分歧是当下之良知与全体之良知的关系,王阳明曾有看"满街都是圣人"、圣人之"成色分两"之分,这都是对于良知本有的体现。

王畿认为愚夫愚妇与圣人同具良知,就良知的道德超越意义上说是没有任何分别的,在良知的本性同样也是自然而发的。而愚夫愚妇当下所体认的良知与圣人所体认的良知在质量上有分别的话,则良知说的教化作用就失去了其本来意义。王畿认为愚夫愚妇与圣人之良知根本的差异就在于"昭昭之天与广大之天"。愚夫愚妇之良知如云蔽日,不能显示良知的实践动力,而圣人之良知是青天白日,当下明朗可见的。

王阳明也曾说:"良知良能,愚夫愚妇与圣人同,但惟圣人能致其良知,而愚夫愚妇不能致,此圣愚之所由分也。"②

在良知的存有义上说,愚夫愚妇与圣人是并无二致的,但是就良知的活动义上说,圣人因其能致此良知,而愚夫愚妇不能致,所以是愚者之所以愚的根本原因。可是狮泉却认为良知在本质上是人人具有,但是愚夫愚妇具有的现成良知是未经磨炼的良知,是不能发挥出良知本体的作用,他将此比作顽矿,愚夫愚妇的良知是未经开凿的,就无法锻炼出金。王畿也作出回应,罗念庵在《甲寅夏游记》中记载:

王畿问:"见在良知与圣人同异。"狮泉曰:"不同。"……王畿曰:"指见在良知便是圣人体段,诚不可;然指一隙之光以为诀非照临四表之光,

---

① 徐儒宗编校整理:《罗洪先集》,凤凰出版社,2007年,第81页。
② (明)王守仁撰,吴光等编校:《王阳明全集》上册,上海古籍出版社,2011年,第56页。

亦所不可。"因指天空靉靆①处曰："譬之今日之日非本不光，却为云气掩蔽。指愚夫愚妇纯为阴者，何以异此？今言开天辟地、鼎立乾坤，未可别寻乾坤，惟扫除云气，即成再造之功，依旧日光照临四表。"② 即：

> 王龙溪因令予（罗洪先）断。予曰："狮泉③早年，为'见在良知便是全体'所误，故从自心察识立说，学者用功决当如此。但分主宰、流行两行，工夫却难归一。龙溪指点极是透彻，却须体狮泉受用见在之说，纵摄取进步，处处绵密，始是真悟，不尔，只成玩弄，始是去两短、取两长，不负今日切磋也。若愚夫愚妇与圣人同异一段，前《夏游记》中亦尝致疑，但不至如狮泉云云大截然耳。千古圣贤汲汲诱引，只是奥人从见在处寻源头，不曾别将一心换却此心。且如兄言开天辟地，鼎立乾坤，以为吾自创业，不享见在，固是苦心语，不成悬空做得？只是时时不可无收摄保聚之功，使得精神归一，常虚常定，日精日健，不可直任见在以为止足，此弟与二兄，实致力处耳。"④

罗念庵认为全体之良知与当下发用的现成良知不能等同，但是他也不否认良知在道德实践中作为践履的动力作用，如"一念善端"就是良知之本然发用的状态，但是这种发用并不能说明就是良知全体。罗念庵认为"良知见在"并不能作为"致良知"的本源，并且"良知见在"的部分是处于经验之中，一般都会被欲根习性所染，从而遮蔽自己的良知；人们需要通过收摄保聚的工夫使得精神归一，回复良知本体之全貌，而不能只在现成良知就止步。

罗念庵主张通过实践工夫来获得良知，如通过具体的静坐来达到向内收摄的作用。而这种实践工夫被王门诸子指责为近佛而非是阳明学。实际上在"致良知"的工夫上王畿与罗念庵存在着很大差异，王畿认为"致良知"

---

① 靉靆：形容浓云蔽日。北宋的黄庭坚有诗词：对朝云靉靆，暮雨霏微，乱峰相倚。
② 徐儒宗编校整理：《罗洪先集》，凤凰出版社，2007年，第85页。
③ 狮泉：刘狮泉，是阳明后学工夫论的主敬派成员。
④ 徐儒宗编校整理：《罗洪先集》，凤凰出版社，2007年，第86页。

工夫是"不假修证"的。如他所说："一念灵明，无内外，无寂感。吾人不昧此一念灵明，便是致知；随事随物不昧此一念灵明。良知是虚，格物是实，虚实相生，天则乃见。"①他认为每个人心中都有此"一念灵明"，只要不昧此"一念灵明"便是致知。

罗念庵则认为王畿这种"一念灵明"的致知工夫是一种言过其实，在具体的道德生活当中，良知的发用又怎能时时刻刻保持灵明呢？罗念庵说："孤近日之学无他，惟时时刻刻直任良知，以凝然不动为本体，亦觉有可进步处。但念头时复有起，不得总成片段。"②

罗念庵认为"现成良知"所说的太过简单，自己在尝试过之后得出结论是"念头时复有起，不得总成片段"，可见他从经验中证得王畿所说的"良知见在"的工夫是不正确的。王畿是在良知本体的层面去看发用工夫，而罗念庵多是从经验层面去看与良知发用的关系，他认为在道德生活当中良知不可避免会被欲根习性所遮蔽，如果欲根习性没有被消除殆尽，则良知将一直不能发挥其本体作用。罗念庵一直在强调通过意念层面的修养工夫，来达到"主静无欲"的状态，从而体认和恢复良知，这也是其认同聂双江"归寂"之说的一个根本原因。

三、收摄保聚

《甲寅夏游记》中主要反映了罗念庵晚年的思想，主要记录了与王畿的交流内容。其中罗念庵对于王阳明"四句教"中第三句"知善知恶是良知"展开讨论，并且提出"收摄保聚"之说，具体是：

> 阳明先生苦心犯难，提出良知为传授口诀，盖合内外前后一齐包括。稍有帮补，犹有遗漏，即失当时本旨矣。往年见谈学者，皆曰"知善知恶即是良知""依此行之即是致知"。予尝从此用力，竟无所入，盖久而悔之。夫良知者，言乎不学不虑、自然之明虑，盖即至善之谓也。吾心之善吾知之，吾上心之恶吾知之，不可谓

---

① 徐儒宗编校整理：《罗洪先集》，凤凰出版社，2007年，第70页。
② 徐儒宗编校整理：《罗洪先集》，凤凰出版社，2007年，第208页。

非知也。善恶交杂，岂有为主于中者乎？中无所主而谓知本常明，恐未可也。知有未明，依此行之，而谓无乖戾于既发之后，能顺应于事物之来，恐未可也。故知善知恶之知，随出随泯，特一时之发见焉耳。一时之发见，未可尽指为本体，则自然之明觉，固当反求其根源。盖人生而静，未有不善，不善者动之妄也。主静以复之，道始凝而不流矣。神发为知，良知者静而明也。妄动以杂之几，始失而难复矣，故必有收摄保聚之功，以为充达长养之地，而后定静安虑由此以出。①

在上一节论及王畿对"良知见在"的亲身体会和反思，认为良知不是"时时刻刻、物物种种见在"的工夫，而是需要依靠内心修养来规范个人在经验世界中的思想和行为，以此来体认良知。在这里，罗念庵将"知善知恶"之"知"认作为"随出随泯"，这其实并不符合王畿的原意，如果将从一方面去看待良知所具有的"一时之发见"的作用，确实并不能指待全体之知。

但是王阳明所说良知并非只有"当下具足"的现实性，还有"人生而静"的超越性，这是一种随时随处发用流行的良知。而罗念庵主要的解释就在于和经验相互关联，从而使得他不自觉将"知善知恶"之"知"认作为"知觉"之"知"，二者在良知的择取进路中产生了差异，以至于二人对于这个问题一直也未争论出明确的结果。

王阳明在《传习录》中，一直存在着本体与工夫之间的争论。主要分为两种：一是立足于本源良知的本体中的工夫，强调后天修养实践等工夫，以此来恢复良知本体；二是即本体即工夫，强调从本源处说工夫，强调简易直截，直接从本体处入手。

王阳明所说的本体和工夫本身就是无定法可循的，王阳明所强调的就是"体用一源""即本体即工夫"的思维。这种思维与程朱之学是大相径庭的，朱子将本体与工夫割裂来看，通过"格物"的工夫来达到"穷万物之理"的境界。王阳明这种体用一源的思想将工夫与本体融合，并且对于本体或者工夫是无所执着的，本体即良知是本然中和的，工夫是恢复本然良知之

---

① 徐儒宗编校整理：《罗洪先集》，凤凰出版社，2007年，第81页。

阳明心学与多元文化的会通

广西省隆安县文庙"王文成公祠"内,嘉庆元年刻王文成公石碑像。(卢杰英提供)

第八章　阳明心学与阳明后学

河南省浚县大伾山"阳明书院"旧址。康熙中期，知县刘德新把"东山书院"改建后，易名为"阳明书院"。（杨德俊拍摄）

本体。所以本体被遮蔽时，用功处即是在本体，当本体良知莹彻，工夫自然纯熟。可见本体与工夫本然即为一体，无一刻间断，念念不息。

对于本体与工夫合一之说，罗念庵一开始并无了解。从最初追随王畿之"良知见在"说，后受聂双江影响，转而提倡"良知归寂"说。黄宗羲记载关于聂双江被同门诘难时，罗念庵为其申诉道："当时同门之言良知者，虽有浅深详略之不同，而绪山、龙溪、东廓、落村、明水皆守'已发未发非有二候，致和即所以致中'，独聂双江以'归寂为宗，工夫在于致中，而和即应之'，故同门环起而攻难端，双江往复良苦。微念庵，则双江自伤其孤另矣。"①

罗念庵此时对聂双江"归寂"之说深信不疑，并且以自身经验所得为其申辩，认为良知本寂，归寂即是致中，即是恢复本体的工夫，这种工夫即是罗念庵所谓的"收摄保聚"之功。

第五节　心无定体与慎独知几

陈明水（1494-1562），相传其母在生他前曾梦见夜吞星的奇观，不久就生下他，故取名九川，字惟濬，号明水。1513 年，陈明水中举，次年及第进士后，有一天晚上醒悟自己如漆雕开②一样对于做官没有信心，旋即疏请告归。1515 年，陈明水拜访王阳明，并听到王阳明所说良知之学，心中甚喜，便昼夜默坐，与同门相互切磋。1517 年，起复仕途，被授予太常博士。1523 年，进为礼部仪制员外郎。两年后，因与当时之显贵张璁不和，遭到弹劾，并下锦衣狱。至此，陈明水的仕宦生涯便已结束，从此闲居林野著述讲学。陈明水晚年身体状况不佳，患头风、重耳等疾。

一、心无定体

虽然陈明水晚年重病在身，但是在他中年时期，思想活动颇为丰富，

---

① （清）黄宗羲，沈芝盈点校：《明儒学案》，中华书局，2020 年，第 361 页。
② 漆雕开：字子开，又字子若，又说作子修，东周春秋时蔡国人，孔子的学生。

与王门诸子的学术交往也很频繁。其中陈明水提出的"心无定体"就是其思想中很重要的一部分，此说给出的论断旨在说明良知本体是以何种面目存在的。

"心无定体"之说最早出现于陈明水与罗念庵进行学术讨论的书信中。陈明水说："吾辈学问大要，在自识本心，庶工夫有下落，不致枉用精神、自生起灭耳。夫收视反听，于中有个出头，此对精神浮动、务外逐末者言，良为对病之药。然于大道却恐有妨，正为不识心体故耳。夫心无定体，感无停机。"①

他在这里所说的大意为良知本体并非是一成不变、寂静不动的，在致良知的工夫中，就不能一味执守"静"。而陈明水提出"心无定体"的源起就在于与罗念庵所讨论中，罗念庵提出的"心有定体"之说。聂双江与罗念庵一致认为良知本体本然就是寂静不动的，他们追求体认和恢复良知本体就在于静中体悟本体。

聂双江得知陈明水"心无定体"之说，也回复说："近得明水一书，驳辨甚严。其谓'心无定体'一语，其于心体疑失之远矣。炯然在中，寂然不动，而万化攸基，此定本也。"②聂双江对此说是感到震惊的，并且认为心体本然就是寂然不动。陈明水对此回应说：

> 近见与诸公书，谓"明水辨驳甚严"。吾岂敢哉！览之悚然。今亦不记其云何。凡简友朋，往往无草，惟答念庵长书，有二稿存，岂尝以寄吾丈耶？丈所以至骇者，在"心无定体"一言。此与念庵最初简中语也。虽为念庵观心凝神，确有方所而发。然心本如是，非以意广之也。神妙不测之物，如可以定体觅之，则颜氏仰钻，当先得之，不待夫子诱之以博文约礼而后如有所立卓尔也。夫心即神也、易也。子曰"神无方而易无体"，"变动不居而出入无时"，夫子之语心者，如此。固不待旁证于六尘缘影、积聚成象，而后可以洞悟心体矣。③

---

① 《明水陈先生文集》，《四库全书存目丛书·集部》，第七十二册，齐鲁书社，第31页。
② 吴可为编校整理：《聂豹集》，凤凰出版社，2007年，第248页。
③ 《明水陈先生文集》，《四库全书存目丛书·集部》，第七十二册，齐鲁书社，第37页。

由此可知，陈明水认为"心体"并非是"以意广之"的，心体是一种"神妙不测之物"，所以当然也不能"以定体觅之"。上文所说罗念庵"观心凝神"即是通过"收摄保聚"的工夫来体认本体，陈明水认为这种工夫的病症就在于将心体看为一成不变的"定体"。而在聂双江的思想中，心体不仅是"寂然不动"，还是"迥然在中"的，这里所说的"中"是一个很重要的概念。他说："中是天然自有，寂然不动的本体……自中之为说不明，而尧舜之学不传，其来远矣。"①

聂双江将"中"作为寂然不动的本体，王阳明也说"中是天理"等语，但是二人在心体之动静上观念存在很大差异，王阳明认为"定者，心之本体，天理也"的说法，王阳明认为心之动静，因时而动，但是心体是不存在动静的，以寂静为心之本体也可以说是对阳明之言的一种误解。

陈明水在《答罗念庵》一文中提出"认心有象"，与罗念庵"观心凝神，确有方所"相似，都是执着了心的相。陈明水讲道：

> 但窃究本主因缘，犹未免认心有象。苟认心有象，即虽潜心于致虚守静、藏密入神，终不免于着相，亦即非静虚神密矣。"神无方而易无体"，有方体不可以言神、易矣。故窃效识心体之说，诚过虑精修者之错用精神，亦以年来体验若粗有得者以求证耳。来教谓："心止有感而无寂，是川之所以识心体也。"是犹未悉鄙意。审如是，是乃畔经乱道，获罪圣门之甚者。岂独不取于吾兄哉！若鄙意则谓心本寂而恒感者也，寂在感中，即感之本体。若复于感中求寂，辟之骑驴觅驴，非谓无寂也。感在寂中，即寂之妙用。若复于感前求寂，辟之画蛇添足，非谓未感时也。易以寂感为神，非感则寂，不可得而见矣。凡致思用力，皆谓之感。吾兄亦以为然矣。②

陈明水称其所说"心无定体"并非是说"心止有感而无寂"，他认为寂与感是一体的，而不能"感前求寂""感外求寂"。陈明水实际上所说的"心

---

① 吴可为编校整理：《聂豹集》，凤凰出版社，2007年，第325页。
② 《明水陈先生文集》，《四库全书存目丛书·集部》，第七十二册，齐鲁书社，第32页。

无定体"主要包含两个方面的含义：其一是指心体的存在状态。心体是不存在固定的状态，即没有特定形态显示并不能使之被感应，这是在未发之心体层面所说的；其二是指心之感通后的状态。陈明水认为"心本寂而恒感"，感即是心体之已发的作用过程，"感而遂通"的发用又是"变动不居，而出入无时"的，故必然也不可能是一个寂静不动之体。在《别邓子卷》一文中，陈明水则明确提出了关于良知本体的观念，说："视之不见，名曰隐；听之不闻，名曰微；与物无对，名曰独。无声无臭，而皎乎若日月之临，无方无体，而赫乎若鬼神之着，善恶是非凡萌乎其中而至乎其前者，毫发莫遁，天下之显见莫加焉，是乃天之明命，诚之不可掩，所谓良知者也。"[1]

陈明水与聂双江之间争论的是"心有定体"和"心无定体"，他们所理解的方向却是不一样的。聂双江主张"立体以达用"，他的重点是放在"用"。陈明水主张"变动不居，而出入无时"，他的重点是放在"体"。很明显聂双江对于陈明水之说是没有一定程度的理解的，他讲道：

> 用生于体，故必立体以达用，归寂以通感，可也……今不求《易》于太极，而求生生以为心；不求神于藏密，而求知来以为体。是皆用以为体，由是而有"心无定体"之说。谓心不在内也，贯体皆心也，万感皆心也。亦尝以是说而求之。譬之追风逐电，瞬息万变，茫然无所措手，徒以乱吾之衷也。[2]

聂双江认为陈明水"心无定体"之说是"以用为体"，"用"是瞬息万变的，如果求"用"而遗"体"就如"追风逐电"而导致"茫然无所措手"。聂双江以"用生于体，故必立体以达用"，只有确定了"心有定体"，才能使其工夫有着落。这两种思想路径导致了工夫的方向不同，聂双江因"心有定体"之说，自然需要依靠"收摄保聚""致虚守寂"等工夫来求得本体。陈明水因持"心无定体"之说，相应地主张工夫不离于事，二人的观点分别关注了体用、寂感关系中不同的重点。

---

[1] 《明水陈先生文集》，《四库全书存目丛书·集部》，第七十二册，齐鲁书社，第90页。
[2] 吴可为编校整理：《聂豹集》，凤凰出版社，2007年，第247页。

二、慎独知几

"慎独知几"是陈明水对于致良知工夫的体悟方法,他认为把握良知就必须做到两点,即学习与体悟。而作为内在的良知,体悟就显得尤为重要。王阳明曾对"致知"之说指点过陈明水,即:

> 先生问:九川于"致知"之说体验如何?
> 九川曰:自觉不同往时,操持常不得个恰好处,此乃是恰好处。
> 先生曰:可知是体来与听讲不同。我初与讲时,知尔只是忽易,未有滋味。只这个要妙再体到深处,日见不同,是无穷尽的。
> 又曰:此致知二字,真是个千古圣传之秘,见到这里,"百世以俟圣人而不惑"。①

王阳明在问及陈明水对致知之说的把握及如何使用"体验"二字,从陈明水的回答中可以看出,王阳明是对其指点过的,但陈明水以往是"操持常不得个恰好处"。王阳明说"体验"与"听讲"不同,"听讲"只能知其大概,未有滋味,"体验"可以随着时间的推移而不断在心中更加明白透彻。陈明水在体悟到此理后,对其弟子讲授良知之学时,也对此进行了讨论道:"吾与子口相授受,与意俱传,犹惧涉言诠也,而况赘之文字间乎?在吾子精思而实体之耳。先师云:'道必体而后见,非见道而后加体道之功也。'善体道者,气习浑化,德性昭明,其所见悟直彻鬼神之机,岂容以言尽哉?"②陈明水认为对于内在于人心的良知本体,必须要加以"体悟"的工夫,即"慎独"与"知几"。

陈明水所提出的"慎独知几"是其工夫论中非常重要的一个主张,认为是通达圣学的惟一途径。他说:"此学无他玄妙,只是慎独二字,终身受用不尽。复圣入神,亦只于此精熟耳。慎独之至,便是知几……明道先生曰:'有天德,便可语王道,其要只在谨独。'"③陈明水认为"慎独知至,便是知几",说明"慎独"和"知几"本身是一事,那么"慎独"之"独"

---

① (明)王守仁撰,吴光等编校:《王阳明全集》上册,上海古籍出版社,2011年,第106页。
② 《明水陈先生文集》,《四库全书存目丛书·集部》,第七十二册,齐鲁书社,第85页。
③ 《明水陈先生文集》,《四库全书存目丛书·集部》,第七十二册,齐鲁书社,第34页。

与"知几"之"几"究竟为何，陈明水讲道：

> 诚、神、几，一也。立诚即是存神，存神即是知几，知几即是研几，研几亦即是慎独。圣学元无二功，但慎独通乎上下，犹忠恕一贯之义也。慎独亦即是戒慎不睹、恐惧不闻，但析而言之耳。夫几微而显，正明目而视之不可得而见；倾耳而听之不可得而闻。无善无恶，与物无对，故谓之独。圣人之所兢兢业业，不显亦临者，知此而已，是故鬼神合其吉凶。一昧此几，即善恶分而开流无垠矣。纵能力反之，亦不可与几矣。此处何等渊寂！何等精严！前此更无地步可以用工矣。①

在陈明水的思想中，慎独是其致良知工夫的起点，但是又贯穿于整个致良知工夫当中。值得注意的是，陈明水对"独"的解释为"无善无恶，与物无对"，这与历来儒者的解释颇为不同，世人公认的即是朱子所解释的"人所不知而己独知"之意。

王阳明认为"慎独"即是"诚意"的工夫、"独知"即是"良知"。在王阳明思想中，"无善无恶"是描述心之本体的，而"与物无对"则来自于程颢对于"道体"的一种界定。陈明水用充满形而上与绝对性的词来描述"独"，亦可见其对于"独"的高度重视。陈明水认为"独"是属于未发的，是心体所处的原初状态。他说："直悟本体至善，不敢以善念为善也。若以善念为善，则恶念起时，善固灭矣。恶在其为至善天命不已者耶？《传习录》中所谓'此间不论善念恶念，一是百是，一错百错。'"②

陈明水认为在做"慎独"工夫之时，不仅不能起任何的恶念，就连善念也不能起，起了善念自然就会有恶念相对，所以"独"是"无善无恶"和"与物无对"的。而他所说的"知几"自然也不是"善几"与"恶几"，而是超越了善恶的"至善"之"几"。

"几"主要是在意念将起，萌发未形之间，陈明水非常重视对"几"的把握，即"知几"。但是"几"过于隐微，常人根本无法察觉到其变化。

---

① 《明水陈先生文集》，《四库全书存目丛书·集部》，第七十二册，齐鲁书社，第33页。
② 《明水陈先生文集》，《四库全书存目丛书·集部》，第七十二册，齐鲁书社，第13页。

陈明水说："此学本自精洁易简，然昏杂繁难之者多矣。非特常人，然知学者亦往往多带此病。凡俗气一毫融化不尽，不足语此。然几微毫发之间，非细心超见者精察熟辨之，则堕落俗幻境界矣。"①

良知之学本身是精洁易简的，但是常人因多带俗气之病，只要一毫尚存，则不能尽得良知本体，而这也就是最难的地方。陈明水认为"知几"即"诚意"，但是许多人将"诚意"看作是意念之不善，然后克之，陈明水认为这是不对的，他讲道：

> 圣人之学，全在知几，不落善恶，故曰："知几，其神乎！与鬼神合其吉凶。"所谓诚其意，乃诚之于意念之前，直须柄于几先，使百虑万几皆从此出；若待意之不善，然后倚一念之觉，从而正之，即已非诚意，落第二义矣，即与正心、止至善作两层矣。故来意上用不得功，在先致其知，必使全体洞彻，无纤毫意必将迎之累，乃能普照旁烛，直柄几先。②

"知几"的工夫是致良知的关键之处，王阳明认为《大学》无非是"诚意"二字，陈明水认为"诚意"即是"知几"，是"诚之于意念之前"而非是"倚一念之觉，从而正之"，他得出的结论就是"意上用不得功"。

陈明水的"慎独""知几"虽然是内在于本心的思维活动，有其静寂的一方面，但是并非是一成不变，远离世事的。陈明水认为"动"与"静"不在于外在形体或思维活动上的动静，不必一味追求静坐以求静心，王阳明多次强调"静未尝不动，动未尝不静"，陈明水也认为良知本体本身即是动静合一、内外贯通的。他说："有求静意，则固已不静矣。《传习录》中谓：'循理则酬酢万变皆静也。'夫戒慎恐惧已动矣，以之求静，又安所取静哉？论诚意致知处，鄙意近，若见得几分。直悟本体至善，不敢以善念为善也。若以善念为善，则恶念起时，善固灭矣，恶在其为至善天命不已者耶？"③

---

① 《明水陈先生文集》，《四库全书存目丛书·集部》，第七十二册，齐鲁书社，第14页。
② 《明水陈先生文集》，《四库全书存目丛书·集部》，第七十二册，齐鲁书社，第23页。
③ 《明水陈先生文集》，《四库全书存目丛书·集部》，第七十二册，齐鲁书社，第13页。

不论是"慎独"或是"知几"都是在循理而为的基础上,不刻意去求动静,不执着于善念,即是陈明水所说"无善无恶,与物无对"的"慎独"工夫。

三、格物工夫

"格物"之说历来已久,程颐以前的汉儒将"格物"训为"来"和"事","格物致知"作为《大学》基本条目。程颐对此看作是为事入德工夫的总纲,并且关于如何"格物致知",程颐将"格物"解释为"穷理",他认为事事物物皆有至理,穷尽事物之理,自然能达贯通之境。朱熹顺着程颐的解释,认为"致知在格物",致知即是"即物而穷理"。王阳明将"物"训为"事",即是一种"行为物",训"格"为正。王阳明所说"致吾心之良知于事事物物"即是通过在事上磨练以回复心体之本然。陈明水格物之说经历了三次更易:早年甚喜朱子格物主张;后入王阳明门下,再次疑惑格物如何为诚意的工夫;最后悟得心意知物为一件,格致诚正为一功。

陈明水格物之说经历了三次更易后,思想趋于成熟之境,大体上仍遵循王阳明格物之说。陈明水认为,致良知是恢复良知本体的关键途径,而格物自是其下手处,他讲道:

> 善学者,惟致吾之良知而已。良知之感应流行为物欲,致吾之良知,亦惟于应感流行之物格之云尔。故鸡鸣而起,栉耀盥洗,衣服饮食,入则事父兄、处妻帑;出则接乡党、交朋友,皆精察吾心,其行止疾徐、轻重厚薄,一循天则,而不敢以人(或为'人欲')杂之,是谓格物以致其知。不知反求诸心,而率意冥行者,昧也;知求诸简策,而依仿持守者,妄也,皆不循天则之过也。①

这里基本都是王阳明所说的"行为物",而非是具体的客观事物,格物即是从这些日常生活的事事物物上磨练。陈明水论格物致知、诚意正心为一贯之道,他讲道:

> 孔门之学,只在诚意,诚意在致知,致知在格物。物者,意

---

① 《明水陈先生文集》,《四库全书存目丛书·集部》,第七十二册,齐鲁书社,第89页。

之实也。知者，物之则也。故只在发见几微处用功致谨焉，即是达用，即是立本。若欲涵养本原停当，而后待其发而中节，此延平以来相沿之学，虽若精微，恐非孔门宗旨矣。心外无事，体用一原，显微无间，此语得之，故政事中，莫非实学也。若外意物以定心，离发见而养本原，心体即成空相，体用即为两截，恐圣学亦不如此。①

在这里陈明水所提格物之说深得王阳明宗旨，他将物定义为意之实也，这是符合王阳明所说的"行为物"内涵。陈明水认为用功应该在"发见几微处"，这个"几"如前所说，不是指未发，陈明水反对只顾涵养本原，外意物以定心，最后结果只会导致"心体即成空相，体用即为两截"。

陈明水还认为"格物"不仅是入门工夫，"格物"工夫贯穿于整个为学成圣的全部过程当中，并且格致诚正只是一件，并非按照八条目次第顺序去做。他讲道："夫正心诚意、致知格物，皆所以修身而格物者，其所用力，日可见之地。故格物者，格其心之物也，格其意之物也，格其知之物也；正心者，正其物之心也；诚意者，诚其物之意也；致知者，致其物之知也；此岂有内外彼此之分哉。"② 心意知物本是一件，格致诚正本为一功，其中并无工夫次序，所有工夫都是一体。

陈明水在坚持师说的基础上，自己又发挥出了关于格物论的独到看法。陈明水认为"格致诚正"不仅是为一功，他认为几者之间是没有高低等级与先后次序的分别的。他认为："故实致其知，则诚正修一时并了矣；不知格物，则亦不知致知矣。彼谓十五年止到一知字，不知既到此知，此外又有何者未到耶？其说似细而实妄矣。"③

致其知时，则诚正修"一时并了"，这强调了几者之间在时间上的同一性，说到格物则致知已在，陈明水揭示了工夫只是一件，但须长期持续不断地坚持，才能避免"终归堕落"。另一方面，陈明水将"格心"等同于"格事"，即在日用常行中用功，但又不是陷溺于性情当中。当他听闻王艮的"淮

---

① 《明水陈先生文集》，《四库全书存目丛书·集部》，第七十二册，齐鲁书社，第40页。
② （明）王守仁撰，吴光等编校：《王阳明全集》下册，上海古籍出版社，2011年，第1404页。
③ 《明水陈先生文集》，《四库全书存目丛书·集部》，第七十二册，齐鲁书社，第34页。

南格物",讲道:

> 奉诵手书,如承面命。中谓心斋兄格物之训,言先师之所未言,证以颜曾博约忠恕之旨及象山国手奕局之喻,可谓详尽。川虽不敏,敢不承教?但川所论正与此不同。夫泛论道理,转语发挥,何妨异词!惟是格物之训,乃孔门传心开来、入门下手宗旨。……至阳明先师而后得孔氏之宗,正其训义精当归一,使天下晓然,复见圣人之心,以自悟其性。盖先师所以悟入圣域,实得于《大学》之书,而有功天下后世,在于古本之复。虽直揭良知之宗,而指其实下手处在于格物,《古本序》中及《传习录》诸书所载详矣。岂有入门下手处犹略而未言,直待心斋兄言之耶?惟其已有成训,以物知意身心为一事,格致诚正修为一工,至当无二,简易精微,故作圣者有实地可据,日可见之行也。①

陈明水对于王艮所主张的格物之说是持反对态度的,王阳明认为心统万物,格致诚正为一功,心意知物为一事,格物工夫是何等简易明白。而王艮主张的"百姓日用即道"与"良知现成"等说就是否认了格物工夫的实在性与重要性,反而以己身为本,只是在体验本心。

陈明水认为这样做最后只会陷溺于性情俗欲当中,不可得本体之良知。虽然陈明水本人也说格物不离日用常行,但是他并没有否定格物之工夫对于致良知的不可替代性。他认为:"格物是致知之实,日用间都是此体充塞贯通、无有间碍。致字工夫尽无穷尽,即无善无恶非虚也,迁善改过非粗也。"②陈明水所说的不离日用,是主张以格物之功在事事物物上磨练,从而达到迁善改过,真正的格物之功实际上也离不开日常之用的功夫。

陈明水所说"格物"包含的不仅是"格心",即内在于本心的道德良知,还包含"格事",即具体生活中的社会实践。两者都不能偏着于一边,"格物"是"格心"与"格事"的统一,是个人的道德修养和生活的社会实践的统一。陈明水的格物论,是一种心物相统一的理论体系,也是一种人人都能做的

---

① 《明水陈先生文集》,《四库全书存目丛书·集部》,第七十二册,齐鲁书社,第21页。
② 《明水陈先生文集》,《四库全书存目丛书·集部》,第七十二册,齐鲁书社,第36页。

具有实践性和简易性的实在工夫。

除了上述几位，阳明后学中还有其他弟子们也有很多代表性的的命题，对王阳明思想从不同方面进行再次阐发，这对促进阳明心学在中国、世界思想史上产生更加深远的影响发挥着积极作用。"明代讲学家各立门户，各有师承。一代一代，于师门宗旨有所修改、变换，也是自然之理。"[①]阳明心学的巨大影响，"也是因为他的一大批出色弟子以特殊方式致力于其学说之传播所致。"[②]

[①] 徐梵澄：《陆王学述》，崇文书局，2017年，第195页。
[②] [瑞士]耿宁：《人生第一等事》上册，商务印书馆，2014年，第386页。

第九章　社会治理与时代意义

王阳明在贵州黔中的三年时间，治理、施政地方与传播思想、文化教育等各方面都取得长足发展，而这些方面的综合性存在却又促进了地方发展，提升黔中的文化思想地位，催生了黔中王阳明学——王学的传习，尤其承袭王学思想而成长为当地文化学者的名人，并不在少数，这种情状持续兴盛长达百年时间。王阳明在黔中的学生与王学后继者中，就有公认的"理学三先生"——孙应鳌、李渭、马廷锡，发扬光大阳明心学。

王阳明的思想及其王学具有突出经世致用的理论性与强调必要的实践性，如果按照时下惯常的提法，就是促进乡村振兴发展。而这又是王阳明在黔中龙场悟道之后，圆融综合他自身的认知、知识与思想等各个方面而得到的学术思想成就。"从思想发展来看，龙场悟道不仅是阳明历年苦参心、物、理问题的结果，也与弘治乙丑（时34岁）与湛甘泉定交以来的思想发展有关。……阳明在赴龙场之前已明显地表现出与朱学分道扬镳的倾向，这也是龙场悟道的基础。"[1]

王阳明治黔中时所采用的是他行持"知行合一""廉洁自律""民为邦本"，开创书院传播儒学文化思想尤其阳明心学的结果。

这对于当前国家促进乡村振兴发展，有着可资借鉴或效仿的优长，以王阳明思想的这些特定内涵作为指导，不失为良策。王阳明思想中的这三个方面是促进地方和谐健康发展的秘钥，也是振兴形成有序并且是良序发展——呈现良好的社会风气与有秩序的当地发展环境，不管是乡村经济还是乡村文化的建设发展、民众思想的提升，都是行之有效的方法。

治理黔中，王阳明是经与考察并且结合当地的历史背景、民情、文化

---

[1] 陈来：《有无之境——王阳明哲学的精神》，北京大学出版社，2006年，第20-21页。

阳明心学与多元文化的会通

远眺贵州省贵阳市修文县

及其经济状况，契入他的"致良知"思想而显见廉洁自律，尤可见他展陈"知行合一"、坚持"民为邦本"思想的治理，兀显客观性之下的有效选择与针对性施政，当时时代背景下的黔中文化、思想及其经济，是乡村振兴发展取得应有成效的实际存在。这种乡村振兴发展模式，今天依然值得探研。我们从中可以看到明朝对于贵州施行边疆管理——下放文官的施政——一定程度上有着宽许，尽管不一定是形成文件形式的行政命令，就在于施政者如何发挥自身文化思想优势，对于当下政策性的措施等如何吃透、研究出利我的可行性策略，采取客观有效的方式方法来进行治理，襄助于农村农业与百姓生活提高品质的建设性发展。

在当今的新时代新时期，国家倡导农村地区进行最新战略性调整时期，而且是面对指引走向共同富裕方向的新要求，乡村振兴发展必然是要更具有客观性，以农村农业现代化建设及其小农户现代化发展而进行多元化的乡村振兴发展。

第一节　知行合一与乡村振兴

党的十九大报告中首次提出了实施乡村振兴战略，这是我们国家在农村地区实施的最新战略，它体现了在新时代背景下我国对三农工作的更高要求。乡村振兴战略内涵是十分丰富的，其总要求可以概括为"产业兴旺、生态宜居、乡风文明、治理有效、生活富裕"，不仅仅是单一方面或几个方面的振兴，而是一个系统性的战略规划，它包括乡村政治、乡村经济、乡村生态、乡村文化等多方面全方位的振兴，涵盖了农业、农村、农民等多方面的乡村建设和发展问题，为现阶段推进农业农村现代化、促进城乡一体化、建设美丽乡村等制定了总的原则和实施路径。

一、"知"之清醒认识与"行"之解决对策

在"知"上我们要保持足够的清醒认识，认清当前形势，才能做出相应的"行"去提出解决的对策，"知"与"行"相结合。与过去新农村建设的总要求相比，乡村振兴战略内容更加深刻、完善，是对新农村建设的

继承和发展，是全面振兴的综合理念，是国家针对乡村发展实际状况提出的重大发展战略。

基于新形势新机遇之下的最新战略机遇，如何把地方乡村振兴推上正轨，并且能够顺然地向前迈进、健康乐观的发展，是极其有必要的。此中，必然先知而后当行，也就是王阳明思想"知行合一"的体悟与践行，"知行合一"需要适应时代特点与地方区域存在的实质性问题。

六百多年前的阳明先生在黔中这一方风土之上的治理施政，就是依循黔中当地的客观实际存在问题而给出了针对性的思想指导，并且据此落到实处，带领当地百姓走上创造幸福富足生活的道路，为黔中百姓所尊崇与爱戴。他的农业发展观，现代性明显，比如他在《节庵方公墓表》中，就提出了超前于明朝中叶当时农业发展的观点。即说："古者四民异业而同道，其尽心焉，一也。士以修治，农以具养，工以利器，商以通货，各就其资之所近、力之所及者而业焉，以求尽其心。其归要在于有益于生人之道，则一而已。"[1]

如何做到"知行合一"，当年的王阳明在为他的一众弟子指点迷津时，就特别强调"知是行之始，行是知之成。圣学只一个功夫，知行不可分作两事"[2]，告知他们：个中的"知"所指乃是"良知"，是有心性体现的良知；带有目的性而思考即就是"行"。

王阳明《传习录中》犹言："知之真切笃实处。既是行，行之明觉精察处。即是知，知行工夫，本不可离。"[3] 对于我国目前的乡村振兴，不管施政治理执行者还是响应政府发展乡村振兴的受惠者，良知源发于心而且能够以良知做实事，孔子犹言在于至善，在秉持良知心性之下，做到乡村振兴发展上精益求精以臻达完美地步。这就要求乡村振兴发展，人的因素第一，而且突出道德修养与道德实践，其主要原因就是良知与心性的本质问题。

---

[1] （明）王守仁著，宋庆峰编：《王阳明全集（三）·墓表·节庵方公墓表》卷二十五外集七，辽海出版社，2016年，第795页。

[2] （明）王守仁著，宋庆峰编：《王阳明全集（一）·传习录上·陆澄录》卷一语录一，辽海出版社，2016年，第14页。

[3] （明）王守仁著，宋庆峰编：《王阳明全集（一）·传习录中·答顾东桥书》卷二语录二，辽海出版社，2016年，第45页。

第九章　社会治理与时代意义

古代理学家有"存天理（行），灭人欲（情）"的时势要求，这是因为天理之下的人的因素。"性"是作为一个人最基本和最重要的要求，也可以看做是天理。王阳明却认为理学家这是愚痴人心被蒙蔽，只在相外折腾与盲求，人的心之情被他们忘失不计，因为心性与生俱来、良知随附而存，能够分辨是非善恶，并且给出客观判断；再者，向外所求而得的理学家心目中的"真理"，如何才能够与自心相融相和，这是个需要解决的现实问题，毕竟理学家是从书本典籍上获取知识而后总结出的"真理"，要知道故人有言训"尽信《书》，则不如无《书》"①。

王阳明治黔中有对"心外无理"的强调：把宋代陆九渊的"心即理也"与"宇宙即是吾心，吾心即是宇宙"进行提炼而化出来的论断，并且还是基于陆九渊思想而有所发展，进而提出"心外无物""心外无事"与"心外无理"之说，强调了心的重要性——"心即道，道即天。知心则知道、知天"②，这就比陆九渊的"即心即理"思想要宽泛得多，也指向于个体性的人之道德意识。即说："夫外求心以物理，是以有暗而不达之处，……心一而已。以其全体恻怛而言谓之仁，以其得宜而言谓之义，以其条理而言谓之理。……求理于吾心，此圣门知行合一之教，吾子又何疑乎？"③

如果无心无知，心性不在一处也不能做到从始至终的心性一如，更难以凭借良知而为天下事，那么"在于止善"及至"止于至善"也都无可实现，这必须保持清醒，审时度势继而顺应时势发展，围绕乡村振兴发展的战略目标，有"知"而见良知，有心用心而能心性一如，同时以客观性决策力予以判断、裁夺，能够推行乡村振兴策略来促进发展，"行"的有效性也必然共存并在，于是"知行合一"的目的臻达。

从陆九渊思想发展衍化而来的王阳明的"心外无物"说，王阳明认定那是因为与万物一体性的同时存在，无心何见万物，万物不复存在则心无所存在；虽然"万物一体"是发轫于程颐这位理学宗师，王阳明通过综合

---

① 杨伯峻译注：《孟子译注·尽心章句下》，中华书局，2018年，第356页。
② （明）王守仁著，宋庆峰编：《王阳明全集（一）·传习录上·陆澄录》卷一语录一，辽海出版社，2016年，第22页。
③ （明）王守仁著，宋庆峰编：《王阳明全集（一）·传习录中·答顾东桥书》卷二语录二，辽海出版社，2016年，第45-46页。

性的觉知而提出的理论依据。不过，并非说振兴乡村就是要心之外没有万事万物，而是说王阳明要求的是心必定安住一处、心性一如，以良知而行事做事，不畏艰辛前行，也不为振兴乡村进程中出现的障碍性问题抑或干扰性因素的影响，才是"知行合一"之下真正的乡村振兴伟业的正确思考与见解。

对于"心外无物"的偏差理解这种情状是否真的如此，王阳明点明"心外无物"，是警醒世人做事行事要不执着不执拗于单一的方式方法，而是要求顺应时势、依凭时代特点而能够善巧方便而为，这样一来才能够以发展的观点看待问题，也能够以发展思维进行理性思考与分析问题。如果说黔地是西南内陆少数民族地区的地理地势属性，文化、教育、思想与经济发展无法与汉地等同，政策扶持力度不够、政策倾斜有所不同，限制了偏远地方的创新性发展及可持续性发展。与我国经济发达地区相比较而言，西南地域的发展并不能够与之同处一个层面，遑论发展上的保持一致性，那么，这就不能够认知到王阳明所讲的"心外无物"，它的境界究竟怎么样的存在，如何才能够臻达这一层境界，势必限制了一些地域的乡村振兴，认清当前形势并且保持清醒，最是重要。

这种客观性要求，就是心与理圆融合一、住心用心而为，是王阳明对于"心即理"的立言宗旨，因为他的教导就是强调这是以一种生活状态真实存在而不是虚情假意的非心呈现，而且这类非心所现还是用于心计与权衡手段的重要因素。

王阳明认同程颐的"万物一体"观点，是因为要推行一体仁政的地方治理，而且在黔中的施政，王阳明确实把这一仁政落到实处，做出了贡献。这一方面，如果运用清初李光地的观点，正可以契合。李光地有讲："天地祖宗，是吾身推而上的；天下民物，是自吾身推而广的。上头高一层，则下面阔一层。……如推到天地处，则旁阔便包得民物皆在其中，天地民物者也。人之不孝于父母、祖宗者，安能爱兄弟、族性？不孝于天地者，又安能仁民爱物乎？"[1] 由是，有一种观点认为："原发于家庭成员及至宗族成员之间的"亲亲"，必然可以进一步扩展为社会性的亲民，因而有

---

[1] （清）李光地著，陈祖武点校：《榕村语录·榕村续语录》，中华书局，1995年，第125页。

着一体人心，催生一体仁政。"①

王阳明的心学在于伦理学家对此的归因定性中是属于伦理学范畴，可是他从儒家思想中寻找出来的却并非仅限于"三纲五常"，这就是王阳明思想的时代性并且有着符合时代要求的契合度，即就是在"知行合一"的基础上而能"廉洁自律"的因由，是王阳明一以贯之所执行的"民为邦本"的指导思想。这几个方面，尤见于王阳明治黔中时的施政及其日常工作。

二、"良知""亲民"与知行合一

在"知"的前提下我们必要明了"行"的秘钥所在，了知王阳明强调的带有目的性而思考即就是"行"，在顺应时势的同时先知而后行，"良知"与"亲民"并行，如果做到了符合古代哲学家提出的朴素道理，心性内在源发而本能流向良知，外在善言善行成其自然，即就是"知行合一"。

既然十九大报告精神明确指出乡村振兴发展就是要达到"产业兴旺、生态宜居、乡风文明、治理有效、生活富裕"的目标，那么，进行单一性的或者单一方面的振兴乡村，就有悖于新时代新形势提出的要求，更是对于王阳明"心外无物"的片面解读，也不符合贵安乡村振兴发展的实际。贵安乡村振兴所要开展的是系统性战略规划，涵盖乡村政治、乡村经济、乡村生态、乡村文化与乡村教育，包括乡村景观形态保护建设及其特色旅游的开发等。这其中涉及到的是为民做好事、做实事的地方性施政纲领，是兀显地方政府心中装着百姓、为人民群众做实事做好事的出发点，即如传统说法的"亲民"，地方政府亲近百姓的亲民，便是发挥凝心聚力谋发展，而能"上头高一层，则下面阔一层。……如推到天地处，则旁阔便包得民物皆在其中，天地民物者也"②。

这是本体"良知"与取信于民的"亲民"的一体性即德性的并行，有知当得见行而实践，即使是有着目的性的思考也是"行"的本有，"行"是人的实践，所以说这才是"知行合一"的圆满，即说知有道、行有序的

---

① 陈立胜：《王阳明"万物一体论"：从"身—体"的立场看》，第一章"一体"与"仁"（修订本），北京燕山出版社，2018年，第082页。

② （清）李光地著，陈祖武点校：《榕村语录·榕村续语录》，中华书局，1995年，第125页。

对应性良知与实践。而且这其中还有着一个动态转化的过程,即并存而在的知与行发生着对应性的循环而转化。有学者指出:"知(本然形态的良知)—行(实际践履)—知(明觉形态的良知)。"①

于是,这就出现了先知有道——行之有效——以行促进了知的循环,并且是王阳明从日常生活实践中总结归纳的经验,是实质性的事实。王阳明说:"夫人必有欲食之心然后知食;欲食之心即是意,即是行之始矣。食味之美恶必待入口而后知,岂有不待入口而已先知食味之美恶者邪?必有欲行之心然后知路;欲行之心即是意,即是行之始矣。"②

结合王阳明对于知行之辨而知,知的落点即就是行,而且必定是落实到行的层面上方是实实在在的知,那么强调良知与德性同在、良知与亲民并行,就是不变的信念恒持。结合当下我国的乡村振兴发展,却也是所讲究的事实上的当变则变、变则通达,是以真"知"而真"行",脚踏实地从而谋发展地做实事、办实事,乡村振兴才是真知真行,至此而说振兴:振兴意味着提振精气神、同时告别过去,振兴体现在向着新动向进发,振兴呈现的就是客观性实践——如何"知行合一";这就符合客观发展规律。

这并非王阳明经验世界而来的主观性认知问题,在知行这个现实性问题上,王阳明点明"行"来源于生活日常中,而达到完善的理解之下的致知与因之有所知,"知至而后意诚"③,有利益他人的诚意,是王阳明对人的德性自我培育所提出的要求,有了良知更需要诚意的态度,并在德性培育中形成道德,并进行必要的道德实践。"以畜其德为心,则凡是多识前言往行者,孰非畜德之事?此正知行合一之功矣。"④

从中,我们可以获知王阳明思想,以阳明心学为主旨,是对生活本

---

① 杨国荣:《心学之思:王阳明哲学的阐释》,第七章知行合一,华东师范大学出版社,2022年,第206页。

② (明)王守仁著,宋庆峰编:《王阳明全集(一)·传习录中·答顾东桥书》卷二语录二,辽海出版社,2016年,第41—42页。

③ (明)王守仁著,宋庆峰编:《王阳明全集(一)·文录一·答王天宇》卷四文录一,辽海出版社,2016年,第161页。

④ (明)王守仁著,宋庆峰编:《王阳明全集(一)·传习录中·答顾桥东书》卷二语录二,辽海出版社,2016年,第54页。

源性的种种进行揭示,形成理论而且通过理论结合实践。李海超在其著作有关阳明心学与中国社会的现代性转型的章节中讲道:"任何思想的出现一定渊源于当时的生活,阳明心学的特性也一定与阳明生活的时代状况有关。"[1] 王阳明在治黔中的时候,带领地方百姓走出了经济上的贫困与增强文化思想上,都取得了成功。这在明代中叶的贵州是具有一定的现代性的,不论是在社会转型还是观念性问题上,王阳明的心学思想都恰到好处地体现人的个体、自由、平等、理性与情感,这五个方面上形成了各自的观念,而综合再圆融所成的经验世界,正是王阳明经世致用的践行,尽管只是限定在明朝这一历史时期的西南边陲黔中,地域地势的局限却也无法掩盖得了黔中当地经济转型成功,小农经济与商品经济共同发展,黔中因而走向新兴。

从王阳明治黔中而探究王阳明身处的时代,是明朝一代中期的正德与嘉靖时期,明朝的历史发展、政策变革与社会环境变化,造就了一个有着自身文化思想又通晓经济与人文关系的儒学文官,这个时期正是王阳明从年轻到中年(35—50岁)、进入壮年稳定时期,而且还是一生跨越明朝四代皇帝,他生于明宪宗成化八年的1472年,青少年时期(17—34岁)对应的是明孝宗执政。——王阳明卒于1529年、世寿57岁,并没有严格意义上的老年时期。从宪宗、孝宗到武宗(正德)、世宗(嘉靖)四朝皇帝,王阳明经历了明代中叶初期商品经济并未见真正兴盛,人们的生活方式依然属于小农经济模式下的田园安居,到明嘉靖年间资本主义萌芽催生经济发展,国家的经济生活与社会生活发生了比历史上的任何一个时期都要有较大的变化,当时的商品经济发展趋势良好,呈现日愈繁荣昌盛的态势,随之而变化的还有传统的礼俗。

这是明朝社会处于转折时期,王阳明又恰好生逢其时——社会转折期之初,给了他成就自己的良机善缘。嘉靖执政时期的明朝,国家从政府层面进行了经济政策的针对性调整,嘉靖十年(1530)内阁首辅桂萼提倡并进行了经济改革——"一条鞭法",规定各州各县的赋税、徭役与其他杂

---

[1] 李海超:《阳明心学与儒家现代性观念的开展》,第一章:阳明心学与中国社会的现代性转型,中国社会科学出版社,2019年,第35页。

项征收进行统一征收,是便利性简化后的惠民政策。此后的万历九年(1581),张居正承袭这一项经济政策改革,并且广泛推广到明朝行政境内。王阳明治黔中之际,虽然还不是"一条鞭法"全国推行的时候,可是王阳明却是紧紧围绕这一项国家经济政策,吃透政策与保持头脑清醒,研判当时的社会发展趋势与认定政策方向,把控好制度规范,在黔中开展乡村振兴工作,经济、文化、教育齐头并进,思想传播有序并行,黔中百姓因之生活方式与思想观念发生变化,也就有着前文述及的王阳明治黔中取得成功,可以成为明朝治理西南边疆地区的试点样板,并且这种局面随着阳明心学在黔中以王学存续了百年以上,却因为后世明熹宗朱由校(俗称"一月皇帝")与明思宗朱由检(崇祯皇帝)的治国无能,黔中可持续的大好局面大受影响。

王阳明思想——阳明心学对于时代发展而言是具有现代性的,体现在"道即性即命""夫学贵得之心""彼其自以为人心之为危也,其心亦与人同尔""四民同业而同道"等[①]。这种现代性,有一种观点认为:是开明者的中道态度,"表现为维护传统为主并包容新生因素",也适逢社会转折中"现代因素正处于逐渐发展壮大的过程中";[②] 阳明心学的现代性因之显现存在。

借鉴王阳明知行合一思想,如何研判当下经济发展形势,结合当下我国地方的实际情况,保持清醒的思想状态,藉以手握"行"的源发并且存在于日常生活、致知—真行—所知的秘钥,以良知而亲民,带动人民群众发家致富,即就是步上乡村振兴实质性发展的正道。同时促进地方经济、文化、教育发展与政治成熟、思想强化的质的飞跃,成就当地人民群众发展与提升个体自我,促进全社会共同发展,及至由此发扬光大而能够持续发展,实是紧扣当下乡村振兴最新战略提出的要求,故而全局性把控和实施全面性的乡村振兴。

---

① (明)王守仁著,宋庆峰编:《王阳明全集(一)·传习录中·答顾桥东书》卷二语录二,辽海出版社,2016年,第51页。

② 李海超:《阳明心学与儒家现代性观念的开展》,第一章:阳明心学与中国社会的现代性转型,中国社会科学出版社,2019年,第37页。

第九章　社会治理与时代意义

贵州省黔西象祠景区

第二节　廉洁自律与具体实践

王阳明有许多反贪腐、倡清廉、亲民的行迹,在《行浔州府抚恤新民牌》中说到:"各官务要诚爱恻怛,视下民如己子,处民事如家事,使德泽垂于一方,名实施于四远,身荣功显,何所不可。"①

因为王阳明具有这样的思想,他在漳州象湖山、箭灌寨平乱时,颁布《案行领兵官搜剿余贼》令,授予参政艾洪、佥事胡琏进兵方略中说:"罪恶未稔,可招纳者,还与招纳,毋纵贪功,一概屠戮;务收一篑之功,勿为九仞之弃。"②王阳明提出:对罪恶不大,可招抚者,还予招纳,不得贪功而一概屠杀,在平乱成功之前需要再作最后的努力。

一、廉政自觉与亲民

廉洁自律的思维方式,决定了王阳明在行为上的廉政自觉。因为身处明朝中叶商品经济兴发的时代,王阳明对于社会因素的新生方面,体验与了解甚至清楚个中实质,正是他经验世界的结果。这里是有事例证实的,如当年王阳明对南安、赣州讨伐之时,王阳明果断采取商税用于军费之用,虽然是基本的军费开支,可是王阳明考虑的是减轻百姓赋税的压力。他说道:"本省大帽山、姚源华林盗贼四起,大举进攻,一应军饷,具仰给于此,并未奏动内帑之积,亦未科派小民之财。以此而观,则商税之有益地方多矣。"③

王阳明这些具体事例和思想表达,就是讲大公无私、公私分明、公而忘私,只有一心为公、事事出于公心,谨慎用权,光明正大,才能清清白白做人,干干净净做官;就是讲划清公私界限,把握好公与私、情与理的

---

① (明)王守仁著,宋庆峰编:《王阳明全集(三)·三征公移逸稿·行浔州府抚恤新民牌》卷三十续编五,辽海出版社,2016年,第939页。
② (明)王守仁著,宋庆峰编:《王阳明全集(二)·公移一》卷十六别录八,辽海出版社,2016年,第489页。
③ (明)王守仁著,宋庆峰编:《王阳明全集(二)·奏疏二·议南赣商税疏》卷十别录二,辽海出版社,2016年,第314—315页。

尺度，尺度在心中，要用自律的戒尺量一量自身的言行举止，才能做到自省、自净、自警，才能守好自己的为人底线和道德红线。对于王阳明的廉洁自律，有着先天性的良知所诱发，也有着后天修学悟道得成儒学思想的一统，良知与德性并存，是他能够廉洁自律而作自我要求、自我管理的成因主旨，因而王阳明悲天悯人的亲民是他廉洁自律的具体实践之一。

明正德四年（1509）之秋，王阳明闻听黔中龙场驿蜈蚣坡有三人因瘴疠致病而不治身亡，便带上童子亲自去掩埋，做了《瘗旅文》进行祭奠。"……呜呼伤哉！……就其傍山麓为三坎，埋之。又以只鸡、饭三盂，嗟吁涕洟而告之……吾龙场驿丞余姚王守仁也。……自吾去父母乡国而来此，三年矣，历瘴毒而苟能自全，以吾未尝一日之戚戚也。今悲伤若此，是吾为尔者重，而自为者轻也。……吾为尔歌，尔听之。歌曰：连峰际天兮，飞鸟不通。游子怀乡兮，莫知西东。莫知西东兮，维天则同。异域殊方兮，环海之中。达观随寓兮，奚必予宫。魂兮魂兮，无悲以恫。"①

王阳明强调良知的重要性，是因为阳明心学中王阳明有着倾向性的亲民思想，并且这种亲民思想的表达是强烈的，完全遵照孔子的"在亲民，在止于至善"②，然而却又予以论述"亲民"的重要性，而且还在于究竟是"在亲民"还是"在新民"的诠释，以此指点他的学生徐爱记录并作了纠偏回答——对于程颐、朱熹二人篡改《大学》中"在亲民"为"在新民"提出解释性的批评，以此警醒徐爱录亲民思想不可忽视也不可忘失。王阳明从《大学》中孔子之言而梳理出"亲民"之所指，例如有"修己以安百姓"一句。"'修己'便是'明明德'，'安百姓'便是'亲民'。说'亲民'便是兼教养意，说'新民'便觉偏了。"③《大学》有讲："'君子贤其贤而亲其亲，小人乐其乐而利其利''如保赤子''民之所好好之，民之所恶恶之，此之谓民之父母'之类，皆是'亲'字意。'亲民'犹《孟子》'亲亲仁民'

---

① （明）王守仁著，宋庆峰编：《王阳明全集（三）·瘗旅文》卷二十五外集七，辽海出版社，2016年，第805页。
② 辜鸿铭译，王京涛评述：《辜鸿铭英译经典：大学中庸（中英双语评述本）·大学第一章》，中华书局，2017年，第7页。
③ （明）王守仁著，宋庆峰编：《王阳明全集（一）·传习录上·徐爱录》卷一语录一，辽海出版社，2016年，第2页。

之谓,'亲之'即'仁之'也。"①

对于王阳明来说,亲民是他可以廉洁自律的参照方式,心中永远装着百姓,才能够臻达"君子贤其贤而亲其亲"的爱民——如君子爱护民众一如尊贤爱亲一般,与"如保赤子"的保民——爱护民众即如父母爱护自己的婴儿一样,是王阳明致良知与明心性的兀显。依着这一指向,王阳明进一步提出,以民为准绳作评判,为官一任是否合格——"民之父母"②,符合要求才能造福一方的为民谋幸福,即是顺应民心的父母官以百姓为中心,顾及百姓好恶、体恤百姓的艰难困苦。这就是"安百姓"之道,而百姓之"安",即心安、平安与安心,安心而住自然乐得其所;百姓安也就是社会之"安",社会保持稳定、社会安定团结,那么何愁百姓不制心一处而安居乐业,因为发家致富就是百姓之好。如此,亲民就是道德之"仁"的实践,是王阳明的哲学之思。"哲学之思总是展开于对自我与世界的无尽追问。"③

王阳明点明亲民是在于良知与德性,而仁是核心要诣的所在,因而也就有了亲民是与为政抑或为学存在着必然联系,否则无从遵循客观规律办事。这就是前文述及的为什么王阳明会有明确强调而言:"心即理也。天下又有心外之事,心外之理乎?"④

王阳明是以"成为圣人"为目标和"如何臻达圣人境地"作为自己的人生头等大事,于是就有前述种种,发轫于认识维度的如何成圣过程,通过道德实践而广泛性展陈如何进入圣道,显见他的功夫与工夫,以期可以终达圣境,了却自身理想追求,从而进行哲学之思也就是他思辨良知与心性、心性与道德、道德与亲民等,见有他"心外无理"与"心外无物"的论断,

---

① (明)王守仁著,宋庆峰编:《王阳明全集(一)·传习录上·徐爱录》卷一语录一,辽海出版社,2016年,第2页。
② 王国轩译注:《大学·中庸》,中华书局,2016年,第37页。第十一章有讲:"民之所好好之,民之所恶恶之,此之谓民之父母。"又褚斌杰注:《诗经·小雅·南山有台》,人民文学出版社,1997年,第208页。诗中讲:"乐只君子,民之父母。"
③ 杨国荣:《心学之思:王阳明哲学的阐释·导论》,华东师范大学出版社,2022年,第1页。
④ (明)王守仁著,宋庆峰编:《王阳明全集(一)·传习录上·徐爱录》卷一语录一,辽海出版社,2016年,第2页。

对"万物一体"说予以重视。——王阳明的圣人情怀原发于此。有着哲学之思的王阳明，在思辨中保有自身秉性优长，比如本节所强调的中心"廉洁自律"，而且重在于具体的实践。而在具体的实践中，良知固然重要，可是王阳明视为第一位的即是人的因素，在他长期的思辨与实践中总结出来的处于天地间，而面对世界——不管是个体还是群体——的人之重要性明显，虽然所指并非天地与世界这实在存在的固有层面，在相外对象上必定要依存于人的因素。

王阳明所说"天地无人的良知，亦不可为天地矣"[①]，"它更多地着眼于意义关系"[②]。显然，一切都是"关系"的问题，王阳明为什么廉洁自律，是因为他的思辨与具体实践，更由于他治黔中取得成功的经验性总结，也是因为王阳明深谙地方治理中人的因素第一位是他施政治理成败与否的秘钥，而且廉洁自律对于王阳明而言，是展陈一个儒学文官才能时必定要有的依凭国家法律作自我约束之道，故而突显了良知之下的道德行为与道德实践，彰显的是王阳明的道德性及其心的重点——"心外无物"，故有王阳明的以"心"作为立说的根本主旨。这就不能理解王阳明为什么重视廉洁自律，不仅仅是不得触犯国家法律的自我告诫，更重要的是他恒持为学、为道与为人之道，这在王阳明的生平中意愿宁静为一而归入"虚壹入静"的书斋生活。

然而，事实上从遭受宦官刘瑾迫害、遭贬谪黔中，在龙场悟道而有进一步的哲学之思，由于身处夷獠之地也动心忍性的问题，促进了王阳明能够最终成就阳明心学，也因之强于廉洁自律要求，良知显现存在而重视人的因素，带领黔中百姓发愤图强，造就了黔中及其黔中风土上的民众，同时成就了自己。

二、廉洁自律与圣人情怀

如果说王阳明的廉洁自律是家门家风渊源所影响，从而有着圣人情怀

[①] （明）王守仁著，宋庆峰编：《王阳明全集（一）·传习录上·徐爱录》卷一语录一，辽海出版社，2016年，第2页。

[②] 杨国荣：《心学之思：王阳明哲学的阐释·导论》，华东师范大学出版社，2022年，第7页。

及至悲天悯人，实则并不为过。王阳明的祖父王伦淡泊名利，为人旷达洒脱，"其学识德行颇闻于浙东、浙西，往往被争聘以教授子弟"①，王阳明年幼受教于祖父王伦，经史熏习与祖父的学修影响，为王阳明打下了为人处世基础，礼义廉耻与忍耐克己成为指导思想。王阳明的父亲34岁（1480年）中举，1481年头榜状元而授官翰林院编修，后期成为东宫太子的讲授师，官至礼部尚书（明朝金陵时期），而且坦诚淳厚的王华对母亲至孝，以圣门圣道为指导思想，这对于王阳明来说，父亲的优良品格及其精气神之正道，给了王阳明以精神食粮，更是在王阳明成长塑型当中起到了积极导向的作用。当然，王阳明并非成了祖父与父亲的翻刻版存在，而是有着自身的特性的，或者说是"青出于蓝而胜于蓝"比较贴切。王阳明讲："狂者志存古人，一切纷嚣俗染不足以累其心，真有凤凰千千仞之意，一克念即圣人矣（卷三十九·补录一·传习录·拾遗（五十一条）》）。"②

由于前文述及王阳明的圣人情怀与悲天悯人之故，以下予以列举几处，来说明王阳明廉洁自律的具体体现。

一是贵州宣慰使安贵荣因为水西驿事宜而忧心忡忡，为自己利益盘桓，因而要消减龙场九驿，王阳明就此致函直陈利弊，安贵荣就此取消行动。"夫驿，可减也，亦可增也；驿可改也，宣慰司亦可革也。"③ 又，因为水东苗族酋长阿贾、阿扎二人聚众造反，率乡兵袭扰贵阳，安贵荣却按兵不动，王阳明奋笔疾书直陈："今播州有杨爱，恺黎有杨友，酉杨、保靖有彭世麒等诸人，斯言苟闻于朝，朝廷下片纸于杨爱诸人，使各自为战，共分安氏之所有，盖朝令而夕无安氏矣。"④ 于是，安贵荣出兵平乱，人民群众因此免于兵灾人祸，贵州的民族团结与社会安定也凸显了王阳明的功劳。

王阳明的廉洁自律还体现在不苛重赋上。在王阳明的视野中，百姓就

---

① 杨国荣：《心学之思：王阳明哲学的阐释·第一章为学、为道与为人》，华东师范大学出版社，2022年，第18页。

② （明）王守仁著，吴光等编校：《王阳明全集》下册，上海古籍出版社，2011年，第1421页。

③ （明）王守仁著，宋庆峰编：《王阳明全集（三）·书·与安宣慰》卷二十一外集三，辽海出版社，2016年，第704页。

④ （明）王守仁著，宋庆峰编：《王阳明全集（三）·书·与安宣慰三》卷二十一外集三，辽海出版社，2016年，第705页。

是国家之本、是国家兴盛的无尽源泉，那么国家统治者就必须体恤百姓，以良知与道德为民解困、造福民众，真正做到解民倒悬，是利国利民之事。

正德十四年（1519）五月，王阳明在《计处地方疏》就讲："臣惟财者民之心也；财散则民聚。民者邦之本也；本固则邦宁。故文帝以赐租致富乐之效，太宗以裕民成给足之风。君民一体，古今同符。"[①] 于是，王阳明三次上呈奏疏，奏请朝廷裁夺而放宽租税，却被拒绝，由是便把朱宸濠侵占百姓的田地房屋归还本主，变卖余下土地财产救助饥民和替代灾民交税。王阳明到各地平乱时，坚持反对朝廷调用大批军队进剿，目的就是避免杀伐过重，他心怀仁慈，想到各地极度穷困，大兵一来，各种费用又要摊派到老百姓头上，给各地区带来新的灾难，避免杀伐和为老百姓减轻负担是王阳明民本思想的自然流露。

原则性强的王阳明，曾经以五两纹银化解东厂锦衣卫的威胁敲诈，自古以来传为美谈。正德十四年（1519）九月，王阳明擒获宁王朱宸濠，把他押到了杭州，并且交付到太监张永处，而东厂的江彬出于抢功的目的，指派锦衣卫一人到杭州向王阳明要人。要不到宁王这个犯事人，锦衣卫便要王阳明给钱，可是王阳明拿不出锦衣卫索要的钱款，只给对方纹银五两，锦衣卫气急败坏而后离去。王阳明拿不出锦衣卫开出的价码——以足够钱数换取要不到手的朝廷罪犯宁王，却以圆融之法摆脱锦衣卫。

一则王阳明的正直、清廉，按国家法度规章办事，不可能用钱摆平锦衣卫的索要；二则王阳明受过太监刘瑾与宁王的迫害，自是多少知晓他们的做派与敛财之道，而不送礼是王阳明的准则，明知开罪于人，势必陷于遭受报复性受整的困局，不过这种坚持原则的做法反而襄助王阳明摆脱了困境。国家与法度在王阳明心中是重中之重，无可违逆的，作为一个深明大义而又儒学思想博通的文官，家学渊源与父辈们的影响与教导，要王阳明沦落为趋炎附势、畏惧权势之辈，并没有这种机缘生发。因此，面对当朝皇帝多次嘉奖御赏，王阳明屡屡上疏禀奏，陈述不受皇帝的丰厚赏赐。

正德十六年（1521），朝廷对王阳明在漳州、赣州平乱与平定宁王朱

---

① （明）王守仁著，宋庆峰编：《王阳明全集（二）·奏疏五·计处地方疏》卷十三别录五，辽海出版社，2016年，第395页。

宸濠造反篡位中功劳巨大，决定予以嘉奖，同时在这一年六月擢升兵部尚书（南京），到了十二月获封"新建伯"并且特别晋升为光禄大夫柱国，一身兼任北京与南京的兵部尚书——其时明朝还没有完全迁都北京，保有参赞机务。朝廷的这次封赏的确过于丰厚，不但赐予诰券，上下三代获封而惠及其妻室，而且下诏明示王阳明的子孙世袭，犒赏慰劳财物计有金银钱币、尊贵华丽的丝织物品、羊酒，支付一年的禄米一千石等。因之，王阳明奏请皇帝撤回这等封赏，表明心迹。即王阳明讲道："乡愿以忠信廉洁见取于君子，以同流合污无忤于小人，故非之无举，刺之无刺。然究其心，乃知忠信廉洁所以媚君子也，同流合污所以媚小人也，其心已破坏矣，故不可与入尧、舜之道。"①（《卷三十五·年谱三》）

　　王阳明通过这种种实践性的事情，体现出他的悲天悯人的品行与圣人情怀的理想，而正是如此，可以证明王阳明的廉洁自律，并非局限于单一方面，不仅仅是不贪就是廉洁自律的风范，乃是良知与道德并存，百姓之事是第一等大事的人的因素问题，归根到底即是阳明心学的经世致用思想——立志、勤学、改过、责善与励勤，尤其前四项是王阳明所创龙冈书院中教导学生的四条教谕，"也是王阳明学说的重要旨归"②；也如王阳明所倡导的"居官临民，务在济事及物"③一说，因此就有上述的黔中施政治理中强调"四民异业而同道"的亲民理路，而教化是王阳明坚持的一条准则，也说明了王阳明并非没有原则性地一味亲民，更不是盲目性而为的廉洁自律，他的教化是一种引领与实施"仁"之治理。

　　如此，不妨作思量，如果在地方乡村振兴发展中，采用王阳明的这种以"仁"为治理的理路，在保有良知与道德并存之下，确定人的因素是第一等大事，那么是否可以顺然地显见地方的人民公仆的"心外无物"的精神境界，以具体实践诠释为民服务、为民办实事办好事，体现和谐社会及地方性的共荣共兴。鉴于黔中的地理地势与人文历史实际，是否可以恢复

---

① （明）王守仁著，钱明、吴光等编校：《王阳明全集》下册，上海古籍出版社，2011年，第1421页。
② 王晓昕：《王阳明与黔中王学·第六章黔中王学经世致用的理论与实践》，人民出版社，2021年，第347页。
③ （明）王守仁著，宋庆峰编：《王阳明全集（三）·墓表·节庵方公墓表》卷二十五外集七，辽海出版社，2016年，第796页。

明朝中叶王阳明自主创办的龙冈书院，借此推行传统文化教育，挖掘当地历史文化并且予以有序保护、传承、发展，续延其生命力同时扩大其影响力，利益于黔中历史文化的广泛推广，襄助地方的宣传与增强地方的竞争力。

三、加强教育与道德实践

乡村振兴必须重视的又一个方面，即就是教育的问题。这在王阳明时代就已经通过具体实践得以证实，针对性的又有成效的教育对于农村多元发展起到积极推动作用。尤其近几年来，国家提倡农村发展战略当中，提出脱贫攻坚任务完成之后，进行农民思想政治教育，而且这一举措是纳入到新时期乡村振兴当中来，是崭新的历史任务。因此，农村政治思想教育在乡村振兴发展中重要性明显。有一种观点即说：此举对于涵养农民民主、法治与道德意识，对于农村留住人才、引进人才上可以增强吸引力，而且在提升乡村社会文明程度等方面发挥应有作用。[1]2021年1月4日所发布的《中共中央、国务院关于全面推进乡村振兴加快农业农村现代化的意见》，其中第二十五条有明确要求："加强新时代农村精神文明建设。弘扬和践行社会主义核心价值观，以农民群众喜闻乐见的方式，深入开展习近平新时代中国特色社会主义思想学习教育。拓展新时代文明实践中心建设，深化群众性精神文明创建活动。"[2]通知还要求结合农村当地实际，以农民思想政治教育来进行乡村振兴的推进工作。

这其中有着一个客观性问题，不管是王阳明治黔中的时候，还是当今我们国家政策对于乡村发展的重视与扶持，目标殊途同归，即就是农村多元发展之下的乡村振兴所要臻达的共同富裕，是建立在各方面都要讲廉洁自律与具体实践的基础之上。

一则农村农业现代化发展，二则必要同步性地推进小农户走现代化之路。农村农业现代化发展，是基于中国现代化发展目标所决定的客观实际

---

[1] 石勇、董照辉：《发挥思想政治教育在乡村振兴中的重要作用》，载于《农民日报》，2021年5月7日第3版。

[2] 中国政府网：《中共中央国务院关于全面推进乡村振兴加快农业农村现代化的意见》，新华社，2021年2月21日。

贵州省黔西素朴九龙山象祠遗址，灵博山，古称麟角山。

存在问题,是随着中国全面性稳步发展进程当中农村农业紧跟时代步伐前进的必然趋势,并非随意提出的建议,而小农户存在于中国的这种现象,是客观性的也是长期的,时至今日的农村农业发展,农业生产主体性对象依然还是小农户,也将是中国农村农业现代化持续发展下去的农业生产主体对象。

鉴于在我国的农村主体就是小农户,学界有观点即讲:"没有小农户的乡村不是真正的乡村,乡村振兴必然要包含小农户的振兴。因而,中国农业农村现代化不能走以小农户消失为代价的西方现代化道路。"[①]

从以上所述,可以获知乡村振兴发展是需要吃透国家相关方面的政策,保持清醒头脑,依着良知与道德并存,以百姓这一人的因素为第一等大事来抓,以坚定信念与艰苦奋斗精神存世,保有廉洁自律而发挥凝心聚力最大效能,在谋发展与地方发展当中予以农村多元化的发展,必定可以顺应时代所提出的新要求与紧跟时代发展潮流,实现我国乡村振兴所要达成的共同富裕目标。

第三节 民为邦本与亲民仁道

"民为邦本"的理念,是儒家政治思想的一项重要内容。孔子曾说:"民以君为心,君以民为体。"[②]正德五年(1510)三月十八日,王阳明到庐陵县正式上任知县。其在庐陵任职时,遇县民集体上访,对苛捐杂税过多,发生疾疫、火灾、盗贼等问题,他不是利用权力弹压民众,而是基于以民为本、爱民从政的思想立场,切实有效地将民众关切并与民众切身利益息息相关的各类问题逐一予以妥善解决。

这些都是源于身处明朝中叶儒学士大夫们的背离儒家思想本有,以仁义道德为其所讲的门面却又行于求取财色、名望、利禄,有悖于孔孟之道

---

① 王晓毅、罗静:《共同富裕、乡村振兴与小农户现代化》,载于《北京工业大学学报》(社会科学版),2022年第22卷第3期,第64页。
② (清)李广坡著,陈忠义点校:《礼记述注·缁衣第三十三》卷二十四,商务印书馆,2018年,第558页。

与偏离宋代儒学主旨。"不仅如此,居于思想统治地位的程朱理学,在被虚伪化的同时,还走向了知识化、支离化,严重与实际脱节。"[1]

一、亲民与仁道

对此,王阳明以儒家思想之根本对当时的学术流弊进行矫治,他承继和发扬孔孟的"亲民"与"仁道",王阳明的亲民思想随之形成。王阳明是为国家与百姓的共荣共存关系为考量,而且王阳明政治生涯的前期是几经磨难,给了他培育出自己理性思想觉悟,圆融了孔孟圣贤们的亲民政治理想,这是客观事实,他从庙堂之上转向民间普罗大众,为的是"觉民行道"而可以具体地实践其政治理想,达成"平治天下"的意愿,实现社会"万物一体"的理想。并且王阳明也实现了自己的目标。

王阳明一如既往遵循人的因素是第一等大事,这是他把孔子"为政以人"的政治理想,圆融进了他自己的思想体系中,并且王阳明是从良知与道德并存之下出发,更加凸显其亲民思想,这依循的也是"民为邦本"的施政治理理念。"民为邦本"的提法,最早见于《五子之歌》,即说:"皇祖有训,民可近,不可下,民惟邦本,本固邦宁。"[2]

只有怀有民为邦本的理念,才能真正把乡村振兴落实到位。王阳明的民惟邦本理念,就思想形态和理论体系来说,是比较丰富和系统的,他是将这一理念贯彻于亲民为民实践中的思想家。民为邦本思想,尽可见于王阳明一切奏疏。正德十五年(1520年)三月,王阳明的《乞宽免税粮急救民困以弥灾变疏》有讲:"但民者邦之本,邦本一摇,虽有粟,吾得而食诸?伏望皇上轸念地方涂炭之余,小民困苦已极,思邦本之当固,虑祸变之可忧……"[3]

王阳明反复强调民众与国家之间的关系,指出二者之间就是共荣共存,国之根本在于民众,不管是君权还是王廷,在落实到国家政策颁布推行当中,

---

[1] 方东华:《王阳明亲民思想及其社会实践》,载于《宁波日报》,2022年5月19日。
[2] 佚名著,崇贤书院释译:《图解尚书·夏书·(伪)五子之歌》,黄山出版社,2021年,第55页。
[3] (明)王阳明著,宋庆峰编:《王阳明全集(二)·奏疏五》卷十三别录五,辽海出版社,2016年,第395页。

百姓的艰辛、利益及其生活都必要予以顾及，才是古已有之的亲民，才能体现孔孟儒家思想的"仁爱"与"亲民"。王阳明以此作为立论的基础而形成亲民思想。王阳明的这种亲民思想，是他实施儒家仁政治理地方的法宝，也是儒学思想家的经世致用而有施展抱负的综合性呈现。

王阳明强调的良知思想是他从良知为人之本心所在、到"致良知"的明智觉知之演进，是一种思想认识上的客观转化结果。在王阳明这里，他提出人的良知是存在对善恶的判断，却又存在清楚了善恶的是非对错，而却不能够保证自己可以做到扬善止恶、从善而不作恶。王阳明说道："凡人之为不善者，虽至于逆理乱常之极，其本心之良知，亦未有不自知者，但不能致其本然之良知。是以物有不格，意有不诚，而卒入于小人之归。"[①]

"民为邦本"何以重要，儒家各大圣贤的论述，从不同方面予以指出。孔子说："心以体全，亦以体伤。君以民存，亦以民亡。"[②]孔子强调君民依存关系的重要性。而荀子道："且丘闻只，君者舟也，庶人者水也，水则载舟，水则覆舟……"[③]荀子之说，是从警策性方面向君王发出警醒，警醒君王要重视民众对于君权与国家的重要性存在。

孟子更是提出了"民为贵，社稷次之，君为轻"一说，点明民贵与君轻的次序，不论国家社稷还是君权王廷，民众始终还是第一位的。"民为邦本"是中国古代的仁治文化体现，虽然是中国自古代社会的普遍现象与做法，但是对于当下乡村振兴发展，"仁治"一样是不同地方风土的文化展陈。如何展陈不同的地域文化，就必要挖掘古往今来不同地区的人文历史与地理景观、自然景色、民俗与宗教等各方面的文化，尤其王阳明治黔中及其创立龙冈书院、主持书院事务、亲身讲学课徒、推行文化教育、思想教育，包括黔中王学盛行百年与王阳明治黔中的施政，都可以挖掘整理出来，结合王阳明一生的事迹，进行有序、合理化的宣扬传播，打造乡村振兴发展

[①] （明）王阳明著，宋庆峰编：《王阳明全集（三）·书·与陆清伯》卷二十一外集三，辽海出版社，2016年，第722页。

[②] （清）李广坡著，陈忠义点校：《礼记述注·缁衣第三十三》卷二十四，商务印书馆，2018年，第558页。

[③] （唐）杨倞注，耿芸标注：《荀子·哀公篇第三十一》卷第二十，上海古籍出版社，2014年，第370页。

中具有地方特色的文化品牌。

二、重德与善政

如何从王阳明施政治理黔中获取可以裨益当下地方发展的良谋策略，从而达到"民邦为本"思想的境界，在乡村振兴发展道路上，达成共同富裕的目标，找出不同地域的自我特色，以多元文化发展促就乡村振兴。主要有以下几个方面：

（一）学习效仿王阳明对黔中的社会民众实施良知教育、文化思想教育

在此基础上开展政治思想教育，以解决与消解社会存在的问题，而不必再如王阳明慨叹："后世良知之学不明，天下之人用其私智以相比轧，是以人各有心……"[1]也是杜绝地方上教化不明的问题。王阳明的乡约、社学[2]及教育治理理念，值得不同地域效仿借鉴，予以推行。

王阳明治理黔中，他的政治身份也发挥了作用，因为他可以以自己的身份下发劝学谕，同时对管辖区内的各地负责人提出新要求，下令要把社学和地方教育办妥办好，这是王阳明了知以学校教育来对当地民俗进行教化，可以发挥学校教育的效能最大化。而且，从王阳明治江西、浙江等处，多方创办社学来看，所取得的成效，不仅仅在于他教导自己的学生们，以持续性的教化引领而造就了学生，而且这种教导教育还广受当地民众的爱戴与认可。这正是王阳明承袭孔孟的仁政思想并且以"仁政"施政地方与落实社会治理，良知道德与亲民的思想决定了王阳明通过实践而能够取得成功的原因。

现当代，乡村振兴是为了完成共同富裕的百年大计，农村农业现代化与小农户现代化的建设，势必会遇到各种各样的问题，如何妥善处理与解

---

[1] （明）王阳明著，宋庆峰编：《王阳明全集（一）·传习录（中）·答聂文蔚》卷二语录二，辽海出版社，2016年，第81页。

[2] 社学：创立于元二十三年，是指元、明、清时期的地方小学。元制50家为一社，每社设学校一所，有通晓经书者为教师，施引教化，农闲时令子弟入学，主要教授《孝经》《小学》《大学》《论语》《孟子》等，并以教劝农桑为主要任务。

决并且予以完善，那就需要施良知教育、文化思想教育，包括政治思想教育，如果通过办学——科技兴农技术教育、新农村建设系列文化教育等面向农村基层的受众群体，那么在结构体系与程序规范管理及其操作要求上，尊重当地风俗习惯与民族民俗文化，而提出针对基层社会的乡约规约，激发民众良知的同时引领民众依凭良知服务于自身的外在行为举措，进而宣讲道德与为善止恶，也开展政治思想教育，目的就是发扬古来圣贤教化而保有的淳朴与良善品质，以人心端正、良善为上而成为讲文明、有文化熏染、有思想与客观认知的新时代的人。

（二）乡村振兴对于地方施政执政者提出新要求

在基于"民邦为本"思想下，既要讲廉洁奉公与人民公仆之为人民服务，为民众做实事、办好事，又要有民本思想而在具体施政中讲仁道、善政，为的就是地方政府可以依法依规来护持基层社会的有序运转，以实现社会善治。

当然，在乡村振兴发展中强调"民邦为本"等王阳明的思想内容，并非着意于阳明心学对于当下的我们习以为常的生活方式形成冲击，更不是任其对于我们的价值观念存在强烈的冲击，而是阳明心学有着中道圆融的特性，不保守更不激进，犹显出它的现代性因素，而且还是结合当时的政治环境因素，是当时的社会实际与百姓生活的实际反映，我们效仿学习的是王阳明如何做到秉持"知行合一"促进廉洁自律、如何以清醒头脑思索与吃透朝廷政令、如何从良知与道德之上以"仁"施政，从而展现他的亲民思想，也表达出了他的成圣理想。

我们有必要在乡村振兴发展中强调政治思想教育，做到与时俱进、步调一致，更好地服务于农村农业现代化及其小农户现代化的建设与发展。

近几年以来，习近平总书记在讲话中就多次提到了王阳明并且是充分肯定了阳明心学，指出这是中国传统文化精华，号召以"知行合一"精神来进行社会主义核心价值观的具体实践，为中华民族伟大复兴、实现中国梦而努力奋斗。2018年3月10日，习近平总书记参加十三届全国人大一次会议重庆代表团审议时作出重要指示，即是新时代领导干部要讲政德与加强领导干部政德建设。对领导干部讲政德，如王阳明所言："予惟君子之政，不必专于法，要在宜于人。君子之教，不必泥于古，要在入于善。"①

王阳明提出为官的要诣即是"德"，人的因素是第一等大事，一心修德可以促进执政、施政者正心正己，从而以善政而为。因此，强调领导干部以德修身，注重品德修养，做到明大德、守公德、严私德，在践行社会主义核心价值观中，才能够有着"头雁效应"，引领大众与带动扬善止恶、德行天下的社会风气，以有信仰、有担当、有人格的力量显见于人民群众面前。而这些都是"民为邦本"思想体现的必要条件。

王阳明通过积极讲学作为昌明儒圣学问，既传播了自身思想，民众也学到了文化思想知识。他所治理的地方，能够出现移风易俗、遵守伦理纲常与扬善止恶的社会风气，这就是他的民邦为本思想治理的最终结果。这里，列举可以反映王阳明"民为邦本"思想的实例，作为坚持与践行民为邦本思想的明证。

正德十二年（1517）正月，《巡抚南赣钦奉敕谕通行各属》："（前略）非独以匡当职之不逮，亦将以验各官之所存，务求实用，毋事虚言。各该官吏俱要守法奉公，长廉远耻，祛患卫民，竭诚报国。"②

《十家牌法告谕各府父老子弟》中有讲："吾愧德政未敷，而徒以言教，父老子弟，其勉体吾意，毋忽！"③

《告谕新民》："尔等各安生理，父老教训子弟，头目人等抚缉下人，俱要勤尔农业，守尔门户，爱尔身命，保尔室家，孝顺尔父母，抚养尔子孙，无有为善而不蒙福，无有为恶而不受殃，毋以众暴寡，毋以强凌弱，尔等务兴礼义之习，永为良善之民。子弟群小中或有不遵教诲，出外生事为非者，父老头目即与执送官府，明正典刑，一则彰明尔等为善去恶之诚，一则剪

---

① （明）王阳明著，宋庆峰编：《王阳明全集（三）·书·重修月潭寺建公馆记》卷二十一外集三，辽海出版社，2016年，第758页。
② （明）王守仁著，宋庆峰编：《王阳明全集（二）·公移一》卷十六别录八，辽海出版社，2016年，第479页。
③ （明）王守仁著，宋庆峰编：《王阳明全集（二）·公移一》卷十六别录八，辽海出版社，2016年，第482页。

除莨莠，免致延蔓，贻累尔等良善。"①

正德十二年五月，《告谕浰头剿贼》："岂知我上人之心，无故杀一鸡犬，尚且不忍；……我每为尔等思念及此，辄至于终夜不能安寝，亦无非欲为尔等寻一生路。……民吾同胞，尔等皆吾赤子，吾终不能抚恤尔等而至于杀尔，痛哉痛哉！兴言至此，不觉泪下。"②

《告谕安义等县渔户》："呜呼！吾民同胞，不幸陷于罪戮，恻然尚不忍见，岂有追寻旧恶，必欲置之死地之理。本院旧在南赣，曾行十家牌式，军民颇安，盗贼颇息……"③

《告谕顽民》："夫父母之于子，岂有必欲杀之心；惟其悖逆乱常之甚，将至于覆宗灭户，不得已而后置之法；苟有改化之机，父母之办，又未尝不欲生全之也。"④

《告谕村寨》："尔等良善村寨，我官府自加抚恤，决无侵扰，各宜益坚为善之心，共享太平之乐。其间平日纵有罪犯，从今但能中心改过，官府决不追论旧恶，毋自疑沮，或为彼所扇惑，自取灭亡，后悔无及。就使已剿余党，果能悔罪自新，官府亦待以良善，一体抚恤。"⑤

三、文化与教化

追溯历史，探寻王阳明入黔中之前的黔中，会发现黔中并非文化荒漠，而是儒、释、道文化都并存其中。

黔中有据可查的名人即有：汉代"黔中三杰"——舍人、盛览、尹珍，

---

① （明）王守仁著，宋庆峰编：《王阳明全集（二）·公移一》卷十六别录八，辽海出版社，2016年，第490页。

② （明）王守仁著，宋庆峰编：《王阳明全集（二）·公移一》卷十六别录八，辽海出版社，2016年，第510页。

③ （明）王守仁著，宋庆峰编：《王阳明全集（二）·公移二》卷十七别录九，辽海出版社，2016年，第539页。

④ （明）王守仁著，宋庆峰编：《王阳明全集（二）·公移二》卷十七别录九，辽海出版社，2016年，第554页。

⑤ （明）王守仁著，宋庆峰编：《王阳明全集（二）·公移三》卷十八别录十，辽海出版社，2016年，第586–587页。

晋代谢恕、唐代赵国珍（苗裔），也有宋代遵义冉从周"破荒黔中矣"①——即是黔中遵义冉家第一个进士出仕者，有学者认为这实质上是黔中第一人，又有桐梓的赵高峰时任长沙太守；由于宋代的黔中并没有设置行省，而是四大土司分割管辖，辖管黔中东部及其东北的田氏土司，府地为思州，宋代政和年间田氏有番部长田祐恭为皇帝所召见，功勋卓著而且子孙世代为官，与黔北杨氏土司管辖的播州，普及读书，也出了众多读书人，至元代杨氏有播国公杨邦宪，他的儿子杨汉英浸淫于宋代理学方面，也有着皇皇巨著——《明哲要览》九十卷、六十卷的《桃溪内外集》。到了明代中叶之前，由于有明初大将军傅友德受朱元璋指派率军30万及其随军家属前往滇黔征伐扫除元代遗留"祸患"，大批宗教文化人士也随之涌入，于是，一路上修建的卫所、屯堡、学校与庙宇宫观不计其数，中原文化以其优势渐渐取代了当地文化，文化人的数量也在增加，然后也就有了州学、府学、县学，而私塾日益增长。

在王阳明进入黔中之前明代中叶当地有影响的文化人，有贵州卫人王训，史称明初黔中文化第一人，《明史·艺文志》收入王训三十卷的著述，他的《寓庵文集》见收于《千顷堂书目》，只是清代的《四库全书提要》并没有收存王训作品目录，现存仅有《月潭寺》与《嘉瓜》和"律诗五篇……《客夜》三诗"②。贵阳有詹英，举人出身；有明一代的贵州考中进士第一人是赤水的卫人张谏。而且，从明正统年间（1439）到正德三年（1508），即王阳明入黔地之前的70年时间里，贵州一共有24位进士——从张谏到詹恩、汪大章与潘垍。③

探研王阳明进入黔地之前的黔中儒学是如何一种存在情状。《贵州通史》中有记载，指出黔中儒学的客观实际。即讲："（东汉）往后很长时期中，学校教育并未见发展的记载。宋室南渡后，贵州教育稍有进展，播州（现遵义）土官杨氏子弟乃多读书，'建学养士'，修建孔庙，'留意变俗'；地近

---

① 王晓昕：《王阳明与黔中王学·第一章黔中王学的前缘与兴起》，人民出版社，2021年，第35页。
② 王晓昕：《王阳明与黔中王学·第一章黔中王学的前缘与兴起》，人民出版社，2021年，第39页。
③ 王晓昕：《王阳明与黔中王学·第一章黔中王学的前缘与兴起》，人民出版社，2021年，第40—41页。

四川的思州所属沿河地方，建有鸾塘胜院。元代虽一度倡导儒学，下令各路设立学校，但因贵州时为湖广、四川、云南三省毗连之地，政区累有变迁，实际设立的只有顺元（即贵阳）、普定（即安顺）和播州三路儒学。"①

然而，虽有儒学存在与传播，却没有宋代理学的影响与存在，因此，王阳明的到来尤其在龙场悟道之后，成为了黔中的"思想之创设"②，尽管之前历史上有东汉的尹珍开创问学与教化民俗及至元代宏昌儒学，"不过在贵州留下的却几乎是空白"③，名儒并没有存在，儒学卓著也是匮乏不见。

有鉴于此，王阳明的儒学思想发轫于黔中、勃兴于黔中并且在黔中兴盛传习百年以上的时间，正是适逢其时也是适当其时。

强调乡村振兴发展中挖掘黔中和不同地方的人文历史等各个方面的资源，包括少数民族固有的民俗文化等，都必要融汇补充进乡村振兴多元发展，实是有客观性的考量。而且，这些都是王阳明的"民为邦本"思想及其具体实践的构成因素，在前文述及的乡村振兴发展并不是局限于单一方面的发展，而是要求有着最新战略性调整与把控，瞄准共同富裕的目标而制心一处，保有清醒头脑也稳步前行，走农村农业现代化建设与小农户现代化发展之路，同时在此基础之上多元并进的良性发展，并且还是可持续发展，为建设崭新而又现代化的乡村振兴，"知行合一"始终因循，"民为邦本"思想始终而在，在以良知与道德并存之下，有着"心外无物"以培育德政、善政，那就是"万物一体"的理想境界达成所愿，最终臻达共同富裕而书写我国乡村振兴的新的历史篇章。

四、服务国家与社会大众

从王阳明治黔中的相关资料来看，王阳明亲民思想的秉持，是基于他的良知与道德、"民邦为本""心外无物"及其个人廉洁自律而综合圆融的"知行合一"，是他"万物一体"的和谐友善社会追求的表露，更是他追寻成

---

① 《贵州通史》编委会：《贵州通史》第二卷，当代中国出版社，2003年，第337页。
② 钱明：《王阳明及其学派考论》，人民出版社，2000年，第1页。
③ 王晓昕：《王阳明与黔中王学》，第一章：黔中王学的前缘与兴起，人民出版社，2021年，第15页。

圣的理想之具体实践，因为他与黔中等地有着千丝万缕的联系，这里仅做一下简述。

王阳明与黔中等地的联系，最初是由于他被远谪贵州黔中龙场驿。1505年，缘于身为兵部主事的他为戴铣、刘健等上疏力谏，遭受当时掌权的明武宗时期的权臣太监刘瑾矫诏廷杖，并且身陷囹圄。天牢大狱的黑暗与政治环境的险象环生，促使王阳明忧思人生的未来，未来的人生将要何去何从，于是以诗表明心迹，即有"深谷自逶迤，烟霞自悠永。匡时在贤达，归哉盍耕垅"[1]与"幽哉阳明麓，可以忘吾老"[2]"且应蓑笠卧沧洲"[3]，而且这个时期的王阳明身体健康状况较差，几乎已是孤寂衰病，而见"思家有泪仍多病"[4]。

王阳明的人生及其政治生涯遭遇磨难而有如踏入炼狱，可谓是他的人生劫难——出狱即遭贬谪西南贵州偏远地区。如果说王阳明从此远离京师的政治漩涡，本来在狱中就渴望自由生活于乡野田园，这可是因祸得福、良机降临；但是在等着王阳明的是另一种劫难，王阳明被贬大西南，从京城（南京）到贵州黔中，路远险阻，太监刘瑾派出人员一路追杀、指令心腹伺机实施刺杀，几度性命攸关的当口，凭借自己智慧而巧妙躲过杀身之祸；又因改走水路，乘坐的船遇风而漂流到了福建，不得不隐藏武夷山避祸。

经历了这种种无常祸端，王阳明心境大变，不再执着于向往田野生活的自由自在，也打消远走他乡隐遁一方的念头，果敢踏上黔中赴任的道路，个人安危的问题已经让位于决心以自己的思想拯救社会与民心，并且以此达成自己一心想着报国的愿望。

正德三年（1508）之春，王阳明到达黔中龙场驿，是为龙场驿驿丞。

---

[1] （明）王守仁著，宋庆峰编：《王阳明全集（二）·不寐》卷十九外集一，辽海出版社，2016年，第603页。

[2] （明）王守仁著，宋庆峰编：《王阳明全集（二）·读易》卷十九外集一，辽海出版社，2016年，第604页。

[3] （明）王守仁著，宋庆峰编：《王阳明全集（二）·天涯》卷十九外集一，辽海出版社，2016年，第605页。

[4] （明）王守仁著，宋庆峰编：《王阳明全集（二）·天涯》卷十九外集一，辽海出版社，2016年，第605页。

第九章 社会治理与时代意义

王阳明在龙场悟道而大功告成,这段灰暗历史却是他的人生契机,最终成就了阳明心学。尽管初到龙场驿的王阳明,还要自己动手修盖草庵栖身、而后身居山峰石穴,"鹿豕且同游"[①]而又有瘴疠袭扰,随从也病倒了。王阳明自己动手做饭,还得以诗作慰藉随从的人们。兼之龙场驿是少数民族居住区,彼此之间言语不通,除了逃亡至此的内地来客们,可以有交谈沟通的机会,王阳明身在异土他乡,举目无亲也听不到乡音,生活困苦、人生困厄,多少得以自我告慰的就是不在京师政治乱世的杂染之中,能够安身龙场驿而又心安住、端坐止观、默然思索平生种种,荣辱、政治生涯、祸患、生死、前途等,虚壹入静的王阳明故此"因念:圣人至此,更有何道"[②],而且最终悟道功成,心境豁然开朗而得悟。

对此,王阳明自述道:"其后谪官龙场,居夷处困,动心忍性之余,恍若有悟,体验探求,再更寒暑,证诸《六经》《四子》,沛然若决江河而放诸海也。然后叹圣人之道坦如大路……"[③]也如程颢、程颐所说:"人心私欲,故危殆。道心天理,故精微。灭私欲则天理明矣。"[④]

此处对王阳明的黔中因缘作回顾性的总结,旨在于藉以探究王阳明龙场悟道的所悟得,阳明心学何以功成得就的成因所在,回溯王阳明早期政治生涯的劫难性遭遇,是探讨他的"民为邦本"与"致良知"、亲民的思想缘起,也是作为当下我国乡村振兴发展如何走好新时代的征程,对于不同地方的执政、施政来说,具有借鉴价值的现实意义。

以贵州黔地为例,乡村振兴多元化发展,天时地利人和机缘成熟,我们可以看到自身长处与具备的有利条件,其中可以决定与影响地方乡村振兴发展的,有人的因素——廉洁自律典范王阳明及其阳明心学、淳朴善良

---

① (明)王守仁著,宋庆峰编:《王阳明全集(二)·初至龙场无所止结草庵居之》卷十九外集一,辽海出版社,2016年,第620页。

② (明)王守仁著,宋庆峰编:《王阳明全集(三)·年谱一》卷三十二,辽海出版社,2016年,第1021页。

③ (明)王守仁著,宋庆峰编:《王阳明全集(二)·序记说·朱子晚年定论序》卷七文录四,辽海出版社,2016年,第228页。

④ (宋)程颢、程颐撰,陈京伟笺证:《河南程氏遗书》卷二十四,山东人民出版社,2020年,第664页。

的百姓，也有着会以凝心聚力团结人民群众与发挥智慧力、决策力的地方执政、施政者，带领乡村百姓进行农村农业现代化建设也将会突出小农户现代化发展，并且通过具体实践，推进地方走向共同富裕而作出重要贡献。

第九章　社会治理与时代意义

贵州省黔西象祠匾额

2022年8月19日，参访人员和工作人员合影于象祠前。

附 录

阳明文化守护者
——访杨德俊

一、访谈人简介：

杨德俊，是从一位小学老师走向文物管理岗位的学者，直至退休，仍然坚持自筹资金外出考察、收集资料。杨老师认为：学在民间，道在山林，研究阳明学要走出书斋，去王阳明走过的地方亲自考察。

二、访谈内容：

1.问：了解到您亲自修复玩易窝等阳明行迹，您能介绍一下具体过程吗？

答：我在小学时候就听说过阳明先生，也到过修文阳明洞参观，对阳明先生有所了解，但印象不深。1989年初，调到修文县文物管理所工作才正式进入阳明文化研究，4月就到绍兴、余姚，开始搜集有关阳明文化的文字资料，拍摄相关图片。后来先后调到文化广播电视局、县志编委会办公室、文体广电旅游局工作，一有机会就外出考察阳明遗迹，收集拍摄阳明文化的相关资料。2014年退休后，仍然坚持自筹资金外出考察，收集资料，可以说与阳明文化结下不解之缘。

在文物管理所和文化广播电视局工作期间，我看到修文县阳明主要遗迹玩易窝成了一个垃圾坑，洞前两户村民猪圈、厕所的粪水往里淌，臭气熏天，让人目不忍视。于是就想法筹集到2000元钱，先清理洞内垃圾，再修整一下洞穴的步道，后来又向外争取资金23万多元，撤迁两户村民，征地两亩,修建围墙,建重檐六角攒尖顶"玩易亭"一座,亲自种树、种竹绿化环境,现在胸径达20多厘米的梓木树,就是我当年种植的。

王阳明所作名篇《瘗旅文》中的三人坟,在20世纪80年代垮塌后,一直无人过问,于是我又筹资2000元钱,培修了坟墓,收集资料加以考证,重刻《三人坟》碑,又刻《瘗旅文》碑和保护标志碑。阳明洞古建筑被白蚁侵害,摇摇欲坠。我与蒋庆先生等引进日本将来时代财团无偿捐资约60多万元,对王文成公祠等进行维修,重塑阳明先生铜像,重刻匾额抱对。对阳明洞内苔藓进行清理,发现明清时期的多幅摩崖。为增加阳明洞的阳明文化氛围,又筹资刻了30多块阳明先生《居夷诗》碑。

1988年元月,我编写"王阳明纪念馆项目建议书"和"王阳明纪念馆可行性论证报告",争取到贵阳市委、市政府补助400万元,新建"王阳明纪念馆"。建设过程中,我多次找上级相关部门办理各项手续,完成征地、撤迁和建设工作。1999年10月,王阳明纪念馆建设完工的同时,我又完成《王阳明在贵州》陈列布展,迎接了第一届阳明文化节的专家学者参观。2009年7月,我重新编写3万字的《王阳明史迹陈列》大纲,收集和征集200多幅阳明遗迹和相关图片,提供200多册阳明文化书籍布置陈列展览。

在工作实践中,我深知加强对阳明遗迹的维修保护与了解阳明的学术思想、生平事迹同等重要。古人说"读万卷书不如行万里路""与其坐而论道,不如起而行之",从事阳明文化研究,坐在家里翻翻《王阳明全集》,书中知识有限甚至有误,只能做静态的研究。经过外出考察,能亲眼看到阳明先生创办书院和讲学的地方、平乱的艰苦地区,所作诗文的环境,并采访当地史学者和研究者,收集资料加以考证,作动态的研究,才能补充其不足。所以就多次考察全国的阳明遗迹,了解其历史和保护现状。

2. 问:我们都知道龙场悟道是阳明先生思想的一个重要转折点,但对于阳明先生在龙场悟道前后所经历的事情了解不多,您能简要介绍一下吗?

答:对于阳明先生的人品和思想,我经历了从粗略的学习了解到敬仰崇拜的过程。从1989年到2020年11月,历时30多年的时间里,我前后13次考察阳明遗迹,经过300多个市(区)、县,行程5万多公里,考察阳明遗迹地约140多个县(区),收集到数百万的文字和数千张图片。

从事阳明文化研究,坐在家里翻翻《王阳明全集》和其他书籍,书中知识有限甚至有误，只能作静态的研究。而要认真做好静态研究也是很难，有的说玩易窝是少数民族给王阳明造的住房，说王阳明在龙场用石头做了一个石棺材，躺到里面一个星期悟出大道，说王阳明来了以后，就教给当地的苗族人民打土坯，砍木头来建造房屋。这些说法毫无依据，纯属一些人的主观臆断，误导了许多阳明文化爱好者。

阳明最重要的一件事情是龙场悟道。在龙场悟道之间学界有很多错误，王道，是反对王阳明的，所以不能算作阳明弟子，最多只能算作乡贤。有学者说阳明到龙场是正德元年二月，这是错误的，应是正德元年十月。《明实录》记载阳明是十月被贬进监狱，这也是错误的，应是十二月二十一日，这是史官记载的，所以准确性也更高。而且阳明被罚，不是被打四十大板，而是打了三十大板，从他在狱中还写了十四首诗来看，他受伤是不重的。王阳明上书不是针对刘瑾，而是对皇帝上书，刘瑾对王阳明也不算很仇视，一来不是针对他，二来因为王华也是尚书，也不敢轻易得罪。

王阳明在正德元年正月初一从狱中出来在北京休养了一个月，至闰正月初一出发去龙场。湛甘泉还写了九章送别阳明，从京杭大运河到杭州。守章，守俭在杭州与阳明见面，在杭州的江干分别，在此时王阳明写了投江诗，用来欺骗刘瑾。其他学者说的被追杀等等皆是虚造。

阳明从北京出发到杭州，再到江西宜春，至湖南醴陵、株洲、长沙、沅江等，再到长白（此处有疑问），再到桃源，沅陵，后至龙场。

徐爱去世五年后，钱德洪才拜师。徐爱从北京送阳明到杭州，到杭州就拜了师，就记了正德二年秋考举人。正德八年，阳明回绍兴，朱、蔡、董、纪，四人再拜师。准确地说阳明在龙场是待了两年半的时间。在贵阳停留了一下，再去的龙场。

占恩是阳明到同科进士，同官。在他守孝期满后刚准备回北京就去世了，阳明赶到后他已经去世了一年，去他家后他的母亲又接着去世，占恩弟就请求阳明给他母亲写了墓志铭。

龙场驿是明代洪武年间贵州著名的女政治家奢香夫人所建"龙场九驿"之首驿。当时的水西龙场九驿站，时有朝廷官员过往，贵州宣慰使安贵荣担心朝廷的进一步渗透，将来自己的辖地会成为朝廷腹心之地，对自己的政权不利,准备减去龙场等九驿，所以对驿站不予维持经费和不加维修管理，任其破败，驿站实是名存实亡。

王阳明于正德二年（1507）夏天到达龙场，驿站除自己一个驿丞外，没有其他固定人员，什么事都要驿丞亲自料理，是一个条件很差、生活很艰苦的驿站。初到龙场时，因驿站破败无处居住，便到离驿站不远的一个天然地下溶洞里居住，过一段时间后才在洞侧搭建了一个草棚。他在《初至龙场无所止，结草庵居之》一诗中，详细描述了当时状况。继后在洞内研究《易经》，取洞名为"玩易窝"，并写《玩易窝记》记述这一件事情。记中有"阳明子之居夷也，穴山麓之窝而读易其间"的描述。

阳明悟道的准确地点是玩易窝石墈上，当时阳明去龙场时，是没有驿站的，很多学者说龙场九驿，是驿站破败，这是不对的，是根本没有驿站，且当时龙场是民道（三尺道）。水东原来不属于安氏土司，而是水西属于安氏土司，朱元璋于1372年把水东、水西合为贵州宣慰司。

很多人认为徐节是阳明弟子，但应不算作阳明弟子，他和阳明应是师友关系，在龙岗书院弟子有三十余人，有记载的是十余人。徐节建文明书院，所有记载中没有贵阳书院一说，只有文明书院。刚开始阳明在阳明小洞天里给孩子们做启蒙教育，办学。但地方实在太小，村民就为他建了何陋轩等，即龙岗书院。

毛科是王阳明老乡，正德三年，请阳明去文明书院讲课，阳明因病未去。正德四年，又请了一次，这次正规地讲了一次，时长大概为半个月，后毛科致仕，王阳明便回去了。后席书又请阳明去讲学，这次又去讲了将近一个月。正德四年闰九月，朝廷下令让阳明离开龙场，十二月中旬阳明离开龙场，去往江西庐陵。

阳明一生六次经过江西，分别是：结婚、去龙场、当知县、南赣之乱和宁王之乱、到广西讲课、回来江西，在江西去世。

3.问：现在您开展的阳明工作和活动都有哪些？

答：《王阳明行踪遗迹》研究出版后，我最近准备选录资料，编辑出版《王学之道——阳明友人、弟子、后学诗文选辑与研究》一书，其中附上20余幅比较好的碑刻、拓片和手迹。此书工作量要比点校两部明代古籍的工作更难更大，因为要去查千余部明、清、民国的古籍文献，从中寻找有关阳明先生的诗文、祭词、王文成公祠碑记、阳明书院碑记、相关摩崖石刻等资料,最后汇集成书,这个工作量和难度肯定是非常之大,因为要找到这么多文献古籍都很难,不要说去查找其中的诗文了。但我争取在三年时间收集30多万字,再编辑出版。

多年前我就准备做一张《王阳明主要行踪图》,但阳明先生北至北京,南至广东,东到福建,西至贵州、广西,地域太广,要标的地点多,地图要两米宽以上,地点才能标得稍微清楚一些,而且最多只能标到市或县,标不到地点,如玩易窝、阳明洞、三人坟就标不到位置,很局限。我请出版社的排版编辑来做,用四折页来印,说只能看到密密麻麻标的点,是看不清楚的,另外,标好的地图要经过地图出版社来审,很难通过。于是我们就在电脑软件绘制,用了前后三个月制作,把地点标完。此软件可以插入遗迹、遗像、手迹、书籍等图片和文字说明、视频等,还可以导航。就把他称为"阳明行迹数字博物馆",在阳明心学传播方面,国外可标到韩国、日本、美国、英国,法国、德国等,可根据自己的需要,选择百度、高德、地形、道路、英文等15种风格,还可以导航。这个数字博物馆做好了,将比任何一个实体的王阳明纪念馆、展览馆所容纳的内容更为丰富。目前还不很完善,我想再集大家的智慧,努力地把它做得更好。

4.问:《王阳明行踪遗迹》一书一出版就受到了广泛的关注,您能介绍一下这本书吗?

答:通过五年时间的分类整理、编纂修改,集思广益,九易其稿,《王阳明行踪遗迹》研究才完稿。从《阳明家世门风》开始,至《逝世后毁与誉》结束,是目前全面介绍王阳明行踪遗迹、生平事迹的图文并茂的一本书。从初稿80多万字,修改至43万多字,图片从千余幅中选出380余幅。本书忠于史实,一说为主,多说并存,无夸张,无演绎,更无虚构,用史实来展现阳明先生的行迹和事迹。除查阅《王文成公全书》《明实录》《国朝献征录》等多部史书,查阅了王阳明行经地的300多部数千册嘉靖、万历、康熙、乾隆、道光及民国的省志、府志、州志、县志。

本书收录了《王文成公全书》未收录阳明在行迹地作的50多篇(首)诗文,其中有15篇(首)诗文,是近两年才发现的。还有阳明友人和弟子、后学作的有关阳明的诗文60多篇(首),摘录有关阳明文化的摩崖、碑刻,王文成公祠记、阳明书院碑记、拜谒祠堂、书院诗词及一些史料150多篇

（首）。如对《年谱》涉及王阳明先后到达各地的时间、地点、事件，与人交往等等进行考证，有误的给予更正，对未记录到的遗迹、事迹予以补充，如对阳明行经湖南、贵州、广西等地的事迹、遗迹等。还收录了《明儒学案》中未记载的、少有人知的如龙岗书院，滁阳九华，闽东和岭南亲传弟子，各地王文成公祠，阳明书院讲学情况。还加强了王阳明廉政亲民的事迹，如在江西吉安、南昌为老百姓减免税费，在江西、广西抗击水灾、旱灾，赈济难民等事迹。

本书中的部分考辨，也是对少数研究权威的一种挑战。如王阳明正德二年秋到龙场，谪居龙场是三年，在阳明和几位亲传弟子的多篇诗文中得到证实。根据古籍文献核对，纠正了一些阳明所著诗文的错误，如阳明所作名篇《瘗旅文》，嘉靖《贵州通志》和《居夷集》等书中，开头一句是："维正德四年秋七月三日"，其他刻本掉了一个"七"字，有这个"七"字，说明王阳明写这篇文章是七月初三。

其中"自吾去父母乡国而来此，三年矣"。在嘉靖、万历、康熙《贵州通志》与《古文观止》中相同，其他刻本是"二年"。阳明说他"来此三年矣"，与"居夷三载""在夷中三年""困于龙场三年""阳明翁此居三年"相吻合。还有在贵阳作《来仙洞》诗，其一首中"古洞生寒客到稀"，《王阳明全集》中把"生寒"校为"春寒"，第二首中"道狭草霑濡"，《全集》中把"霑濡"校为"露濡"等。如王阳明是正德元年十一月被下狱，廷杖是三十，地点在午门外，十二月二十一日被降为贵州龙场驿驿丞，正德二年闰正月初一离开北京赶赴龙场。

再如阳明好友大余县进士刘节纂修的《南安府志》记载，阳明是"卒于大庾小溪驿"，并不是青龙铺。《南安府志》收集资料距阳明先生逝世仅四到五年，时间近，且有南安府、大庾、崇义、上犹、南康四县多位官员，大庾县门人及士民数百人在南野驿参加设祭入棺，当时参与者多，记的事就比较清楚，其真实性不可受到质疑。

阳明先生逝世时，有史料证实南安府推官周积并不在场，周积听到阳明逝世的报告后，才从南安府奔赴逝世地点，所以阳明先生临终遗言"此心光明，亦复何言"，应该是钱德洪的笔下之言。如果是周积听到阳明先生的临终遗言，这等大事，周积应该有所记录，而在周积著《山中日录》《二峰摘稿》等书中未有记载，《江山县志》人物中，也只记载周积在南野驿亲自办理阳明先生入殓和出殡事宜，也未记载阳明先生逝世时周积在场之事。以上这些都以多说并存，真伪让读者在多个史料中区别。

5. 问：《王阳明行踪遗迹》这本书还经过了专家评审，您能介绍一下具体情况吗？

答：此课题经宁波市社会科学院聘请五位专家评审，评审意见很好，有专家看了此书后说："内容旁征博引，史料丰富，考据严谨，无夸张演绎，并图文并茂，是一本真实展现王阳明的生平事迹、行踪遗迹，是具有存史、资政、育人功能的一本书，可作为考察阳明行迹和组织阳明遗迹游学的一本导向书。"此书装帧很好，是目前国内外出版的阳明文化书籍中，文字内容和图片最为丰富的一本书。很多人对此书的评价还是较高的。

6. 问：您在编写《王阳明行踪遗迹》这本书时有什么体会吗？

答：我的体会是：保护阳明遗迹，研究和传承阳明文化，全凭自己的爱好、兴趣和热情，以自觉、自信的责任感去做，无所谓先要得到哪一级领导的关心、重视与支持。但只要自己认真踏实地去做了，领导就一定会关心和支持你。我们在阳明遗迹保护、考察、研究活动中，曾得到县领导林志云、卢永康、魏明禄、朱桂云、王成林、成华强、王世利、佘龙、刘元珍、文清武、王朝惠、朱永彬等县领导的关心和支持。原常务副县长成华强对我说："有的干部，我们给钱他都干不好事，你们是认真踏实地做事，帮助筹集一点经费是应该的。"也有领导对我说："杨老师，你在阳明文化方面所做的事，比一些单位做得多，做得好。"原任县长佘龙说："老杨，你是一条汉子"。著名学者张新民和蒋庆等称我是"阳明遗迹的保护者，阳明精神的守护人"。人无完人，对我有褒有贬也是很正常的，当年朝廷官员对阳明先生也是褒贬不一的，何况我是一介草民。

我是一个无职无权，且不依附任何权力的草根人士，普通阳明文化爱好者，在不完全依靠政府财力和人力的情况下，收集资料主编《龙场阳明文库》丛书，已经出版的三本，获得贵州省第十二次哲学社会科学优秀成果奖，这是省人民政府的鼓励。在本书编辑过程中，张新民老师帮助审定篇目，夏之奎、华建新、陈寒鸣、黄诚、张明、葛静萍、王学伟、陆有作、张山梁、杨廷强等先生，帮助一些章节补充内容，并提出一些很好的建议。

还有很多认识的，不认识的同志无偿提供照片。此书出版 5000 册，经费近 30 万元，没有争取到市、县的财政经费，全部是通过筹资得到，在此对关心和支持本书的各位朋友表示衷心的感谢。

7. 问：听说您还编写过《王学之源》，能简要介绍一下吗？

答：我在阳明先生悟道的龙场从事文物、文化工作 25 年，其间居住在龙岗山阳明洞三年之久，每日耳濡目染阳明先生龙场遗迹玩易窝、阳明洞、三人坟等，对阳明先生的思想和人格从粗略的认识逐渐上升到非常崇敬。25 年来，在筹资对阳明洞、玩易窝、三人坟遗迹的培修、维修、保护，在阳明文化资料调查、征集，编写王阳明纪念馆陈列大纲过程中，搜集到许多阳明文化对贵州产生影响的有关资料。

在修文县进行有关规划和各级电视台拍摄有关王阳明专题片时，让我提供阳明先生与龙场的有关部分资料作参考，因没有进行系统的编辑，只能提供一些零散的资料，由此产生把这些资料汇编成书的构想，但因各种工作繁忙，未以实现。2014 年初退休后，我着手进行汇集资料，准备编辑《王学之源》一书，历经 3 年时间，又查阅了有关书籍增补资料，于 2016 年 9 月完成初稿。

书中"王阳明谪黔诗文"部分，主要收录阳明先生在龙场所写，以及他所写与贵州有关的诗文。"阳明文化遗迹"部分，除介绍王阳明先生贬谪到贵州的遗迹外，还介绍贵州与阳明文化有关的遗迹，如修文另建的龙岗书院、贵阳阳明书院、贵阳阳明祠、贵阳君子亭，黔东地区的学孔书院、为仁书院，黔南地区的南皋书院、兴义阳明洞，水西地区黔西的阳明书院、大方君子亭等，新修建的王阳明先生纪念馆和阳明精舍等建筑群。

"黔中王学研究"部分，主要是贵州有关阳明文化的史实考证，明清以来的贵州阳明文化研究活动、举办的阳明文化节，王阳明国际学术研讨会、贵州的阳明文化碑记、摩崖，国内外专家学者、游客所写的信札、游记、祝词，咏颂阳明遗迹、阳明文化的诗词、楹联等内容。后附王阳明先生大事年表。本书所收内容主要是阳明先生谪居龙场期间所著诗文，以及历代土官、文人瞻仰阳明遗迹后所撰写的诗文、楹联、镌刻的摩崖、历代维修碑记、刻嵌的诗碑等资料，部分资料由笔者通过充分调查了解后撰写，所收资料除国人撰写外，还收录了日本、美国、韩国部分学者撰写的文章。时间从阳

贵州省贵阳市修文县阳明文化园

明先生到龙场时起至 2016 年 9 月止，所收文章以在书籍、刊物上发表过的为主。

在本书编辑过程中，得到贵州大学中国文化书院荣誉院长张新民教授、龙场阳明精舍山长蒋庆教授惠赐序言；贵阳学院老教授袁仁琮帮助修改部分资料，并提供他手中部分珍贵资料；贵州大学张明、王进教授，湖南长沙市芙蓉区的马超先生等提出了许多宝贵意见和建议，张明教授和修文县委宣传部副部长贾长远还提供他收集的部分资料；修文县文体广电旅游局退休职工吴道华、修文县第二中学教师雷芳帮助核对部分资料；本书出版经费得到贵州宏立城公益基金会的慷慨资助。在此对关心和支持本书的各位朋友表示衷心的感谢。

阳明文化继承者
——访李小龙

一、访谈人简介：

李小龙，号半知，贵州德江人，现任修文县文联主席。中国戏剧家协会会员，贵州省作家协会会员，贵阳市作家协会副主席；贵州省阳明学学会副会长，贵州阳明文化研究院研究员，贵州龙场王阳明研究院院长；贵州师范大学文学院客座教授；修文县首批县管专家。校注《居夷集》、主编《王阳明经典诗文集萃》、编著《王阳明经典名句》等有关阳明文化书籍，出版散文集《深谷乡音》、现代诗集《四壁乡愁》、古体诗集《凝望乡关》等。

二、访谈内容：

1. 问：您是在什么样的情况下接触王阳明的呢？

答：1998 年大学毕业后考入贵阳市修文县人民法院工作。上班第一天，院领导对我说：先别忙做事，去熟悉一下修文吧，阳明洞是必须去走走的！那时修文县城还没有出租车，满街都是马车，前面两匹马拉着，后面是一个用篷布盖着的木质结构的车厢，从皂角树坐到长征桥前面，5 角钱车费。

再走过一片稻田,就到了阳明洞了。由于此前对王阳明,对阳明洞,一点概念都没有,去阳明洞转一天,什么收获都没有。虽然大学学的是法学专业,但自幼就喜欢语文,文笔还不算差,没事就写写,发稿多了,就被"盯上"了,当时正好县委办缺人手,我在法院工作没几年,就被调了过去。这几乎是修文县每一个公职人员的必修课,刚来的时候,我对此的确没有修文本土人了解得多,几乎是从零开始的。调入县委办工作没多久,我跟着领导去陪同客人,一位县领导当着众人,要我介绍阳明先生所倡导的"知行合一"的内涵意义,我支支吾吾半天答不上来,很是尴尬。自此,就在心里暗下决心,一定要重新认识王阳明,重新认识阳明洞,并认真学习阳明文化。不为别的,就为保住自己的颜面。记不清有多少次独自一个人默默地去阳明洞,对洞中石刻、山中廊亭上的对联及那山上的一草一木、一砖一瓦,细细地观察、揣摩和考证;也说不清多少次一个人去玩易窝,把阳明先生曾经幽居过的洞穴,先贤曾经踩过的地方,看了又看,摸了又摸。渐渐地,对阳明文化有了发自内心的崇拜和喜爱,并利用一切机会向前辈们请教学习。

2. 问:目前我们修文地区,对阳明文化都做了哪些推广活动?

答:修文地处黔中,古名龙场,明代大思想家王阳明于明正德元年(1506)被贬龙场驿任驿丞,正德三年(1508)三月到达龙场驿。在龙场,王阳明玩易悟道,创立了阳明心学体系,史称"龙场悟道"。修文也因此被称为"王学圣地"。

2005年,"第三届中国·贵阳(修文)国际阳明文化节"在修文举办,我被安排在联络组,专门负责联系对接前来参会的阳明文化专家学者。这是我第一次接触到数量众多的阳明文化专家学者。与专家学者往来联系之间,渐渐地感受到阳明文化的深厚博大,绝非一朝一夕就可以掌握和抵达的,只有沉下心,刻苦钻研,方可有收获。此后,虽然工作岗位发生了多次变动,但无论是在哪一个岗位上,在干好本职工作的同时,我也坚持对阳明文化的学习和践行,大部分业余时间都用在了阳明文化的学习和研究上。最幸福的职业是把兴趣爱好与工作事业合二为一,我有幸遇上了。到文联以后,挖掘整理、传承弘扬阳明文化成了工作的一部分,干起来名正言顺,乐在其中。关于阳明文化的书也越看越多,时间久了,做梦都梦见阳明先生几回。

紧跟文化强县建设工作需要,牵头创办了"重德修文"大讲堂,全县各乡镇、村和县内各部门设立了"重德修文"大讲堂的分讲堂292个，先后邀请全国阳明文化名家、央视"百家讲坛"嘉宾等20余人做客大讲堂，自己驻堂义务宣讲中华优秀传统文化、阳明文化。我常常在周末和节假日空闲之余到阳明洞、玩易窝为游客义务宣讲阳明文化，也常常深入村寨为人民群众做阳明文化宣讲。从传统文化切入，让宣讲大众化、生活化、实用化，讲出群众最接受、最想听的心里话。从大家最关心、最贴近切身利益的事实说起，使听众爱听、真懂、会用。

最近几年，我致力于推动阳明文化的普及，平均每年为各级各类嘉宾、游客、学生、干部、群众等作阳明文化讲座和解说30余场次，年年如此，至今已作宣讲300余场次。还组织"清明诗会"活动，于每年清明节举办诗会，以诗歌的形式文明祭祀阳明先生，该活动至今已连续举办7届，在贵州诗界有很大影响。

3.问：在传承阳明文化上，您有什么长久的计划吗？

答：持之以恒抓自身学习，充分利用贵州省阳明学学会、贵州龙场王阳明研究院、龙冈书院等阵地和平台，广泛开展"龙场悟道·心路历程"的普及培训，组织开展"共产党人的'心学'"等主题学术研讨，编辑、校注一批阳明文化的书籍，按照县委安排，积极参与筹备阳明文化节等，为凸显龙场作为阳明心学的"源头"和把修文打造成阳明心学的"寻根溯源、体悟教化"之地而作自己的努力。

一是强化自身的学习提升；二是立足文联工作，通过举办"我们的节日"系列活动、"阳明文化九进工程"、"重德修文"大讲堂、清明诗会、阳明文化主题沙龙等活动的开展，着力推动阳明文化的普及化、大众化，让市民群众知道阳明先生，学习阳明文化，运用阳明思想，传播阳明精神；三是积极参加全国各地的阳明文化活动，宣传、推介修文。通过大家共同努力，现在修文的文化氛围进一步增强，文艺活动丰富多彩，文明程度得到了明显提高。

4.问：现在不少人对于王阳明悟道的地点还存有疑惑，您能介绍一下悟道的具体地点吗？

答：从《玩易窝记》："阳明子之居夷也，穴山麓之窝而读《易》其间，始其未得也。"以及《王文成公全书》："旧无居，始教之范土架木以居。……

乃为石埤自誓曰：吾惟俟命而已！"以及明嘉靖三年丘养浩刻本《居夷集》中的诗《移居阳明小洞天》等来看，王阳明到达龙场是先居住在"玩易窝"，后"迁至东峰"的。现在玩易窝洞顶有明万历庚寅（公元1590年），贵州宣慰使安国亨（安贵荣的重孙，明嘉靖四十一年，即公元1562年世袭宣慰使职）题写的摩崖"阳明玩易窝"几个大字和一首诗，诗曰："夷居游寻古洞宜，先贤曾此动遐思。云深长护当年碣，犹是先生玩易时。"

诗中所说的"先贤曾此动遐思"，当是指阳明先生在这里悟道。"犹是先生玩易时"，当指玩易窝保存完好，还是当年阳明先生悟道时的样子。安国亨多次到龙场，在玩易窝和阳明洞有四处刻石，时间都是在阳明先生去世60年和61年的时候，与阳明先生龙场悟道时间相距仅80多年，应当是无限接近真相的。

清朝时期，玩易窝上方有"玩易亭"，同治年间，贵州著名楹联家刘玉山题有对联一副。联曰："此间安乐可居，羡先生机变能观，终感得露湛金鸡，赦颁羑里；以后文明肇启，喜我辈追寻有自，最难忘风高石马，泽被黔州"。

联中引用周文王被困羑里推演《周易》的典故，也呼应阳明先生玩易窝读《易》之事。玩易亭由于年久失修，已于20世纪60年代倒塌。

综合前述，对照玩易窝遗存，即可肯定王阳明"龙场悟道"是在玩易窝，而不是在阳明洞。

5. 问：您能简要介绍一下王阳明到达龙场后的生活状况吗？

答：王阳明从京城来到边陲，一路风餐露宿，到达后又有一个适应的过程。

龙场人帮助他建了何陋轩以后，他便"忘予之居夷也"。在东峰生活期间，"夷居信何陋，恬淡意方在"。说明他很坦然，自己寄情于山水之间，潜心悟道讲学，正确面对并安心于眼前现实生活。但从"南北驱驰任板舆，谪乡何地是安居？"等诗来看，他对龙场生活又是十分不安的。王阳明龙场诗很多都表现了他矛盾重重，纠结万分的情态。"病夫已久逃方外，不受人间礼数嗔"等诗句可以看出他当时的身体状况是很不好的。

王阳明到达龙场没有多久，就没有粮食吃了。当时龙场的少数民族也不富裕，王阳明就仿照当地人开荒种地，他们先开了不足一亩的地，种了庄稼。"山荒聊可田,钱镈还易办。夷俗多火耕,信习亦颇便。及兹春未深,数亩犹足佃。"说明他们带的银两还是够用的,只是地处蛮荒,购买东西不便,只有自己赶快开荒种地。好在荒地有的是,简易的农具也好置办,当地人原始的刀耕火种,仿照也不难,当时应该是四月底了,种庄稼还来得及,于是说干就干,开始种地。也说明他处困不惊,冷静地与艰难作斗争。

开了一小块地,开始种地了,自己又不会种,经常请当地人帮忙,干活结束,在草屋下设酒食请帮忙的邻居吃饭,王阳明干活累了,又很高兴,喝醉了,忘了和人家打招呼就进屋睡了,第二天还写了《西园》作记:"方园不盈亩,蔬卉颇成列。倦枕竹下石,醒望松间月。起来步闲谣,晚酌檐下设。尽醉即草铺,忘与邻翁别。"

龙场地处山中,所居彝、苗、仡佬等少数民族人民善良淳朴,没有腐败官场与浮华都市那种趋炎附势的势利眼,对于不为最高当局所容、身处逆境的弱势者,抱着天生的同情心和正义感,处处帮着他。水西土司安贵荣得知王阳明的状况,派人给他送来米、肉、菜等食物,还派人帮他砍柴、挑水。王阳明婉言谢绝,还写信答谢。说我是得罪朝廷而来,现在躲在阴岩幽谷之中以抵御藤精树怪,虽然早就听说你(指安贵荣)为人高义,但一直不敢来见。现在,你不怕受牵连,派人送米、送肉,还叫人砍柴挑水,我实在不敢当啊。就以礼相辞了。过几天,安贵荣又派人送来银两布匹,还送来一匹马,比上一次礼更重,情更盛。王阳明"愈有所不敢当矣!"可是送礼的使者"坚不可却",王阳明只得"敬受米二石,柴炭鸡鹅悉受如来数"。其余的钱物鞍马都退还回去了。安贵荣以一方土司,远离主流文化中心,却如此尊敬爱戴中原学者。尤其可贵的是,他不像当时有些人那样,生怕和失势者沾边,避之唯恐不及,却以纯洁高尚的爱心善待王阳明。王阳明对安贵荣的礼遇也是再三谦让。双方的人品节操都跃然纸上。从他的诗作中看,他在龙场期间到的地方并不多,多数时间都是在龙冈山读书、讲学、种地,连砍柴、挑水都自己动手,生活完全是自力更生,彰显了文人的气节。

从京城来一个有大学问的人,很快引起周围上百里的读书人的注意,他们不辞辛劳赶来求学。当地"土苗"乡民也纷纷把自己的孩子送来请王阳明教他们识字。学生及家长们不忍王阳明居住在阴暗潮湿的石洞里,主

贵州省贵阳市修文县龙岗书院

动砍树伐木，为王阳明构筑了几幢木屋，二十来天，房屋建好了，请他移住新居。王阳明十分感动，对当地人修建的房屋很满意，觉得超出了他的预期。

与夷民的和睦友好相处，在险恶的环境中获得了夷民的敬爱和援助，不仅消除了与边荒夷民之隔阂，消除了他初至龙场时的孤独、落寞之感，体味到"人间处处有真情"，使他在逆境中感悟到人性良知并未泯灭，从而看到了希望，鼓舞了勇气，坚定了意志，便振作奋发起来，与命运抗争。也因此激发了他从更深的层次上去探索、丰富和发展"良知"学说，使他的思想得到了升华，在人生的道路上重新燃起了希望。

王阳明在龙场生活到正德五年（1510年）初春，被朝廷重新启用，离开龙场而去。王阳明于这年的三月赴任庐陵（江西吉安）知县。从他的《诸门人送至龙里道中二首》所描写的场景和他到达湖南辰溪正是元夕来看，说明他最晚也是二月离开龙场的，他在龙场前后应为二十二个月。

阳明文化传播者
——赵长海

一、访谈人简介：

赵长海现为郑州大学教授，河南省姓氏文化研究会家谱委员会副会长，河南省儒学文化促进会王阳明研究会副会长兼秘书长，郑州大学民革副主委。现为郑州大学图书馆研究馆员，中国近现代史、图书馆学硕士生导师、河南省第六届优秀青年社科专家。研究方向为版本学、地方文献、中原文化。个人收藏河南地方文献四万余种，创办河南文献网站。主持国家社科基金项目3项，教育部人文社科基金项目1项，教育部"十五"重点项目1项，全国高校古工委重点项目2项。新中国古旧书业（1949-2009）获得第六届高等学校科学研究优秀成果奖（人文社会科学）著作类三等奖、河南省社会科学优秀成果二等奖。

二、访谈内容：

1. 问：河南省成立了王阳明研究会，有很多人都不太了解王阳明和河南的关系，您能介绍一下吗？

答：河南浚县大伾山是王阳明圣贤人生辉煌事功的启航地。王阳明出生于浙江余姚，追溯其家族史和阳明心学，与河南有很深的渊源：一、北宋开封三槐堂创堂始祖王祜（923-987）是王阳明17世祖。王阳明曾祖父王世杰号"槐里子"，正是为了纪念开封三槐堂远祖。三槐堂始祖王祜的祖父王言（969-930）做过唐代黎阳（今浚县）县令，算起来是王阳明第19世祖。1499年，王阳明以工部见习进士的身份在浚县以《大伾山诗》《大伾山赋》明志。二、阳明心学继承了南宋陆九渊心学和北宋程颢理学，程颢是河南洛阳人。三、明代嘉靖、隆庆、万历年间，王阳明弟子陈鼎、路迎、何鳌、萧鸣凤、应良、王应鹏、郭持平、南逢吉、刘魁等，再传弟子、河南洛阳人尤时熙和三传弟子、河南新安人孟化鲤等等在河南做官讲学，传播光大了阳明心学。嘉靖三十九年，浚县在大伾山上创建阳明书院。

王阳明28岁时新中进士，于工部观政，因督造著名大将王越坟茔而到浚县达半年之久。王阳明入仕之初，因督造著名大将王越坟茔而到浚县达半年之久。浚县古称黎阳，有大伾山，山上有大佛，有龙洞，王阳明在《游大伾山诗》及《大伾山赋》中均有描述。大伾山早在《尚书·禹贡》中即有"东过洛汭，至于大伾"的记载，孔安国《传》谓"山再成曰伾"。王阳明因了各种机缘到浚半年的时间，也可谓再成，熏染、磨炼、感受和体悟，对其一生有着重大深远的影响。浚县乃王阳明圣贤人生辉煌事功启航地！这是再恰当不过了。

河南省儒学文化促进会为响应习近平主席的号召，发掘河南省拥有的阳明文化历史资源，促进浚县、鹤壁乃至河南省文化、经济、社会生活的发展，适时地成立了王阳明研究会。

2. 问：您能介绍一下王阳明为什么会来修王越坟茔吗？

答：弘治十二年二月，王阳明新中进士，随后五月观政工部屯田司。屯田司掌管百官茔制，王阳明的第一件公差即是督造王越坟茔。当时新中进士的有三百人，到九卿衙门每个部观政基本也有二三十人，为何独独是王阳明来浚办这个公差呐？这难道是纯粹偶然吗？其中有更多的因缘所在，而最主要的是因为王阳明对军事早有留意，对王越有很深的崇敬之情（而这一点，王阳明则一生从未提及，也没有只言片语涉及王越）。

另外一个原因是二人都姓王，自己都认为出自三槐王氏（至于真实的祖先传承，学界早有定论，此不赘述），有同姓同宗的便利。王越和王阳明的父亲王华应该是熟悉的，王越中进士初仕即为浙江道监察御史。王华和王越生前是否有所接触，文献没有记载，但极有可能很熟悉。王守仁为余姚望族，乃父王华为成化十七年（1481）辛丑科状元，此科读卷官正好有王越（成化十一年、十四年、十七年，王越均为读卷官。内阁学士及六部尚书都是读卷官，所以，当时的进士不仅是天子门生，也是内阁大学士及六部尚书及监察院长官等最高级别官员的门生。）故王越与王华应有师生之谊，彼此是熟悉的。

另外，王越有几个密友，一个是与王阳明同为绍兴会稽人的胡谧，另外就是浙江的杨守陈及杨守阯兄弟。王越在西北的时候与胡谧有很多交集，有工作关系，亦有很深的私交，在《王越集》中有很多诗文可看出二者的密切交往。王越与杨守阯、杨守陈兄弟关系则更为密切。而杨守阯编有《浙元三会录》，此书乃以浙江乡试解元同仕于朝者邀为文会。其六元文会始于成化六年（1470），参加者为范理、商辂、姚夔、杨守陈、卢楷及杨守阯。成化十五年复为七元会，参加者为胡谧、沈继先、杨文卿、黄珣、谢迁及杨守陈、杨守阯。成化二十二年再为后七元会，参加者李旻、王华、胡谧、沈继先、谢迁及杨守陈、杨守阯。守阯为守陈之弟，弟兄二人参加了三次文会，或当为主持人。景泰、成化之时，南北之争很厉害，王越虽被目为北党，但也一向与南人交好。故王华与王越应该是很熟悉，有否直接的交游，现在没有文字资料。王华的文集几乎无存，王越集内亦没有相关资料，其他人的文献中尚未能查到。

另外一个因素就是极可能是内阁大学士李东阳的推荐，李东阳为王越写墓志铭，而李东阳和王华关系密切，看重并推荐了王阳明。

综合以上因缘，王阳明有何因缘到浚，为何独独是王阳明，就大致清晰了。

3. 问：您知道王阳明大概是什么时候到达浚县吗？

答：王阳明何时来浚及在浚县停留的时间，一般都说是三个多月。编著有《王阳明年谱长编》的束景南先生谓其来浚在八月上旬，离浚县在十月中旬以后。那么，是否真的如此呐。要想确定王阳明来浚县时间，必须考证清楚所谓王阳明的一篇长诗《堕马行》。

所谓王阳明之《堕马行》，实乃邵珪所作。因此篇末所署日期八月一日，是一个明显的破绽，即这个日期根本就不可能。因为这个日子，与王阳明《游大伾山诗》摩崖文末所署日期同为八月一日。束景南先生在《王阳明年谱长编》中记载的"则阳明堕马在七月"，又谓"又诗（指《堕马行》）末署'阳明山人'，可见阳明弘治十一年移家绍兴后即自号阳明山人矣"。以上束先生的判断都是错误的。又束先生在《王阳明佚文辑考编年》中对《游大伾山诗》写作时间怀疑，谓"观此诗后题'仲秋朔'，似有疑问，按八月一日阳明犹在京师（见上《堕马行》），其约在八月上旬来大伾，不当八月一日作此《游大伾山诗》。疑阳明此诗实作在八月到大伾山之时，'仲秋朔'云云，乃是阳明书刻此诗所选定之良日，非谓此诗真作在八月一日也"。以上束先生认为《游大伾山诗》之"八月一日"乃摹刻上石之时故意选定的良日，此判断仍是错误的。而其错误最主要来源即从《堕马行》此文而来。

结合王阳明在浚县所作《乐陵司训吴先生墓碑》有："恭承上命诣黎阳，再越两月，而事综理尚未竣。"而值此"事综理尚未竣"时，吴冠病逝，王阳明应邀作此墓志。墓志载有吴冠病逝时间为"弘治十二年八月二十三日"，下葬时间为"十一月二十八日"。则王阳明作此墓志时间当在八月底到九月初之间，因写吴冠墓志时，王越尚未下葬（事综理尚未竣）。

另外此墓碑"予恭承上命诣黎阳，再越两月，而事综理尚未竣"。这个"再越两月"究竟如何理解，"越两月"是第二个月，还是第三个月？按古人此类表年月常用法，"越明年"即越过今年到达明年，但"越两月"在古文中则和"越明年"非同一用法，乃指到浚后已经超过两个月。那么"再越两月"呐，这个用法则绝少人用，但至少应是到浚县已经超过三个月，而此时王越尚未下葬，王越坟茔尚未完工。故从八月底九月初往前推三个月，则王阳明之来浚县的时间当在六月。

佐证王阳明六月从京城出发，从运河抵达浚县的尚有一证，即李堂《董山堂文集》卷一所载《赠进士王伯安使大名》。此诗内有"把酒临清流，种花舞晴昊。解缆指天津，扬帆破秋颢"。李堂字时升，号堇山，鄞县人。李堂成化二十三年进士，此后长年在工部屯田司。王阳明初仕观政工部，李堂刚任工部营缮司郎中。李堂与王阳明关系密切，且王阳明到大名府浚县营造王越坟茔，李堂或当有工作指导的责任。故出发时把酒吟诗送行，诗中"扬帆破秋颢"一句，其准确的内涵，为出发时当为六月，故行程当中或到浚县即可到秋天，也即"破秋颢"。

4. 问：我们都称王夫之为王阳明，那您能介绍一下"阳明"一号的由来吗？

答："阳明"一词出现甚早，《汉书·孔光传》有"臣闻日者众阳之宗，人君之表，至尊之象。君德衰微，阴道盛强，侵蔽阳明，则日蚀应之"。这里的"阳明"有阳光、光明之义。另外"阳明"又有"东方青帝"之义，在道教著名典籍《云笈七籤》卷四九有"阳明主春，万童开门"的文句。王守仁熟悉史著及道教典籍，对此当亦很是明晓。

王守仁初名王云，因降生于瑞云楼而名。此后5岁时又改名守仁，字伯安。王阳明名守仁，字伯安，由"以仁安人，以义正我"句而来，此则又可溯自《易·系辞》之"立人之道曰仁与义"句。

但世人叫了五百多年的"阳明"，王守仁自己从来没有说明过自号"阳明"的由来及寓意。其最早说明"阳明"号之由来的则是撰著《阳明年谱》的钱德洪，其在年谱起首即谓："龙山公常思山阴山水佳丽，又为先世故居，复自姚徙越城之光相坊居之。先生尝筑室阳明洞，洞距越城东南二十里，学者咸称阳明先生。"因钱德洪随侍阳明先生多年，为阳明先生最重要的弟子之一，其编纂《年谱》影响巨大，故其说一出，五百多年来，几成定论。新近出版的束景南先生著《王阳明先生年谱长编》仍袭此旧说，在长编起首亦谓："龙山公常思山阴山水佳丽，以为先世故居，乃于弘治十年自余姚秘图山徙绍兴之光相坊居之。王守仁遂筑室阳明洞读书修炼，自号阳明山人云。""(弘治十年)秋后，由余姚移家绍兴光相坊，遂自号阳明山人。""又诗(指《堕马行》)末署'阳明山人'，可见阳明弘治十一年移家绍兴后即自号阳明山人矣。"

但是《堕马行》乃伪作，所以，王守仁自号阳明并没有那么早。至少在弘治十二年的《游大伾山诗》《游大伾山赋》还未署此号。

王守仁自号"阳明",最大可能是受到大伾山阳明洞的影响,此龙洞祷之则应,宋宣德年间且被封为"康显侯",王越家族向来十分重视龙洞,阳明很早即有着圣人情结,故王阳明当由此得到启发,要做人中之龙,其阳明之号是和大禹和龙相关的,其最早当源自浚县大伾山阳明洞。当然其家乡会稽山在道教称为"阳明洞天",有禹穴,有人又称之曰阳明洞,而大伾山亦有众多大禹治水史迹,故二地之巧合,王守仁方有"阳明"之号。从现在文章所署名号来看,弘治十四年后,方有阳明自号。

王守仁以阳明自号,有龙或龙子之寓意,有立功于世,时作霖雨济苍生之志。故终其一生亦不敢不能明言其自号之由来。而其弟子或真不知,或知而故弄玄虚含糊其辞而已。

5.问:您能介绍一下你们学会近几年开展的活动吗?

答:2019年2月,由河南省儒学文化促进会主办,河南王阳明研究会、浚县文广旅局承办,河南王阳明书院、子贡文化研究会(筹)、河南科饶恩门窗有限公司、河南嵩岳商会协办的"2019中国鹤壁(浚县)王阳明与大伾山学术研讨会"成功举办,会议结集印刷有《论文集》。会议取得良好的学术及社会效果:一是唤起鹤壁浚县地方政府对阳明文化的重视,二是推动阳明文化在全省的传播和发展。王阳明初仕即到鹤壁浚县,浚县大伾山是全省阳明文化的重要基地。这次会议,邀请到了国内知名阳明学者吴光、钱明、王晓昕等先生,省内学者积极撰写论文,其中有两篇论文即将于《儒学与文明》第三辑刊载。鹤壁市、县派出了市委常委、宣传部领导和县领导出席并讲话,会议盛况分别被鹤壁电视台、《鹤壁日报》等多家媒体广泛报道。河南省儒学文化促进会领导到会讲话,给予大力支持。

国际儒联顾问、河南省儒学文化促进会创会会长王廷信在研讨会上讲话中指出,王阳明是我国明代著名的思想家、政治家、哲学家,王阳明是继孟子、二程、朱熹之后的儒学文化集大成者。王阳明心学的核心内容"致良知"及"知行合一"思想有着重大的当代社会价值,对于我们"修身、齐家、治国、平天下"有着重要的借鉴意义。

浙江省儒学学会会长、浙江省社科院研究员吴光,贵州省阳明学会会长、原贵阳学院副院长王晓昕,浙江国际阳明学研究中心主任、中华孔子学会阳明学会副会长钱明,河南省儒学文化促进会王阳明研究会执行会长王程强,郑州大学教授赵长海,龙场悟道地贵州省修文县文联主席、道德讲堂主讲李小龙等做了主题报告。王阳明研究会副会长、原浚县县委宣传部部长张献斌作了题为《弘扬中华优秀传统文化,打造鹤壁(浚县)新时代文化高地,促进鹤壁(浚县)经济文化进一步发展》的报告。企业界代表郜松建、王海峰,以及浚县当地学者刘会喜、浚县文广旅局局长魏长文等也都做了发言。来自郑州大学、河南大学、河南师范大学、河南农业大学、河南中医药大学、郑州航空工业管理学院、洛阳理工学院、浙江社科院、河南省委党校、修文县文联等各高校、科研院所的学者、专家就相关学术问题和大伾山阳明文化宣传普及工作进行了充分的讨论。

研讨主题有三大内容：阳明学之根本精神、阳明学在河南、阳明学之实践。吴光把阳明学的根本精神总结为"道德理想主义精神""人文精神""和而不同的精神"和"力行实践的精神",进而指出了阳明学的当代价值在"知行合一"。王阳明来浚县前后一段时间,赶上大明北部边境边患频仍,具有忠心爱国思想的王阳明醉心于军事智慧的学习,军事奇才王越的军事思想,对王阳明此后的军事实践具有重要的影响。

钱明教授因应这段历史,向大会提交并在大会演讲了《王阳明的兵学术及武备策》,重点论述了王阳明用兵与用心的关系。来自龙场悟道地贵州省的王晓昕做了题为《龙场悟道三题》的主题发言,内容分三部分：龙场悟道的时间节点、龙场悟道的实质及其表述、龙场悟道的重要意义,他认为龙场悟道的实质是"吾性自足",在讲述龙场悟道时,他联系到了习近平主席倡导的人类命运共同体。北京学者杨郁讨论了《阳明心学格物论》,江西省王阳明研究会秘书长皇甫金石论述了《阳明心学的功夫》等。

6. 问：研究会的成立对当地产生了什么样的影响呢?

答：2019年2月"中国鹤壁(浚县)王阳明与大伾山学术研讨会"成功举办后,"浚县是王阳明圣贤人生辉煌事功的起航地"已成为学界共识,河南省王阳明研究会与浚县文广旅局建立紧密的联系,努力在浚县大伾山打造王阳明致良知研学基地,先后数次带领专家学者参与大伾山文化旅游策划活动。2019年4月,执行会长王程强、秘书长赵长海与品牌策划师李起鹏先生一同到浚县大伾山及新建的浚县博物馆考察,就打造大伾山阳明

阳明心学与多元文化的会通

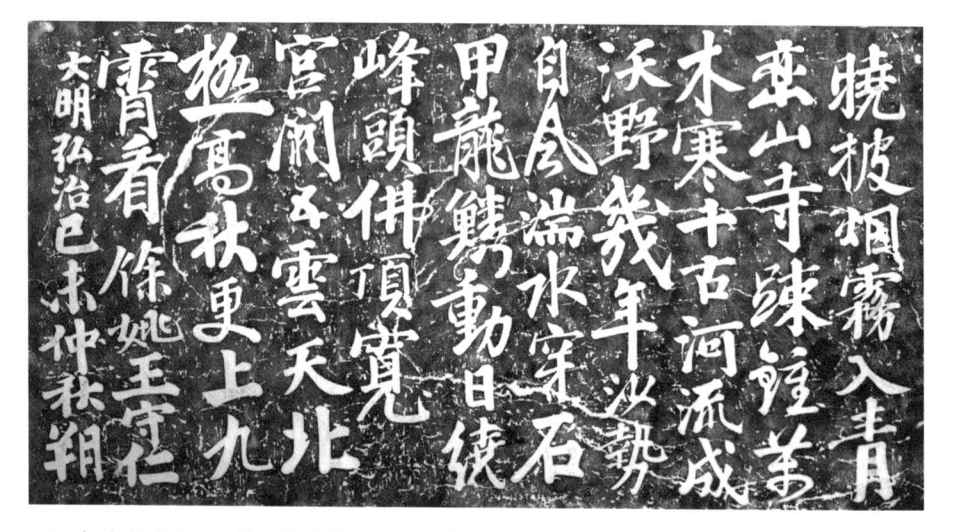

河南浚县大伾山"天宁寺"院后石壁右下角王阳明撰书的《大伾山诗》摩崖

书院与浚县文广旅局深入座谈，取得多方面的共识。2019年9月，秘书长赵长海教授，到浚县与文广旅局魏长文局长等浚县文物考古界专家座谈，并专程考察浚县唐宋古城及黄河故道，就浚县今后旅游发展献计献策，取得良好效果。

阳明文化发扬者
——访华建新

一、访谈人简介：

华建新，现为余姚市东海城市文化研究院院长、首席研究员。宁波市王阳明研究促进会副会长、宁波文化研究会理事、中国明史学会王阳明研究分会理事，中国社会科学院文学所访问学者、浙江大学人文学院访问学者。主要研究方向为阳明学研究和阳明文化传播。主要学术专著有：《王阳明诗歌研究》《王阳明散文研究》《姚江秘图山王氏家族研究》《余姚竹桥黄氏家族研究》和《王阳明诗文选》注评。发表论文80余篇，获各类教学、科研成果奖50余项，研究课题结题40余项。获中央广播电视大学（现为"国家开放大学"）首届、第二届"教学创新奖"；《地方文史专门人才培养模式的研究与实践》获宁波市人民政府高等教学成果二等奖；《开放教育自主性学习模式研究》获中央广播电视大学优秀科研项目二等奖；《王阳明诗歌研究》获中央广播电视大学优秀科研成果二等奖。

二、访谈内容：

1.问：请您简要介绍一下是在什么机缘下开始阳明学研究的？

答：我从开始接触阳明学至今，已有二十余年了。我记得，最早发表的学术论文是《自是孤云天际浮——论王阳明诗歌中的"恋云情结"》，发在当时的浙江广播电视大学（现在称"浙江开放大学"）主办的《电大教学》期刊上，时间在1998年，至今仍可在网上搜索到；但研究工作还要再早几年。

当时,人文社科类的学术期刊比较少,省级刊物能发出来算是幸运的了。那时候,研究王阳明的学术氛围没有像现在这么热,以王阳明诗文作为研究对象的学术论文极少见,这与最近几年来研究王阳明的气场之高是不能同日而语的。我清楚地记得,当时余姚市图书馆只有一套《王阳明全集》,1992年上海古籍出版社出版的,且此书被余姚市文化馆的一位干部借着,我跑到他家里,经商量后才转借给我阅读。作为阳明先生的故里人,我们内心充满对先贤的敬仰之情,这应该是最初研究阳明学的重要机缘。

当然,高山仰止,尤其对王阳明"心即理""知行合一""致良知"和"万物一体"之心学思想体系特别感兴趣,希望通过深入的研究走进其博大的精神世界。尽管阳明先生的形象在不同历史阶段褒贬不一,他的良知学说曾被戴上"主观唯心主义"的帽子、他的事功被斥之为"镇压农民运动的刽子手"等等,不一而足;但作为阳明先生的故里人,在历史上阳明故里人总体上对其评价坚持客观标准,尊重历史的真相,除在特殊的年代外,余姚在传承、弘扬阳明心学思想方面几乎没有长时间的中断。在这样的文化传统影响下,我投身于阳明学的研究完全是发自内心的认同、这种内生性的驱动力产生了不竭的动力源,或者说是出于对阳明学研究自觉的文化动因,没有人要求我这样做;这跟社会上一些人士出于功利性的目的去研究阳明心学或推介阳明文化,这在本质上还是有区别的。我想这种"机缘"是具有内在超越性的,而不是功利性的外在选择。

2.问:您觉得阳明心学的主要思想内涵是什么,对当代而言有什么样的现实关怀?

答:阳明心学虽然产生于明代中期,但经过数百年来的流播,经受住了历史的检验;不仅得到了学术界的高度关注、成为一门显学,而且成为广大阳明学爱好者汲取思想资源的精神来源。同时,阳明学也被海外阳明学研究者所注目、所重视,成为世界性的学术研究领域。自明代中期以来,阳明心学的发展虽历经曲折,但历久弥新,对近现代的影响力越来越大,这与阳明心学强调激发人的内在主体精神是分不开的,我的体悟阳明心学的思想内涵主要有以下四方面:

首先,王阳明对世人的启迪是做一个道德高尚的人,前提在于确立人生的志向,即对"立志成圣贤"人生目标的追求要有坚定的信念。立志的心学依据是"心即理",意为道德修炼"不假外求",道德确立的基本路径只需"求诸内心"、遇事首先要反求己心,开显主体精神,这是阳明心学关于世界本体论的智慧。王阳明所指的"心",是指道德良知本体,即道德世界的本然状态。王阳明认为:良知之本心"人人具有,无时不在,无处不有,无善无恶",即为宇宙大道之本,"心"即为"良知"之心。确立成就德性的"志向",即确立每个人内在的道德发展目标,从而具有"知是知非""知善知恶"的道德认识能力、道德判断能力和道德践行能力,如此才能知天地,通人事,明变化,成为道德人格健全的人。王阳明11岁就立志"成圣贤",显露出其超人的道德目标定位,他没有看重功名利禄,而是向往圣人的人格境界并努力付诸实践。立志乃为立身之本,是安身立命、完善人格的定盘针;立志也是增强人的是非判别能力、养成自身刚毅坚卓心理品质的修炼功夫。

其次,人一旦确立了成就德业的目标,就要为此而努力奋斗,也就是阳明先生常说的要在"事上磨炼"。从某种意义上讲,阳明心学是一种道德实践的哲学,它体现在人的整个生命过程之中,是与具体的生命世界联系在一起的,若离开现实生活孤立、抽象地去谈论阳明心学其实没有多大的意义。因此,王阳明十分强调"知行合一"的修炼功夫。做人要讲究"真知",而讲真知就必须做到"知行合一"。王阳明认为:"知是行之始,行是知之成""知之真切笃实处即行,行之明觉精察处即是知",意思是"知在行中,行中有知",相辅相成,知行是高度统一的认识过程和实践过程的结合,两者不可割裂;不存在谁先谁后的时空界限,是辩证的统一。王阳明关于"知行合一"的学说要求有志向的人时时处处做到正念头、见真功夫,让自身的"良知"在生命过程中完美地呈现出来,这样的人生才是有价值、有意义的。

再次,人在社会中生活,必然会遭遇各种各样问题的困扰,从而干扰自己内心世界的平和中正,原先的志向会随着干扰程度的强弱而发生偏离,会守不住"良知",即所谓"动心","动心"就是"私欲"的表现,私欲能遮蔽人之本然良知。那么,如何做到不动心,守住自己心中的良知呢?王阳明在历经百死千难后,经高度提炼、指出了一条道德修炼的路径,即"致良知",这是阳明心学的核心思想。"致良知"的"致"字,从内涵上可理解为"正"的意思,即"正心"。明末清初,阳明先生的同邑后学、大儒、浙东史学的巨擘黄宗羲认为"致良知"即为"行良知",这是黄宗羲对"致良知"学说的诠释。意为在实践中要通过道德内省的自律过程,去掉各种与道德相违的"私欲",如此才能识破和自觉抵御各种诱惑,从内心超越自身的道德局限,保持平和的"心态",恢复"良知"的境界。因此,致"吾心之良知于事事物物"即为成就德业之道。"致良知"修炼的基本途径即为慎独、戒傲、恭谦。"致良知"要做到"事上磨炼",深切体悟"泰山之高远不如平地之大"的人生哲理,不断地自我完善,方能守住自身的精神家园。

第四,阳明心学的主体性并不仅仅局限于自身的道德修炼上,而是要以"天地万物为一体",努力实现道德的最高境界,这是阳明心学关于人与人、人与社会、人与自然之间和谐共处的道德智慧。王阳明的"万物一体"思想是从"良知"本体出发,描绘了一幅天人合一的乐境图,充满着对现实社会的道义关怀。王阳明说:"世之君子惟务致其良知,则自从能公是非,同好恶,视人犹己,视国犹家,而以天地万物为一体,求天下无治,不可得矣。"王阳明的"万物一体"思想是每个人安身立命的智慧,引导世人走出自我封闭、以自我为中心的狭隘圈子,以宽广的胸怀谋求和谐的人际关系、天人关系,拓展心性格局,真诚地关心人与自然的和谐。王阳明的"万物一体"思想智慧为人类命运共同体的构建提供了极其丰富而深刻的思想智慧。

3. 问:请您给我们讲一下您选择阳明诗歌研究的起因及收获。

答:我研究阳明学最初是从王阳明的诗歌开始的,这主要是基于地缘和教育的需要,当然也与我研究王阳明诗歌的兴趣是分不开的。所谓"地缘",浙东余姚这块土地不仅诞生过诸如王阳明、黄宗羲这样的思想巨擘,同时也诞生过不少著名的文艺方面的杰出人物,诸如:唐代的书法家、诗人虞世南,南宋的"江湖派"诗人高翥,明代作为诗人的倪宗正、戏曲家孙鑛、叶宪祖、吕天成,等等,这些人物作品较多,影响广大;但王阳明是以心学家名世的,一般人并不清楚其在文学上的成就,特别是其在诗歌方面的成就。

所谓"教育的需要",当时我在高校任教,想把阳明文化资源挖掘出来,成为课程改革的资源。经过选择,我将王阳明诗歌的有关内容糅合到"中国古代文学专题"的课程之中，设计了该课程"综合教学模式"的实施方案。这一举措的落实，为地方培养了一批文史人才，形成了课程教学的地方特色。从课程教育改革的角度而言，把创新教育思想落实到乡土资源的开发和利用上，也算是一种教育改革创新的尝试吧。我的教改实验成果，得到了宁波广播电视大学（今宁波开放大学）、宁波市人民政府和中央广播电视大学（今国家开放大学）的认可、肯定，获得过几项"教学创新奖"和"科研成果奖"，还拍摄了教学成果专题片。相关的研究论文也得以在《宁波广播电视大学学报》《安徽广播电视大学学报》等学报上发表。教改成果出来后，也极大地调动了学生研究地方文学的积极性，毕业论文以地方文学研究为选题方向的学生越来越多，后来我把经过论文答辩成绩为优良的论文结集编印，深得学生的欢迎。

所谓"兴趣"，我感觉王阳明的诗歌在明代中期诗坛上别具一格，不傍不依，有自己鲜明的艺术特色，其精神内质和审美情趣能拨动我的心弦，有吸引力，生息相通，并把它融入到我的生命之中。

基于以上几方面的原因，研究和传播王阳明的诗歌成了我自觉的文化创新追求。尽管在动机上我并没有将"收获"当作目的，但从努力的结果看，还是令人欣慰的。在有了教学模式的创新尝试和在前期研究成果的基础上，于2008年上半年我以《王阳明诗歌研究》为研究选题，向浙江省社科联申报课题，被立为重点课题。经过一年的努力，写成了《王阳明诗歌研究》这部27万余字的学术专著，2008年由安徽人民出版社出版，课题也顺利结题，这在中国还是第一部研究王阳明诗歌的专著，拙著的出版后在学术界也产生了一定的影响，引起了首都师范大学著名学者左东岭教授的关注，他在《文学遗产》刊物发表的论文中介绍了这部专著。拙著还获得了宁波广播电视大学（今宁波开放大学）颁发的一等奖，这是我所没有想到的。

4.问：请介绍一下王阳明诗歌的主要思想内容和艺术特色。

答：从文学的视角看，王阳明是一位极具文学天赋的诗人，如果说王阳明从10岁在镇江金山寺即席赋诗算起的话，其诗歌创作有40多年的时间。能够坚持一生诗歌创作的人，应该说是非常了不起的。在漫长的"人生之旅"中，尽管王阳明宦海沉浮，历经危难；但无论在何时何地，直至生命的尽头，他都没有停止过诗歌的创作，诗伴随着王阳明走完了跌宕起伏的一生。王阳明诗歌的创作数量,据明代隆庆版《王文成公全书》载,共收录诗歌601首。

其后,经诸多学者广泛收集、披露,笔者初步判定尚存散佚诗为100余首。王阳明的诗歌是其文学成就的重要组成部分,也可以说是世人考察其思想和情感的重要形态。通过考察其诗歌的创作历程,有助于读者从诗的视角了解王阳明的人生轨迹与心学发展的历程,有助于世人深入了解其精神追求及审美情趣。

王阳明的诗歌题材广泛、内容丰富,思想深刻,不仅是其一生成圣贤理想追求的真实写照,而且多角度、多层面地折射出那个时代的社会面貌,具有很高的社会认识价值和审美价值。根据其诗歌的主要内容大体可分为四类:

一是山水游览诗。王阳明对山水情有独钟,其在江西平叛时,曾作有《即事漫述四首》,其中有诗句:"从来野兴只山林,翠壁丹梯处处寻",道出了诗人对山水的亲和之情。山水于他,如同知己。其每到一地,总是投身于自然的怀抱,在山水之中陶冶情操,深悟大自然的美妙,追寻自适的诗意。

山水游览诗构成了其生命的画卷,主要登临游览地有余姚龙泉山、浙东四明山;绍兴宛委山、秦望山、浮峰;杭州西湖、净寺、虎跑、灵隐;河南浚县大伾山;安徽九华山、滁州琅琊山;山东泰山;贵州龙场龙冈山、贵阳栖霞山、六广河;江西庐山、赣州通天岩,等等。内容主要赞美祖国的大好河山,在游山玩水中抒发生命的乐趣,常常以山水物态印证心学的内涵,歌咏"良知"妙用。

二是罹难谪居诗。王阳明的罹难诗主要反映在"狱中诗""赴谪诗""居夷诗"和"江西诗"中,其诗表达出坚毅、旷达的人生信念和不向命运屈服的抗争精神,更多的则是表现出其对苦难人生的傲视和对内心痛苦的超越。诗中流露出诗人与邪恶势力斗争的意志和受辱不惊的博大胸怀。罹难诗不仅仅是其人生苦难历程的记录,而且折射出那个时代的历史面貌,为世人了解、认识明代社会的历史状况提供了形象的场面。通过观照王阳明的罹难诗,可以清晰地看到其百折不挠、磨砺自身的人生轨迹,一种高扬的、积极入世的人文精神。在"狱中诗"中,诗人除了抒发对当朝统治者的残暴表示愤懑之情外,更多的则是表达对于先贤的仰慕之情,以及探求人生真谛的思考。

在"赴谪诗"中，诗人不以谪旅为畏途，从屈原、贾谊、李白、苏轼等前贤身上汲取精神力量，从容赴难；历尽千难万险，途中讲学不辍，是其赴谪地之旅长镜头般地记录。在"居夷诗"中，诗人抒发了身处贵州瘴疠之地，随遇而安，自觉地融入当地人的生活环境，抗争环境压迫的豁达胸怀。种地采蕨，吟诗作文，筑室讲学，"龙场悟道"，逆境铸就了居夷诗的精魂。在"江西诗"中，诗人除表达对浊世及仕途凶险的厌恶之情外，更多地流露出对"圣道"难行，世风日下，民不聊生等社会现状的忧虑之情，传达出作为儒者、正直士大夫忧国忧民的普世情怀。

三是讲学论道诗。作为有明一代的心学大师，王阳明的心学诗是其一生自觉追求"圣贤"人格，传承、弘扬圣学的真实写照。王阳明的讲学论道诗是其诗歌内容的重要组成部分，心学思想贯穿在其诗歌创作历程的不同时期。就其心学诗歌创作而言，其晚年"居越诗"34首表达的最为集中。诗人晚年甚至直接将"良知"作为歌咏的对象，因此，其讲学论道诗也可称之为"良知诗"。其诗始终贯穿着"致良知"的主线，从不同的侧面反映出其对人性、人生、社会和宇宙的深切体悟，可谓"心灵之歌"。

讲学论道诗能融会儒道佛之精华，从本体论、认识论、道德伦理层面深刻地反映社会生活，并通过意象阐发对心学的思辨和体悟。其诗始终把良知本体与理想人格作为吟咏的出发点，总是以"良知"的目光去发现万物中蕴藏的灵性。与宋明道学家观物思维方式不同，王阳明善于以心观物，万物尽显"良知"，强调"吾心"的感应作用。将"万物一体""物我无对"阐发为一种超越时空的心语，一种启迪心智的透悟，使纷繁复杂的内心世界得到了真切的抒发，充满了对返朴归真的渴望。"以情传理"，抒发具有良知精神世界的儒者情怀。讲学论道诗并非为抽象的术语堆积，而是情理交融，是物理与心理的碰撞火花。理中含情，其诗所传达的不是"一己之情"而是"万世之情"；不是"小我之情"而是"大我之情"。诗中至理，其讲学论道诗紧扣"心"体，阐发"心学"精义，开显"良知"的理性价值，即"致良知"的审美体验。

四是军旅征战诗，在明代诗坛上亦具有特殊的地位和影响力，展现出王阳明叱咤风云，大智大勇的军事指挥才能。

另外，交谊乡情诗亦是王阳明诗歌的有机组成部分。

5.问：请介绍一下王阳明诗歌的主要艺术特色。

答：在明中期诗坛盛行"复古主义"思潮的氛围中，王阳明的诗歌不为世风所染，吾写吾心。其善于继承和发扬诗经、楚辞、汉乐府、唐诗和宋诗的优秀艺术传统，以屈原、陶渊明、李白、杜甫、欧阳修、苏轼等为典范，博采众长，从中吸取艺术营养；独辟蹊径，自成一派。由于程朱理学美学思想对当时诗人的影响，诸多诗人总是从外部意象引发诗情，或从物象中去寻求理趣，这种由外入内的艺术思维限制了诗人真性情的抒发。王阳明的诗歌，在艺术思维上由内到外，"以心观物"，所以，其诗别具一格，随心所发，行如流水。

在题材上，随意拾取，不拘一格，雅俗并取。在主题上，以"良知"为诗骨；但又不陷入艰涩、抽象化，而是在自然的抒发中，启迪人的心灵。在修辞上，随心所至，不事雕琢，力求清新自然，羚羊挂角，不着痕迹。在诗境上，貌似平淡，实则深远，细微之处寓于诗意。在艺术技巧上，不泥古，不追求外在的形式完美，没有复古派模拟古人的色彩，真正进入了出神入化的艺术境界。王阳明诗歌的艺术特色可概括为四个方面：

一是艺术思维的整体性。其诗歌注重景、情、理的自然融合，以主情为主。画面感强烈，气韵灵动，诗意跳跃性强，但不失完整，思维的直觉性和流动性相统一。在语言表征上，不追求华丽的辞藻，以清丽俊秀为艺术至境，注重语言整体的协调和谐。二是艺术形象的审美性。王阳明的诗歌总是凸显人与自然的和谐统一，其诗注重审美体验的内涵，直达心境。言山水之状，自然蕴藉，有感而发。无论是对山水的惊奇、喜爱，还是对山水的陶醉、赞美，"皆著我心"。诗境上多为"有我之境"，几乎不离人生，体现出作为心学家诗人的人文指归，或者说涌动着强烈的"圣贤"情怀。其诗与自然万物融化，清新自然，犹如一幅山水画卷。儒家理想和老庄境界的组合，是其诗歌艺术形象的两个基本支撑点。其诗力透物象的性灵与神韵，努力发现"深藏不露"的造化玄境。以意摄象，"意之所在便是物"，读其诗如同进入风清月明的造化世界。

三是诗歌艺术形式的多样性。王阳明的诗歌在形式结构上体现出灵活多变的艺术特色。在诗体选择上或古或近，随意而定。对四言、五言、七言古体、歌行、绝句、律诗等运用自如，表现出其对各种体式的兴趣和驾驭才能。在修辞上，妙语连珠，纵意自如；用典稳妥精当，浑然天成；对仗精工流畅，时能翻出新意。其诗善于突破传统诗歌写作的套路，不拘形式，随心所至。

四是诗歌艺术风格的秀逸性。王阳明的诗风主要特征是蕴藉秀逸。其诗较多地表现为直抒胸臆，主张"真意"放达，这与其心学思想有关。其独特的诗风无疑具有艺术张力，开创了明中以降秀逸俊爽的诗风。其诗豪迈而又兼具婉约。王阳明晚年居越城期间，诗风变得淡恬平和，形成飘逸玄妙的风格特征，如同阳明心学思想体系日臻完善一样，其晚年的诗作日趋性灵理趣。

6. 问：请谈一下王阳明诗歌的地位与影响。

答：对王阳明诗歌成就的评价，清代纪昀主编的《四库全书总目提要·王文成公全书》一文中说："守仁勋业气节，卓然见诸施行，而为文博大昌达，诗亦秀逸有致，不独事功可称，其文章自足传世也。"此语言简意赅，对王阳明一生的业绩、品格、"致良知"的实践精神作了高度的评价；对其诗歌的艺术评价强调了"秀逸有致"的艺术精神。《四库全书》编撰者持论甚严，如此评价，高屋建瓴，绝非过誉。明清之际的思想家、史学家、文学家黄宗羲对王阳明诗文的评价侧重于诗境："余以为诗文至于文成，亦可谓之自然矣。唯其自然，故见为不措意。"黄宗羲的评价点出了王阳明诗歌的主要艺术风格特色，独具慧眼。

王阳明的诗歌是其"良知"思想的外化，其诗能博采众长，又不宗一派，诗惟心出，故能达于"自然"之化境。在有明一代诗坛盛行"复古主义"的氛围中，王阳明能突出重围，从"良知"的高度，去审视自然之美、人心之光明；进而落实在诗歌的创作上，并且取得"足以传世"的文学成就，应该说是不多见的。可以说研究明代诗歌，王阳明的诗歌创作成就是无法绕开的。

7. 问：请您介绍一下王阳明诗歌中对佛道文化的批判和吸收有哪几个方面。

答：王阳明的诗歌总体上表现出旷达、空灵、飘逸的神韵，语言隽永，秀拔，这与他同僧侣、道人有较多的交往，便利之际出入于寺庙有密切的关系。佛僧仙家的哲学思想和艺术理念，以及寺庙的建筑艺术、绘画艺术、音乐艺术和园林艺术等对王阳明心境的濡化和影响是深刻的。因此，王阳明的诗有一种超越尘世，空灵淡泊的特质。

佛教与阳明诗歌的联系，可从其童年时期常去余姚龙泉山南麓的东晋名刹龙泉寺游玩有关，与佛僧有不解之缘。他曾赋诗说："我爱龙泉寺，寺僧颇趣野。尽日坐井栏，有时卧松下。"（《忆龙泉寺》）一个"爱"字，足以说明他对佛禅的感情。明弘治九年（1496），王阳明会试下第归余姚，曾结诗社于龙泉寺，也就是说在王阳明的那个时代，佛教的文化环境对王阳明的诗歌创作产生过较大的影响。

镇江金山寺，曾是王阳明初显神童诗才之地。此后，他在仕途生涯中多次途经金山，必去登临。有诗为证："但为金山便一登，鸣钟出迓每劳僧。"（《泊金山寺二首》）王阳明罹难投荒途中，大多投宿寺院，多得僧侣相助。即便在他重返政坛后，凡经过佛教圣地，他都一一游览，甚至赋诗题壁。明正德二年（1507）夏，王明阳赴谪龙场驿，途经杭州时旧病复发，寓居净慈寺，并写有《卧病净慈写怀》等诗多首。其中《南屏》一诗中写道："花竹日新僧已老，湖山如旧我重来。"

可见，王阳明与寺僧交往之密切。又如正德十四年（1519），王阳明平息宁王宸濠反叛后，为躲避奸佞谗毁，寄迹匡庐。他曾多次借住秀峰寺，有《游庐山开先寺》数首。在东林寺，借宿问禅，颇得禅理。王阳明对佛门圣地九华山更为神往。他曾赋诗："五旬三过九华山，一度阴寒一度雨。此来天色稍晴明，忽复昏霾起亭午。平生山水最多缘，独此相逢客有数。"（《江上望九华不见》）

综上所述，足见王阳明与佛教圣地的情缘之深。佛教的艺术氛围必然会对王阳明的诗歌创作产生影响。佛教徒的清静寡欲，定心参禅，即心悟道，妙语偈帖都会对王阳明诗歌的构思、诗歌风格和艺术境界产生影响。佛教巍峨的建筑艺术，造型生动的佛像雕塑，佛寺壁画，佛教音乐，得天独厚的佛寺自然环境等，无疑会对王阳明诗歌的主题提炼、诗体格局，意象提取，语言选用，诗风形成产生影响。

道教与王阳明诗歌创作的联系与影响。王阳明的出生就处在道家的精神氛围之中。王阳明出生时有一个神话故事称"瑞云送子"，这个充满神秘色彩的故事即反映出道教对"云"之意象的崇拜。王阳明少年时寓北京。一日，与小伙伴游走长安街，遇一相士。相士看到王阳明，感到奇异，曰："吾为尔相，后须忆吾言：须拂领，其时入圣境；须至上丹台，其时结圣胎；须至下丹田，其时圣果圆。"所指"丹田""结圣胎"即为道教术语。

王阳明18岁那年，赴南昌迎娶新娘诸氏。新婚之夜，王阳明溜出洞房，潜往铁柱宫向道士问道，至次日才被家人找回。明弘治十一年（1498），王阳明时27岁，寓京师。偶闻道士谈养生，遂有遗世入山之意。弘治十四年（1501），王阳明30岁，在京师。后奉命审录江北。事毕，遂游九华，与蔡蓬头谈仙，又冒险探地藏洞道人。

王阳明曾一度企慕道学，向往道教的洞天福地。弘治十五年（1502），31岁的王阳明为养身学道，向朝廷请了病假，来到绍兴城南的宛委山，在道家称之为第十洞天之"阳明洞天"筑室修道，行导引术。正德二年（1507）夏，王阳明赴谪至钱塘。后又转道至福建武夷山，在山中道观又遇到了当年在南昌铁柱宫相识的老道，受其点化，继续赴谪地。王阳明在谪旅道中经常借宿道观，与道士交往密切。

王阳明晚年居越城时，其府第有以"天泉楼""碧霞池"之命名楼、池，而这些名称均与道教有关。上述史实足以说明王阳明与道教的关系非同一般。道教修身养性，升天成仙的理念，道观的建筑艺术，塑像壁画，道教的音乐艺术对王阳明的诗歌创作必然产生影响。例如《登泰山五首》中所涉及到的道家神韵："峰顶动笙乐，青童两相依""挥手若相待，丹霞闪余晖"（其一）。"玉女紫鸾笙，双吹入晴昊"（其二）。在王阳明的诗歌中有许多题材都与道家有关，语言中往往采用"玉虚宫""太虚""广成子"等道教术语。道教的人生理念也影响着王阳明诗歌的构思和主题的确定。

尽管王阳明与佛道有很深的瓜葛，但他又没有被佛道的信仰所左右，他有自己独特的主见。有诗为证："吾道既非佛，吾学亦非仙。坦然由简易，日月非深玄"（《门人王嘉秀实夫、萧琦子玉告归，书此见别意，兼寄声辰阳诸贤》）。可见，王阳明从佛道中所吸取的主要是有益的思想资源和思维方法。而对佛道的教义王阳明还是保持警惕的，许多方面是持否定态度的。

8.问：余姚作为王阳明的故乡，这对王阳明成为圣贤人物有哪些内在的联系和影响？

答：我们说阳明心学是内生性的，由"内圣"而"外王"，这固然是与王阳明从小立下"成圣贤"这一志向有密切的关系；但任何伟大人物的产生，除了他本人内在的禀赋外，还与外部环境的濡化是分不开的。王阳明能够成为圣贤人物，与故乡的联系主要有以下几方面：

一是家教、家风和家传的联系，对其成圣贤起到了潜移默化的作用。王阳明的先世自南宋晚期从绍兴上虞达溪迁居余姚北城居住，自其始祖至王阳明已十代，其始祖的居住地即在城内秘图山周边。所谓"秘图山"是据"神禹藏秘图"的传说而命名。王阳明的先世性情都比较超脱，淡泊名利。王阳明自六世祖王纲以下至王阳明父王华，均为饱读诗书之士，且有《易学》的家传。王阳明的祖父是私塾的老师，精通《易学》，亦是一位诗人。王阳明的父亲王华是明代余姚籍第二位状元，因王阳明出生后生活在"书香门第"的家庭中，良好的儒家文化滋养，这对他志向的形成影响很大。

二是与余姚历史上名人文化的联系。余姚一地人杰地灵，出现过众多的历史文化名人，可谓"东南名邑""文献名邦"。譬如：东汉高士严子陵、三国易学家虞翻、唐代政治家虞世南、明代名臣谢迁等人对王阳明人格的形成均产生过积极的影响。同时，余姚读书风气之盛，教育蔚然成风，特别是有明一代人物甲天下、科举中进士者在县一级中总人数位居前茅。

三是与余姚山水之美的联系。余姚山川灵秀，人文昌盛。城南有连绵起伏的四明山，北濒杭州湾，姚江横贯姚城，城中龙泉山、秘图山两山并峙。得天独厚的自然环境对王阳明的成长起到了滋养的作用。四是与王阳明故乡学术思想上的联系。在王阳明开创心学之前，余姚学子所接受的主要是程朱理学。王阳明青少年时期在相当长的时间中接受的是程朱理学，其有十分坚实的理学基础。正因为王阳明在故乡期间打下了扎实的理学基础，所以在长期的思想探索中他更能够发现程朱理学中的一些问题，尤其是从朱熹对《大学》的理解上发现了问题，并从这个问题上找到了思想的突破口，由此王阳明在贵州龙场悟道，构建了自己的心学体系。

从以上几方面联系起来解读，可以看出王阳明与故乡余姚之间的联系是一种历史、地缘文化意义上的联系，这些外部条件对王阳明成就"成圣贤"

理想是有内在联系的，"天地人"是有机的统一体，这也能说明王阳明在诸多诗文、题刻的落款时在姓名前要冠以"余姚"二字的原因。圣人的诞生不是"天马行空"式的，它一定有一个根源性的东西在起作用，这就是地缘的文化情结，也是解读王阳明最终成为一代圣人的理由之一。

从这个意义上说，余姚是姚江秘图山王氏的世居地、是王阳明的出生地、成长地、结婚后生活地、学业攻读地、出仕后数次游历之地、离乡后的眷恋之地、心学思想的传播地、返乡省墓之地、重要的纪念之地。在诸多方面阳明故里承载了心学的精神内涵，成为当代人的滋养心灵的思想资源：即孝道精神、爱乡精神、创新精神、传道精神和超脱精神。"阳明故里"对于世人认识王阳明曾经的生活场景、认识王阳明在故乡的历史文化遗迹遗存现场，增强文化自信、教育后人，传承弘扬阳明文化有着不可替代的作用。

王阳明与余姚的关系不仅仅是血缘上之联系，也是学脉、地域文化与时代精神的互动。余姚是王阳明的根基所系，是其思想学说的孕育、浸润之地。在王阳明去世以后，余姚对阳明先生精神的传承薪火相传，代代不息。余姚后人对阳明心学的传承、弘扬和铭记，也是对王阳明"真三不朽"业绩和历史贡献所做的回应。

浙江省余姚市龙泉山上王阳明讲学处的中天阁（杨德俊拍摄）

后 记

  2017年秋季的一次活动中，我偶然与杨德俊先生结识。在那次活动中，我发现杨先生走一会路就要蹲下休息一下，交流之下，才获知杨先生是由于长期跋山涉水、四处辛劳收集王阳明各类资料，加上旧疾诱发故而导致行走不太方便。那次活动之后，我就在思考：王阳明究竟有什么样的巨大力量，让老先生大半生都在无怨无悔地为他"打工"。正是这种好奇心的驱动，想系统学习和了解王阳明思想的念头便由此滋生，于是我便暂时放下了自己比较熟悉的研究领域，将学习和研究的兴趣暂时转到了阳明学上来，加之在后面的多次学习活动中，又偶遇贵州省的顾久先生、张新民先生、修文李小龙先生等诸多致力于传统文化、王阳明思想研究推广方面的方家名宿，他们都一直践行着王阳明"知行合一"的精神，并为传统文化和王阳明思想的研究传播不遗余力的那份纯粹、超然精神使我深受感动，更加坚定了自己的想法。

  以上诸位先生身体力行之示范，无疑都是我写作本书的重要精神动力与资粮。本书的写作主要是立足于儒释道文化交融的视野，分九章来系统地考察王阳明对先秦儒家之礼乐思想、"内圣外王"的继承与发展（第一章）；重点对其"心外无物""致良知""知行合一"等心学命题进行了再诠释（第二至第六章）；本书还对宋明理学、阳明后学及阳明思想的当代价值等问题予以简要考察（第七至第九章）；并提出了一些自己的思考；从中可以看到王阳明思想的多元化特点，既有对前代思想家们的继承，也有对后学的影响并具时代意义。从2019年至今，本人先后对杨德俊、李小龙、赵长海、华建新等先生进行了访谈，内容涉及王阳明文化的研究和传播等，因为它们不仅于我而言，有着重要的意义，而且同样是我们更好地了解王阳明文化的珍贵资料。

2022年8月19日上午，我们实地参学王阳明入黔后到过的六广驿站遗址，当地居民杨正红先生，顶着八月骄阳，骑着摩托车热情地为我们带路，我们坐车随后前行，到达遗址，杨先生细心找个长竹棍，为我们拨开杂草和驱走一些不知名的小虫，并为我们细心讲解。下午，我们到达黔西素朴九龙山（山名灵博山，古称麟角山）的象祠，等我们气喘吁吁爬上山，工作人员彝族杨志军先生早已在殿外等我们，并带领我们一一参观，我想，这正是大儒王阳明的因缘，让我们相识相聚，他们的热情让我们一行感激不尽！

最后，本书得以呈现大家，实赖在我学习研究道路上那些给我无私提携和帮助的善知识们，没有他们的教诲、支持和帮助，我想本书恐怕也很难顺利完成，我也常常惭愧自己力有不逮，进步太慢。感谢杨德俊先生为本书提供的资料和多幅珍贵图片；感谢全先生在百忙之中为书稿提供的宝贵建议和亲自拍摄的部分精美图片；感谢张海龙、左金众、刘钦泉等同行挚友们在书稿细节上的建议和相助，金众老师满腔热情书写的序言也放在书前；感谢程妙洪、邓彭晖、孙旭、刘艳娜、王欢、刘东等研究生们在校对脚注等工作中的协助；感谢本人之前工作的中国石化集团齐鲁大地上的领导和同事们，感谢他们一直都在给予我的种种关怀和鼓励；感谢学校、学院、各部门诸位领导们的支持与帮助；感谢父母以及亲朋好友们一如既往地支持和鼓励。在此向他们都致以我最诚挚的谢意！因为时间、学养有限，世俗杂事占用太多精力，书中还有很多遗憾之处，只待以后有机缘再继续完善！

2022年12月于北京

参考文献

一、典籍与著作

[1] 藏经：

《大正藏》，中华电子佛典协会 (Chinese Buddhist Electronic Text Association)，2011 年。

《新编卍续藏经》，中华电子佛典协会 (Chinese Buddhist Electronic Text Association)，2011 年。

《乾隆藏》，中华电子佛典协会 (Chinese Buddhist Electronic Text Association)，2011 年。

《嘉兴藏》，中华电子佛典协会 (Chinese Buddhist Electronic Text Association)，2011 年。

《南传大藏经》，中华电子佛典协会 (Chinese Buddhist Electronic Text Association)，2011 年。

[2]（清）黄宗羲：《宋元学案》，中华书局，1986 年。

[3]（宋）程颐，（宋）程颢：《二程集》，中华书局，2004 年。

[4]（宋）邵雍：《邵雍全集》卷三，上海古籍出版社，2015 年。

[5] 张岱年：《中国哲学大纲》，商务印书馆，2015 年。

[6] 冯友兰：《中国哲学史》，古吴轩出版社，2021 年。

[7] 冯友兰：《中国哲学史新编》，人民出版社，2017 年。

[8] 冯友兰，涂又光译：《中国哲学简史》，北京大学出版社，2013 年。

[9] 侯外庐等主编：《宋明理学史（下）》，人民出版社，1997 年。

[10] 陈来：《有无之境王阳明哲学的精神》，人民出版社，1991 年。

[11] 杨国荣：《心学之思——王阳明哲学的阐释》，生活·读书·新

知三联书店，1997年。

[12]（明）王守仁著，吴光等编校：《王阳明全集》，上海古籍出版社，2011年。

[13][美]约翰·R.塞尔著，李步楼译：《社会实在的建构》，上海人民出版社，2021年。

[14]陈清春：《七情之理——王阳明道德哲学的现象学诠释》，人民出版社，2016年。

[15]熊十力：《新唯识论》，商务印书馆，2010年。

[16]熊十力：《十力语要》，岳麓书社，2011年。

[17]熊十力：《读经示要》，岳麓书社，2013年。

[18]张立文：《宋明理学研究》，人民出版社，2002年。

[19]冯达文：《宋明新儒学略论》，巴蜀书社，2016年。

[20]杨国荣：《心学之思——王阳明哲学的阐释》，中国人民大学出版社，2009年。

[21]陈来：《有无之境——王阳明的哲学精神》，北京大学，2020年。

[22]杨伯峻译注：《孟子译注》，中华书局，2021年。

[23]萧萐父主编：《熊十力全集》，湖北教育出版社，2001年。

[24]束景南：《王阳明年谱长编》，上海古籍出版社，2017年。

[25]钱穆：《阳明学述要》，九州出版社，2020年。

[26]（宋）朱熹：《四书章句集注》，中华书局，2018年。

[27]方勇，李波译注：《荀子》，中华书局，2018年。

[28][美]克利福德·格尔茨，韩莉译：《文化的解释》，南京译林出版社，2020年。

[29]张立文：《中国学术通史》，人民出版社，2004年。

[30]钱穆：《钱宾四先生全集》，台湾联经出版事业公司，1998年。

[31]吕思勉：《中国文化史》，天津人民出版社，2016年。

[32]（魏）王弼注，楼宇烈校注：《老子道德经注校释》，中华书局，2008年。

[33]吕思勉：《从宋明理学到阳明心学》，新世界出版社，2017年。

[34][美]杜维明：《青年王阳明》，生活·读书·新知三联书店，2019年。

[35][瑞士]耿宁：《人生第一等事》，商务印书馆，2014年。

[36]钱穆：《中国文化精神》，九州出版社，2021年。

[37]（明）王守仁撰，明钱德洪原编，明谢廷杰汇集：《王文成公全书》，明隆庆六年（1572）刻本。

[38]杨德俊主编：《王阳明行踪遗迹》，贵州大学出版社，2021年。

[39]钱穆：《中国思想史》，九州出版社，2019年。

[40]黄寿祺、张善文：《周易译注》，中华书局，2022年。

[41]（宋）程颢、程颐撰，陈京伟笺证：《河南程氏遗书·河南程氏外书》，山东人民出版社，2020年。

[42]（宋）朱熹撰，（宋）黎靖德编：《朱子语类》，崇文书局，2018年。

[43]（宋）朱熹撰，郭齐、尹波点校：《朱熹集》，四川教育出版社，1996年。

[44]汤用彤著：《汉魏两晋南北朝佛教史》，中华书局，1983年。

[45]崔正森：《五台山佛教史》（上），山西人民出版社，2000年。

[46]吕澂：《中国佛教源流略讲》，中华书局，2006年。

[47]张曼涛：《华严学概论》，台北大乘文化出版社，1980年。

[48]印顺法师：《印顺法师佛学著作全集》，中华书局，2009年。

[49]杜洁祥主编：《中国佛寺史志汇刊》，明文书局，1980年。

[50]（宋）黎靖德编：《朱子语类》，岳麓书社，1997年。

[51]（清）黄宗羲：《明儒学案》，中华书局，1985年。

[52]（宋）朱熹：《四书集注》，凤凰出版社，2008年。

[53]邓艾民：《朱熹王守仁哲学研究》，华东师范大学出版社，1989年。

[54]郭庆藩：《庄子集释》，中华书局，1961年。

[55]杨伯峻：《孟子译注》，中华书局，1960年。

[56]（宋）程颢、程颐：《二程集》，王孝鱼点校，中华书局，1981年。

[57]钱穆：《阳明学述要》，正中书局，1955年。

[58]唐君毅：《中华人文与当今世界补编》，广西师范大学出版社，2005年。

[59]陈来：《仁学本体论》，生活·读书·新知三联书店，2014年。

[60]（宋）周敦颐著，陈克明点校：《周敦颐集》，中华书局，2009年。

[61] 劳思光：《新编中国哲学史》，生活·读书·新知三联书店，2015年。

[62] 洪修平主编：《儒佛道哲学名著选编》，南京大学出版社，2006年。

[63] 牟宗三：《心体与性体》，吉林出版集团有限责任公司，2013年。

[64]（宋）周敦颐：《周敦颐集》，岳麓书社，2007年。

[65]（宋）吕大临：《张载集》，中华书局，1978年。

[66] 陈来：《宋明理学》，华东师范大学出版社，2004年。

[67]（宋）朱熹撰，朱杰人等主编：《朱子全书》，上海古籍出版社，安徽教育出版社，2010年。

[68]（宋）朱熹：《四书章句集注》，中华书局，1983年。

[69]（宋）陆九渊著，钟哲点校：《陆九渊集》，中华书局，2008年。

[70]（明）王艮撰，陈祝生等点校：《王心斋全集》，江苏教育出版社，2001年。

[71] 吴震编校整理：《王畿集》，凤凰出版社，2007年。

[72] 吴可为编校整理：《聂豹集》，凤凰出版社，2007年。

[73] 陈永革编校整理：《欧阳德集》，凤凰出版社，2007年。

[74]（明）王守仁著，宋庆峰编：《王阳明全集》，辽海出版社，2016年。

[75]（清）李光地著，陈祖武点校：《榕村语录·榕村续语录》，中华书局，1995年。

[76] 陈立胜：《王阳明"万物一体论"：从"身—体"的立场看》，北京燕山出版社，2018年。

[77] 杨国荣：《心学之思：王阳明哲学的阐释》（增订本），华东师范大学出版社，2022年。

[78] 李海超：《阳明心学与儒家现代性观念的开展》，中国社会科学出版社，2019年。

[79] 王国轩译注：《大学·中庸》，中华书局，2016年。

[80]（明）王守仁：《王阳明全集》，辽海出版社，2016年。

[81] 王晓昕：《王阳明与黔中王学》，人民出版社，2021年。

[82] 佚名著，崇贤书院释译：《图解尚书·夏书·（伪）五子之歌》，黄山出版社，2021年。

[83]（清）李广坡著，陈忠义点校：《礼记述注》，商务印书馆，2018 年。

[84]（唐）杨倞注，耿芸标注：《荀子·哀公篇第三十一》，上海古籍出版社，2014 年。

[85]《贵州通史》编委会：《贵州通史》，当代中国出版社，2003 年。

[86] 钱明：《王阳明及其学派考论》，人民出版社，2000 年。

[87] 吕思勉：《中国通史》，江苏人民出版社，2020 年。

[88] 吕思勉：《从宋明理学到阳明心学》，新世界出版社，2017 年。

[89] 钱穆：《阳明学述要》，九州出版社，2016 年。

[90] 徐梵澄：《陆王学述》，崇文书局，2017 年。

[91] 胡适：《中国思想史》，华东师范大学出版社，2015 年。

[92] 梁漱溟：《此心不动随心而动：听大师讲阳明学》，新世界出版社，2017 年。

[93] 钱穆：《中国思想史十六讲 中国学术思想十八讲》（讲堂遗录），九州出版社，2014 年。

[94] 徐儒宗编校整理：《罗洪先集》，凤凰出版社，2007 年。

[95]《明水陈先生文集》，《四库全书存目丛书·集部》，第七十二册，齐鲁书社，第 31 页。

二、论文

[1] 尹金欣：《周敦颐宇宙生成论的哲学思想探析》，《开封教育学院学报》2003 年第 1 期。

[2] 范立舟：《邵雍的学术渊源、思想特性及其与政治理念之关系》，《中州学刊》2022 年第 4 期。

[3] 姚军波：《张载哲学的"太虚"范畴释义》，《西安石油大学学报》（社会科学版）2020 年第 29 卷第 5 期。

[4] 金家诗：《二程理学的历史地位与当代价值》，《二程与宋学——首届宋学暨程颢程颐国际学术研讨会论文集》2012 年。

[5] 付天睿：《从"理一分殊"看朱熹理学的思想特征》，《人文天下》2015 年第 7 期。

[6] 张恒：《宋明心学的先声：邵雍心学思想发微》，《周易研究》

2022年第2期。

[7] 冯霞：《宋代学者陆九渊的心学思想考辨》，《兰台世界》2013年第15期。

[8] 邵明慧：《浅析一以贯之的王阳明心学》，《今古文创》2022年第5期。

[9] 杨国荣：《存在与意义世界——王阳明与心物之辩》，《学术月刊》1996年第11期。

[10] 丁为祥：《王阳明宇宙观的双重性及其意义》，《武汉大学学报》（哲学社会科学版）1999年第4期。

[11] 陈少明：《"心外无物"：从存在论到意义建构》，《中国社会科学》2014年第1期。

[12] 刘洋著：《王阳明"心外无物"与佛教"唯识无境"思想辨析》，《河北学刊》2011年第31卷第2期。

[13] 董平：《论"知行合一"的四重向度》，《社会科学战线》2019年第2期。

[14] 丁为祥：《王阳明"知行合一"的本意及其指向》，《王学研究》2017年。

[15] 丁为祥：《王阳明"知行合一"三指》，《人文杂志》1993年第3期。

[16] 王欢：《程朱理学知行观浅析》，《中共乐山市委党校学报》2016年第18卷第4期。

[17] 杨翰卿：《朱熹知行观的理论创进和主要特色》，《齐鲁学刊》2009年第5期。

[18] 纪文荣：《王阳明的知行合一思想及其当代价值》，《今古文创》2022年第23期。

[19] 曾国锋：《王阳明"知行合一"中的道家思想》，《九江学院学报》（社会科学版）2022年第41卷第1期。

[20] 张新民：《德性生命的实践与价值世界的建构——论王阳明良知思想的四重结构》，《王学研究》2018年第2期。

[21] 谭振江：《阳明心学"知行合一"说的佛学关联》，《山西高等学校社会科学学报》2020年第32卷第12期。

[22]张黎:《浅析王阳明知行思想的价值启示》,《西部学刊》2021年第10期。

[23]周昊:《朱熹王阳明"格物致知"思想差异研究》,《发明与创新(职业教育)》2020年第7期。

[24]程国栋:《朱熹与王阳明"格物致知"思想之比较》,《青春岁月》2017年第3期。

[25]陆翠玲:《试析朱子与阳明的"格物致知"》,《内蒙古农业大学学报》(社会科学版)2011年第13卷第2期。

[26]李雅萍:《"致良知"与"格物"关系的体用论新解——论熊十力大学释义对阳明心学的补阙》,《云南大学学报》2019年第18卷第3期。

[27]李甦平:《从大学问看阳明学的"仁本体"建构》,《中国哲学史》2021年第6期。

[28]刘增光:《从良知学到孝经学——阳明心学发展的一个侧面》,《中国哲学史》2013年第1期。

[29]盛珂:《"从无入有":罗近溪"孝弟慈"说对阳明良知学的修正与发展》,《中国哲学史》2021年第4期。

[30]殷国涵:《佛教视域下的阳明心学——以太虚为中心》,《宗教学研究》2022年第2期。

[31]何静:《论王阳明的良知说对佛理的融会》,《学海》2005年第2期。

[32]曹正同,黄俊青:《阳明心性论与道家性命观对比研究浅论》,《今古文创》2022年第27期。

[33]曾国锋:《王阳明"知行合一"中的道家思想》,《九江学院学报》(社会科学版)2022年第41卷第1期。

[34]张齐:《周易"圣人"辨析》,《武陵学刊》2022年第47卷第1期。

[35]刘立夫:《孔子如何从"君子"变成"圣人"?》,《伦理学研究》2020年第6期。

[36]柴文华,张收:《对儒家"内圣外王"的追问》,《齐鲁学刊》2021年第6期。

[37]施凯文,梁涛:《圣的起源与先秦儒家的圣人观》,《道德与文明》2021年第5期。

443

[38] 孙国锋：《"本体—功夫"视阈下王阳明心体的二重路向研究》，《广西社会科学》2018 年第 11 期。

[39] 徐亚豪：《本体与功夫——王阳明致良知教的两种进路》，《文化创新比较研究》2018 年第 11 期。

[40] 胡勇：《略论阳明心学视域中的静坐功夫——兼与朱熹的静坐论思想比较》，《孔子研究》2012 年第 2 期。

[41] 程念祺：《阳明四句教法与正心功夫》，《史林》2003 年第 4 期。

[42] 车辙：《王阳明"知行合一"与祖师禅"明心见性"比较研究》，《贵阳学院学报》（社会科学版）2020 年第 4 期。

[43] 阎韬：《王阳明的明心见性之路》，《哲学分析》2016 年第 7 卷第 1 期。

[44] 哈磊：《弘忍之禅法及其方便法门》，《西南民族大学学报》（人文社会科学版）2015 年第 2 期。

[45] 赵青山：《唐宋之际的配图佛经：宣说佛教教义的方便法门》，《艺术百家》2014 年第 2 期。

[46] 张业峰：《浅论佛教方便法门》，《中国商界》（下半月）2009 年第 3 期。

[47] 丁为祥：《从"虚气相即"到"知行合一"——宋明理学"天人合一"主题的展开、落实及其指向》，《学术月刊》2020 年第 10 期。

[48] 刘光伟：《"天人合一"及其思想价值略论》，《学理论》2018 年第 3 期。

[49] 徐圻：《谈贵州人文精神——关于"天人合一、知行合一"的解读》，《当代贵州》2016 年。

[50] 乔建宇，沈顺福：《王阳明"万物一体"观探析》，《贵阳学院学报》（社会科学版）2021 年第 6 期。

[51] 俞跃：《王阳明"万物一体"思想的社会意义》，《文化创新比较研究》2020 年第 5 期。

[52] 宋玉波：《论"万物一体"观念的发展与演变》，《东南大学学报》（哲学社会科学版）2019 年第 6 期。

[53] 华建新：《"万物一体"学说是阳明心学体系的重要组成部分》，

《教育文化论坛》2019 年第 4 期。

[54] 陈来：《王阳明的万物一体思想》，《中共宁波市委党校学报》2019 年第 2 期。

[55] 舒坤尧：《试论儒家幸福观及其现代价值》，《人民论坛·学术前沿》2021 年第 23 期。

[56] 商媛媛：《从颜氏家训看儒家思想的继承与改造》，《汉字文化》2021 年第 22 期。

[57] 陈伯海：《儒家"情性"观简释》，《学术月刊》2021 年第 9 期。

[58] 许丙泉：《论孔子儒家的独立精神》，《济宁学院学报》2021 年第 4 期。

[59] 胡伟立：《儒家廉政思想的现代审视及其价值意蕴》，《重庆交通大学学报》（社会科学版）2020 年第 6 期。

[60] 刘树升：《儒家规矩思想与干部政德修养》，《人文天下》2020 年第 21 期。

[61] 王齐洲：《"立于礼"：儒家君子人格养成的行为准则——孔子文学教育思想探论之二》，《社会科学研究》2017 年第 3 期。

[62] 杨飞龙：《儒家思想的诚信准则及其当代启示》，《中南大学学报》（社会科学版）2015 年第 4 期。

[63] 毕明良：《儒家义利之辨的核心——行为准则之辨》，《贵州师范学院学报》2011 年第 11 期。

[64] 马振铎：《儒家的普遍道德准则及其人性论基础》，《中国哲学史》1999 年第 1 期。

[65] 钱国旗：《治国安邦的基本准则——儒家政治学说论要》，《青岛大学师范学院学报》1997 年第 1 期。

[66] 唐忠毛：《从"空性"到"体用"——中国佛学心性本体论的建构与反思》，《西南民族大学学报》（人文社会科学版）2018 年第 39 卷第 12 期。

[67] 方立天：《华严宗现象圆融论》，《文史哲》1988 年第 5 期。

[68] 王晓毅，罗静：《共同富裕、乡村振兴与小农户现代化》，《北京工业大学学报》（社会科学版）2022 年第 22 卷第 3 期。